U0424078

民国书坛点将录

◎ 邹典飞 著

生活·讀書·新知 三联书店

图书在版编目（CIP）数据

民国书坛点将录 / 邹典飞著．-- 北京 ：生活·读书·新知三联书店，2023.4
ISBN 978-7-108-06649-7

Ⅰ．①民… Ⅱ．①邹… Ⅲ．①书法家－列传－北京－现代 Ⅳ．①K825.72

中国版本图书馆 CIP 数据核字（2019）第 167977 号

选题策划 知行文化
责任编辑 马 翀
封扉设计 陶建胜
责任印制 卢 岳
出版发行 生活·讀書·新知三联书店
（北京市东城区美术馆东街22号）
网 址 www.sdxjpc.com
邮 编 100010
经 销 新华书店
印 刷 北京隆昌伟业印刷有限公司
版 次 2023年4月北京第1版
2023年4月北京第1次印刷
开 本 635毫米×965毫米 1/16 印张 26.75
字 数 336千字
印 数 0，001-3，000册
定 价 89.00元
（印装查询：010-64002715；邮购查询：010-84010542）

目录

序言一

卜希旸

我和典飞在北京书法家协会举办的活动中早就见过面，但真正相识还是在京派书法研究会成立大会上。我们坐在一起，他手里拿着一本杂志，里面有他写的关于卓君庸的文章。我借过来翻阅一下，觉得文笔清畅，材料翔实，图文并茂，非常喜欢。接着我们就谈起了章草草诀，谈起了罗复堪、罗瘿公……感觉这个年轻人博闻强记，意态谦谨，文质彬彬。他毕业于首都师范大学历史系，我已从这所学校退休十多年了。又因我曾为《北京文史》写过一篇关于北京民国书法的粗浅文章，他呼我为前辈，客气地说从中受到了启发，这实在令我汗颜。以后，他又不断寄给我刊载他新作的书籍、杂志，我们遂成为忘年之交。

典飞自幼爱好书法篆刻，经过几位名师的指导已颇具根底。为了继承京派书法的优秀传统，他特别注重对民国时期北京书法篆刻家群体的研究。扎实的历史学专业知识，加上书法篆刻方面的艺术素养，使他成为这项研究工作的最合适的人选。他被推举为京派书法研究会最年轻的副会长，可以说是实至名归。

为前一个时代修史，是后辈的责任，然而认真做起来却会发现有许多困难。唐初，于书于文都极富才华的孙过庭，说起自汉末四百余年来的书法史，也感觉很难理出头绪来，他说道：

> 若乃师宜官之高名，徒彰史牒；邯郸淳之令范，空著缣缃。暨乎崔、杜以来，萧、羊已往，代祀绵远，名氏滋繁。或藉甚不渝，人亡业显；或凭附增价，身谢道衰。加以糜蠹不传，搜秘将尽，偶逢缄赏，时亦罕窥，优劣纷纭，殆难觏缕。

自清末、民国至今，中国经历了几度天地翻覆的变化。当年的某些大书法家，或遗迹散落，只字难寻，比汉末的师宜官、邯郸淳更甚。

损毁的原因不仅是“糜蠹不传”，而且是大规模的疯狂地撕、烧、沤成纸浆制成粗糙的草板纸……

二十多年前我曾参与编纂《二十世纪京华名人遗墨》。这本书自九十年代末由秦公倡议，北京书协组织编委多次开会拟定入编人选。然后，王任、谷谿、秦公等先生开始在京四处奔波，访已故书家的亲属、学生……结果常常令人失望，有的片纸无存，如擅写《天发神谶碑》的女书家张慧中先生；有的晚景凄凉，不知所终，如溥雪斋先生等好几位名家小传上只能写“卒年不详”。此书历时三年才告完成，当时的编委是个集体。而且有好几位与老一代书法家曾有密切联系，即便如此，尚且困难重重，可以想见，典飞完成这五十七位民国时期活跃于北京书坛的名家的传记，搜集到他们的代表作并加以评析，写成这本书该是怎样的辛劳，要付出多少心血。

民国时期的书法，承晚清碑学的遗响，又摆脱了科举制的桎梏，加之甲骨文发现，西方影印技术的传入，《流沙坠简》的问世，使得珍贵的墨迹、拓片能广为传播，大大开阔了书法家们的视野，提供了书法创作的滋养，因此名家辈出，群星璀璨，成就卓然。了解这个离我们不远的时代，知晓前辈书法家的生平与逸事，欣赏他们的作品，揭示他们寄托于翰墨的情感，继承发扬他们的艺术成就，使之能永久流传下去，是作者写这本书的目的。张怀瓘《书断》云：

> 若乃思贤哲于千载，览陈迹于缣简，谋猷在觌，作事粲然，言察深衷，使百代无隐，斯可尚也。

清末、民国毕竟是一个忧患频仍、国家贫弱的年代，贤哲们寄于翰牍之中的“深衷”，典飞以史家春秋之笔予以剖析，使之“百代无隐”，这实在是值得称道的。愿读者阅读此书，在品味前贤翰墨馨香的同时，也能咀嚼出更深层次的味道。

（作者为中国书法家协会会员、北京书法家协会原艺术顾问、北京市文史研究馆馆员）

序言二

朱万章

记得在二〇一一年编《民国政要书法集》时，就曾惊叹于在清末至廿世纪中叶不到四十年的时间，竟然产生了如此众多的书法家。无论是政要、文人还是学者，在主业之余，都能兼擅书法。他们承继晚清以来士人学子勤于临池的书学传统，不以书名却又独擅胜场，可谓前接古人，后少来者。究其缘由，固然有前清举业的因素，但深究起来，与其时文风、学风昌盛不无关系。在此风尚之下，举凡文士、学人、政要甚或军人、优伶，大多能舞文弄墨，留下墨迹。以人文渊薮驰誉海宇的北京，会聚之书家就更为特出了。近读邹典飞先生的《民国书坛点将录》，这种感觉就更为强烈。

与很多地区的情况迥然有别的是，北京是一座包容性极强的大都市，南来北往的文化精英多会聚于此。故民国时期的北京书家，真正数起来，其郡望在京的，可以说寥寥无几，绝大多数代表人物，都曾寓居于此，如杨守敬、沈曾植、康有为、郑孝胥、齐白石、章太炎、袁克文、叶恭绰、陈半丁、王秋湄、寿石工、瞿兑之、刘乃和等。故这一时期的北京书家，实则就是一幅中国书法的剪影。如何把握这些既在全国书坛颇具影响，又深耕于北京地区的书法名家，的确是一个颇费思量的事。基于此，作者选取了一个特殊的视角：以个案为考察中心，论述其生平行迹，剖析其书学渊源，评骘其书写特色，阐幽发微。作者所选取的五十七位代表书家，恰如五十七位不同的“点”，这些“点”以时间为维度，贯串起来，从不同的角度，由碎片化的个体，形成了一个较为清晰完整的“面”，因而呈现在读者面前的就是一部相对完整的民国时期北京书坛的发展简史了。需要指出的是，五十七家显然不足以代表民国北京书坛的全貌，但见微知著，据此我们或可管窥那个风云变幻年代的北京书法的文化生态与书法表现。

邹典飞是土生土长的北京人，是近年来崛起于书坛的青年才俊，不独著述勤勉，亦临池不辍，且开馆授徒，传道授业，故写起书法评论与书法史来，自有其得天独厚的优势。他熟悉北京的地方文献，其师辈与书中不少人物均有过交游，书中所述，大多来自第一手文献资料，有的更来自书家本人。近几年来，我与典飞的交往中，可知其对民国以降的北京典故如数家珍，谈起一些书法家，就像谈自己的家人亲友一样，和什么人有过交往、发生过什么有趣的事、跟谁学的书法、和哪些政要或名伶有过交集甚至有过什么鲜为人知的花边新闻等。他的侃侃而谈，就是一部零星的民国书法口述史。如今，他将其笔之为文，洋洋洒洒数十万言，故甫一阅读，就很有一种亲切感。因其本身是个颇有心得的书法家，故评起他人书法来，就少了很多纯书法史学者的干涩和隔膜，有话可说，得心应手。他谈笔法，谈章法，谈结构，谈师承，谈演变，谈意境，谈影响，谈书论……如有源头活水来，总有说不尽道不完的话。这些“话”，既有对书家行谊的平铺直叙，又不乏对作品的深层解读。

邹典飞更喜欢鉴藏，其斋中宝物，也多为书中名人书法。既有对联、书轴，亦有信札、便笺。每遇心仪之物，他必发来图片共赏；或遇存疑之作，也多发图来征询，疑义相与析。有时候为了考订一件作品的真赝，他往往搜集网罗多件书家的真迹，反复比对，跑博物馆、图书馆，请教对该书家熟悉的学者或鉴定家，务必做到言必有据，信而可征。他所援引的作品，除来自博物馆、美术馆和书家后人珍藏外，有不少是来自他的潜心庋藏，其中有不少作品，乃是首次公开面世，其资料性融学术性于一体。他所谈及的具体作品，从书风言及印章、款识，甚至用纸，以及流传过程，故此书虽说是谈书家和书法史，实则又可视作一部民国北京书法的鉴藏史。对于书画鉴藏者来说，不啻为后学之津梁。所谓示人以门径，金针度人，此书功莫大焉。

此书的写作，得益于邹典飞对北京书坛的长期关注，日积月累，了然于心。他浸淫其中，得前贤滋养，其书风获益良多。在其书作中，能看到民国书风的影子，亦能见其博采众家化为我用的艺术取向。他在临池中深研他人之书，在探研中明晰己书之得失，所以在谈论每一个书家及其作品时，都能见其对作品的深刻领悟，而这正是很多拙于挥翰的书法史研究者的短板。从这一点来讲，这恰恰是邹典飞的优势之一，亦正是本书撰写的特色。

我和邹典飞多有唱酬交流，我的多枚用印即是其精心之作。在各类书画活动中，时常能见其活跃的身影，或在专业刊物上读到他关于民国书法研究的最新力作。当我们和旧雨新知一起坐而论道之时，大家常常惊叹于他对北京书坛的熟稔和挚爱。如今，这些噀玉喷珠式的清谈即将付之剞劂，随后将化身百千，飞入寻常百姓家，这不仅是邹典飞学术成果的一次集中展示，更是北京书坛的盛事。作为书稿的最早读者，邹典飞希望我能谈点什么。平心而论，对民国北京美术，虽然我曾有过关注，也曾写过关于陈师曾、梁鼎芬、齐白石、叶恭绰、颜世清、陈半丁等人的文章，但这一时期的书法状态，于我却完全是一个陌生的领域，因而读到这本史料翔实、图文并茂的书稿时，还是有一种填补知识盲区的兴奋。正因如此，我想读者诸君在百忙中读到这本倾注了作者大量心血的论著时，会不会也有这种久违的愉悦呢？

二〇一八年初冬于京华之景山小筑

（作者为国家博物馆研究员、中国美协理论委员会委员）

序言三

贺宏亮

和邹典飞兄认识快十年了，他给我印象最深的是笃学和热情。

典飞兄生长于京城，自幼在北京市少年宫学书，曾得何伟、高慧敏、李燕生等名家指导，毕业于首都师范大学历史系后供职于文博系统，研究晚清民国旧京书法多年，任北京京派书法研究会副会长。他在 2014 年出版了《民国时期的北京书风》一书，从书法史、艺术实践的角度，选取民国时期活动于京城的八十七位代表性书家，对其人及其作的书法艺术风格进行介绍，较为清晰地勾勒出了旧京民国时代书风之脉络。近年以来，他更是倾注大量精力，花费大量财力，致力于旧京近代书法资料的搜集与研读。每次在拍卖场上或者文物店里见到好物，典衣之兴不可遏。他常常通过邮件和微信给我发来新得的材料，分享他收获的喜悦和研究心得。他撰写了很多文字，刊登于《中国书法》《中国美术》《荣宝斋》《艺术品》等专业刊物。经过最近这四五年的积累，又有二三十万字的成果，都为一编，与前著相互呼应，就是这本新刊的《民国书坛点将录》。

典飞兄的旧京近代书法研究特点之一，是材料新。前面已提及他对材料的痴迷与执着，真可谓“狂胪文献耗中年”。典飞兄久居京师，曾供职于首都博物馆、国家图书馆等处，得地利与工作之便，所获旧京近代书法材料甚多。同时，他经常出入各大古籍文献拍卖会，只要是近代寓京文人墨客的字迹，无论是信札扇面等小件，或是中堂条屏等大作，他都一一寓目，尽可能留下资料，以备研究查考。在最近半个月之内，他就先后发给我贺孔才行书单条、夏仁虎的信札和李准的篆书千字文册等好几种书迹的高清图版，这些都是他个人斥资所购入的。有些大名头作者的作品，个人无力一一购得，典飞兄也尽可能获得图版，用作研究资料。这些文献图版，虽不可能全部用于这本新著中，但浸淫其中，朝夕摩挲，使典飞兄的研究获得了非常坚实的基础。

第二个特点，是观点新。典飞兄是首师大历史系出身，曾受历史研究的正规训练多年。他的旧京近代书法研究，不是仅仅就书法谈书法，局促于书法作品和书坛现象本身，而是把旧京近代书法放在风云变幻的近代史中予以观照和阐释。书法这门传统艺术在近代所遭受的冲击和变化，实在是太大了。无论是科举废除带来的影响，抑或是西方学术与艺术进入国门后引起的激荡，都让近代书法处于一个与传统书法完全不同的时空环境之中。十多年前，白谦慎老师在给王家葵兄《近代书林品藻录》作序时曾写道："在一个天翻地覆的时代，书法和篆刻究竟发生了哪些变化？这些变化到底和这个时代的政治文化有没有关系？如果有关系，它们是对外部世界直接的反应，还是不易察觉的潜移默化？"旧京，或者叫北平，是近代史上发生了最多大事件、聚集了最多大人物的地方。在一个中西碰撞、新旧交替的时代，书法家的社会背景也变得前所未有的复杂。他们有的是前清遗老，有的是革命志士，有文化名流，也有政界要人。旧京近代书法，因为书者不同的出身、不同的经历、所受的不同影响，呈现出万花筒般的绮丽景象。典飞兄钩稽史料，索引文献，阐释文化，对这些书者的生平交游、书风形成过程、流布影响等等，做出了全方位、多角度的描述和阐释。典飞兄打捞发掘出这些旧京近代书法的"化石"，让读者以北京这一地域为观察角度，对近代书法的流变过程获得较为清晰、较多细节的认识。毫不夸张地讲，典飞兄是目前对旧京近代书法掌握资料最多、研究最为深入的学者。

典飞兄现有八成新电动摩托一部，除了骑着它奔走于京城各旧书店之外，他还经常按图索骥，访问各种旧京牌坊匾额于高楼阴影之下的胡同小巷。在夕阳下，在细雨中，他将这些很可能过不了多久就会被拆迁损毁的前朝字迹，一一拍照留影。他的这些行动，花费了不少时间。这样的举动，不仅仅是为了发一点思古之幽情，更是一份保存传统、传承文化的责任和担当。近五六年来，我每次到京，都会抽出时间与典飞兄、秦明兄等小聚。典飞兄多次骑车带我去灯市口的中国书店，买几本旧书。有时多买了几本不便带走，他都热心地帮我打包寄回。每次收到典飞兄的快递，里面总是还附有一些他给我分享的研究资料或图版，使我受益匪浅。我想，典飞兄正是出成果的年龄，以他的聪慧和对学术的热忱倾注，在今天的基础之上，假以时日，肯定能在近代书法篆刻史的研究中，获得更加丰硕的成果。

2018年10月25日于成都

（作者为四川省书法家协会理事、理论委员会副主任）

碑学宗师——杨守敬

杨守敬（1839—1915），字惺吾、星吾，晚号邻苏老人，湖北宜都人。同治元年（1862）举人，四年（1865）考取北京景山官学教习，十三年（1874）任国史馆誊录。光绪六年（1880）出使日本，任驻日公使何如璋随员，旅日四年。归国后历任黄冈县教谕、黄州府学教谕、两湖书院教习、勤成学堂总教长、礼部顾问官等。1914年，任参政院参政。1915年病逝于北京。著有《日本访书志》《水经注疏要删》《学书迩言》《晦明轩稿》《隋书地理志考证》《激素飞清阁平碑记》《激素飞清阁平帖记》，辑有《楷法溯源》《寰宇贞石图》《望堂金石文字》《留真谱》《邻苏园集帖》，纂有《水经注疏》《历代舆地沿革图》等。

杨守敬像

杨守敬是中国近代著名的历史地理学家、版本目录学家、金石书法家、藏书家，其成就最高者应为“舆地”（即地理）之学，被学界公认为“开舆地学之新纪元”，纂有《水经注疏》《历代舆地沿革图》等，后世学者往往更为重视杨守敬的金石学成就。

杨守敬出身商人家庭，自幼受科举教育，四岁丧父，六岁在母亲的教导下读书，八岁时外出求学，十一岁辍读回家当学徒，经历颇为坎坷曲折。但他坚持求学和自学，除八股文，杨守敬还喜钻研名家文章，十九岁时师从江陵朱景云。考取举人后通过进京会试的机

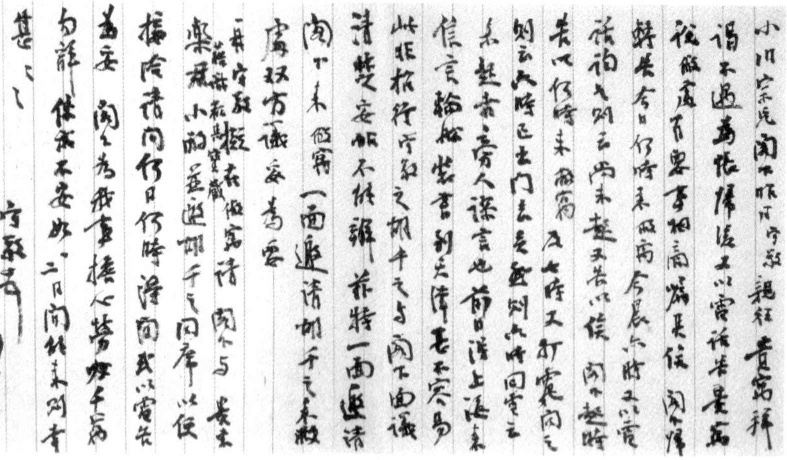

杨守敬致杨晟行楷书札

会，杨守敬结识了一批知名的学者，如陈乔森、潘存、邓承修等。第二次会试落第，杨守敬继续留在北京，与学者谭献、李慈铭、袁昶交往。据统计，杨守敬一生在北京居住达十六年之久。与京城名士的交流，为杨守敬的学术研究打下了坚实的基础。居京期间，杨守敬痴迷于金石碑版，加之此时金石学发展迅速，尤其是清中期以后，金石学的发展进入了鼎盛期，而北京作为首善之区，也是金石学家重要的聚集地，专门从事收藏和研究的金石学家人数剧增。杨守敬深受时风影响，他一度在北京崇文城南设馆授课，课余出入琉璃厂搜集古碑古书。对于这段经历，他晚年追述道："时馆于崇文城南之平乐园，距琉璃厂往返约十里。每薄暮，馆事毕，步而往。漏三四下，街衢之间，燔火尽熄，阒无行人，余方挟数纸踽踽而归。或灯为风灭，则望影疾趋，不惧亦不倦。归后犹复挑灯伸纸，摩挲数次乃寝。如是者年余，囊金馆谷，为之罄尽，所谓极穷屯而不悔也。"[1] 正是由于他早年这种刻苦求学和深度痴迷的精神，同治六年（1867），杨守敬完

[1] 杨守敬著，陈上岷整理《杨守敬评碑评帖记》，北京：文物出版社，1990年版，第9页。

成自己的第一部金石学专著《激素飞清阁平碑记》，次年又写出《激素飞清阁平帖记》，编辑出版了《楷法溯源》，以此奠定了他碑学理论家的地位。随后杨守敬又陆续编著了《学书迩言》《寰宇贞石图》《望堂金石文字》等。

光绪六年（1880），杨守敬出使日本，这是其人生最辉煌的一段经历。他在日本居住长达四年之久，初到日本，恰逢明治维新后举国摒弃旧学，因此杨守敬因利乘便收购中国散佚在日本的古籍。由于他综合素养精深，常年摩挲古籍金石，为有真才实学者，因此他除为驻日公使黎庶昌校刊“古逸丛书”外，还与日本学者、书法家切磋文化和书法，“是时与日本文人往来最密切者岩谷（修）一六、日下部东作鸣鹤、冈千仞振衣”，[1]还有一位松田雪柯，逐渐为日本学界所知。日下部鸣鹤在《三人的益友》（三人即日下部鸣鹤、岩谷一六、松田雪柯）中记“那是明治十三年前后的事情，一位叫杨守敬的男子，作为当时中国公使何如璋的顾问，来到日本。关于杨守敬，我们早有所闻，知道他是有名的金石学家。因此与一六、雪柯商量好，决定如果他来，就马上前去请教他的见解，当时他不懂日语，我们也不通北京话，只得全部用笔谈。可是最初三人都不认为他是大学者，都看不起他。但是随着交往增多，他在学问上的远见卓识的确使人叹服。尤其有幸的是，杨带来了一万好几千的拓本得以饱览的机会，这对当时的吾辈而言，实可称为金科玉律的研究资料。至于杨为何带来这样多的拓本来日，乃因当初在北京受何公使招聘，无暇绕道荆州乡里收藏图书拓本，便直接带了行李来日，虽然麻烦，但仍将当时住北京的全部对象携来赴任云云。有幸的是，这些都是我们根本无法看到的东西”。[2]日下部鸣鹤、岩谷一六、松田雪柯均为日本明治时期著名的书法家，且年岁均长于杨守敬，但三人为杨的学术成就所震撼，故而师事之。

---

[1] 转引自赵平著《杨守敬书法艺术研究》，武汉：湖北人民出版社，2011年版，第65页。

[2] 日下部鸣鹤撰《三人的益友》，转引自陈传席撰《杨守敬的书法及其在日本的重大影响》，《书法》2012年01期，第37页。

杨守敬亦因偶然而携去汉、魏、隋唐碑帖拓本一万多件，这在日本书界引起震动。杨守敬到达日本之前，日本书坛还是以帖学为主流，并标榜王羲之书法，书风倾向于魏晋风流之中，虽有一些书家曾尝试接受北碑，但均无甚建树，直至杨守敬到达日本，通过所携的一万多件拓本，以实物资料印证其研究，将清代金石学研究成果带至日本，令日本书界领略到碑派书法之魅力，因此掀起了一阵杨守敬旋风。这股旋风将清代碑学成就第一次系统地介绍到日本，对日本书界来说不啻为一场革命，直接促进了日本前卫派书风的形成，杨守敬也因此被日本书界尊为“日本书道近代化之父”。当时日人从其学者甚众，如日下部鸣鹤、比田井天来、西川春洞、丰道春海等，如今日本墨田区三围神社还存有杨守敬撰文并书丹的《秦蒙将军之像碑》。而杨守敬在日本出售碑帖所得，悉数用于购藏日本流传的中国古籍善本。据《清史稿》记，杨守敬藏书达数十万卷，他在日本购藏唐宋善本达数万件之多，著成《日本访书志》十六卷。这些书籍多“善本秘籍，不见于志者尚多”[1]，为中国文物的回流做出了重大贡献。杨守敬归国后，日本书坛仍与他保持着密切的联系，很多弟子一直和他保持着通信。辛亥革命后，杨守敬避难于上海，日本福冈县水野疏梅专程赴上海拜在杨守敬门下。因此机缘，杨守敬撰写《学书迩言》一书作为教材，直接促成了此书学名著的传世。1915 年，杨守敬在北京病逝，噩耗传至日本，他的日本学生山本竟山倡导在京都举办“追悼杨守敬遗墨资料展”和书法专题演讲会。时至今日，中日两国的书法爱好者还在以各种形式纪念杨守敬对两国文化交流做出的贡献。可见，杨守敬扮演了近代中日文化交流的使者。

作为清末民初杰出的书法家和学者，杨守敬是继阮元、包世臣之后的碑学理论宗师，且具有真知灼见。但不同于这些碑学前辈的是，杨守敬并未因尊碑而抑帖，而是主张碑帖融合。早年他即在《激素飞

[1] 转引自王瑞明撰《杨守敬二三事》,《学林漫录》第九集，北京：中华书局，1984 年版，第 90 页。

清阁平碑记》序中云:“夫碑碣者，古人之遗骸也；集帖者，影响也，精则为子孙，不精则刍灵耳。见刍灵不如见遗骸，见遗骸不如见子孙。去古已远，求毫芒于剥蚀之余，其可必得耶? 故集帖之与碑碣，合之两美，离之两伤。”[1] 表达出了一种碑帖并重的书学态度。在书法上，他倡导因时而变，对清代书法进行了客观的分析，并认为“国朝行草，不及明代，而篆分则超轶前代，直接汉人”[2]，还高度地赞扬了清代邓石如、杨沂孙、黄易、桂馥、陈鸿寿等人的碑学成就，于郑板桥、金农的书法，则有“皆不受前人束缚，自辟蹊径”[3]的评价，但对于王澍、钱坫的一些篆书作品，他说出了“以秃毫使匀称，非古法也”[4]的意见。由于常年的钻研和实践，使杨守敬逐渐形成了独立的书学思想，并以此来指导其书法创作的革新。据称康有为曾以所著《广艺舟双楫》问教于杨守敬，杨为其纠正讹误数十处，连向来狂傲的康有为亦叹佩之。

作为清末的碑派大师，杨守敬书法亦独具面貌，一生经历数次变革，最初受馆阁体训练，18 岁时参加院试，因书法草率而未被录取，自此奋发图强，潜心书艺。他的楷书取法欧阳询、褚遂良、颜真卿诸家，还一度临习隶书，取法《夏承碑》《史晨碑》诸碑，逐渐形成了古雅严谨、灵动萧散的书法面貌。

归国后，除潜心编纂《水经注疏》外，杨守敬更为热衷于书法创作，从其 53 岁所书的《文敬朱先生墓志铭》中可见，他的楷书已相当成熟。字体取势六朝，但融入了唐楷欧字之结体、颜书之用笔、褚体之风韵。行书则取诸家之所长，强调布局，用墨浓淡适宜，笔法方圆均备，兼采清邓石如笔意，将秦汉篆隶精华孕育其中。他在临习《天发神谶碑》时，曾写下了“至此碑创造笔法，奇而不诡于正，前无古人、后无来者，

[1] 杨守敬著，陈上岷整理《杨守敬评碑评帖记》，北京：文物出版社，1990 年版，第 95 页。

[2] 杨守敬著《学书迩言》，台北：华正书局，1990 年版，第 9 页。

[3] 同 [2]，第 100 页。

[4] 同 [2]，第 104 页。

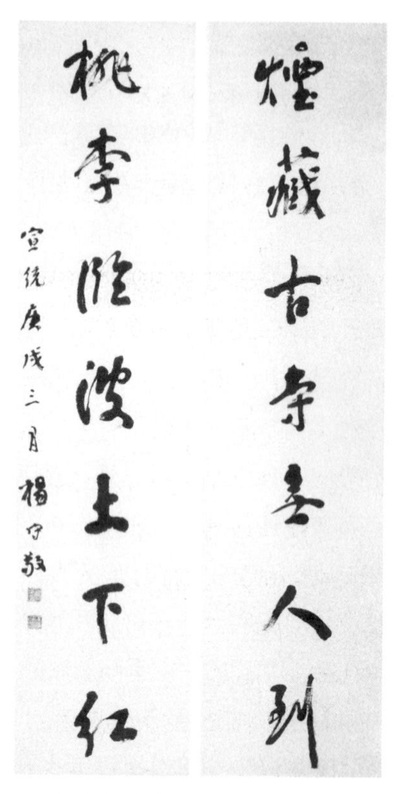

杨守敬行楷书《烟藏桃李》七言联

杨守敬隶书《太行悬度》七言联

可为命世豪杰”[1]的碑评。此时期，杨守敬书风特点鲜明，碑帖兼融，并以其深厚的唐楷根基，化碑版于无形，初具“杨体”风貌。

晚年，杨守敬书风完成了最后之转型，他将汉隶《夏承碑》之古趣、《史晨碑》之严谨及《礼器碑》之劲挺相交汇，掺入温润流畅之帖学笔法，使其书风卓茂而险峻，生动而雄肆，流畅而自然，形成其具有时代特征之“杨体”书风。这种风格以行书为基调，在坚实的唐楷之基上，加入篆隶用笔，时时显现出金石之刚劲，正如学者马宗霍所说

[1] 转引自赵平著《杨守敬书法艺术研究》，武汉：湖北人民出版社，2011 年版，第 12 页。

的“惺吾宗法信本（欧阳询），行书略带纵笔”[1]。这种“纵笔”乃常年积累和体会所致，并非一味强调侧锋，其书作中还偶加枯笔，通过巧妙的安排，尤显得老辣纵横，极具个人魅力。他的弟子熊会贞对其师书法有“书法古茂，直逼汉魏，天下无双，一时名人莫不推重”[2]之评价。

对杨守敬书法之成就，后世亦褒贬不一。有些书家认为杨守敬书法格调不高，略存江湖习气，这可能源于其早年浸淫帖学家张照书法较深之故。但客观地讲，作为同时期的碑学家，杨守敬与康有为在书法表现形式上极为近似，均以行草表达碑版之剥蚀、苍茫，但杨书少了康书那种狂野纵横之变法者气魄，因此在气势上要略逊一筹。总之，杨守敬在书学上的贡献不容忽视，特别是其卓绝之书论。其中多有发人深思之妙语，譬如在解答关于如何习书的问题上，他引用前人所说之“三要”（即“要天分、要多见、要多写”）外，并增其二要“一要品高，品高则下笔妍雅，不落尘俗；一要学富，胸罗万有，书卷之气，自然溢于行间，古之大家，莫不备此，断未有胸无点墨而能超轶等伦者也”[3]。此见解不仅抓住了书法艺术的本质，还发挥了自身的创新思维，为后世习书者提供了宝贵的经验。

---

[1] 马宗霍辑《书林藻鉴·书林纪事》，北京：文物出版社，2003年版，第244页。

[2] 曹丰撰《杨守敬纪念馆与杨守敬简介》，《书法》杂志编辑部编：《书法文库——旅途珍翰》，上海：上海书画出版社，2008年版，第269页。

[3] 转引自陈上岷撰《前言》，杨守敬著《学书迩言》，台北：华正书局，1990年版，第4页。

章草宗师——沈曾植

沈曾植（1850—1922），字子培，号乙盦，晚号寐叟，别号小长芦社人、寐翁、睡翁等，浙江嘉兴人。光绪六年（1880）进士，历任刑部主事、员外郎、郎中、总理衙门章京、安徽提学使、安徽布政使等职。辛亥革命后，成为遗老，隐居上海，1922年病逝。著有《曼陀罗寱词》《海日楼诗》《乙盦诗存》《蒙古源流笺证》《元秘史补注》等。

沈曾植像

沈曾植是中国近代著名学者、书法家、诗人。他自幼生长于京师，居京达四十余载，其晚年诗作中有“我生于燕长于燕，横街珠巢四十年”[1]。此横街、珠巢即指北京宣南横街（即南横街，今西城区南横街和南横东街）、珠巢街（今北京西城区珠朝街）。其祖父沈维鐈，进士出身，官至工部左侍郎。其父沈宗涵，官至工部候补员外郎，都水司行走。沈曾植自幼受到了良好的传统教育，与其弟沈曾桐并有才子之名。沈曾植学识渊博，著述宏富，研究内容涉及经学、史学、地理、

[1] 沈曾植《逸社第七集会于庸庵制军寓，分咏京师胜迹得陶然亭》诗，钱仲联校注《沈曾植集校注》下，北京：中华书局，2001年版，第930页。

佛学、法律、考据、医学、诗词、版本、目录、金石等诸多方面。他还精于诗学，为晚清“同光体”的代表人物，成就比肩于诗坛名宿郑孝胥、陈三立。其诗融汇了经学、玄学、佛学、史学多重思想，用典僻奥，艰深晦涩，学识浅者读之很难理解。在诸多遗老中，沈曾植被一致推崇为“硕学通儒”。

沈曾植书法一直以来得到了世人的高度评价，但在他眼中仅视为小道，其弟子王蘧常曾说：“先生生前先以书法为余事，然亦刻意经营，竭尽心力，六十四岁后始专意写字，至七十三岁去世，用力极勤，遂卓然成为大家。”[1]由于他深厚的文化积淀和高尚的人格，使其书法实现了“顿悟”式的变革，达到了中国近代书法史上前所未有的新高度。碑派巨匠康有为素来目中无人，但对沈氏的书法推崇备至。名士章士钊曾求康氏为其岳父吴保初（清末四公子之一）书写墓志铭，康有为答曰：“寐叟（沈曾植）健在，某岂敢为？”[2]而学者马宗霍记其师 曾熙云：“余评寐叟书，工处在拙，妙处在生，胜人处在不稳，寐叟于前两义逊谢，至后语不晓。髯（曾熙）曰：‘翁覃溪（翁方纲）一生稳字误之，石庵（刘墉）八十后能到不稳，蝯叟（何绍基）七十后更不稳，惟下笔时时有犯险之心，故不稳，愈不稳则愈妙。’寐叟避席曰：‘不能至此，但奋吾老腕为之，未知能到不稳处否。’”[3]从沈曾植与曾熙二人的对谈记录中，可见沈氏“犯险拓境”之态跃然纸上，非时流书家可比。在用笔上，沈也异于常人，和他有过接触的藏书家周叔弢之子周景良曾回忆说：“他写字的笔划虽不像郑板桥那样堆砌，但也看不出是很讲究用笔的。他的字有意境，无俗气。……沈子培是想把北碑和阁帖这两个南辕北辙的方向结合起来。沈子培是不让别人看他写字

[1] 王蘧常撰《忆沈寐叟师》，《书法》杂志编辑部编《书法文库——流光溢彩》，上海：上海书画出版社，2008年版，第46页。

[2] 转引自戴家妙撰《沈曾植的书法艺术》，上海市书法家协会编《海派代表书法家系列作品集——沈曾植》，上海：上海书画出版社，2006年版，第10页。

[3] 马宗霍辑《书林藻鉴·书林纪事》，北京：文物出版社，2003年版，第244页。

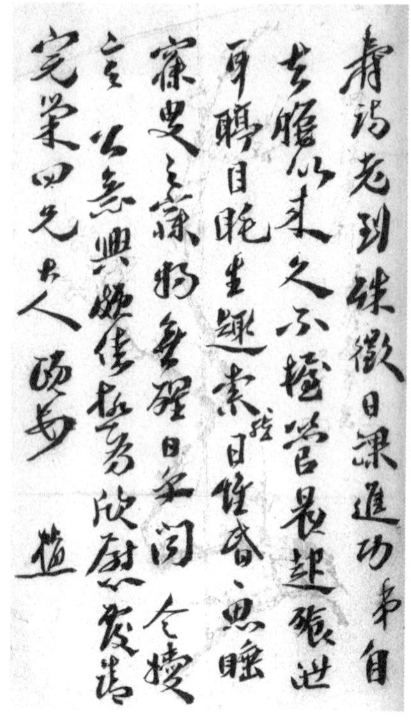

沈曾植行楷书札

的，因此大家捉摸不透他是怎样用笔。劳笃文先生（遗老劳乃宣之子）和他有亲戚关系。有一次沈正在写字时，劳先生突然闯进去，看到他写字的方式。原来他完全不按一般用笔的方式，他是横横竖竖抹出来的。”[1]从诸多记载中，沈曾植书法魅力和神秘色彩可见一斑。

出于应试的需要，沈曾植初宗帖学，其“早岁欲仿山谷，故心与手忤，往往怒张横决，不能得势。中年，得梁太傅（钟繇）渐有入处”[2]。对于馆阁体，他并没有像碑派理论家包世臣、康有为一样表现出强烈的批判态度，而是认为“唐有经生，宋有院体，明有内阁诰敕体，明季以来有馆阁书，并以工整专长。名家薄之于算子之诮，其实名家之书，又岂出横平竖直之外。推而上之唐碑，推而上之汉隶，亦孰有不平直者。虽六朝碑，虽诸家行草帖，何一不横是横、竖是竖耶？算子指其平排无势耳。识得笔法，便无疑已。永字八法，唐之闾阎书师语耳。作字自不能出此范围，然岂能尽”[3]。他完全站在一个客观立场之上，看待馆阁体。在碑学上，沈曾植服膺包世臣、吴让之书法及其理论，曾赋诗云：“百年欲起安吴老，

[1] 周景良著《丁亥观书杂记——回忆我的父亲周叔弢》，北京：国家图书馆出版社，2012年版，第115页。

[2] 马宗霍辑《书林藻鉴 · 书林纪事》，北京：文物出版社，2003年版，第244页。

[3] 沈曾植撰，钱仲联辑《海日楼札丛 · 海日楼题跋》，沈阳：辽宁教育出版社，1998年版，第321—322页。

八法重添历下谈。”[1]“包张传法太平时，晚见吴生最老师。”[2]他对唐人欧阳通《道因法师碑》产生了浓厚的兴趣，有点清人何绍基学书的味道。对待清代碑学诸家，他均持有较高之评价，但独对赵之谦书风，以伤婉丽之故，诋毁颇多。此外，沈曾植还广集碑帖范本，范围涵盖真、行、草、篆、隶诸体。在研究上，他采用碑帖阐发、南北互证的书学理念。对于帖学，沈氏广涉博览，在临习唐怀仁集《圣教序》时，认为“余尝谓此碑纯然唐法，与晋法无关。然学唐贤书，无论何处，不能不从此入手，犹草书之有永师《千文》也”[3]。此论发前人所未发，指明《圣教序》乃唐人集晋人字而成，为纯然唐法也。对待碑学，他指出“北碑楷法，当以《刁惠公志》《张猛龙碑》及此铭（《敬使君碑》）为大宗。刁志近大王，张碑近小王，此铭则内擫外拓，藏锋抽颖，兼用而时出之，中有可证《兰亭》（定武）者，可证《黄庭》（秘阁）者，可证淳化所刻山涛、庾亮诸人书者，有开欧法者，有开褚法者。盖南北会通，隶楷裁制，古今嬗变，胥在于此。而巅崖峻绝，无路可跻，惟安吴正楷，略能仿佛其波发。仪征而下，莫敢措手”[4]。此理论发展了包世臣的“《张猛龙》足继大令，《龙藏寺》足继右军”[5]之说，打通了碑帖之间的隔阂，开创出其著名的南北书派大同理论（“南朝书习，可分三体。写书为一体，碑碣为一体，简牍为一体。乐毅、黄庭……皆写书体了。……简牍为行草之宗，然行草用于书写，与用于简牍者，亦自成两体”[6]）。总之，沈曾植在帖学和碑学上都显示了超于常人之理解，视野和胸襟也较同时期碑学宗师康有为、杨守敬更为宽阔。

---

[1] 转引自王蘧常著《忆沈寐叟师》，《书法》杂志编辑部编《书法文库——流光溢彩》，上海：上海书画出版社，2008 年版，第 46 页。

[2] 同[1]。

[3] 沈曾植撰，钱仲联辑《海日楼札丛·海日楼题跋》，沈阳：辽宁教育出版社，1998 年版，第 412 页。

[4] 同[3]，第 373—374 页。

[5] 祝嘉编《艺舟双楫疏证》，香港：中华书局香港分局，1978 年版，第 21 页。

[6] 转引自（日）菅野智明撰《沈曾植的北碑论》，梁少膺译，黄君主编《当代日本书论选译》，北京：文化艺术出版社，2001 年版，第 170 页。

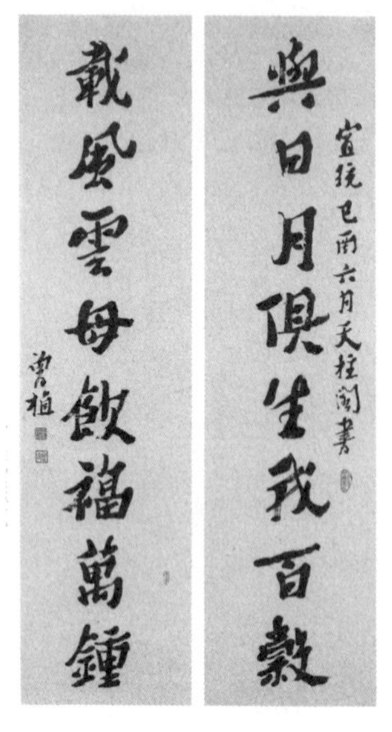

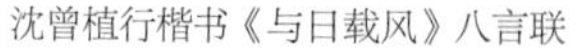

沈曾植行楷书《与日载风》八言联

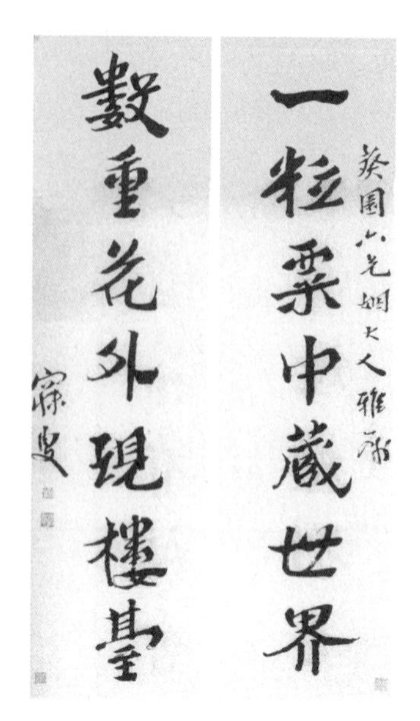

沈曾植行楷书《一粒数重》七言联

晚年，沈曾植辞官并蛰居上海，醉心于书艺，其“斋中所积元书纸高可隐身”“案头常置《淳化秘阁》《急就章》《校官》等数帖，《郑羲》《张猛龙》《敬显儁》等数碑”[1]。此时期，他专力于书法学习和创作，并将帖学中的二王、钟繇、索靖、欧阳询、虞世南、倪元璐、黄道周及碑版中《爨宝子碑》《爨龙颜碑》《张猛龙碑》《郑文公碑》章草及最新发现的西北简牍、唐人写经全面吸收，“于唐人写经、流沙坠简亦极用力”[2]，完成了“自行变法，冶碑帖于一炉，又取明人黄道周、倪鸿宝（倪元璐）两家笔法，参分隶而加以变化。于是益见古健奇崛”[3]。台湾学者陈定山甚为推崇沈曾植书法，评之曰：“章草至沈寐

[1] 转引自戴家妙撰《沈曾植的书法艺术》，上海市书法家协会编《海派代表书法家系列作品集——沈曾植》，上海：上海书画出版社，2006年版，第9页。

[2] 转引自王蘧常著《忆沈寐叟师》，《书法》杂志编辑部编《书法文库——流光溢彩》，上海：上海书画出版社，2008年版，第47页。

[3] 同[2]，第46页。

叟而大成，盖其镕铸汉魏，摘髓索靖，千载而下，迥乎一人，有非宋仲温、陈奕禧辈所能梦见者，谓之伯英复生可也。”[1]

总之，沈曾植书法成功在于不囿于一家之成见，时刻体现着“异体同势，古今杂形”的书学理念，他融合晚明书风中倪元璐和黄道周二家书法，上继章草之体势，与西北汉简、唐人写经互参，并以六朝碑版和二王帖学熔铸章草，使其草书“抑扬尽致，委曲得宜，真如索征西所谓和风吹林，偃草扇树，极缤纷离披之美，有清一代草书，允推后劲，不仅于安吴为出蓝也”[2]，展现出“专用方笔，翻覆盘旋，如游龙舞凤，奇趣横生”[3]的意趣。甚至有人谓寐叟书法为“槎枒”（老树枝分开的样子），以形容其高古淡雅。

在20世纪中国书坛中，能称得上碑派宗师者寥寥无几，往往生前负有盛名，死后詈声颇多。成就者均倚碑法一体而出：康有为标榜摩崖石刻，形成独具个性的行书魏碑；杨守敬受汉隶启发，书风呈现出带有隶意的行草北碑；吴昌硕则以力摹《石鼓文》而奠定其巨匠之地位；沈寐叟更是独辟蹊径以篆隶北朝书法熔铸章草，实现了近代草书发展之新突破。这种创新求变的精神卓绝千古，将其在政治上未能施展之抱负，以如椽巨笔写出，完成了他的章草碑化的革新之梦，其成就“如白云在霄，舒卷自如。结体虽散漫，而气韵高逸”[4]，他所开创的书风也被尊称为“沈派”。沈门弟子众多，成就大者为王蘧常，画家潘天寿也从沈氏书法中取法，活跃于20世纪的章草书大家，无不受其影响。因此，沈曾植书法代表了清末民初一代遗老群体中无法逾越的碑体高峰。

---

[1] 转引自陈定山撰《民国以来书家势评》，《书画月刊》1969年第六卷第四期，第29页。

[2] 马宗霍辑《书林藻鉴·书林纪事》，北京：文物出版社，2003年版，第244页。

[3] 转引自沙孟海《近三百年书学》，沙孟海原著，朱关田选编《沙孟海论艺》，上海：上海书画出版社，2010年版，第17页。

[4] 郑秉珊著《艺苑琐话》，北京：海豚出版社，2011年版，第99页。

恩科状元——张　謇

张謇像

张謇（1853—1926），字季直、处默，初名育才，晚号啬庵。祖籍江苏常熟，生于江苏海门。同治八年（1869）秀才，光绪二年（1876）前往吴长庆幕府任文书，六年（1880），随吴长庆移驻登州。八年（1882），朝鲜发生“壬午兵变”，随吴长庆军赴朝鲜汉城平叛，十年（1884），随吴长庆奉调回国，驻防金州，同年吴长庆病卒，张謇回乡读书。十一年（1885）中举人。慈禧太后六十寿辰设恩科会试（1894）中状元，授翰林院修撰。后甲午中日战起，适遭父丧归故里从事建设。三十二年（1906）拥护清廷预备立宪，组“预备立宪公会”，任副会长。宣统元年（1909）任江苏咨议局议长。辛亥革命后，任南京政府实业总长，1913年任北洋政府农商总长，1914年任全国水利局总裁。袁世凯推行帝制后，辞职南下，后在南通办理实业，并主持江苏教育文化事业，曾任江苏新运河督办、吴淞商埠督办等，1926年病逝。著有《癸卯东游日记》《变法平议》《通州兴办实业章程》《啬翁自订年谱》等。

张謇为清末状元，人称“甲午状元”，但他中状元之时已人过中年，一生经历坎坷。张謇出身贫寒，父亲读书不多，但很有见识，极力培养张謇，他读书也异常刻苦，五岁时已能背《千字文》，十一岁，凡《孝经》《大学》《中庸》《论语》《孟子》皆读遍。张謇十六岁时赴州应试，结果却名列一百之外，同县范肯堂名列第二名，回到学塾，塾师自觉脸上无光，愤言道："要是有一千人去考，取九百九十九人，只有一个人不取，这个人就是你！"[1]张謇闻此备受打击，夜不能寐，于塾中隔窗上、卧室的帐顶上写满"九九九"三字自责自励。光绪二年（1876），张謇以秀才身份入淮军名将吴长庆[2]幕府，颇为吴所礼遇，并随吴长庆赴朝鲜，代吴草拟条陈。据《张謇自撰年谱》光绪八年七月记云："吴公奉督师援护朝鲜之命，属余理画前敌军事。时同人率归应乡试散去，余丁内艰独留。而措置前敌事，手书口说，昼作夜继，苦不给，乃留袁慰廷（袁世凯）执行前敌营务处事。"[3]而吴长庆在《幕府笔谈》（1883）[4]中记有"顷有幕友张君季直，能诗能文能字，拟请酌改即缮写楷法"[5]之言，可知张謇在吴长庆心目中的地位，而吴长庆之子吴保初亦师事张謇。在朝鲜期间，张謇结识了许多朝鲜名流政要，开阔了自己的眼界。在中国近代史上，吴长庆的幕府中成就了两位著名的人物——一位是张謇，另一位就是袁世凯。也正是缘于此，张謇与袁世凯保持着四十余年的交往，尤其是清末民初，二人关系更为密切。袁世凯起复之初，张謇曾致电袁，其中有"今共和主义之号召，沛然莫遏，激烈急进之民，至流血以为要求，殷殷望治之情，可怜尤复可敬，为满计，为汉计，为蒙藏回计，无不以归纳共和为福利，宜以此顺天人之德，谢帝王之位，为中国开亿万年

---

[1] 魏武撰《张謇书法浅述》，《张謇书法选》，北京：中华工商联合出版社，1993年版，第130页。

[2] 吴长庆（1829—1884），字筱轩，为清末名臣李鸿章淮军名将，官至广东水师提督，卒谥武壮。

[3] 转引自苏同炳撰《袁世凯与庆亲王》，苏同炳著《中国近代史上的关键人物》，天津：百花文艺出版社，2003年版，第655页。

[4] 幕府笔谈，"幕府"指的是清末吴长庆军幕，笔谈即以笔代口，双方面对面将要说的话用笔记录下来，进行交流。此处参考叶渡、魏三纲撰《新发现〈吴长庆、闵泳翊等笔谈卷〉》、北京大学韩国学研究中心编《韩国学论文集》，北京：东方出版社，1994年版。

[5] 同[4]。

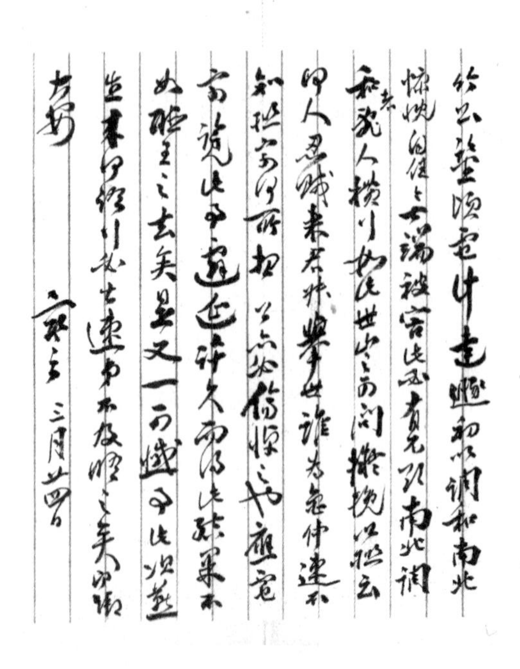

张謇行草书札

进化之新基，为祖宗留二百载不刊之遗爱”[1]。此电文语重心长，可见张謇之通达时务。民国初年，张謇受袁世凯之邀北上任北洋政府农商总长，成为北洋政府的重要成员，主导北洋政府的经济发展，对民初经济的复苏有一定贡献。1915年，袁世凯推行帝制，张謇辞职南下。袁称帝后，将他与徐世昌、赵尔巽、李经羲并封为“嵩山四友”，不受。

张謇的书法名气一直不低，在吴长庆幕府期间，其书法即得到了吴的推崇。后张謇受知于“清流派”领袖潘祖荫、翁同龢，书法也受到潘、翁的影响。张謇于1894年中状元，之前他在科举之路上备尝艰辛。在科举时代，如应试者书法不佳，在科举中很难脱颖而出，因而“状元书法”无论从水平还是功力上看都是上乘之作。加之张謇特殊

[1] 刘太希撰《清末民初史话》，刘太希著《无象庵杂记》，台北：正中书局，1978年版，第1页。

的人生经历和境遇，其书法更为世人所重。张謇科场折桂后居于北京，民初亦有数年停留。从现存资料来看，张謇参与了旧京的一些雅集。居京期间，与张謇终日盘桓的均为北洋政要和一流的文人学者，如袁世凯、段祺瑞、熊希龄、朱启钤、孙宝琦、周自齐、梁启超等，故此他的交友圈级别很高，其人其书在北京影响也不容小觑。首都博物馆藏有一件他赠给北洋政客周肇祥的行楷书，气势宏大，笔力千钧，这也是他在北京活动的一个见证。状元书法，一直以来在世人心中都有很高的地位，而张謇身兼状元、政治家、实业家三重身份，因此他的书法享誉一时。

海鹽朱侯母王太夫人墓誌銘
黃陂黎元洪譔文
南通張謇書丹并篆蓋
海鹽朱君錫康與其弟瑞卜明年三月庚午朔葬其母於
縣南通元鄉水北九曲灣之原蓋祔於贈公朱府君諱廷
楨之兆域禮也太夫人王氏海鹽人父諱葆善清官同知
年十九歸于朱氏婉娩有德里黨賢焉清光緒十一年贈
公歿遺殯在堂廬燬於火太夫人抱棺呼號誓以身殉火
已及櫬風歛頓息鄰救得免世尤嗟異遂急營葬復築宅
於城東其時諸孤惸然瑞甫齔亂凡封樹建壁太夫人咸
任其勤不使諸子懈於學卷屋數椽宵燈不滅過者聞機
聲書聲相應輒曰此朱氏廬也既而冢嗣復初補縣學生
負里人以太夫人之賢也賢其子而太夫人期望益嚴摯
平生儉約有節仁慈好施縣中橋梁道路惠及於衆者若
有脩治皆節衣縮食出金助之其卒也為清光緒二十一
年八月六日年三十有九蓋後贈公之歿十年矣生男子
子三復初縣學生負已前卒錫康今官江西安義縣知事
瑞今官興武將軍督理浙江軍務封一等侯女子子一適
同縣宣承祖孫五人積權積森積烜積壎積樞銘曰
婦也貞堅呼天反風夫棺得全為母而賢子承其教於常
爛然銘無慙焉書辭於石垂諸萬季陵谷不遷後其式此
賢母之阡

张謇楷书《海盐朱侯母王太夫人墓志铭》（拓本）

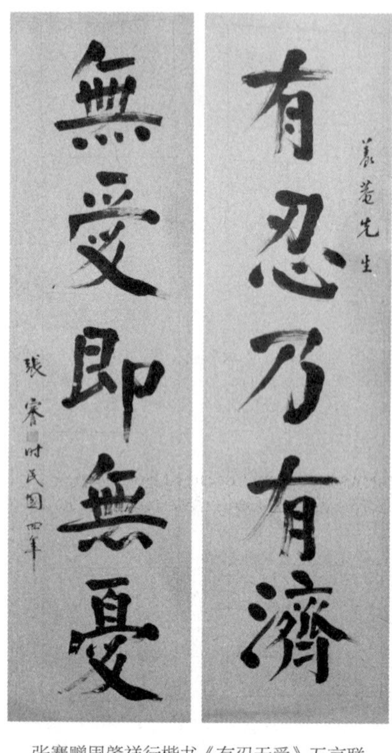

张謇赠周肇祥行楷书《有忍无爱》五言联

张謇书法，早年习书受馆阁体影响。从他的日记中看，张謇对于唐贤书法下过很深的功夫，楷书如颜真卿《麻姑仙坛记》《自书告身帖》、欧阳询《九成宫醴泉铭》《皇甫君碑》、褚遂良《伊阙佛龛碑》《雁塔圣教序》等，均细心临习。张謇尤工于小楷，取法王羲之《曹娥碑》、钟繇《宣示表》，即使从政后事务缠身，仍然坚持每日以小楷书写日记，这似可看作张謇书法较为保守的一面。其行书则师法颜真卿《争座位帖》、褚遂良《枯树赋》。他从朝鲜归国后颇受潘祖荫、翁同龢的赏识，过从甚密。翁是晚清著名书法家，工于颜书，因此张謇的楷、行书法面貌和翁同龢有近似之处。张謇的颜书气势磅礴，用笔开张，无一丝呆板和俗态，是典型的清代士人书法。但与翁不同的是，张謇并非以颜书为归宿，对碑派书法及草书亦有涉猎。他的草书，则从孙过庭《书谱》入手，以颜书为根基，充盈着唐人法书的细腻和秀美。张謇的大字草书不多，从他所作《通州师范学校附属小学校训》来看，其大字草书受颜真卿影响很大，未能超越清人对草书的理解。

张謇并未一味推崇帖学，视碑派为畏途。他对《爨龙颜碑》《瘗鹤铭》钟爱有加，并时常临习，从其存世的书法来看，他的书法受《爨龙颜碑》影响不大。其行书以《瘗鹤铭》为基础，并融入黄庭坚书法。他曾临黄庭坚的《墨竹赋》，以颜楷结合黄庭坚书法。1915 年，他在致儿家书中说：“学山谷书，须知山谷之所学，山谷用俯控之笔，得之

《瘗鹤》，褚河南《永徽圣教序》即俯控之笔，可体玩也。山谷于平直处、顺逆处须注意，须观山谷谨严之字，乃能悟其笔法。”[1]从中足见张謇对黄庭坚书法之理解。

张謇还习隶书，取法《礼器碑》《石门颂》。张謇1926年所书《南通观音禅院香炉铭》是他的隶书代表作，他的隶书将《礼器碑》《石门颂》相融合，取礼器之劲挺，石门之开张，以一种传统士人的姿态写隶书，能做到从心所欲而不逾矩，堪称善学之士。

对于如何学习书法，张謇反对一曝十寒，也不主张走捷径。他早年推崇工稳一路的书法，并认为习书每本帖至少要临三五十遍。张謇常说：“写字要结体端正、平直，决不可怪，更不可俗。”[2]中年以后钟情于平稳端正和质朴苍劲的风格，这一时期，他喜宋苏东坡，清刘墉、何绍基、张裕钊书法，对后世习颜书名家颇为推崇，在1926年为师范学生演讲时曾说：“……字须一笔一画均有着落，注意于常人所易忽略之处，从平正方面去做，尤须多玩味古人。今人于篆隶多推邓完白，予谓何子贞实驾而上之，一则将气，一则士气，何读书多，邓读书少也……”[3]还说“刘石庵折笔在字内，何绍基折笔在字外”[4]，从这些记录中可对张謇的书学思想略窥一斑。张謇将书法水平的高下归结于读书的多少，可知他是一位传统保守的书法家。张謇的友人郑孝胥从不轻诩他人，对其则有“书法有绵里针，惟啬翁”[5]之评。

总体而言，张謇并非以书法名世，他的成就主要体现在教育和实业上，曾受到清政府和社会的重视。清末经学家俞樾曾赠张謇一联云“陈太丘如是其道广，颜鲁公何止以书名”，对张謇的书法推崇有加。

---

[1] 魏武撰《张謇书法浅述》，《张謇书法选》，北京：中华工商联合出版社，1993年版，第134页。

[2] 同[1]。

[3] 同[1]。

[4] 同[1]。

[5] 郑逸梅撰《南通状元张季直》，朱孔芬编选《郑逸梅笔下的文化名人》，上海：上海书画出版社，2002年版，第21页。

张謇行楷书《诵道著金》八言联

据称，张謇晚年在家乡南通出资创办南通金石书画会，得到了俞吟秋、徐鋆、金泽荣等家乡同人的积极响应。书画会汇集了一批著名的书画名家，如吴昌硕、王一亭、田桐、朱屺瞻、徐悲鸿、钱化佛、金城、朱其石等，并在南通公园举办了书画会的第一次展览。张謇还利用自己创办的翰墨林印书局编印了大量的字帖，促进了书法艺术在民间的流传和普及。此外，他为南通各大公园从历代名帖中集字放大刻成匾额，供民众欣赏。张謇还为家乡书写了许多碑刻，据统计仅其40岁所书的碑帖著录就60余种，如为宋代名臣文天祥南通渡海处题《重建宋文忠烈公渡海亭记》。为了家乡的教育慈善事业，他还一再鬻书，并以诗记之曰："大热何尝困老夫，七旬千纸落江湖。墨池经（径）寸蛟龙泽，满眼良苗济得无？"[1]可见这位七旬老者对家乡子弟培养的不遗余力。

1926年，张謇病逝，出殡之日，南通万人空巷，近乎全城的民众为张謇送行。蔡元培有联挽之云"为地方兴教养诸业，继起有人，岂惟孝子慈孙，尤属望南通后进；以文学名光宣两朝，日记若在，用裨征文考献，当不让常熟遗篇"[2]，此挽联对张謇的一生功业做了定论。

[1] 魏武撰《张謇书法浅述》，《张謇书法选》，北京：中华工商联合出版社，1993年版，第135页。

[2] 转引自《近代中国人物漫谈》，车吉心主编《民国轶事》第一卷，济南：泰山出版社，2004年版，第216页。

维新志士——宋伯鲁

宋伯鲁像

宋伯鲁（1854—1932），字芝栋，又字子纯、子钝、芝纯、芝洞、芝桐、子顿、芝田、钵庵，号竹心，室名海棠仙馆、心太平轩，陕西醴泉人。光绪十一年（1885）举人，次年中进士。曾任山东道监察御史。二十四年（1898），与杨深秀等在北京发起关学会，与康有为、梁启超交往，并代康有为呈递变法奏章。百日维新期间，与杨深秀合疏弹劾礼部尚书许应骙阻挠新政，并奏改《时务报》为《时务官报》。戊戌变法失败后，被革职通缉，避居上海，二十八年（1902）返回故里。被控入狱后，应伊犁将军长庚之请，任伊犁将军府幕僚。1914年，再度至京，以书画自给，曾任北洋政府参议院议员，加入晚晴簃诗社。1924年，任陕西通志局总纂。1932年病故。著有《蘀红词》《还读斋杂述》《知唐桑艾》《海棠仙馆诗集》《焚余草》《西辕琐记》等，纂修有《新疆建置志》等。

宋伯鲁的前半生基本上是一位政治人物，维新变法期间，作为御史的他以“丰裁峻整，弹劾不避权贵”[1]，“言诸新政最多”[2]为世人所知。变法失败后，个别守旧官僚还耿耿于怀，认为宋伯鲁“其罪在康有为之下，实在杨深秀之上”[3]。民国以后，他虽依然不忘国事，奔走于各地，但其后半生主要以诗、书、画之造诣为世人所称道。在北京，他还被尊称为“旧京画坛四名家”之一。据传，清末庚子年，慈禧太后逃至西安，地方官员误进呈宋伯鲁书法为贡品，慈禧见后先连连称善，但看清落款后很是尴尬，无奈地说：“他是个罪臣……”据宋家后人回忆，宋伯鲁日常的生活很有规律，每天 6 时起床，一天大部分时间在读书、写字、画画，他每天必书写 100 个大字、300 个小字，平时求书者也多，如请他写牌匾、墓志、碑碣、楹联等等，从未间断过。晚年的宋伯鲁还应邀参加陕西省举办的书画大赛，并位居榜首，在他的家乡醴泉还流传着“先学欧，后学柳，然后再学宋伯鲁”的说法。1932 年，宋伯鲁因病去世，徐世昌、于右任、冯玉祥、宋哲元等名流纷纷发来唁电。以杨虎城、邵力子等为首的陕西各界名流及团体送来的挽幛和挽联挂满了宋家厅堂，其门生故旧感念其为人，还送来“和风劲骨”匾额加以缅怀，此事在当地引起了不小的轰动。

宋伯鲁书法在清末民初的北京已广为人知，加之其特殊的身份，他的书法更是得到了一定群体的推崇，声名甚至饮誉海外。20 世纪 30 年代，日本编著的《支那墨迹大成》中就收录有宋伯鲁的书法。民国时北平琉璃厂最著名的清秘阁、荣宝斋中也代售他的书法，一时间有供不应求之势。宋伯鲁的书法自幼受到了严格的馆阁体训练，用他自己的话讲：“余少习欧阳信本《皇甫诞碑》，小楷学《灵飞经》，后乃仿松雪《道教》《龙兴》《虎邱（丘）》及其他各行书，兼习《定武兰亭》，旁涉阁帖，沿流讨源，复多涉宋明以来诸名家。积之既久，始恍然，‘二

[1] 转引自孔祥吉撰《宋伯鲁》，清史编委会编，戴逸、林言椒主编《清代人物传稿》下编第一卷，沈阳：辽宁人民出版社，1984 年版，第 121 页。

[2] 转引自孔祥吉撰《宋伯鲁与戊戌变法》，《人文杂志》1984 年第 2 期，第 97 页。

[3] 同［1］，第 125 页。

少白軍帥大人閣下前使來捧讀
鈞函疑竇頓釋遐覔
不我遐棄
雅意摯維 魯 何人斯乃承
錯愛如此亟應束裝就道而雪深路遥載輅爲艱擬俟
明春山雪消融涂次通暢約於三月初旬僂挈累重迅
赴伊江想我
公必不以遲々見責也比來時局阽危迭遭 國恤
主少國疑全賴二三重臣爲之搘拄危局
將軍爲西垂鎖鑰慎固封守責任尤重竊惟今日任事非
難得人爲難得人非難得人而任之不疑爲難誠得人
矣復能委任不疑矣之以誠信共之以功名然後勳業可得
而就也自古大臣以人事君功蓋天下名垂竹帛其道莫
不由此顧我
公少留意焉抑 魯 更有進者今日全疆不思自立之法一旦協
餉不繼束手待斃拱手讓人耳萬無幸全之理現在省城
鑄銀元造紙幣種々變態無非目前補苴之計於大局
無與也側聞伊犂圜法多歧近亦創造紙幣將來能
否暢行尚難預定不過稍々流通市面而已究於大局無
濟竊謂候補道陳璋長於財政其言皆深切著明又
歷經著有成效非同耑上空談者能實行其事於保邦
何有焉[illegible]區々新省予鄙意總以伊新聯絡一氣爲上
將軍既節制全疆則藩司以下聽其調度應洽商巡撫飭
令藩司商同陳道實力舉行不及一年吾新庶有瘳乎
聞陳道過伊犂曾與
將軍面談此事想智慧如
將軍亦必以爲然也附呈陳道稟三和並希
垂覽書泐奉復敬請
崇安統惟
德鑒不盡
晚宋伯魯頓首謹啓 嘉平初三日

宋伯鲁行楷书札

王’以后，断推松雪翁为集书学之大成，余子各得会稽乔梓一体耳。”[1]从这段记载中可知，宋伯鲁楷书最初从欧阳询入手，继学赵孟頫，小楷习《灵飞经》，行书取法二王、赵孟頫，为典型之帖学习书方式。他生于清代咸丰四年（1854），这一时期馆阁体盛行。有清一代，“馆阁书逐时而变，皆窥上意所在。国初，圣祖（康熙帝）喜董书，一时文臣皆从之，其最著者为查声山（查昇）、姜西溟（姜宸英）。雍正、乾隆皆以颜字为根底而赵、米间之，俗语所谓‘墨圆光方’是也。然福泽气息，无不雄厚。嘉庆一变而为欧，则成亲王始之。道光再变而为柳，如祁寿阳（祁寯藻）其称首者也。咸丰以后则不欧不柳不颜”[2]。而宋伯鲁也是从欧体学起，继学赵孟頫、二王，其楷书功力深厚，能将“乌、方、光”等特点及皇家好尚表现出来，为标准之馆阁体。在行书上，他始习赵孟頫，后取法李邕，进而师法晋人，他曾言“学问之道与年俱进，惟书亦然。少时喜松雪书，中年以后揣摩晋唐，后乃究心阁帖，得力于晋人者不少”[3]。对于赵孟頫书法，他推崇备至，并说：“松雪翁临古刻最多，一生宪章二王，其目中无孙虔礼（孙过庭）久矣，何况余子。而资性拙钝者去之愈远，莫名奇（其）妙斥之为妩媚，殊不知二王书容有一笔不妩媚者乎？”[4]在草书上，他推崇晋人，认为王羲之以后无草书，对唐张旭、怀素书法，说“颠素以降则奔逸太过，所谓‘惊蛇走虺势入户，骤雨旋风声满堂’者，不免堕入异趣矣”[5]！对于碑派书法，他并不提倡，说“近人好写魏碑，不知魏碑古则古矣。晋人雄秀之气不可见矣，且北碑讹字极多，不可究诘，遗误后人非浅。而学者利其便于藏拙，不觉坠入恶道”[6]。可见宋伯鲁习书遵从帖学，

[1] 转引自赵顺撰《宋伯鲁书法散论》，《戏剧之家》2015年第15期，第166页。

[2]（清）欧阳兆熊、金安清著《水窗春呓》，北京：中华书局，1984年版，第61页。

[3] 同[1]。

[4] 同[1]。

[5] 转引自汪运渠撰《硕学鸿儒 帖学一脉——民国书画家宋伯鲁》，《陕西书法》2012年第3期，第66页。

[6] 同[1]。

宋伯鲁行楷书《逸兴高怀》十二言联（拓片）

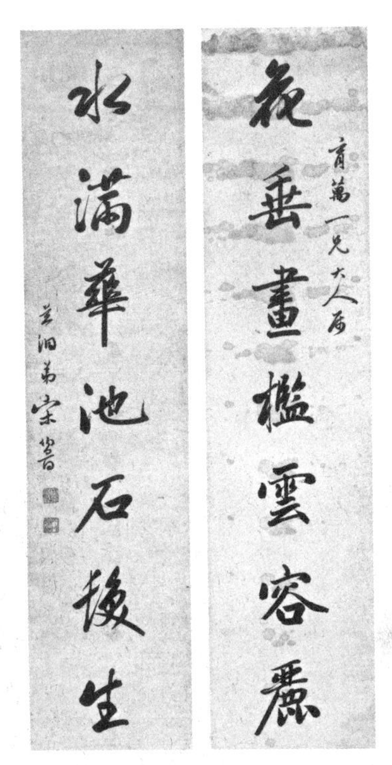

宋伯鲁行楷书《花垂水满》七言联

并视二王楷法为优绝古今者，扮演着帖学卫道者的角色，形如书法界之程朱。

维新变法期间，宋伯鲁以朝廷“言官”身份“尤能言人所不敢言”[1]，是一位变法图强运动中的激进人士。在书法上，他却是传统帖学书法的坚决维护者。对于碑派书法，宋伯鲁不涉猎也不提倡，以传统士大夫文人自居，终生标榜赵孟𫖯、二王书法，其书法气韵中和，笔法娴熟，体现着传统旧式礼教和经世致用之学的碰撞，显然传统旧式礼教逐渐占据上风，最终在其书法中展现无遗。晚年的宋伯鲁书法

[1] 转引自孔祥吉撰《宋伯鲁》，清史编委会编，戴逸、林言椒主编《清代人物传稿》下编第一卷，沈阳：辽宁人民出版社，1984年版，第122页。

越发精妙圆融，达到了一种温厚和平、流宕妩媚的境界，但这种力求中庸之道的书法风格却变成了帖学书法中的落日余晖，只能在碑派书风大盛的清末民初书坛中孤芳自赏。总体而言，如细致地分析宋伯鲁书法，会发现其书法中个人的创造性不足，基本上为承袭前人。特别是他书写的墓志碑碣，与同时期的帖学名家风格雷同，缺少自家面目。因此，宋伯鲁书法因维新志士之名为人所贵，好之者或多或少也存有一种好古情怀吧。

樂陵宋湘及先生墓誌銘 幷序
醴泉宋伯魯譔幷書
民國十五年夏歷三月十日湘及宋先生殁於京師將以今年夏歷十月朔反
葬於樂陵故里其嗣明軒方主陝西政席以狀來乞銘墓主席救民水火功在
全秦伯魯秦人也烏淂以不文辭案狀先生諱釜湘及其字山東樂陵縣人大
父諱慈熊以名諸生工吟詠勇於爲善邑中義舉多所手創晚好道常注來勞
山中時人莫測大母氏劉恒以畊績之資出振貧乏父諱堪公以諸生授徒值
大水傾家貲以拯溺者母氏史用女紅供甘旨人稱其孝先生幼而徇齊勝衣
就傅能刻苦自勵未弱冠補博士弟子負笈食餼有聲庠序閒嶷氣正性見者
皆敬憚之然益自益晉既不淂志於有司遂棄筆走桂林入潘太守江府幕太
守淂其辭助治稱家久之應曹州鎮總兵陸公朗齋之聘參預戎機以功授五
品職銜非其好也是時中日戰後國事日非而拳匪復伺機煽亂内憂外患迭
起紛乘先生慨然謂其子哲元曰國勢阽危非素嫺韜鈐能折衝禦侮不足以
雪國恥救危亡徒沾沾文學奚補哉國家方練新軍爾盍往焉哲元遂於光緒
三十二年赴北洋第六鎮入伍民國紀元充哨長其後隨馮總司令轉戰直魯
豫皖等七省所向克捷不數年擢爲師長受任爲熱河都統拜命之日先生即
馳書誡之曰作官以不愛錢爲本若以一錢寄家者非吾兒也先生雖年近桑
榆然樂善不倦所創辦慈善事非一政府酬以六等文虎章咲曰安用此以哲
元在熱河因就養京師讀書課孫怡然自得偶染疫遂不起卒年六十有五及
弥留之際猶召春元智元而誡之曰忠孝不兩全盡忠即所以盡孝汝兄在熱
河勿使聞逆亂方寸是時我軍方失利奉軍進據北京人心惴慁道梗未達營
窀穸用遺命浮厝蕭寺中十月之末哲元退至綏遠始聞確耗一痛幾絕然亦
無由致先生之喪親殮大事今年關輔澂清民安其業始淂陳情歸正首邱噫
可悲也已先生配沈氏夫婦相莊數十年如一日今尚健也生子三長即哲元
字明軒今任陝西省政府主席兼陝西勦匪總指揮第九師師長次春元三智
元皆未仕女二長適京漢護路隊長同邑曹景蘭次適甘肅軍械局長同邑李
武台孫二世玉良玉孫女六俱幼銘曰
豈婦之壁實產賢豪落落先生霞舉雲高有子挺生孫穰之器摩壘搴旗易吾
漢幟芒芒鵲首水深火熱誰其拼之伯也英傑萬津之沃廠次之郊山長水遠
以奠菁莪
男哲元等泣血納石
閬中王尚重刊

宋伯鲁楷书《乐陵宋湘及先生墓志铭》

（宋哲元之父墓志）（拓本）

题匾高手——王垿

王垿（1858—1933），字爵生，号杏坊、望石山樵，晚号寄叟，山东莱阳人。光绪十五年（1889）进士。历任翰林院庶吉士、检讨，国史馆协修、文渊阁校理，右春坊右赞善，左春坊左赞善，右春坊中允，翰林院侍讲。二十六年（1900），随慈禧太后、光绪帝西行，至西安，任国子监祭酒。二十九年（1903）任河南学政兼翰林院学士，三十一年（1905）升任内阁学士兼礼部侍郎。三十三年（1907），任法部右侍郎。宣统二年（1910），任实录馆副总裁。辛亥革命后，欲回乡，后因天津兵变，道路受阻，又闻莱阳哗变，遂定居青岛。1917年，张勋复辟，任弼德院顾问大臣，1933年病故。编有《福山石坞王君年谱》。

王垿像

2009年的济南《生活日报》曾刊登过一篇《普利街“义兴公”石匾面临流失》的文章，文载：“位于该片区的百年老字号义兴公旧址已被拆掉了主体，而门洞上方，义兴公石匾尚悬在半空。由于去掉了表层石灰，‘义兴公’三字旁还能看清落款，其题写者为清末著名书法家王垿。”[1]据称此匾后遗失。谈到王垿，此公书法在清末民初的旧京名重一时，他出身翰林，曾任国子监祭酒，一时间为“山东京官领袖”，

[1] 参见济南《生活日报》2009年11月18日，第12版。

王垿楷书题“同和祥”匾额

旧京往日流传着“有匾皆书垿，无腔不学谭”[1]的说法。据时人记载，京中许多银号、钱庄、酒楼、绸缎布店、洋广杂货店铺之匾额均出自王垿之手，而北京西单著名的老字号天源酱园内曾悬有他所书对联二副，“天高地厚千年业，源远流长万载基”“酱佐盐梅调鼎鼐，园临长安胜蓬莱”，两联上下第一字连读即为“天源酱园”，此两联不仅书法写得好，词也选得妙，为老字号天源酱园增添了一段艺林佳话（惜对联今已不存）。寓居旧京的山东店家也多喜请同乡王垿书匾。和活跃于民国时期的北京题匾名家冯恕、邵章等人相比，王垿也应算是位先贤前辈。王垿晚年寓居青岛，亦常为当地人书写匾额，因此青岛也有“已闻有匾皆书垿，江右还看刘幼云”[2]之说，可见王垿书法在旧京及齐鲁一带皆有不低的名气。

王垿生于耕读之家，其父王兰升、兄王塾均进士出身，并入翰林院，因此王家有“一门三翰林”之美名。民国以前，王垿在朝为官，曾受清代状元陈冕（王兰升弟子）、庆亲王奕劻礼聘为其教育子弟。光绪

[1] 瞿兑之撰《市招》，瞿兑之著《杶庐所闻录　故都闻见录》，太原：山西古籍出版社，1996年版，第257页。

[2] 刘幼云即刘廷琛，刘廷琛（1867—1932），字幼云，号潜楼，江西九江人，光绪二十年（1894）进士，曾任翰林院编修、陕西提学使、京师大学堂总监督、学部副大臣，辛亥革命后寓居青岛。曾参与张勋复辟，并出任内阁议政大臣。

二十年（1894），甲午战争爆发，日军侵入威海、登州，王垿与挚友王懿荣受朝廷之命，于登州组成团练，誓与日本侵略者决一死战，但后因《马关条约》之签订，不得已作罢。戊戌变法期间，王垿认为变法乃强国之举，但惜条件并未成熟而已，表现出一种稳重守成的政治态度。二十六年庚子（1900），八国联军侵入北京，帝后西狩，王垿弃家追随，被任为国子监祭酒。三十一年（1905），慈禧太后身边的红人总管太监李莲英庆寿，朝内大臣均备礼品拜贺，独王垿怫然曰："吾不纳贿，亦不贿人，况一监乎？先朝即不准太监言政不准出京，今李竟成权臣，吾即降职，亦不往竭资谄之。"[1] 此举引起了李莲英的不满，幸庆亲王奕劻[2] 从中斡旋，以"王垿乃老山东中之书呆子"作解，李莲英方一笑置之。宣统元年（1909），革命党人汪精卫刺杀摄政王载沣未遂，被捕后由肃亲王善耆、法部右侍郎王垿审理，他二人见汪精卫慷慨陈词，胆识过人，故命收监未予加害。辛亥革命后，清廷大赦革命党，汪方得以获释。清帝逊位后，王垿不愿出仕新朝，以遗老自居，由北京返回山东，晚年寓居青岛。民国以后，王垿基本上不过问政治，与清室人物也交往较少，居闲时以诗书自娱。20世纪二三十年代，青岛商家有求书匾额者，王垿无不欣然应之，故青岛商号之牌匾多出自他的手笔。王垿在崂山的刻石众多，其中"明霞洞"和天后宫"有求必应"两块匾额尚存。其书法还流传至日本，受到日本书法界的推重。

民国以后，王垿虽基本活动于青岛，远离京城，但笔者查阅相关

---

[1] 刘镜如撰《王垿传略》，高原编著《王垿翰墨》，北京：中国书店，2010年版，第20页。

[2] 笔者按，王垿应与庆亲王奕劻关系较近，庆亲王当权后，他做过奕劻两个儿子的老师，加之王垿敢于冲撞总管太监李莲英而自全，可见他在庆亲王眼中的地位。而作为庆亲王政敌清末名臣瞿鸿禨之子瞿兑之在其所撰《市招》一文中记："光绪季年风行王垿之字，有'有扁皆书垿，无腔不学谭'之谚。垿为山东翰林，鲁人之营商者相率标榜之，实则陋劣不能成字也。"参见瞿兑之撰《市招》，瞿兑之著《杶庐所闻录　故都闻见录》，太原：山西古籍出版社，1996年版，第257页。作为民国时期的著名学者，瞿兑之对王垿书法评价很低，似欠公允。笔者认为瞿兑之有此种记述很可能源于庆亲王与其父瞿鸿禨丁未政潮［光绪三十三年（1907）］的恩怨，但不知王垿在其中扮演了何种角色。

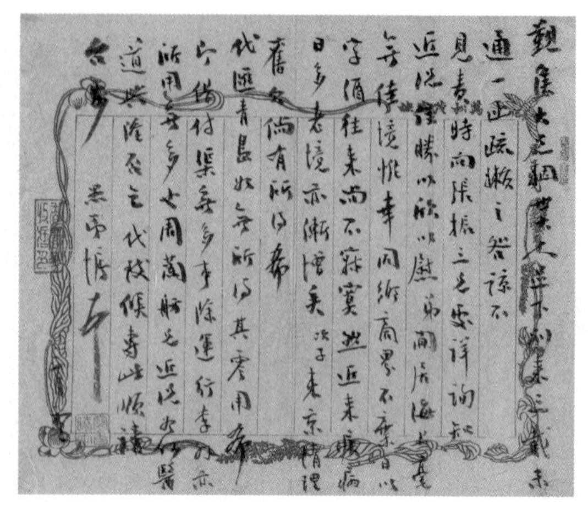

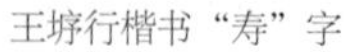

王垿行楷书“寿”字

王垿行楷书札

资料，发现清末民初旧京中存有大量的王垿书匾额，分布于闹市的街巷之中，且琉璃厂、隆福寺及各大南纸店、古玩铺很可能悬有王垿的润例，王垿虽未在京居住，但其书风影响并未因清亡而减退。民国时期北京山东籍的官员、商家依然较多，因此王垿这个昔日的“翰林”“国子监祭酒”“山东京官领袖”书法更是得到了他们的推崇，可见，王垿书法是旧京书风中不可或缺的一部分。但可惜的是，随着时代的变迁，如今北京已找不到王垿题写的匾额，王垿之名在此地也逐渐变得陌生。

最后谈谈王垿的书法。他家学渊源深厚，其父王兰升常年居官，擅长馆阁体书法，书风雄浑劲健。清代状元陈冕为其弟子，书法亦得王兰升真传。王垿习书受家学影响，他生于咸丰八年（1858），此时期馆阁体盛行。王垿习书取法欧阳询、虞世南、颜真卿、柳公权，此时期馆阁体书法渐趋僵化，王垿习书难免受其影响，为了能在科举中脱颖而出，作书只能“但求四平八稳，以符合馆阁体之规格”[1]，因此后世不喜王垿书法者，往往以其为馆阁体之故。但科举废除之后，馆

[1] 张舜徽著《张舜徽集——爱晚庐随笔》，武汉：华中师范大学出版社，2005年版，第383页。

阁体逐渐消失，帖学式微，民国时反而出现了“今日学校之中，虽科学之幼稚如故，而书法之陵迟乃莫可救药，以支离错误为习惯，视规矩准绳为迂腐，书法之坏，至此极矣”[1]之窘境。因此从此角度来看，馆阁体也并非一无是处，前清习馆阁体者往往功力深厚，对帖学书法有独到的领悟，同时他们为了能引起考官的注意，尽可能地展现自身优势，将原本易刻板的书体结合自己的理解加以诠释，并融入了一些新的特点。这些经过馆阁书法选拔的士子，因为学识兼优，成为清末民国时期名副其实的书法家，王垿就是其中的佼佼者。他曾任实录馆副总裁，因此得观内府珍藏的唐、宋、元、明、清历代名人书画之真迹，眼界大开。其中尤以明代文征明的小楷，董其昌的楷书、行草，邢侗、张瑞图、王铎等人的草书真迹引起了王垿极大兴趣，前贤名作对王垿书法蜕变形成“垿体”具有不可忽视的作用。

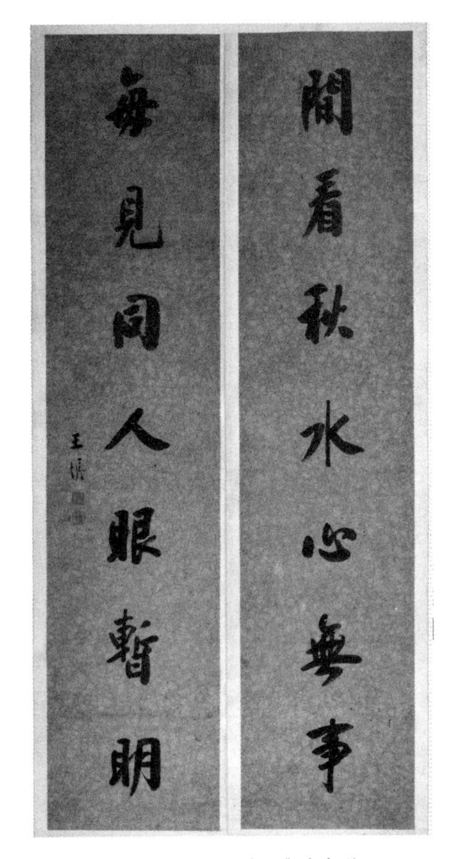

王垿行楷书《闲看每见》七言联

民国以后，馆阁体书法在旧京依然受到一定群体的推崇。擅长馆阁体的书家不乏逊清遗老、遗民、前清官员及受过馆阁体训练的士人，他们纷纷在各大南纸店、古玩铺悬润鬻书，像皇室成员溥儒、溥

[1] 俞剑华著《书法指南》，北京：中国书店，1991 年版，第 25 页。

侗、溥伒，遗老朱益藩、华世奎，末代状元刘春霖，名士宋伯鲁、邵章、冯恕、潘龄皋等，王垿亦是其中代表人物之一。细致分析，王垿最初习书从欧、虞、颜、柳入，自幼刻苦临习，后师从清末状元曹鸿勋，曹氏亦为清末擅长馆阁体的书法大家。受其影响，王垿所作楷书看似平和，却是常年临池和学养积聚所致。他的楷书虽有千字一面之不足，但亦融汇颜体之厚重、欧体之法度、虞体之风韵、柳体之筋骨，故能熔铸成自家面目。王垿最见长者为榜书，其所书匾额颇多。他深谙题匾之法，旧京中好的匾额一般喜用正统的颜体或欧体楷书，一是楷书容易辨认，二来饱满的楷书象征着物阜年丰。而匾额对字体也有严格要求，一般为榜书，书写时要注意三个要点：一是笔画要粗，显得饱满；二是要横、竖、撇、捺相对寸楷要短而有力；三是字体中心部分比例要大，这样的字体雄壮、凝重，适宜匾额书写要求。王垿书法正契合了题匾的需要，加之他常年书写榜书，将欧、虞、颜、柳四体结合，用笔宽博而苍劲，飘逸而具法度，真如“凤凰展翅、芝兰秀出”[1]，无怪乎时人把王垿的书法誉为“垿体”。

除楷书外，王垿的行书取法二王，对《圣教序》致力最勤，但受欧书影响较深，即使手录诗稿，也一板一眼，无丝毫懈笔。他还偶作隶书，但特点不甚分明，似取法邓石如，风貌与清人杨岘略有几分近似。对于王垿的书法，民国时也并非人人推崇，如民国学者瞿兑之对王垿书法就认为“实则陋劣不能成字也”[2]，坊间也对王垿题匾字有“肥粗醒目，大小一致”之讥，这也代表了民国时人对此种书法的另一种看法。如今，王垿书法可能在书坛已无很大影响，这种“千字一面”的书体看似也跟不上书法的变革，被置于故纸堆中。但笔者认为，王垿书法无论是从功力还是气度上都是不错的，且不谈他的风格有多么惊世骇俗，然而确是代表着清末官员、学者真实的书法水平。

---

[1] 刘镜如撰《王垿传略》，高原编著《王垿翰墨》，北京：中国书店，2010年版，第23页。

[2] 瞿兑之撰《市招》，瞿兑之著《杶庐所闻录　故都闻见录》，太原：山西古籍出版社，1996年版，第257页。

誥授奉政大夫同知銜直隸曲
周知縣王君墓表
予既為澄江王先生表墓之文
會得年家子王乃祿書云不孝
罪戾滋深先考以去年十月棄
養生平事蹟實有不可泯沒者
願託先生文以垂不朽藻田曰
嗚呼吾同年中又失一循良矣
表彰志行予其曷敢辭君諱希
賢字伯舉淄川人以同治九年
庚午並補行丁卯科舉於鄉是
科領解者為萊陽王芷庭編修

矣藻田與君同舉後僅一再見
忽忽已三十餘年壬辰癸巳間
予數遊直隸聞君政績頗詳己
亥春在邯鄲縣署孔亦愚謂予
曰伯舉以養親得請矣吾輩終
年奔走何為者予聞言而自傷
明年春孔君謝世又明年冬而
予叔弟光州君亦卒皆不得竟
其所設施其幸而存者不肖如
予方且從事文字間以度歲月
故於澄江先生有生死離合之
感而茲乃復聞君之喪〻此予

王垿楷书《王君墓表》（拓本局部）

碑学巨擘——康有为

康有为像

康有为（1858—1927），原名祖诒，字广厦，号长素，又号更生，晚年署天游化人，广东南海人，其弟子尊其为“南海先生”，世称“康南海”。早年受教于名儒朱次琦，后赴香港、上海等地，光绪十七年（1891）于广州长兴里万木草堂聚众讲学，宣传维新思想，二十一年（1895），联合在京举人发起“公车上书”，并提出变法图强的维新纲领，先后六次上书，得到了光绪皇帝的信赖。而后清政府自上而下推行新政，但由于多种因素，最终，维新变法失败，史称“戊戌变法”。他迫于政治压力，流亡海外，组织保皇党，宣传维新思想，成为清末民初的保皇党领袖。1913年返国，1917年参与张勋复辟,1927年病逝于青岛。著有《新学伪经考》《孔子改制考》《大同书》《广艺舟双楫》《诸天讲》《孟子微》《欧洲十一国游记》《南海先生诗集》等，编有《万木草堂藏画》。

康有为是中国近代史上著名的政治家、思想家，同时他还是清末民初书坛中一位集理论与实践于一体的碑学巨擘，其理论专著《广艺舟双楫》被奉为碑派书法理论的经典，他鲜明地鼓吹碑学而贬抑帖学，是碑派复兴的灵魂人物之一。在康有为碑学思想的影响下，碑派书风席卷了全国书坛，《清史稿》中评康氏云“有为天资瑰异，古今学术无所不通，坚于自信，每有创论，常开风气之先”[1]。此评论甚为精当。然康有为自信过度，进而生狂，故此清末民国以来，康氏亦被世人目为“狂士”，关于他的争议也一直没有停止过，体现在他的学术、人品、思想等诸多方面。对于康有为之为人，以他的弟子梁启超对康氏知之较深，认之最切，梁氏评：“有为之为人也，万事纯任主观，自信力甚强，而持之极毅，其对于客观之事实，或竟蔑视，或必欲强之以从我，其在事业上有然，其在学问上亦有然；其所以自成家数崛起一时者以此，其所以不能立健实之基础者亦以此。”[2]因此康有为的一些学术思想貌似成理，而实多强词夺理也在所难免。然而，不能因言废人，康有为在清末民初的书坛中扮演着不可替代的地位，其书法及书论亦有重要的参考价值。

康有为的书法面貌独特，气象瑰玮，风格一生三变，早年为馆阁体帖学风格，中年呈碑帖融合之势，晚年形成独立风貌——“康体”。在《广艺舟双楫》中，康有为回忆早年的书学经历：“先祖始教以临《乐毅论》，及欧、赵书，课之颇严；然性懒钝，家无佳拓，久之不能工也。将冠，学于朱九江先生（朱次琦）……得北宋拓《醴泉铭》临之，始识古人墨气笔法，少有入处，仍苦凋疏，后见陈兰甫京卿（陈澧），谓《醴泉》难学，欧书惟有小欧《道因碑》可步趋耳。习之，果茂密，乃知陈京卿得力在此也。因并取《圭峰》《虞恭公》《玄秘塔》《颜家庙》临之，乃少解结构。盖虽小道，非得其法，无由入也。间及行草，取孙过庭《书谱》及《阁帖》抚之，姜尧章（姜夔）最称张芝、索靖、皇象章草，以时人罕及，因力学之。自是流观诸帖，又堕苏、米

[1] 赵尔巽等撰《清史稿·列传二百六十·张勋 康有为》，北京：中华书局，1986 年版，第 12833 页。

[2] 左舜生撰《我眼中的梁启超》，左舜生著《万竹楼随笔》，台北：文海出版社，1967 年版，第 172—173 页。

康有为楷书题“袁督师庙”匾额

窝（窠）臼中。稍矫之以太傅《宣示》《戎辂》《荐季直》诸帖，取其拙厚。”[1]可见康有为早年受时代影响，极力追摹馆阁体，他光绪二十一年（1895）所作《殿试状》[2]即可证明。但客观地讲，康有为的馆阁体写得一般，无太突出的面貌。

光绪十四年（1888），康有为上书朝廷不达，友人沈曾植劝其“勿言国事，宜以金石陶遣”[3]。自此，康有为“日以读碑为事，尽观京师藏家之金石凡数千种”[4]，他本人也购藏了清人邓石如及汉魏六朝碑版二百余种，拓宽了自己的书学视野。经过系统的学习和研究，二十五年（1899），康有为完成了十万字的鸿篇巨制《广艺舟双楫》，此书一出，艺林轰动。康有为的《广艺舟双楫》发展了碑学前辈阮元《北碑南帖论》、包世臣《艺舟双楫》的书学思想，将北魏碑版《爨龙颜碑》《石门铭》《灵庙碑碑阴》等归入神品，提倡隶书到楷书过渡时期书法的朴质美感；同时还系统地总结了清人的碑学成果，高度评价了伊秉绶、邓石如、张裕钊等人的书法，他认为张裕钊书法“中笔必折，外

[1] 康有为著《广艺舟双楫疏证》，台北：华正书局，1980年版，第215—216页。

[2] 刘正成主编《中国书法全集》第78卷，北京：荣宝斋出版社，1997年版，第25页。

[3] 转引自张伟生撰《上海书法的百年拓进》，《书法研究》2000年第1期，第114页。

[4] 转引自《康有为研究》，中国教育学会书法教育专业委员会编《近现代书法史》，天津：天津古籍出版社，2010年版，第140页。

陈希夷书法横幅（拓本）

墨必连，转必提顿，以方为圆；落必含蓄，以圆为方。故为锐笔而实留，为涨墨而实洁，乃大悟笔法”[1]，自此确立了其尊碑抑帖之书学思想，开启了以北碑为基调的书法创作风格。戊戌变法失败，康有为流亡海外，这一时期，他继续致力于碑派书法的研习，先后临摹了《石门铭》《泰山经石峪金刚经》《六十人造像》等北朝名刻，并以其政治家的气魄进行创作，将早年的帖学根基与碑法相结合，呈现出用笔伸展，书风朴素、茂密的特点，初具“康体”风貌。

1913年，康有为归国，其书法已达到炉火纯青之境界，在广泛吸纳清人碑学成就的基础之上，以其变法维新者的胸襟将《爨龙颜碑》《石门铭》《泰山经石峪金刚经》《云峰山石刻》《灵庙碑碑阴》《六十人造像》等诸多六朝碑版石刻融于一炉，以行书笔意写出，呈现出一种体势开张、中宫收缩、上紧下松的行书魏碑，这种大气磅礴、气象万千的书体，被后人称为“康体”。

关于康有为的书学取法，除常见的资料外，还有一则可补记之。据学人刘太希、曾克耑记，康有为书法亦得益于宋陈希夷“开张天岸马，奇逸人中龙”墨迹。此幅书法用笔奇绝苍浑，有不可一世之势，存虎踞龙盘之气概，欧阳修的好友石曼卿有题诗赞此联：“希夷先生人中龙，天岸梦逐东王公。酣睡忽醒骨灵通，腕指拂拂来天风。鸾舞广漠凤翔空，俯视羲献皆庸工。投笔再拜称技穷，太华少华白云封。”[2]民国时期著名书法家曾熙亦题云：“此十字直使古今书家一齐俯首，盖

[1] 康有为著《广艺舟双楫疏证》，台北：华正书局，1980年版，第217页。

[2] 刘太希撰《奇逸人中龙》，刘太希著《无象庵杂记》，台北：正中书局，1978年版，第37—38页。

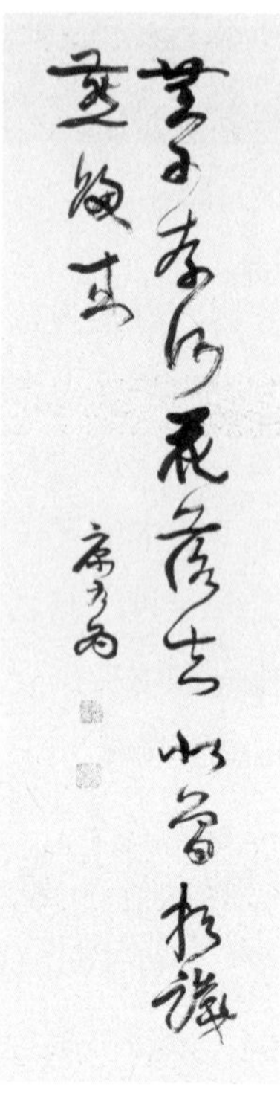

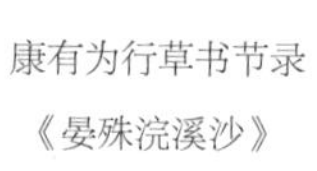

康有为行草书节录
《晏殊浣溪沙》

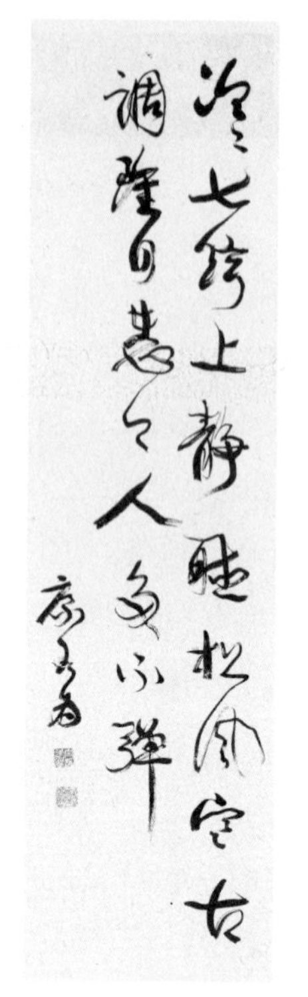

康有为行草书
《刘长卿听弹琴》

别有仙骨，非临池所能。”[1]据张大千所记，此副对联曾为书法家李瑞清所得，李氏欣喜若狂，用所藏乾隆旧锦精裱，请好友曾熙题字。后为康有为所见，强行借去临摹，自此再无音信，直到李瑞清病殁，康有为虽亲自吊唁，但仍绝口不提及此事，家人多次索要无果，后曾熙亲自出面讨要，结果说法不一，可见康有为对此件书法之珍爱。2017年，“我生无田食破砚”展中的北京画院藏“明拓字横幅”即为此作拓本，从中略可窥见康有为书风之来源，康氏平生亦多次书写“开张天岸马，奇逸人中龙”对联，其中韵味与陈希夷所作有些许神似。

康有为书法之妙处，用其弟子萧娴的话说，“如同登上南京灵谷

[1] 刘太希撰《奇逸人中龙》，刘太希著《无象庵杂记》，台北：正中书局，1978年版，第38页。

塔似的：眼前十里深松，涛声浩荡；青山如壁，横插半空；随处都存着六朝遗迹，势有一种虎踞龙盘之气”[1]。学者马国权亦赞曰：“康有为自己的书法，意态宽博而潇洒自然，能创造了独自的面目，不失为大家。”[2]晚年康氏对自己的书法颇为自诩，曾云：“自宋后千年皆帖学，至今百年始讲北碑，然张廉卿（张裕钊）集北碑之大成，邓完白（邓石如）写南碑汉隶而无帖，包慎伯（包世臣）全南帖而无碑。千年以来，未有集北碑南帖之成者，况兼汉分、秦篆、周籀而陶冶之哉。鄙人不敏，谬欲兼之。”[3]足见康氏对自己书法之自负。

然而，除正面的评价外，民国时人笔记中亦呈现一些对康氏书法和理论的不同评价。如胡仪曾记载，民国时，康有为游虞山，谒翁同龢墓，作诗讽刺翁氏，论书亦谓翁未能有成。胡氏后来曾偕友人见康有为于上海寓所，闻康有为论书法，康氏“谓七日之内，便可成家，又谓前之误于院体及各帖与前人之说者，须一扫而空之，当纯从北碑入”[4]。后胡以此书求教于南通张謇，张谓“康氏生平言行皆如此，可勿深论，有识之士，必不为所摇撼”[5]，可见状元张謇目康有为为妄人，对康氏言论之不屑。学者曾克耑亦对康氏书法有精辟之评：“但他（康有为）自己评他的字，曾说过‘吾眼有神，吾腕有鬼’，这是说他眼界甚高，但腕力不强，他意中能看到想到的，而在腕下便写不出，如像有鬼在拖着他的手腕似的。这两句话，我以为是他对他自己书法的自我批评，是十分确当不移的，此老真是有自知之明，不用我们再加

---

［1］萧娴撰《康有为的书艺和书论》，《书法》杂志编辑部编《书法文库——流光溢彩》，上海：上海书画出版社，2008年版，第53页。

［2］李云光撰《康南海先生书学异闻记》，夏晓虹编《追忆康有为》增订本，北京：生活·读书·新知三联书店，2009年版，第336页。

［3］转引自刘泽光《康有为的榜书对联》，莫家良、陈雅飞编《书海观澜（二）——楹联·帖学·书艺国际研讨会论文集》，香港：香港中文大学出版社，2008年版，第484—485页。

［4］胡仪曾撰《近代书家亲炙记·康长素氏（节录）》，1936年8月《逸经》11期，转引自夏晓虹编《追忆康有为》增订本，北京：生活·读书·新知三联书店，2009年版，第332页。

［5］同［4］。

批评了。大概此老是好奇古，走偏锋的朋友，因为他的书读得多，地方走得多，朋友交得多，碑帖看得多，见识广，蕴蓄富，所以在他一下笔，便有奇横之致出来。如果你一切不够条件，偏要去学他，那便成了牛鬼蛇神，不成东西了。……此老的字，好似秋蛇行地，夭娇的态度有余，飞腾的意味还嫌不够啊！”[1]书画家符铸亦评：“其书盖纯从朴拙取境者，故能洗涤凡庸，独标风格，然肆而不蓄，矜而益张，不如其言之善也。”[2]他认为康氏书法存霸气，缺乏含蓄之美，而海派帖学书家白蕉则更有“康长素本是狂士，好作大言惊俗，其书颇似一根烂绳索”[3]之评语。

康有为行楷书《春夏鱼鸟》五言联

世人对康有为书法及理论的评价莫衷一是，仁者见仁，智者见智。康有为书法之得失，笔者认为得在一个“狂”字，“狂”方能自信，以晚明书家王铎、傅山为例，哪一个不是自认高手的狂士？因此，康有为的“狂”为他的书法增加了特殊的魔力，用笔纵横捭阖，不可一世。失亦在一个“狂”字，“狂”者言论偏激，偏激故不能得众，这也与传统的中国士人的品德背离。因此其书法中少了几分厚重，多了些许狂态，可能也正是如此，才是康有为书法的“圣人”本色。

[1] 曾克耑撰《近代书家述评·康长素》，夏晓虹编《追忆康有为》增订本，北京：生活·读书·新知三联书店，2009年版，第348页。

[2] 马宗霍辑《书林藻鉴·书林纪事》，北京：文物出版社，2003年版，第247页。

[3] 白蕉原著，金丹选编《白蕉论艺》，上海：上海书画出版社，2010年版，第100页。

游云舞鹤——郑孝胥

郑孝胥（1860—1938），字苏戡，亦作苏堪、苏龛、苏盦，号太夷，室名海藏楼、夜起庵，福建闽侯人。出身于福建望族，光绪八年（1882）以乡试第一名中举，主考官为礼部侍郎、宗室宝廷。十一年（1885），赴天津，入直隶总督李鸿章幕府，随办洋务。十五年（1889），考取内阁中书，在北京供职。次年，兼充镶红旗官学堂教习。十七年（1891），因李鸿章之子李经方奏调东渡，任筑地副领事。十九年（1893），移充神户兼大阪理事。甲午战争之初归国。后入湖广总督、调署两江张之洞幕府，充督署洋务文案，后充洋务局提调。二十四年（1898）受张之洞保举，至

郑孝胥像

京受光绪帝召见，派在总理各国事务衙门章京上行走。后任营务处总办、芦汉铁路南段总办、湖北全省营务处委办等。二十九年（1903），岑春煊督两广，任洋务处督办，后随岑春煊督办广西边防军务，驻龙州。三十一年（1905），自求解职，在上海筑“海藏楼”，学部奏聘为头等咨议官，预备立宪公会，举为会长，后为端方邀，入两江总督幕府。宣统二年（1910），应东三省总督锡良和奉天巡抚程德全之聘，任锦瑷铁路督办。宣统三年（1911），受任湖南布政使，后抵京以备内阁咨询。武昌起义爆发后，在上海做寓公。1923年，受胡嗣瑗等人鼓动，赴北京觐见逊帝溥仪，被委任内务府大臣。溥仪出宫后随至天津，侍溥仪讲《通鉴纪事本末》等史书数年。1931年，“九·一八”事变爆发，次年伪满洲国成立，出任伪满洲国“国务总理”，后递辞请，1935年方解职，后拟归老北平，未果，淹留长春，1938年病殁。著有《海藏楼诗》《骖乘日记》。

郑孝胥生于清代咸丰十年（1860），时值清王朝内忧外患，内有太平天国捻军之乱，外有西方列强环伺。郑孝胥虽为传统士人，但知民生疾苦，奋发图强，一时间以干练能员受知于李鸿章、张之洞、岑春煊、端方、锡良等清末重臣。清代学者李详赠郑诗中有“一世风流魏晋人”[1]之句，清末名士蒯光典誉“苏堪如魏晋人”[2]，把郑孝胥与王鹏运并举。然时论对其亦有“其论多不足信，此欺世盗名者也”[3]，及“论事甚好，然不能作事”[4]之说。郑孝胥心高气傲，曾作《题黄鹤楼

[1] 转引自周一良撰《关于郑孝胥日记》，《读书》1995年第9期，第33页。

[2] 同[1]。

[3] 转引自劳祖德撰《整理说明》，中国国家博物馆编、劳祖德整理《郑孝胥日记》，北京：中华书局，2005年版，第4页。

[4] 同[3]。

图》诗，其中两句云："武昌一阙由弄兵，使我在湘鄂易平。"[1]从中可见其人之自负及受到时代局限的一面。郑孝胥忽视了清亡之原因在于朝政腐败及制度落后，而并非缺乏能臣良将，他抱着儒家"出仕"的思想，一生对政治念念不忘，至死不渝。学者汪旭初曾用一句诗评郑孝胥其人"欲以忠孝售其术"[2]，用民国文人杨世骥的话说："这七个字，真是老吏断狱，一字千金。"[3]可见民国时人对郑孝胥的不同认识。现今学者将郑孝胥视为保守型的文化精英，他最初从西学中寻求救国道路，但最终还是将目光转到了传统文化之上，于王朝更替之时，选择了追随逊帝溥仪，以践行其传统士人的忠君思想。

清末民初，郑孝胥以工诗、擅书著称于世，其诗学成就与诗坛领袖人物陈三立、陈衍比肩，陈衍评其诗为清苍幽峭一派之魁首，然"恨无长篇，否则可为第一"[4]，代表作有《海藏楼诗》。杨世骥评其"诗长处在奇崛兀傲，处处有英多磊落之风；短处在不免客气，不免战国策士的派头"[5]，郑孝胥也自言"骨头有生所具，任其支离突兀"[6]。汪辟疆在《光宣诗坛点将录》中将郑比作"天罡星玉麒麟卢俊义"，其中附评亦深具意味，"苏戡急功名而昧于去就，陈弢庵、张謇之尝论及之……盖以自托殷顽，而不知受庇倭人，于清室为不忠，于民族为不孝。吾友程穆庵闻郑死，有句云'片语救亡臣有策，终身为虏我何尤'，严于斧钺矣……"[7]郑孝胥终究非通古今之变者，在溥仪眼中，他是一位"从盘古开天辟地一直谈到未来的大清中兴……说到激昂慷

[1] 杨世骥撰《郑太夷》，胡全章编《杨世骥文存》，北京：中国大百科全书出版社，2015年版，第214页。

[2] 同[1]。

[3] 同[1]。

[4] 转引自周一良撰《关于郑孝胥日记》，《读书》1995年第9期，第33页。

[5] 同[1]，第214—215页。

[6] 陈衍著，郑朝宗、石文英校点《石遗室诗话》，北京：人民文学出版社，2010年版，第11页。

[7] 汪辟疆撰，王培军笺证《光宣诗坛点将录笺证》，北京：中华书局，2008年版，第26页。

慨处，声泪俱下，让我大为倾倒”[1]的人物。

郑孝胥的书法亦等埒于其诗学成就，在清末民初书坛中占有不可替代的地位。1942年，北方学人张谦曾在天津刊行《海藏书法抉微》一书，堪称民国时期对郑孝胥书法研究较为深入和汇集资料比较翔实的一部著作。此书对郑孝胥书法风格进行了分期，颇为可观：“一、少年时期，自先生束发受书，以迄任内阁中书以前，此时倾力‘馆阁书体’，谨守颜、柳法度。二、中年时期，书法全宗汉、魏，冶碑学帖学于一炉，先生书法之成，殆奠基于斯时。三、老年时期，结至先生辛未东去以前，此时临池功深，书抵于成，是为成功时期。四、晚年时期，自东去以至逝世，斯时书法益趋浑厚，已臻炉火纯青。戊寅之年，先生以七九高龄作书，豪迈朴茂，绝无衰老龙钟之态，知其书法方兴未艾也。”[2]张谦的分期是从主观上对郑孝胥书法风格进行划分，且以民国时期的士人眼光审视，但张的分期似乎仅能观郑孝胥书法发展之大略。由于郑孝胥书法资料传世甚多，并分散各处，故此以年代和风格划分似乎难展现其全过程。笔者尝试以张谦之分期为基础略作调整，结合郑孝胥的相关资料，以其主体书法风格为主线来进行阐释。

张谦认为郑孝胥书法第一个时期为少年时期，约自郑束发至1889年任内阁中书，笔者认为此应为第一时期第一阶段。从记载上看，郑孝胥四岁即从叔祖虞臣先生受《尔雅》，习书受馆阁体影响，并从虞臣先生习隶书。虞臣先生为福建名宿，善隶书。此外，郑孝胥应很早即接触篆书，从其早年日记中可以找到印证的资料。居京城后，郑孝胥视野更为宽阔，他习书继续以帖学为基，植根颜、柳，年少科第，得座师翁同龢赏识。翁为清末颜书大家，标榜清人钱沣，于钱氏书法极得神髓，故此郑孝胥受翁氏书法之影响，从翁同龢进而师法钱沣，

[1] 爱新觉罗·溥仪著《我的前半生》，北京：群众出版社，1980年版，第158页。

[2] 张谦著《海藏书法抉微》，崔尔平选编点校《明清书论集》，上海：上海辞书出版社，2011年版，第1445—1446页。笔者按，张谦的分期相对随意，时间衔接略有问题，故此笔者进行了重新分期。

这也是郑书法中古厚的成因之一。除钱沣外，郑孝胥还师法清人何绍基，盖何亦从钱沣书中来，属于清人习颜书范畴。郑孝胥天资颇高，亦得名师指点，因此作书渐露雄强之色。从郑孝胥日记来看，此时期他亦作篆书，时常抄录说文，曾临《峄山碑》赠友人，亦能治印，曾戏刻“共保金石心”一印。同时涉猎楷书、行书、隶书诸体，遍临《开通褒斜道刻石》《孔子庙堂碑》《集王圣教序》等。从日记可知，郑孝胥对于书法有很大的兴趣，政事之外时常赴琉璃厂选购碑帖，与厂肆的一些碑贾交往较多，因此他习书也根据收购来的碑版法帖而定。从研究上看，郑孝胥书法师法脉络清晰，日记中的记载展现出他习字并非专宗一家的现象。这一时期，郑孝胥多次为友人书写篆书，可见他对于自己的篆书是比较满意的。从后世的作品来看，郑孝胥晚年作篆不多，据张谦研究：“先生篆法，直追二李（李斯、李阳冰），虽不若完白（邓石如）之遒丽天成，然平和节静之处，曾无逊色。雍容奇肆，略近缶庐（吴昌硕），无窸斋（吴大澂）、咏春（杨沂孙）之描画。尝见先生书‘经巢’二字匾额，平正婉通，如琅玡刻石。盖先生于篆法夙主神理气韵行于笔墨，不以取势为能。”[1]笔者曾见郑孝胥篆书横幅，确如张先生所说有二李之神韵，但似乎难以颉颃吴大澂、杨沂孙二家，略近吴昌硕也有些牵强。郑孝胥的篆书，主张取势以逆，曾赋诗有“篆分绝矜严，取势常以逆”[2]之句。中国国家博物馆藏郑孝胥篆书节录《中庸》横幅，即是他篆书的代表之作。

笔者认为郑孝胥书法第一个时期还有一个第二阶段，约为1890年至1910年。此时期，郑孝胥活跃于政界，对于书法的学习变得更为广泛，于唐楷、行书、魏碑、隶书、篆书等均有涉猎。从光绪二十六年（1900）日记来看，他曾临《太仆卿元公墓志》《不空和尚碑》《刘懿墓志》《爨龙颜碑》《等慈寺碑》等，没有固定的取法方向。他从诸体书中汲取所

[1] 张谦著《海藏书法抉微》，崔尔平选编点校《明清书论集》，上海：上海辞书出版社，2011年版，第1448页。

[2] 同[1]。

郑孝胥篆书节录《中庸》横幅

需，并有自己的书学主张。1891 年 6 月 18 日日记中载，他“坐谈八分派别，余曰：八分略有三种尔。有以作篆笔势为之者，如《石门颂》《大开通》《景君》《大三公山》诸刻是也。有以作隶笔势为之者，则《范式》《乙瑛》以下及魏晋诸碑是也。八分笔势在非篆非隶之间耳，兼用篆隶笔势若《礼器》《史晨》《李翕》《华山》《衡方》《鲁峻》《武荣》《校官》等碑者，疑为八分之正轨矣。既能险绝，复归平正，诣是者殆未有人。国朝桂未谷（桂馥）、邓完白（邓石如），世所推重，然桂多匠气，邓入俗状，皆不可训。黄小松（黄易）结字近正而力薾于变化，何子贞（何绍基）行笔殊妙而体欠于精能，他虽有名，鲜足自立者矣”[1]，此段书论展现出郑氏对隶书研究的深入和自己总结的观点。同年他在日记中对隶书阐发的书论还有：“就案头临《乙瑛》二纸。因论本朝隶书，余以为能中碑版者只未谷（桂馥），顽伯（邓石如）虽有偏恶处，而其行法熟，自信坚，故下笔无依违周章之状，其余皆游戏临摹之技耳，未能自作书也。黄小松结体甚备而意兴不作，何子贞用笔殊壮而间架多疏。”[2]亦可见郑孝胥对隶书之认识。张谦视郑孝胥隶书为四体书之冠，确非过度褒扬之词。郑的隶书得力于《张迁碑》《西狭颂》《史晨碑》《张表碑》等，他曾以楷隶之法临习《广武将军碑》，得汉隶之神髓。在 1892 年 9 月 30 日的日记中，33 岁的郑孝胥还作“作书无难易，要自习之久。苟

[1] 中国国家博物馆编、劳祖德整理《郑孝胥日记》，北京：中华书局，2005 年版，第 208 页。
[2] 同[1]，第 249 页。

郑孝胥楷书题“交通银行”匾额

怀世人誉，俗笔终在手。古今只此字，点画别谁某。必随人作计，毋怪落渠后。但当一扫尽，逸兴寄指肘。行间驰真气，莫复抟土偶。时贤争南北，扰扰吾无取。狂奴薄有态，差可进猿叟（何绍基）。达哉临川（王安石）言，妄凿妍与丑”[1]一诗，可见郑孝胥对自身书法自视很高，不愿依附于某家门派之说，而是以自己的实践加以检验。故此，郑孝胥书法取法虽不甚固定，但却有一套自己的书学主张，且他自始至终都有一种不甘为人下的雄心。郑孝胥此时书名不低，求书者很多，他的书法也呈现出楷书、隶书、篆书、行书等多种面貌。张谦总结郑此时“书法全宗汉、魏，冶碑学帖学于一炉，先生书法之成，殆奠基于斯时”[2]是比较可靠的。他的学习方式是取古人之所长，不囿于一体，对各体书都有自己清晰的认识。除篆书外，郑孝胥的楷书、隶书均逐渐形成了自己的风格，并走向合流之势。光绪三十四年（1908），清政府设置“交通银行”，总行设立于北京，当时“交通银行”匾额由郑孝胥题写，此匾一出，观者都认为好，连邮传大臣也说“我心中‘交通银行’四字就是这样子”，自此郑孝胥书名在旧京广为人知。“交通银行”匾额即是这一时期郑孝胥书法的倾心之作，体现出郑氏书法独有的创造力及其深厚的篆书、隶书、楷书功底。这四个字，隶楷相参，横肩外耸，折角分明，以迅捷之笔写出了书法的灵动和洒脱，也奠定了郑孝胥在清末民初书坛的地位。

[1] 中国国家博物馆编、劳祖德整理《郑孝胥日记》，北京：中华书局，2005年版，第322—323页。
[2] 张谦著《海藏书法抉微》，崔尔平选编点校《明清书论集》，上海：上海辞书出版社，2011年版，第1445页。

张谦提出的郑孝胥书法第二个时期为中年时期，时间约为 1910 年至 1923 年间，而第三个时期为老年时期，时间约为 1923 年至 1931 年。笔者认为此两个时期难以具体划分，故应合为一个时期。辛亥革命后，郑孝胥以遗老自居，在上海与唐涉江等人组成“丽泽文社”，以文会友，切磋技艺。此时期与之来往较多者有陈三立、沈曾植、李瑞清、樊增祥、朱祖谋、王乃征、陈曾寿等，均为遗老中的卓绝者。这一时期郑孝胥书法进入了创作旺盛期，并组成“有恒心字社”，教授旧家子弟。张谦在《海藏先生课徒评语类辑》中汇集了此一时期郑的教学理念，“崇精熟”“尚雅驯，避俗派”“崇博览”“得笔势”“重意味”“作书须放胆、须恣肆、须有耿介之气、须有骨气”“贵生动，忌板滞”“作书须平实、安详、谨严、沉着、端厚、稳秀、清洁，切记草率”“学书应从凝重艰涩入手，切忌故作古老”“作书须有腕力”[1]云云，可见郑孝胥对书法研究之心得及其与众不同的书学理念观点。他的教学非如包世臣、康有为等对碑帖评价有明显的倾向，而是相对理性，讲得更为空灵虚幻。他虽不以书学理论家名世，但笔者认为其书学理论上的成就并不逊色于包世臣、康有为等，甚至他的理论有着更为丰富的实践经验作为支撑。此外，这一时期，郑孝胥鬻书收入亦甚丰厚，购藏的碑帖日渐增多。他习书上溯三代周秦汉魏，广泛临习了《始平公造像》《杨大眼造像》《石门铭》《瘗鹤铭》等北朝石刻，参考清人张裕钊的笔法，于习书中提出了“学颜尤宜避俗”[2]、“专习隶书，自无俗气”[3]、“当令学北碑以壮其骨”[4]、“天资高者，下笔易得风气，然用功须笔笔踏实，故必以谨严精致为能”[5]等一系列精辟的书学主张，逐步确立了

---

[1] 张谦著《海藏书法抉微》，崔尔平选编点校《明清书论集》，上海：上海辞书出版社，2011 年版，第 1415—1428 页。

[2] 同[1]，第 1418 页。

[3] 同[2]。

[4] 同[1]，第 1422 页。

[5] 同[1]，第 1425 页。

郑孝胥楷书《谢君墓志铭》(拓本局部)

尊碑的书法理念。他还较早即提出了创新的重要性，其在《题吴让之小像诗》中写道“吾观古书体，风气各自胜。学之得形似，要亦近其性。谁能受束缚，一一待指证。不如尽扫去，纵笔且乘兴。何须凿妍丑，今日我为政”[1]。并以此来寻求书法之变革，正是由于具备了这种不迷信于古人的精神，郑孝胥才逐渐探索出其面目独具的“郑派”书法风格。同时，他还广为搜集最新的考古实物资料——西北汉简，加以临摹和对比，提出了“自斯坦因入新疆，发掘汉、晋木简缣素，上虞罗氏叔蕴辑为《流沙坠简》，由是汉人隶法之秘，尽泄于世，不复受墨本之蔽”[2],“自《流沙坠简》出，书法之秘尽泄，使有人发明标举，俾学者皆可循之以得其径辙，则书学之复古，可操券而待也”[3]，这些

[1] 张谦著《海藏书法抉微》，崔尔平选编点校《明清书论集》，上海：上海辞书出版社，2011年版，第1409页。

[2] 同[1]，第1405页。

[3] 同[2]。

理论，向世人揭示出最新发现的汉晋木简之书法价值。在碑帖融合思想的激荡之下，郑孝胥书法融汇了篆、隶、楷、行等诸体，逐步创造了一种“楷隶相参”的行书笔体，作书中加强了整幅作品的动感，保存了隶书的捺角，于险绝中求稳健，雅正中现雄奇，此种风格将其诗人才情和书家禀赋融为一体。民国时郑孝胥书《济众亭记》即是他这一时期的代表之作，用笔厚重，融合了颜、苏、魏碑、隶书等多种风格，看得出郑孝胥书写过程中的自信和放逸。

张谦提出的郑孝胥书法第四个时期为晚年时期，他记道“自东去以至逝世，斯时书法益趋浑厚，已臻炉火纯青。戊寅之年，先生以七九高龄作书，豪迈朴茂，绝无衰老龙钟之态，知其书法方兴未艾也”[1]。笔者认为这应为第三个时期。晚年郑孝胥诗书之名远播，其书法丰润壮美，如游云舞鹤。这位少年得志的书坛神童，将多年书学实践之心得，以雄瞻万里之才学，贯穿于书法创作之中，将唐楷之基融六朝摩崖，掺入汉隶笔法，在横、竖、撇、捺等用笔中大起大落，形成一种中宫收紧、字体狭长、右肩微微上扬的独特书体，这种字体被人尊称为“郑体”。时人郑秉珊评“他（郑孝胥）天分极高，下笔有超举腾越的气象”[2]。著名学者陈定山评曰：“郑海藏真书，名盖天下，然得笔山谷，剑戟森然，不能湛淬。北魏则郁然大家，浸淫入汉，体势益多，骏爽高浑。足与丁敬身抗行，时下无复余子。”[3]书法家沙孟海也撰文赞叹道：“可以矫正赵之谦飘泛、陶濬宣板滞及李瑞清颤笔之弊端者，厥惟海藏先生，先生早年学颜、苏，晚年始习六朝。其笔力极坚挺，有一种清刚之气。对于诸碑略近《李超墓志》，又似数种冷唐碑，然或非其致力之所在也。最奇者其作品，既有精悍之色，又有松秀之趣，恰如其诗，

---

[1] 张谦著《海藏书法抉微》，崔尔平选编点校《明清书论集》，上海：上海辞书出版社，2011年版，1446页。

[2] 郑秉珊著《艺苑琐话》，北京：海豚出版社，2011年版，第98页。

[3] 陈定山撰《民国以来书家势评》，《书画月刊》1969年第六卷四期，第29页。

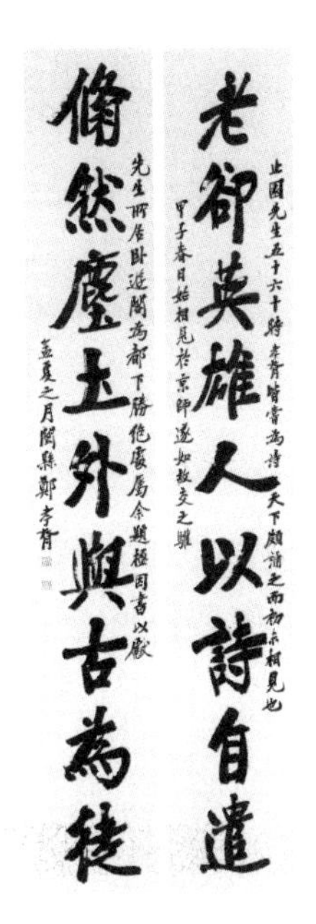

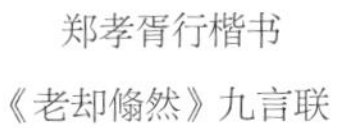

郑孝胥行楷书

《老却翛然》九言联

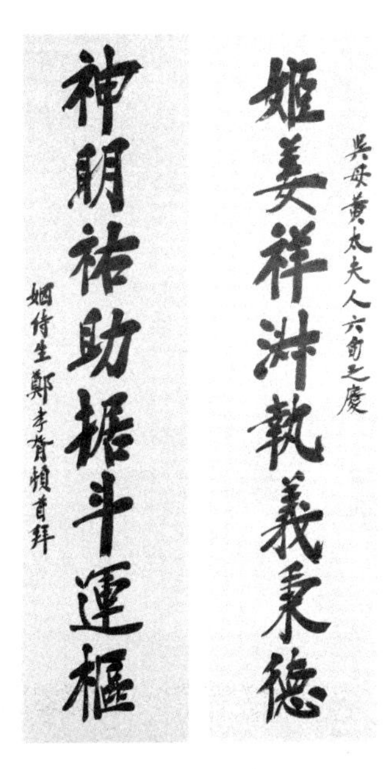

郑孝胥行楷书

《姬姜神明》八言联

于冲夷之中带有激宕之气。”[1]可见在沙先生眼中，郑孝胥书法已达到前无古人、后无来者之境界。但同时也有人谈到郑孝胥书法“中岁以后，自谓去肉存骨，变为瘦削，率纤欹斜，几弗成字”[2]，似乎呈现出了一种病态之美。此说法并非毫无根据，其晚年尤其是1930年之后的作品，更加突出用笔的反差，如其1933年书《沧浪诗话行书轴》《赠香城行书轴》等，即有“去肉存骨”“变为瘦削”“率皆欹斜”之病，弗如其中年所书之厚重端谨。他的友人陈曾寿曾评其诗云：“少年之诗，贵有干将、莫邪之利，芳香通体之美，回肠荡气，惘惘不甘之情。中年之诗，贵其精力弥满，波澜壮阔，惊心动魄，一字千金。晚年之诗，贵其枯

[1] 张谦著《海藏书法抉微》，崔尔平选编点校《明清书论集》，上海：上海辞书出版社，2011年版，第1453页。

[2] 沃丘仲子著《近现代名人小传》（下册），北京：北京图书馆出版社，2003年版，第333页。

而实腴。老而弥辣。”[1] 用来评价郑孝胥的书法，也是再恰当不过的。

民国时期，郑孝胥的书法更是受到了士人群体的追捧，新文化运动领袖胡适曾替其父求书墓志，北大校长蔡元培也于其书多有取法。他的弟子门人均为一时之俊杰，其中包括赵叔雍、曹聚仁、徐志摩、林语堂、卓定谋、曾小鲁、李唐等。但遗憾的是，郑孝胥书法因其政治上的偏差，而逐渐失去了应有的价值，“郑体”也一度被人丑化，世人讥之为“汉奸体”，让郑孝胥这一书坛俊杰逐渐为世人所忘却。平心而论，郑孝胥书法所取得成就犹如唐刘禹锡诗中所道“晴空一鹤排云上，便引诗情到碧霄”之高旷清朗，于清末民初书坛中留下了深远的影响，足以震古烁今，开一派之风气。

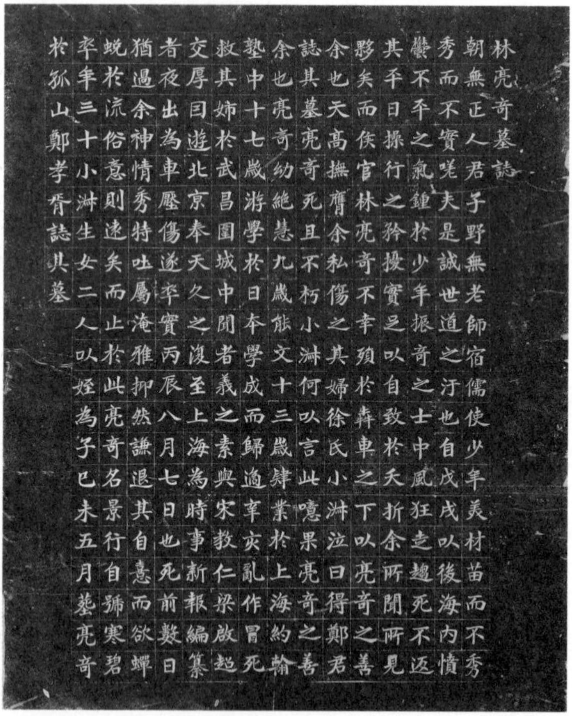

郑孝胥楷书《林亮奇墓志》（拓本）

[1] 张谦著《海藏书法抉微》，崔尔平选编点校《明清书论集》，上海：上海辞书出版社，2011 年版，第 1454 页。

精武书家——魏　铖

魏铖（1860—1927），原名龙常，字纫芝，后改名铖，字铁珊，号匏公、龙藏居士等，浙江绍兴人。光绪十一年（1885）举人，曾任两广总督谭钟麟督署文案，后赴北京。三十二年（1906）移居天津。辛亥革命后，隐津沽不仕，1927年病故。著有《寄榆词》。

清末民初，魏铖以擅书魏碑在京津地区享誉一时，曾一度与碑派宗师李瑞清齐名。魏铖的一生颇具传奇色彩，其经历以文士黄濬记之最详，黄撰有《记魏匏公》一文，文载魏铖“博通史籍，无所不览，能为唐中晚诗、宋明文及制艺，尤工倚声，长短调及南北曲皆精善。又工书，法北魏，能以龙藏寺体作小楷，如半黍大，于大小篆籀隶字钟鼎又咸擅之。健谈，好饮酒，于星卜杂技，罔不通晓。至如筝、笛、琵琶、胡琴以暨昆徽弋黄诸歌曲，皆娴熟如夙授。于武技、通易筋经诸拳法，有神勇名”[1]。而“其父润亭先生，名德潜，避洪、杨乱，游幕粤西。匏公（魏铖）生十余岁，即以拳术著，最善七节鞭及壁虎功。壁虎功者，能以背游，缘墙壁以上。当时金田乱后，粤西豪客最多，匏公身负异技，二丈高楼，能耸身跃过，于是群奉为首领。一日于市中平人之不平，或诉于润亭先生，大怒，严责之。匏公跪而自投，断一指自食之，誓不与少年游。由是折节读书，以光绪乙酉举于乡……绝意于仕进。又不乐家食，游幕四方，曾主谭文毅（谭钟麟）、鹿文端（鹿传霖）幕，继为袁项城（袁世凯）、岑西林（岑春煊）所礼，

[1] 黄濬著《花随人圣庵摭忆》，北京：中华书局，2008年版，第469—470页。

数电相召，然皆不就。足迹西历甘肃，东穷辽沈，晚乃蛰居津沽。革命后，以鬻书为生”[1]，从记述中可见魏戫丰富的人生阅历和倔强的性格。据署名一学撰《我也来谈魏铁珊》一文中记：“他与岑春萱（煊）有世谊，在北京会试时同住在广西会馆，岑懂武术，常持刀欺人，酒后尤甚，但一见铁珊便不敢放肆，当时京中有岑三爷怕魏三爷之说（岑、魏均排行第三）。其后，岑任两广总督，一再礼聘铁珊为督署文案，他以岑暴戾嗜杀，虽属老友亦坚辞不就。”[2]1931年，香港《中和报》还载有一篇短文，讲的是魏戫在天津打外国水兵的故事。据报人高伯雨考证，此事发生地应为上海而非天津，但这则故事流传甚广，笔者不在文中赘述。魏戫的武功确实很高，据他的后人回忆，1918年，魏戫在天津全聚德分店同梅兰芳、薛凤池小酌，归家途中，一辆汽车风驰电掣迎面冲来，他虽有醉意，但仍能快速闪避，仅所穿长衫和仿绸裤被刮破而已，可见其人武艺之精深。在友人狄平子的眼中，魏戫“不乐家食，遨游四方，以文史书翰自娱，自是傅修期（傅永）一流人物”[3]。

清末民初，魏戫的书法名重一时，他与鲁迅的父亲周伯宜为至交好友，曾受邀为北京山邑会馆（即绍兴会馆）题写匾额。民国时期，北洋政要曹汝霖与他交好，二人常对饮于“菜根香”酒肆之中，曹父过世后，曹汝霖还请他为父亲书写墓志铭，曹对魏氏评价极高，认为魏戫“真是能文能武，技术功夫，亦臻上乘，亦奇人也”[4]。据传，他性情高亢，军阀张作霖喜其书，曾托叶恭绰以千金求录“家庙碑”及“戒子孙文”，指定署“赵尔巽撰，魏戫书”，被他拒绝，无奈叶氏再三劝说，最终以“赵尔巽撰并书”折中之法加以妥协。袁世凯也曾以金钱高位延聘于他，亦为魏戫所拒。他晚年定居天津，当时北京荣宝斋、清秘阁，天津的利亚书局均挂有他的笔单。他与旧京梨园界秦稚

[1] 黄濬著《花随人圣庵摭忆》，北京：中华书局，2008年版，第470页。
[2] 一学撰《我也来谈魏铁珊》，《书谱》1978年第三期，第6页。
[3] 狄葆贤著、段春旭整理《平等阁诗话 平等阁笔记》，南京：凤凰出版社，2015年版，第20页。
[4] 曹汝霖著《曹汝霖一生之回忆》，北京：中国大百科全书出版社，2009年版，第257页。

魏戫楷书《林公神道碑铭》(拓本局部)

魏戫楷书题“西柳堂”横幅

芬、罗瘿公、王瑶卿交往较多，王瑶卿故居中的“古瑁轩”三字即为魏戫所书，梅兰芳、程砚秋、余叔岩、俞振飞还曾向他学习声律、音乐、戏曲，时慧宝在戏曲界以擅书闻名，其书法曾得到魏戫的指授。魏戫病故后，余叔岩曾出1000银元作为奠仪(此款可在当时的北京购买一个四合院)。1935年秋，在广西梧州刊行《魏铁三陈肖兰遗集合刊》(陈肖兰为魏的夫人)[1]。据张大千弟子巢章甫记，魏戫有一子名公孟，喜好收藏古墨纸笔，亦曾活跃于北平。

[1] 参见高伯雨著《听雨楼随笔》(二)，香港：牛津大学出版社，2012年版，第78页。

谈到魏僦的书法，确有其过人之处。他最初应临习过一定的帖学书法，后因喜诵读阮元《南北书派论》《北碑南帖论》，而倾向碑派。他认为帖过于妍美，因此取法《张猛龙碑》《张黑女墓志》，后又参之《瘗鹤铭》，晚年专临汉碑、金文，进而上溯先秦，得秦篆周籀之神髓。有学者认为魏僦书法功力不如李瑞清，但笔者认为此说法颇值得商榷。魏僦楷书受《张猛龙碑》影响较深，从存世的魏僦书《林公神道碑铭》来看，字体端庄遒美，结字带有很强的《张猛龙碑》特色，中宫收紧，左右顾盼，欹正相生，用笔浑厚自然，方圆并济，体势上受《瘗鹤铭》影响，于平直中寓险绝，兼得《瘗鹤铭》"古拙奇峭，雄伟飞逸"之势，气格高雅雍容，无一丝做作之意，加之魏僦自幼习武，其楷书中还孕育着一种刚强之美，用笔坚挺自信，如刀砍斧削，痛快淋漓，但非如陶濬宣、李瑞清求筋骨外露、剑拔弩张之势，而是将强健之骨化于无形之中，取内敛挺拔之势，堪称碑派高手。

除《林公神道碑铭》外，据笔者研究，魏僦的楷书还呈现出另一种面貌，也有人说他的书法是多种形态糅成的"复合体"，这也是其书法的过人之处。根据笔者所见，魏僦楷书最常见的是取法《张猛龙碑》，他书写的墓志铭大多采用此种风格，魏僦能将容易书写刻板的墓志铭写得灵动奇肆，《林公神道碑铭》即是他此类楷书的代表之作。还有一类魏僦楷书，则带有明显的《石门铭》面貌，取《石门铭》"清劲超逸"之势，去除了书作中的"重浊之气"，真可谓"似不食人间烟火者"。他深谙碑派书法精诣，知《张猛龙碑》放大不易，以此面目自成一家较难，即使掺入《瘗鹤铭》亦不能与"康派"书风相抗衡，因此他取法《石门铭》，以《张猛龙碑》《瘗鹤铭》融合《石门铭》，借鉴康有为的碑派书风特点，而探索出自家独有面目。据黄濬讲，魏僦还能以《龙藏寺碑》体作小楷，可惜此类作品存世不多，很难对其说法加以印证。在拍卖市场中，偶能见到魏僦篆隶书，但真伪难知。除楷书外，魏僦亦写一些行楷书，为将《张猛龙碑》变化而成之字体，体势凝重而神气不散，也是他书法的一种风格。由于诸多的历史原因，魏戫的书法存世不多，如今知道他的人很少，甚至许多专业学者也对这位活跃于清末民初的碑派书家不甚了解。但笔者认为魏戫的书法风格有其时代的独创性，应对其作品详加汇集整理，或可增进世人对清末民初碑派书风的了解。

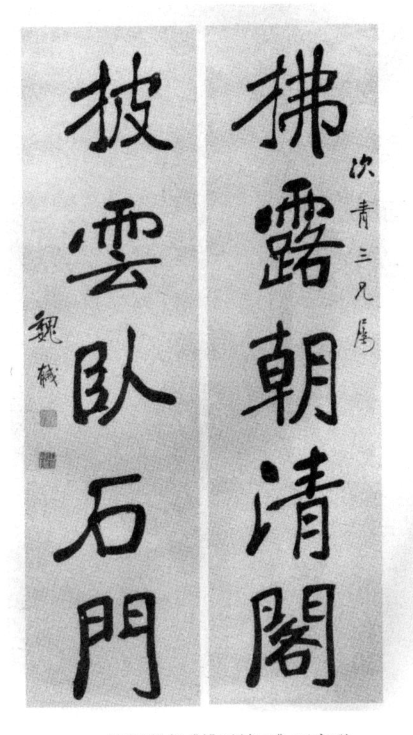

魏戫楷书《拂露披云》五言联

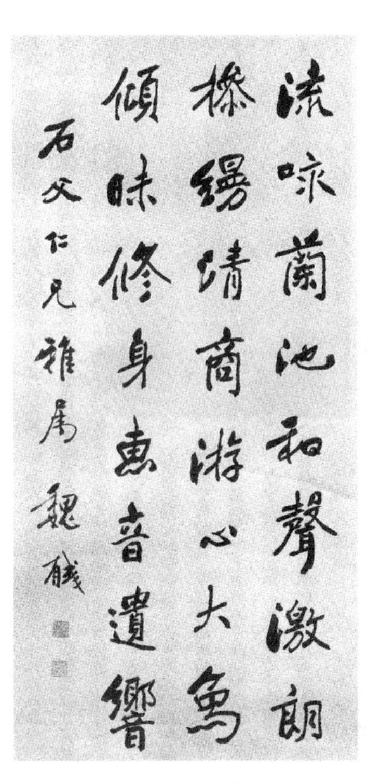

魏戫行楷书节录《嵇康四言诗》（局部）

中州诗人——秦树声

秦树声（1861—1926），字幼衡，一作宥衡、右衡，号乖庵，晚号晦鸣、晦明，河南固始人。光绪十二年（1886）进士，曾任工部主事、员外郎，充会典馆绘图处总纂。后以劳擢郎中、外务部候补御史。二十九年（1903）再中经济特科进士，后任云南曲靖知府、云南按察使、广东提学使。辛亥革命后，避居上海，袁世凯当政，曾欲征为河南提学使，不应。晚年，受赵尔巽邀入京任清史馆《地理志》总纂。著有《乖庵文录》《滇池胜稿》等。

秦树声像

秦树声在清末时即有一定名气，学者谭伯牛在专栏中曾撰有《不常到署秦树声》[1]一文，记秦树声由工部外放为云南曲靖知府时，按例当向帝后请训，此种场合，一问一答，即能顺利通过，但秦树声却不然，当慈禧太后问“尔常到署中？”，他回答“不常到”，太后追问原因，他答曰“无事可办”，太后再追问其他部中官员情况，他答曰：“不常到署，皆无事可办。”此事在京城官场中掀起了不小的风波。陈衍在其《石遗室诗话》中也记录了秦树声好古的名士作风：“闻其在官时，上书大吏言事，字写十七帖，发电文用骈体。”[2]从这两则记载中

[1] 此处参见《谭伯牛专栏：不常到署秦树声》，http://history.sina.com.cn/bk/mgs/2015-02-16/1029116637.shtml。

[2] 陈衍著，郑朝宗、石文英校点《石遗室诗话》，北京：人民文学出版社，2010 年版，第 58 页。

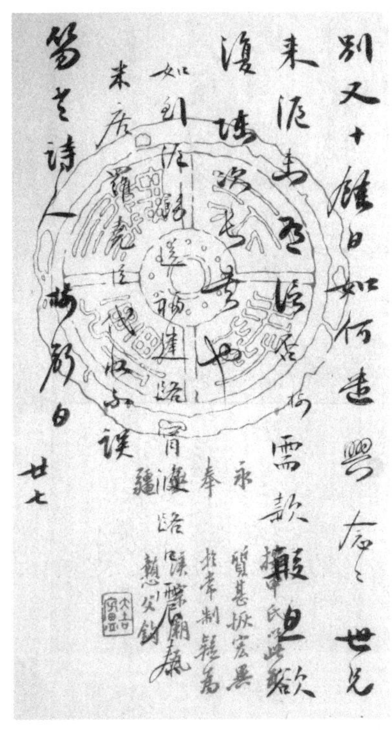

秦树声行草书札

可见秦树声憨直率真的一面。秦树声早年极为聪慧，六岁时已读毕五经，不到三十岁时，他发誓不读齐梁后之书，其为人也颇自负。据称他“通眉长爪，清瘦雅和”[1]，工于诗，与沈曾植、郑孝胥、陈三立交往较多，词非他所长，却也与词人夏孙桐、缪荃孙饮酒作词为乐。晚年他还加入晚晴簃诗社，为徐世昌编纂《晚晴簃诗汇》。即使在徐世昌面前，他也依旧名士气不改，言谈多有冲撞，幸徐世昌大人大量，不以为意。秦树声与人闲谈，其狂言颇多，如“大江以南，无一个能提笔为文者，湘绮（王闿运）可算半个”[2]。对于自己的学问和书法，他自评“吾文只可从齐梁前求之，书则虞（虞世南）褚（褚遂良）伏吾腕底”[3]。

自古名士狂生的书法，许多是自吹自擂，秦树声的书法却写得很不错，如他所说“虞（虞世南）褚（褚遂良）伏吾腕底”也是一种客观的自评。据笔者分析，这源于他较高的眼界，秦树声常年与沈曾植、郑孝胥、陈三立、夏孙桐、缪荃孙等文人为友，又经过科举馆阁体的训练，书法水平自然不会太低，加之他诗才佳，汪辟疆在《光宣诗坛点将录》中将他比作“地暗星锦豹子杨林”，评其人云：“右衡年未三十，誓不读齐梁以下书，由是尘根所触，香味溢襟袖，更参之扬马以

[1] 沃丘仲子著《近现代名人小传》，北京：北京图书馆出版社，2003年版，第353页。

[2] 汪辟疆撰，王培军笺证《光宣诗坛点将录笺证》，北京：中华书局，2008年版，第334页。

[3] 同[2]。

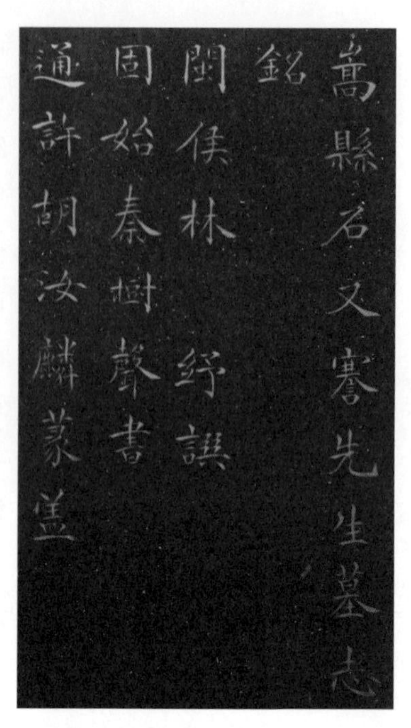

秦树声楷书《石又謇先生墓志铭》(拓本局部)

振其采；寻之《庄》《骚》以婉其情；根之于经子以丰其骨，自负其文甚至。诗乃余事，然书味外溢，真气内充。中州诗人，右衡为冠。”[1]他晚年对自己的书法更为自负，常自榜门联云：“四壁图书生葬我，千秋孤寄冷看人。”[2]然秦树声也并非全然目中无人，当他见到晚辈张伯英的书法时，曾即惊叹道：“此何人？都中无是手也。”[3]张伯英祖父张达赞之曰：“彭城书派固如是也。”[4]可见他也是爱惜人才的。从秦树声书法来看，基本上是取法帖学，未涉猎碑版，虽其友人沈曾植、郑孝胥均为碑帖融合之大家，秦树声似乎相对保守，坚守帖学，以能书虞

[1] 汪辟疆撰，王培军笺证《光宣诗坛点将录笺证》，北京：中华书局，2008年版，第334页。

[2] 王揖唐撰《中州奇士秦树声》，王揖唐著，张金耀校点《今传是楼诗话》，沈阳：辽宁教育出版社，2003年版，第31页。

[3] 转引自贾长祐撰《笔阵曾教准海惊——张伯英先生琐记》,《中国书法》1995年第4期，第5页。

[4] 同[3]。

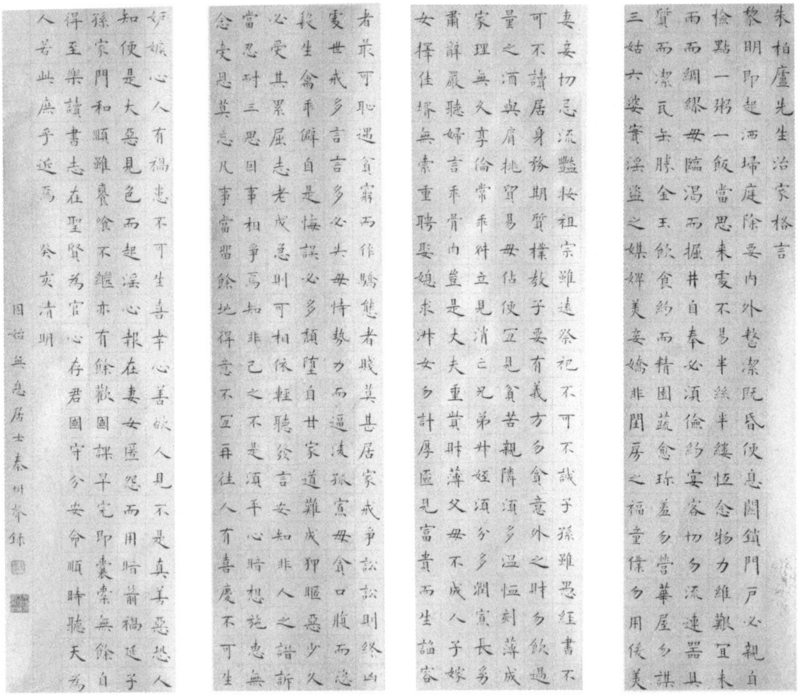

秦树声楷书《朱柏庐先生治家格言》四条屏

褚为自足。其楷书面貌和名士赵世骏略为相似，二人性格也相去不远，但秦树声楷书较赵为刚劲有力，大约是从虞世南《孔子庙堂碑》中所得。《孔子庙堂碑》以“秀润凝远，扑人眉宇”而为世人所称，但临习却不易，其难处在于能从艳丽中得唐人风韵。而秦树声却能驾驭此碑，从中汲取营养，将虞世南《孔子庙堂碑》与褚遂良《雁塔圣教序》相结合，融合得巧妙灵动，超然脱俗。时人杜慕堂评其书云“苍老古朴，意态奇变，是直欲抉院体之樊篱而登入古之作者”[1]，但客观地讲，秦树声书学思想趋于守旧，对碑派书法涉猎较少，因此其书法面貌在名家辈出的清末民初书坛并不突显，难怪时人也说他“自夸其书，而

[1] 杜慕堂撰《谈谈清末河南几位书家》，全国政协文史资料委员会编《中华文史资料文库·文化教育编》，北京：中国文史出版社，1996 年版，第 360 页。

实不足名家”[1]。除楷书外，秦树声的行草书亦有存世，其行草书取法二王、赵孟頫、董其昌一路帖学正统书法，但面貌不如其楷书突出，然功底扎实，用笔空灵，与同时期帖学书家作品相比，也毫无逊色。若谈他的书法，似乎不如其诗学成就高，但在民国时期的北京书坛，秦树声名气亦不小，这也可能源于其为人太过清高自负令人难以忘怀之故。

[1] 沃丘仲子著《近现代名人小传》，北京：北京图书馆出版社，2003年版，第354页。

帖学遗风——赵世骏

赵世骏（1863—1927），字声伯，号山木、山木斋主人，江西南丰人。晚清帝师陈宝琛弟子，光绪十一年（1885）拔贡，后任江西省袁州府萍乡县训导，十八年（1892）任江西省南康府都昌县复设教谕，后任内阁额外中书舍人，二十五年（1899）升为汉票签中书舍人。辛亥革命后，曾在醇亲王府任教，后进入清史馆任校勘兼协修，参与编修《清史稿》。曾居北京琉璃厂北柳巷南丰会馆数十年，晚年将所藏书画碑帖出售，购宅于北京什刹海官房胡同，自此闭门谢客。1927年病故。

赵世骏为人性格内向，不流于俗，精于书法，常年以鬻书为业，亦善画花卉。1927年4月16日,《申报》发布了《中国名书家赵声伯逝世》的讣告:“中国著名书家赵声伯，名世骏，江西南丰人，前清内阁中书，生平长于文学，尤精书法，字书褚河南，海内书家莫不推许，前年日本人礼聘东游，为其国改善字学，以年老辞不往，赵君性情，在通介之间，然立身制行，丝毫不苟，穷乏时惟以卖字自给，本月九日得京电，倏于日前逝世。海内灵光，又少一人，文学艺术界人士，皆同深惋惜云。”[1]

赵世骏生于清末，一生科举不利，仕途受阻，备尝艰辛。1905年科举废除，1911年清帝逊位，此时赵世骏已近知天命之年，失去了昔日名利之心。赵早年怀才不遇，但深得陈宝琛推重，陈宝琛曾

[1]《申报》1927年4月16日第15版。

撰《石鼓山中送赵声伯归江西应举》[1]诗，第一句即为“赵生倜傥才，制行复有畔”[2]。《光宣诗坛点将录》将赵世骏列为“地文星圣手书生萧让”[3]，可见赵世骏是有真才实学的。赵世骏在晚清民国寓居北京很久，虽官位不高，但其诗词、书法、收藏颇为时人称道。中国国家图书馆藏有一件由中国书店宋荔秋先生捐赠的赵世骏致叶适庵信札，此信札原为王越千所藏。王先生好赵世骏墨迹，尤喜临其书法，曾藏赵氏真迹百余件，1932年王越千病逝后归宋荔秋。此卷是赵世骏于光绪二十六年（1900）写给叶适庵的书信，共计五千三百余字，书信后附有冯汝玠、高友唐、萧方骏、张伯英、杨钟羲、周肇祥、冯恕、彭一卣、瞿宣颖、石荣暲、朱鼎荣、陆和九、陶北溟、邵章、罗复堪、高毓浵、商承祚、徐森玉、宋荔秋、陈邦怀、启功、常任侠、周惠民等题跋二十三通，还有柯绍忞之子金石家柯昌泗题字。题跋者均为民国时期北京的名流学者，且有些人与赵世骏有一定交往。从题跋内容可知此书札的价值，同时也是赵世骏在北京活动的一个见证。赵世骏信札记录了庚子年（1900）五月十八日与友分别后至闰八月十八日近四个月北京城内的情况，是记录八国联军侵略中国的一个重要史料，可惜的是此卷原件并未公布。题跋中有一些名流对赵世骏其人和其书的评价，如徐森玉记“民初，余在东华史馆，屡闻声伯先生谈论碑版，并及义和团事，令人神王（往）”[4]，周肇祥记“札字纤秀，疑出女子手写，正误处似声伯笔也”[5]，等等。

赵世骏在前清官位不著，难与诸多遗老等埒。但在民国以后，周旋于遗老遗民之中，深得他们的推重。赵世骏精鉴藏，工书法，因此

---

[1] 陈宝琛著，刘永翔、许全胜校点《沧趣楼诗文集》，上海：上海古籍出版社，2006年版，第13页。

[2] 同[1]。

[3] 汪辟疆撰，王培军笺证《光宣诗坛点将录笺证》，北京：中华书局，2008年版，第679页。

[4] 贾双喜、冀亚平撰《旧京史稿——赵世骏的一件信札》，《文献》1993年04期，第173页。

[5] 同[4]，第170页。

"四方求书碑铭者踵接"[1],"书肆所印珂罗版古碑帖，恒以得其评鉴为重，一时金石名家声誉与清乾嘉间翁方纲相埒"[2],"其鉴别碑帖，至为精当，海内赏鉴家颇推重之。盖以声伯所藏之唐《麓山寺碑》《云麾碑》《李思训碑》数拓，初为他人所不经意者，及经声伯审定，赏鉴家乃知其所藏实为海内第一之品"[3]。从中可知，赵世骏在清末民初以精鉴名重一时。笔者在首都博物馆工作期间，曾见很多碑帖存有赵世骏的题跋，如首博藏张效彬旧藏《隋龙藏寺碑精拓旧本》即有赵世骏题跋："右龙藏寺碑，今在正定龙兴寺，俗所称大佛寺是也，碑自宋元以来椎拓既多，剥落日甚，至于近世拓本，所存字数几于岁岁不同，其存者则刻画深陷，字迹纤瘦，无复本来面目，余所见此碑以王莲生祭酒所藏两本为最佳，其第一本为明拓，然张公礼三字已经开凿，不复成字。……第二本不过国初时拓，张公礼三字又加剥损矣，此本为王君华甫所藏，以字数及纸墨考之，约为乾隆初年所拓，然毡腊精妙，神采焕发，虽不及祭酒之明拓本，较其国初本殆犹过之，华甫其宝藏勿坠，永为艺林留此奇珍，数十百年后当与祭酒本鼎足而立，并烜赫于海内也。癸卯七月十一日南丰赵世骏声伯记。"[4]从题跋中可知赵世骏对于《隋龙藏寺碑》碑石和流传情况颇为谙熟，并精于鉴定。而通过碑帖收藏家张效彬一些题跋可知，赵世骏和旧京碑帖收藏诸家及琉璃厂碑贾均有交往，碑贾手中的一些碑帖也请赵世骏题跋，以增其声价。上引赵世骏题跋为小楷写成，颇类王羲之《黄庭经》，看得出赵世骏的楷书功力和好尚。

清末民国时期，赵世骏在北京世人眼中的身份为收藏家、鉴赏家、书法家，其书法有其过人之处。他于1912年赴上海，同年8月上

[1] 转引自张明撰《民国书家赵世骏生平考》，《中国书法》2013年第11期，第196页。

[2] 同[1]。

[3] 徐珂编撰《清稗类钞·第九册》，北京：中华书局，2003年版，第4460页。

[4] 参见笔者撰《丘壑内营 下笔传神——浅析旧京碑帖收藏家张效彬的书法艺术成就》，《中国书法》2016年16期，第115页。

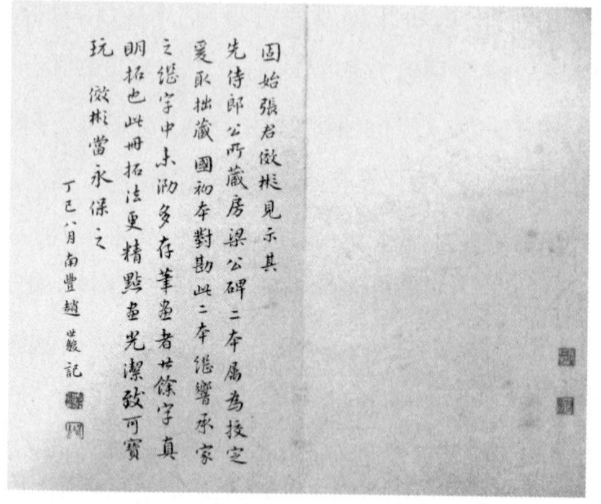

首都博物馆藏《房梁公碑》中的赵世骏题跋

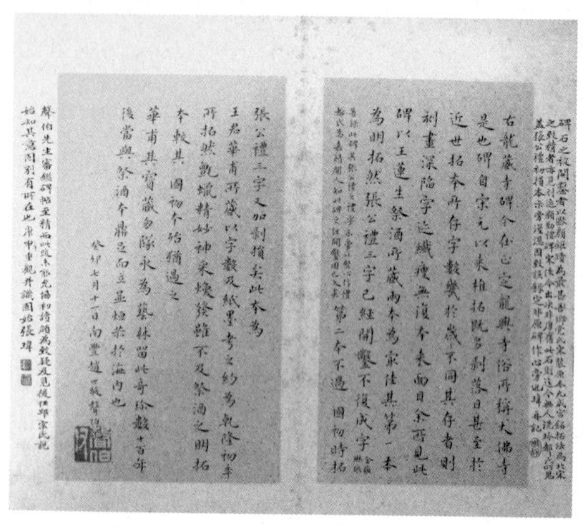

首都博物馆藏《隋龙藏寺碑》中的赵世骏、张效彬题跋

海《申报》曾八次刊出其鬻书润例（介绍书家赵声伯先生）：“南丰赵声伯先生夙擅八法，尤精褚体。其书以雁塔、同州两《圣教》暨《房梁公碑》为宗，旁参以《孟法师》《伊阙佛龛》两碑，于中令之书可谓具体而微，薛少保后所未有也。小楷则出入于《禊序》《黄庭》《曹娥》《十三行》之间，余体亦具有渊源。向在京师，群推第一。今游沪上，闲居无事，同人怂恿，以作书为消遣。□先生许之。印有山木盦书润表，胪列一切，时报馆、民报社及各笺扇纸张店均可接洽。世

有爱先生书者，幸勿交臂失之。介绍人：何维朴、程祖福、狄葆贤、陈三立、玉梅花盦道士清、梅光远、陈廷勋、刘镐同启。”[1]从润例中可知，诸多名流评赵世骏书“向在京师，群推第一”，可见赵世骏在北京书坛的地位。而罗振玉评：“太守楷法精善，由登善（褚遂良）上溯右军，并世无匹。”[2]孙荫亭见其书谓“睹此君书，几疑河南（褚遂良）尚在人间”[3]，庄严记“专攻褚书，行书亦学二王，其书颇得褚登善不胜罗绮的神髓”[4]。以上评价，可从不同的侧面反映出赵世骏书法的真实面貌。

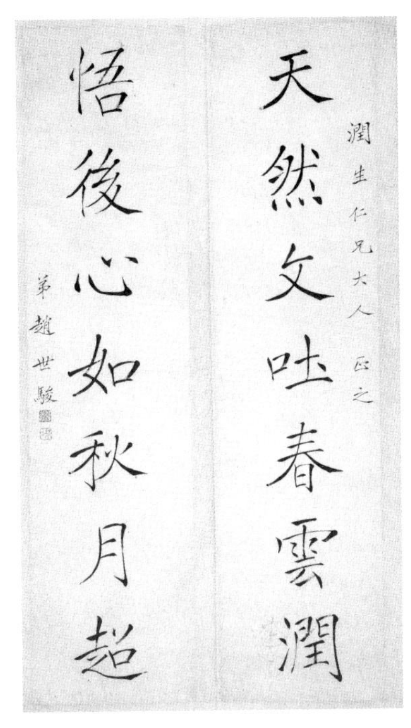

赵世骏楷书《天然悟后》七言联

据笔者看，赵世骏书法应属于帖学一路，他的楷书主要致力于褚遂良，小楷标榜二王。笔者所见赵世骏楷书《吴母徐淑人墓志铭》，此志为赵氏典型楷书作品，罗振玉所评“楷法精善，由登善（褚遂良）上溯右军，并世无匹”[5]，其分析是精准透彻的。而润例中“向在京师，群推第一”的评语，也代表了上海一些文人的评价，这在众口难调的清末民初书坛是难能可贵的。赵世骏书法因何而贵，据笔者来看，晚清时期，士子为科举应试的需要，多习馆阁体。赵世骏生于晚清同光

[1]《申报》1912年8月3日，第1版。

[2] 罗继祖著《枫窗三录》，大连：大连出版社，2000年版，第362页。

[3] 转引自周斌主编《中国近现代书法家辞典》，杭州：浙江人民出版社，2009年版，第508页。

[4] 庄严撰《六十年来之书学与帖学》，庄严著《前生造定故宫缘》，北京：紫禁城出版社，2006年版，第307页。

[5] 同[2]。

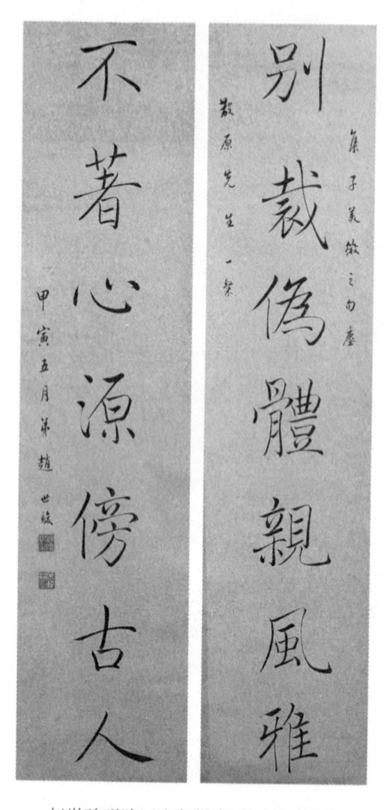

赵世骏赠陈三立行楷书《别裁不著》七言联

之时，早年应习馆阁体，但值得探寻的是，不知他早年从何种范本入手，世间多知他以工褚书名世，且从其书中看不出明显的颜、柳、欧诸体遗存，甚至受赵孟頫书法的影响亦不甚显。因此，赵世骏楷书应是取法褚遂良，小楷、行书径取二王，书法格调在晋唐之间，并没有遵循传统士子的习书方式。咸丰之后，北京书坛门派林立，受馆阁体影响甚深，呈现出“不欧不柳不颜”[1]的趋势。此时工于楷书的书家，帖学中有宗颜书的翁同龢、张謇，标榜欧书的黄自元、陈宝琛、朱汝珍，碑派中则有康有为、杨守敬等名家。与以上书家相比，赵世骏书法确是迥异时流，在壁垒分明的晚清书坛中独标榜褚遂良，且与其师陈宝琛书法风格差距很大。据笔者看来，清末民初书坛中以工褚书称著的有名士秦树声、女书家吴芝瑛，但赵世骏褚体书法之风度似乎更为纯粹，很大程度上再现了褚体书法的原貌，甚至有“褚登善不胜罗绮的神髓”，将钟王书法融入唐楷之中，未受流行碑风影响，整体风格端妍隽美，体现出浓郁的晋唐人意味。加之他为人孤傲高蹈，使其书法更为士人所推重。据一些学者统计，赵世骏于清末民初时期书写作品数量很多，在国家图书馆和北京大学图书馆中，就有四十种赵世骏书碑帖拓本，其书法作品在首都博物馆、荣宝斋等处，也存有一定的数量。因此来看，

[1]（清）欧阳兆熊、金安清著《水窗春呓》，北京：中华书局，1984年版，第61页。

清故誥封淑人吳母徐淑人墓誌銘

桐城吳闓生撰文

南豐趙世駿書丹

安陽馬吉樟篆蓋

淑人姓徐氏諱世芬今大總統東海公之妹也胚毓名門蚤嫻禮則端嫥靚淑姻鄰歸仁年廿二嬪於江寧吳府君府君通才雅望名德相偶中光緒庚子辛丑併科鄉舉踰年成進士遂來京師府君初居南昌辛亥國變家人星散已而稍稍咸集京師淑人持門內事二十餘載克勤以儉子女大者鷹齋遨僮奴婢僕咸無退後言東海公起膺國事門祚熾隆淑行小者襁抱壹皆躬親撫視不假人手宗親觀者無不歎其人率子女歲時入覲如家人禮退無矜異之色嘗手製諸兒衣履組紃刀尺錚然夜分不絕也始淑人以未逮舅姑為恨乃竭誠以相夫子府君嘗遇疾危甚露宿禱天祈以身代未幾竟愈而淑人果不永年以是府君尤痛惜之以為為我奪其祘也民國十年四月廿六日卒年四十三葬於西山之原淑人生四子兆璜兆璋兆蕃兆豐女二淑貞秀貞兆璜謹厚嗜學從余學為文章才氣日進殆必有成就者淑人之夲也兆璜譔行義泣涕請銘銘曰

不震其隆不戚其窮嗇於躬以作於宮以壽於公以亢其宗唯德之崇子孫其逢銘識其封庶無忘此休風

中華民國十年歲次辛酉八月　穀旦

赵世骏楷书《吴母徐淑人墓志铭》（徐世昌之妹墓志）（拓本）

赵世骏书法是清末民初北京书风的重要组成部分。但可惜的是，今日的书法研究者对于赵氏书法缺乏系统的整理和收集，目前可见关于赵世骏书法的出版物数量极少，因此值得专门汇集研究。尤其是赵氏在碑帖上的题跋之作，对于今人研究碑帖及清末民初碑帖金石思想有着重要的价值。目前，金石学再次成为研究的热门，作为清末民初重要金石家的赵世骏、陆和九、朱翼盦、张效彬、冯汝玠等，他们对北京金石学的发展贡献不低。希望在今后的研究中，通过对赵世骏等人的题跋和书札的整理刊布，进一步展现出旧京金石界发展的状况和研究成果。

书印精绝——齐白石

齐白石像

齐白石（1863—1957），原名纯芝，后改名璜，字渭清，号白石，湖南湘潭人。早年为木工，后习绘画、诗文、书法、篆刻，并以卖画、刻印为生，1919年定居北京。曾任北平艺术专科学校、京华美术专科学校教授，1949年后，任中央文史研究馆馆员、中国文学艺术界联合会主席团委员、中国画研究会及中国美术家协会主席、中国画院名誉院长等，1957年病逝于北京。著有《借山吟馆诗草》《白石诗草二集》等。

作为20世纪中国著名的艺术家之一，齐白石的诗、书、画、印均得到了世人的高度评价，其成就是多方面的，用他自己的话说："我的诗第一，印第二，字第三，画第四。"[1]齐白石活跃于清末民初的北京艺坛，他成功地实现了民间艺人到民族艺术家的历史性转变，这其中颇有时势造英雄的意味，而且随着其影响力的扩大，他的艺术造诣也被后人高度赞美和追捧，最终齐白石成为足以颉颃古今前贤的艺林巨匠。

[1] 转引自笔者撰《民国时期的北京书风》，北京：故宫出版社，2014年版，第294页。

齐白石的成才之路是极为艰辛的，他出身贫寒，早年未受过正规的私塾教育，曾做过雕花木匠。27岁时拜胡沁园、陈少蕃为师学习书画，后师从王闿运习诗词，并以绘画为业。40岁时游学四方，1919年定居北京，结识了一批旧京名士。在友人的支持与帮助下，齐白石逐渐走进主流艺坛，成为中国近现代具有革新意义的绘画大师。他活跃于京城，其艺术在旧京具有深巨之影响，拥有强大的号召力。齐白石的艺术风格被后世尊称为“齐派”（绘画、书法、篆刻）[1]。以“齐派”书法、篆刻为例，齐白石定居北京后，经过近三十年的经营和发展，“齐派”书风、印风一枝独秀，成为1949年后艺坛中影响巨大的艺术派别之一。自民国初年起，从齐白石习书法篆刻者与日俱增，其弟子门人如车载斗量，投其门下者身份各异，既有饱读诗书的名士，亦有具有创新精神的艺术青年，因此白石老人自诩“旧京篆刻得时名者，非吾门生即吾私淑，不学吾者不成技”[2]。其弟子中颇为人知者，有贺孔才、李苦禅、马景桐、于非闇、罗祥止、周铁衡、余中英、陈大羽、刘淑度、王青芳、娄师白、刘冰庵等。私淑齐白石书法篆刻者更是不计其数，可见其艺术在北京的地位。1957年齐白石去世后，其艺术影响力依然强大，承其衣钵者甚众，许多书法篆刻家在艺术理念上都受白石老人的启发。

齐白石的诗如他的书法、篆刻一样，与传统文人不同，具有一种清澈的“泥土气”，虽一度被人讥为“薛蟠体”，但与当时遗老的传统旧式文人诗相比，确实给人以耳目一新之感。他的书法篆刻亦因其独创性为民国时期的艺坛带来了勃勃生机，二者是相辅相成、相互影响的。

在书法上，齐白石别开生面、自成一家，法度亦是自设之法度。

[1] 钱君匋云“因为齐白石久居北京，他的一派，似乎应该称之为京派”。钱君匋撰《中国玺印演变史略》，钱君匋著《艺术与我》，南京：江苏文艺出版社，2009年版，第59页。

[2] 王明明主编，郎绍君分卷副主编《北京画院藏齐白石全集·手稿卷》，北京：文化艺术出版社，2010年版，第543页。

其风格之形成，首先，从取法上看，齐白石最初并没有明确的方向，他早年习馆阁体，后见胡沁园、陈少蕃书学何绍基，也亦步亦趋以何氏书法为宗，见诗友有几位会写钟鼎篆隶，亦曾临摹过一些钟鼎篆隶。40岁之后，他在北京遇到李筠庵，改学《爨龙颜碑》《爨宝子碑》等碑版。在题画及诗词抄录上则仿清人金农，行草取法李邕，以《麓山寺碑》《云麾将军碑》为主。同时研习篆书，取法秦诏版、《祀三公山碑》《天发神谶碑》《禅国山碑》等。晚年作隶书取法在《郙阁颂》《西狭颂》之间，亦融入《祀三公山碑》篆法，后一度喜临《曹子建碑》。由此可见，齐白石没有遵循传统之书学方式，最初易受他人之影响，取法一度未能固定。但论功力，齐白石具有超强的临摹能力，早年对书法下过很深的临池之功。其次，齐白石书法个性鲜明，对主流书体似存排斥，以完全承袭古人为耻，他服膺李邕“似我者俗，学我者死”的说法，主张对古人书法篆刻不能全盘学习，只要学到百分之七八十即可，要做到始终有我，所以其书法在一生中不停地变法、求新，其求新的重要方式就是选择一些非主流的碑版，如《祀三公山碑》《天发神谶碑》《爨宝子碑》《爨龙颜碑》等，与时贤的书学道路迥异，取法纯任主观，然信念坚定。再者，齐白石天资绝高，行草书融何绍基、李邕于一炉，将个性全面张扬，书风雄肆，笔锋外露，兼具北碑和隶书笔意。他的篆书采用篆、隶杂糅，利用《祀三公山碑》《天发神谶碑》《禅国山碑》，融合《爨龙颜碑》《爨宝子碑》《曹子建碑》，利用自身的天资将前人难以驾驭的诸碑融会贯通，消化并演绎成为自己独有的碑派风格。1922年他曾在自作对联中跋道：“余行年六十，学书不成，以为书不必工，但能雅足矣。”[1]可见他很早即认识到书法中“雅”的重要性，这也是齐白石书法能逐渐为士人群体接受的重要原因。最终，齐白石高度践行了蔡邕提出的“修短相副，异体同势”艺术理念，打造出具有自家面目之“齐派”书风，此种风格个性张扬，雄肆奔放，

[1] 齐白石原著，朱天曙选编《齐白石论艺》，上海：上海书画出版社，2012年版，第187页。

齐白石篆书题“陶然亭”横幅

齐白石隶书立轴

齐白石篆书《官礼本纪》六言联

笔锋外露，迥异于同时期各种书法风格，足以雄瞻20世纪碑派书坛。

在篆刻上，齐白石自认为成就高于他的书法。从取法上看，齐白石篆刻早年追摹浙派丁敬、黄易，对赵之谦、吴昌硕、黄牧甫印风有所借鉴，于流派印风下过很深的功夫，尤对赵之谦的篆刻艺术精神有深层次的领悟。齐白石篆刻风格的形成并非完全得力于师法前贤，而更多的是胆敢独造，独立摸索。这位来自湖南民间的画师极力破除前人的藩篱，固执倔强的性格使其不受传统印风束缚，属于民间印人中篆刻成就绝大者。诚然，齐白石印风在当时的篆刻家眼中，并非得到了普遍认同，而是被认为"村气""火气""野气"，统称为"俚俗之气"，对其印风抨击者举出齐白石篆刻选字有些不合"六书"，甚至用一些僻字、俗字入印，这些做法在同时期传统印人眼中是一种不讲究的匠人之习。但从另一角度审视，这也是齐白石作为民间印人张扬个性、不拘成法的一面。晚清时期，赵之谦、吴昌硕、黄牧甫等印人基本上已经将浙派、皖派合流后的印风发展到了一个后人难以逾越的高度，非有超世之才者绝难冲出重围。齐白石即其中的一位英雄人物，他对前代印人的取法仅做形式上的追摹、阶段性的尝试，对友人陈师曾"纵横有余，古拙不足"的批评，也是有所取舍的。同时齐白石深知前代印人师法广泛，但大多以仿汉印为主，对古玺涉猎较少，考虑到前贤取法的各种途径，唯独汉印中的凿印一途很少涉猎。究其缘由，前代印人多为文人，似无此胆量和胸襟加以尝试。齐白石湖南人性格中的倔强和早年做木工的经历，使其练就了不同的功夫，他的臂力惊人，敢于尝试凿印之法，以多年木刻的经验和后天所学，将刀法和书法合而为之，践行了"印从书出"创作理念。深度领会古人对书法的理解和诠释，并将书法演进过渡时期的文字入印。

从刀法上看，齐白石篆刻亦属独创，他"追求刻字之解义，不为摹、作、削三字所害，虚掷精神"[1]，凭借着自己无人能及的腕力大胆

[1] 参见《白石老人生平略记》，齐白石原著，朱天曙选编《齐白石论艺》，上海：上海书画出版社，2012年版，第185页。

奏刀，独抒胸臆。他在自述中说："我刻印，同写字一样。写字，下笔不重描，刻印，一刀下去，绝不回刀。我的刻法，纵横各一刀，只有两个方向，不同一般人所刻的，去一刀，回一刀，纵横来回各一刀，要有四个方向。篆法高雅不高雅，刀法健全不健全，懂得刻印的人，自能看得明白。我刻时，随着字的笔势，顺刻下去，并不需要先在石上描好字形，才去下刀。"[1]从中亦可知，齐白石治印奉行"印从书出"的理念，在刀法上与浙派、皖派、赵之谦、吴昌硕、黄牧甫距离是很大的，其篆刻风格的异军突起代表了清末民初民间艺术家的创造，刀法主要依靠自己的体悟和实践，并未依附于前代印人，这也展现出齐白石不甘为人下的艺术决心和丰富大胆的创造力。

从章法上看，齐白石印风的形成与其书法紧密相连，他借助《祀三公山碑》《天发神谶碑》《禅国山碑》的篆法来驾驭手中的刻刀，从秦诏版体会凿刻的意味。对于流派印风，仅仅是从中汲取所需的创作元素。作为近现代著名的画家，齐白石还善于将绘画中的虚实对比用于治印之中，追求一种对立统一的矛盾之美，使印面呈现出绘画般的绚丽。齐白石篆刻的独创性亦在于他深谙取字之法，篆刻取字一般以方折者为多，最初缪篆亦因实际需要而变小篆入印。篆刻不同于书法，毛笔在宣纸上书写提按转折可运用自如，但篆刻以刀入石，就弗如毛笔书写畅快，因此平直的篆书入印自然比圆转者容易，故齐白石篆刻取字喜破圆为方，增强篆刻作品的视觉冲击力。同时，他实现了吴昌硕篆刻中朱文和白文的高度统一性，这也是其篆刻的过人之处。

此外，齐白石通过常年和旧京名士交流切磋，为其艺术融入了一定的文人气息，使其书法篆刻中有了"雅"的成分。齐白石依靠自己的自信、自负、天资、学力及所处的时代，成就了他独有的"齐派"艺术风格。作为"齐派"书风印风创立者，笔者认为齐白石的天资能占到成功的七成以上，他幼年未受到过系统的书法篆刻训练，也使他

[1] 参见《白石老人生平略记》，齐白石原著，朱天曙选编《齐白石论艺》，上海：上海书画出版社，2012年版，第85—86页。

齐白石刻

“中国长沙湘潭人也”印

齐白石刻

“人长寿”印

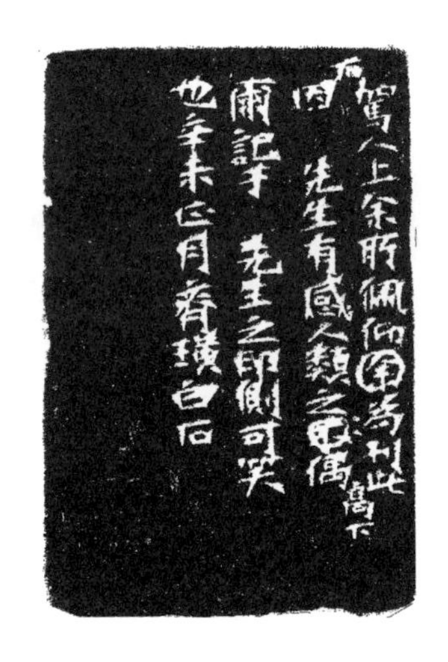

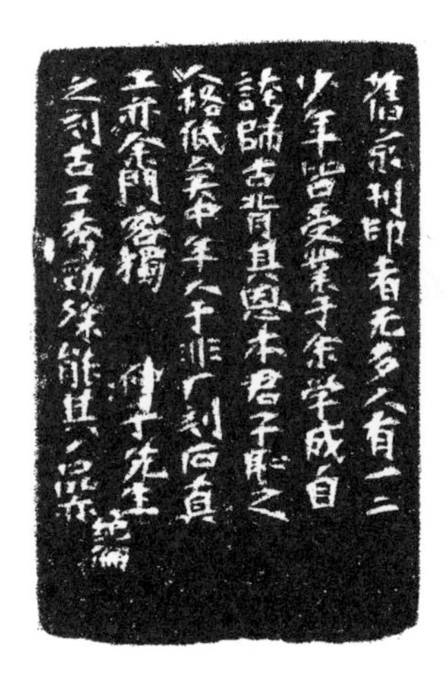

齐白石刻“见贤思齐”印及边款

易于摆脱传统方式对他的牢笼，加之身处变革的时代，中国在19世纪至20世纪之间经历重要的历史转变，从“清帝逊位”“民国建立”到“新文化运动”“五四运动”，政治、思想、文化都出现了与前代截然不同的状况，因此民间艺术家齐白石在此时期更易于展现自己独有的艺术风貌。客观地讲，齐白石虽是一名来自民间的艺术家，但经过自身勤奋的努力和钻研，其艺术也逐渐熔炼成社会中雅俗共赏的艺术珍品。

总之，“齐派”书风、印风的成功之处在于其篆刻表现出的独创性和超前思维，兼一定的装饰意味。基于此，此种风格具有顽强的生命力，在北京艺坛纵横捭阖，逐渐发展成最为重要的一种艺术风格，甚至掩盖掉了许多北京其他门派。齐白石书风印风个人面貌突出，布局、章法、刀法全是个人独创，颠覆了传统意义上的艺术审美，令学者无从求法，即使全力追摹，其成就均难以企及齐白石艺术的高度。在他的诸多弟子中，不少人穷其一生师法齐白石书法篆刻，均因缺乏白石老人的天资、创造力，难以超越其师，最终陷于“似我者死”的境地。民国时期“齐派”书风印风异军突起，但一些守旧人士还是预见了其中的利害，并持批判态度，但随着齐白石艺术地位的空前提高，这种声音逐渐消失，为一片褒扬之声所取代。由此可见，“齐派”书风印风的出现已成为一种历史的事实，其艺术必然成为百花齐放的艺坛中的一朵奇葩，爱之者深入骨髓，恨之者不屑一顾。孰优孰劣，观者自评！

旗籍学者—— 杨钟羲

杨钟羲（1865—1940），原名钟广，后改名为钟羲，字子勤、芷晴、圣遗、梓励，号留垞、雪桥、圣遗居士，晚号南湖鲜民。隶属正黄旗汉军，祖籍辽阳，世居北京。光绪十一年（1885）举人，十五年（1889）进士，入翰林，散馆授编修，历任顺天乡试、会试同考官。后保送知府，分发浙江，但未授实缺。后入湖北巡抚端方幕，历任两湖文科高等学堂提调、仕学院文牍教习、劝成学堂监督兼提调、湖北襄阳知府、安陆知府。端方调任两江总督，复居端方幕中，后任江宁知府。辛亥革命后，寄居上海。1923年，入京任溥仪小朝廷南书房行走，居于北京。伪满洲国时，被任奉天国立博物馆馆长，未到职，遥领俸禄而已，1940年病故于北平。著有《雪桥诗话》《雪桥诗话续集》《雪桥诗话三集》《雪桥诗话余集》《圣遗先生诗》等，辑有《白山词介》《留垞丛刻》等。

杨钟羲像

杨钟羲是清末民初著名的旗籍学者、诗人，其先世为内务府旗籍汉姓人，高祖虔礼宝因觐见乾隆皇帝时不能以国语（满语）奏对，因此以“未能娴习，命改汉军，自是始为汉军正黄旗人”。[1]杨钟羲

[1] 转引自徐凯撰《满洲氏族、谱系文化与本族认同初探（一）》，《辽宁大学学报》2012年9月第5期，第123页。

自幼受到了良好的传统教育，青年时，曾致力于《左传》研究，受知于晚清名臣潘祖荫、翁同龢，又与名流学者盛昱、缪荃孙、杨守敬、李葆恂、王秉恩、王仁俊、陈庆年、徐乃昌、李详、陈三立、况周颐、王瓘、李瑞清、沈曾植、朱孝臧、冯煦、叶昌炽、郑文焯，刘世珩、震钧、王国维等交往颇多。其中他与旗人盛昱[1]关系最为密切，二人于清末订交，并共同整理汇总旗人撰述，编纂成《八旗文经》这一“彰显八旗文运盛衰之故”的旗人文章总集，时任国子监祭酒的王懿荣曾风趣地称他二人这一工作是为八旗人算了个总账。居官期间，杨钟羲仍以著述为主要工作。辛亥革命后，面对“国破”的境遇，他选择了明末志士顾炎武“人臣遇变时，亡或愈于死”的信念，继续致力学术研究。综其一生，杨钟羲以其所著《雪桥诗话》正、续、三、余集最为世人所知，他曾在自跋中述其撰写《雪桥诗话》的宗旨道:“拙著《诗话》，专论本朝一代之诗。本朝之诗多矣，以平昔所见为断。平昔所见之诗亦不止此也，第就敷锡堂劫余仅存之残帙，略加诠次。大抵论诗者十之二三，因人及诗、因诗及事，居十之七八。其人足纪而无诗，其诗足纪而无事，概未之及焉。为书十二卷，不足括一代之诗之全，而朝章国故，前言往行，学问之渊源，文章之流别，亦略可考见。”[2]从宗旨中可见杨钟羲的学识和襟度。然而这位硕学鸿儒在时人眼中却是一位极为简淡的文人，他“生平讷于语言”，与其有过接触的日本汉学家吉川幸次郎认为“他是十分、毋宁说是过分沉默寡言的人。今天更是特别地沉默，不仅语言默然，连表情看上去也是漠然”[3]。可见

[1] 盛昱（1850—1899），姓爱新觉罗，字伯熙、伯羲、伯兮，别号韵莳、伯蕴、意园，室名郁华阁，满洲镶白旗人，清初肃武亲王豪格裔孙。光绪三年（1877）进士。历任编修、侍讲、侍读，国子监祭酒。清代著名学者、诗人。著有《郁华阁遗集》《雪屐寻碑录》，辑有《八旗文经》。

[2] 雷恩海、姜朝晖撰《杨钟羲与〈雪桥诗话〉》，杨钟羲著、雷恩海、姜朝晖校点《雪桥诗话全编》，北京：人民文学出版社，2011 年版，第 6 页。

[3] 吉川幸次郎撰《法隆寺的松》，转引自郑升、朱红华《清末名士杨钟羲生平及相关研究述论》，《名作欣赏》2013 年 14 期，第 149 页。

杨钟羲似乎不善言谈，极为淡静，其性格与“寡于言”的王国维略有几分近似。然在著述《雪桥诗话》期间，杨钟羲并非离群索居，他“偶乘鹿车，出过知好，静对移晷，容寂而思深，咨无不塞，归即披卷冥搜，钩章索句，掌录移写，细书精敏，日可万字，曾不逾岁，积册十二，署之曰《雪桥诗话》”[1]。可见杨钟羲在清帝逊位后，亦保持着前清“素性狷介，当官应事之外，不利走趋。日惟故书雅记之是好，輶轩之使（出使的大臣）不一预，阳城、马周之科（选取直言御史的考试）不记名，故端居之日独多”[2]的生活方式。总之，《雪桥诗话》学术价值很高，卷帙浩繁，材料丰富，广为搜罗清代八旗文人的诗作和事迹，虽流传只言片语，亦见收录，即使一些名不见经传的八旗文人作品也编入其中。民国时期胡适考证曹雪芹的事迹和生平，引用的敦敏赠诗、题句及曹雪芹残句“白傅诗灵应喜甚，定教蛮素鬼排场”即从此书中索得。1930 年，杨钟羲在北平设雪桥讲舍，[3]宣讲国学，其中日本汉学家仓石武四郎、吉川幸次郎等中外从学者百余人。1933 年，他东游日本，遍访汉籍和日本汉学家。1940 年，杨钟羲的病故在北平引起了不小的轰动，据所知的《杨钟羲逝后讣告诸友名录》可见，其间凭吊者几乎囊括了京城中的各界名流，包括逊清皇族遗老、政要政客、知名学者文人及各界精英。《名录》中还收录了一些名流所赠挽联，如京城四大名医之一的萧龙友赠联云“吾道云亡一代文宗归玉署；哲

[1] 沈曾植撰《雪桥诗话序》，杨钟羲著、雷恩海、姜朝晖校点《雪桥诗话全编》，北京：人民文学出版社，2011 年版，第 6 页。

[2] 刘承干撰《雪桥诗话序》，同［1］，第 9 页。

[3] 常见的雪桥讲舍设立时间为 1930 年，但根据仓石武四郎《述学斋日记》1930 年 1.7 初七日注释 1 中“按，《雪桥讲舍序例》最早在《文字同盟》第 18—20 号合刊（1928 年 11 月发行）上登载，讲舍地点为西安门内酒醋局剪子巷路东七号本宅（西安门内大街酒醋局之北的剪子巷），1929 年又改为西单太仆寺街后身罗家大院七号本宅（西单北大街太仆寺街之北的罗家大院）”。可知雪桥讲舍初设时间可能在 1928 年前后。见仓石武四郎著，荣新江、朱玉麒辑注《仓石武四郎中国留学记》，北京：中华书局，2002 年版，第 14—15 页。

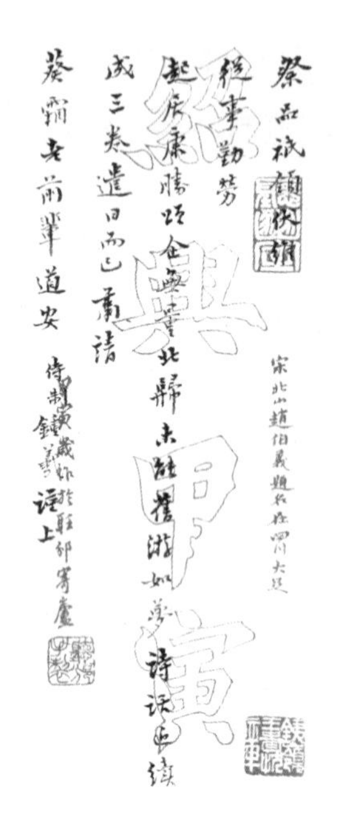

杨钟羲行楷书札

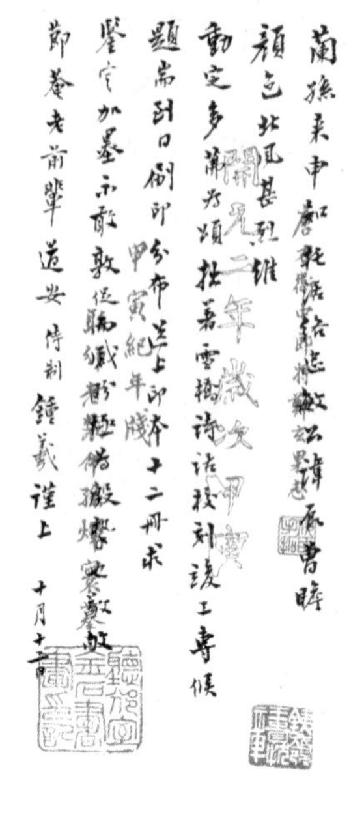

杨钟羲行楷书札

人其萎千秋诗话在名山”[1]，名士邵章挽联云：“文献盛先朝，一代儒宗，与成容若法存素为骖靳；山河留正气，千秋臣节，从王永观罗守残去骑龙。”[2]凭吊人数众多，盛况空前，从中可见杨钟羲在民初学术界的地位和影响。据传杨先生有一子名懿涑，字鉴资，号实甫，其字号均与杨钟羲终生标榜的司马光（字君实）《资治通鉴》有关。旗籍学者石继昌先生曾在其舅父寿逸庵先生家见过这位杨公子。后经杨钟羲门人李宣龚介绍，杨公子任职于上海商务印书馆，1949年随商务印书馆迁往台湾。

杨钟羲作为闻名京城的诗人、学者，同时又是昔日享有特权的旗人，他具有很高的文化修养，擅长书法，曾在北京悬润鬻书。京城中

---

[1]《杨钟羲追悼会哀挽录》,《收藏家》编辑部《杨钟羲逝后讣告诸友名录》,《收藏家》1998年第2期，第58页。

[2] 同[1]。

与他身份类似的旗籍遗老遗民也不在少数，这些旗人大多擅长书画，其中一些人还是艺术界举足轻重的人物。闻名一时的书画社团“松风画会”基本由旗人群体组成，他们清高自居，然清亡后，衣食无着，往往依靠订润卖字为生，或转变为职业书画家，或以书画自娱，成为票友式书画家。在书法风格上，旗人书家最显著的特点就是恪守传统，尤其表现在对帖学书法的痴迷和眷恋，而对待碑派书法却表现出一种排斥和漠视。在碑风大盛的清末民初时期，旗人群体成为帖学书法传承的中坚力量，无论是皇亲国戚，还是各旗旗民，在书法上大多标榜帖学，奉王羲之、赵孟頫、董其昌书法为准绳，并始终如一。他们的书风华丽遒美，功底扎实，将帖学书法推向一个新的高潮。虽然在碑派书家眼中，其书法风格是那么的千篇一律、孱弱无力，但正是由于他们的坚守和执着，在碑风的冲蚀下，使帖学书法尚能保留一分元气，为民国时期帖学书风的延续和重振起到了传承作用。

杨钟羲也是众多旗籍书法家中的一员，其存世的书法以楷书、行楷较为常见，他的楷书从颜真卿入手，整体饱满厚重，具有一种渊雅幽深的庙堂之气，这可能源于其早年受知于晚清名臣潘祖荫、翁同龢之故，潘、翁二人身份显赫，均精于书法，且工颜书，而翁同龢更是以擅长颜楷称著于晚清书坛，因此二人书风对他影响较大。但杨钟羲的楷书去除了潘氏书风的雍容和翁氏书风中的雄健，变为一种洒脱，风貌与清代书家刘墉略为接近，用笔看似不着力，实将千钧之力化于无形，把颜书写得飘逸潇洒，自称一格。杨钟羲的小楷书却呈现出欧（欧阳询）虞（虞世南）相参的面貌，用笔精整，法度谨严。杨钟羲楷书因字的大小而对笔画间比例进行合理的调整，能做到小楷精致耐看，大楷饱满雄浑，各具风姿。他的行楷书亦源自鲁公，在颜书的基础上，将二王、苏东坡、赵孟頫、董其昌融为一炉，于严整中流露出一种豁达和自信，体现了一种静态的美感。从书风上看，杨钟羲的行楷书受清人馆阁体影响较深，但他以其丰厚的学养和广博的阅历，将原本难于驾驭的帖学书法，写得不激不厉、清新隽永，字里行间时时

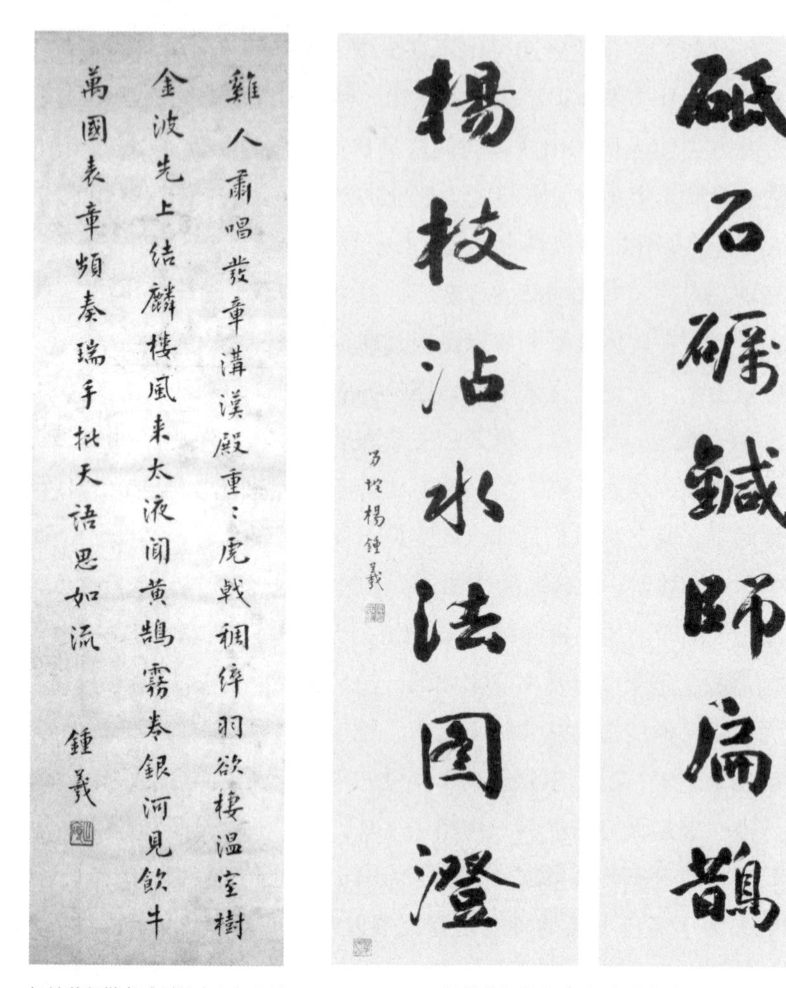

杨钟羲行楷书《刘筠直夜》立轴　　杨钟羲行楷书《砥石杨枝》七言联

洋溢着深厚家学和儒者气度。虽然清末民初擅长帖学的书家不在少数，但杨钟羲的书法面貌虽不甚突出，但内涵深远，耐人寻味，为不可多得的学人佳作。

民国元老——吴敬恒

吴敬恒像

吴敬恒（1865—1953），原名朓，后改名敬恒，字稚晖，曾署朏庵，江苏武进人。光绪十八年（1892）举人，后在津沪各地教书，曾任天津北洋大学堂教习，后任南洋公学教习。二十七年（1901）留学于日本东京高等师范学校，次年参与创办上海爱国学社，三十一年（1905）加入同盟会，1915年，与蔡元培、吴玉章、李煜瀛发起组织勤工俭学会，1921年，出任里昂中法大学校长，自1924年起，先后担任国民党中央监察委员、中央研究院院士、教育部国语统一筹备委员会主席、国防最高会议常委等。1949年去台湾，1953年病逝。著有《朏庵客座谈话》，编有《上下古今谈》，译有《天演学图解》。

作为国民党元老的吴敬恒，学贯中西，性极诙谐，也不喜做官，他常说“官是一定不做的，国事是一定不可不问的”[1]，北大校长蒋梦麟称他为中国学术界一颗光芒四射的彗星，而北大文学院院长胡适则赞誉他是中国近三百年来四大反理学的思想家之一。1963年，联合国教科文组织举荐他为世界百年文化学术伟人。说起吴敬恒和北京的关系，1924年，清室善后委员会成立，李煜瀛任委员长，聘请吴敬恒为

[1] 转引自陈宁骏、陈宁欣撰《忍辱负重吴稚晖 民国元老无官瘾——民国四大书法家（之三）》，《东方收藏》2011年第10期，第115页。

善后委员会委员，协助清理故宫古物。1925年，孙中山赴北京商谈国是，因肝癌在北京逝世，吴敬恒亦成为孙中山遗嘱的见证者之一。据周简段先生回忆：“暮年的吴稚晖对北京有很深的眷恋之情，每逢冬月，吴常常乘车北上，便衣便帽，偕友人去西单牌楼的‘协庆和’饭馆中品尝火锅。食毕，吴则策杖出门，乘兴游览西单书市，风雪无阻。他所喜爱的《猛龙帖》就是在书市中选购的。”[1]

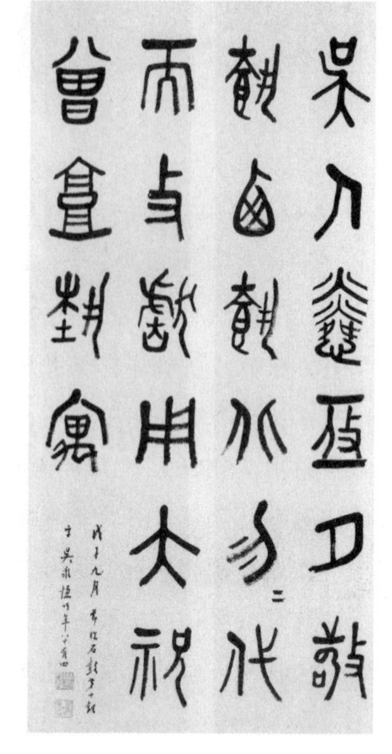

吴敬恒节临《石鼓文》立轴

民国时期，吴敬恒书法名重一时，在北京亦有一定影响，其书法以篆书最为人所称道。谈到他的取法，学者董作宾曾言；“吴先生幼年经过前清科举时代的严格训练，对于楷书自然曾下苦功，对于篆书，也曾有精深研究。”[2]吴敬恒生性幽默，曾对友人说起自己中举的原因：“这个举人是我骗来的，因为我写的文章不长，但是全部是用大篆写的，所以科举考官看不懂字，但觉得字写得很好，就把我录取了。”[3]他甚至为老妻开药方亦用小篆书写，药房伙计不认识，他竟怒道：“连这也不识，我若写石鼓文又将如何？”[4]从这两桩小事可见吴敬恒的诙谐和自信。

[1] 周简段著《京华感旧录》，长春：吉林出版集团有限责任公司，2011年版，第162页。

[2] 转引自奇石撰《一个不平凡的大书家吴稚辉（晖）先生》，《书画月刊》七卷第二期1970年版，转引自蔡崇名著《书法及其教学之研究》，台北：华正书局，1996年版，第455页。

[3] 转引自陈宁骏、陈宁欣撰《忍辱负重吴稚晖 民国元老无官瘾——民国四大书法家（之三）》，《东方收藏》2011年第10期，第114—115页。

[4] 同[3]，第115页。

常见的吴敬恒书法为楷书和篆书，他的楷书得力于《瘗鹤铭》。由于其早年受过科举的训练，又曾中举，因此他具有较深的帖学功力。吴敬恒八十二岁时，蒋介石曾请他写《蒋金紫园庙碑》，全文千余字，吴敬恒仅以两个半天写成，陈布雷以“圆浑凝重，苍劲有力而力不外露，是楷书篆化的精品”[1]加以赞誉，这似乎是时人对他楷书一种客观的评价。说到吴敬恒致力于篆书的原因，台湾学者庄练（苏同炳）撰有《吴稚老的篆书》[2]一文，其中记吴敬恒最初写篆书在民国十七八年，那时吴敬恒与国民党元老张静江都以擅长书法为人所称，张静江的行楷书“浩瀚淋漓，雄伟俊逸”[3]，吴老认为自己的行楷书远逊于张，对索书之人拒绝则不近人情，答应却自惭形秽，因此改写篆书，且吴敬恒自知篆书不能骗过行家之眼，因此痛下功夫，所以能将看似刻板严肃的篆书写得飘逸俊秀且富有变化，从此记载中可见吴敬恒的睿智。但庄练说吴最初书写篆书在民国十七八年却不甚准确，与吴敬恒有过交往的旗人唐鲁孙[4]在《从小友想起了一段旧事》的回忆文章中，记录了“民国十三年[5]，国父孙中山先生在北平协和医院逝世之后，将灵榇暂移公园社稷坛正殿奉安，供民众瞻仰致敬”[6]，这时，唐鲁孙曾被奉派在灵前担任一点工作，因此与吴敬恒相识，他二人在总理停灵期间也时常碰面。后有一日唐鲁孙去江苏会馆探望吴敬恒，时逢吴老兴致很高，当即从瓷帽筒里抽出一卷宣纸，给唐鲁孙写了一副四言篆

[1] 转引自陈宁骏、陈宁欣撰《忍辱负重吴稚晖 民国元老无官瘾——民国四大书法家（之三）》，《东方收藏》2011年第10期，第115页。

[2] 庄练撰《吴稚老的篆书》，庄练著《近世学者与文人群像》，台北：台湾商务印书馆，2002年版，第58页。

[3] 同[2]，第62页。

[4] 唐鲁孙（1908—1985），本名葆森，字鲁孙，隶属满洲镶红旗。珍妃、瑾妃的堂侄孙，1908年生于北京，早年出入宫廷，谙熟老北京传统、风俗、掌故及宫廷秘闻。遍游全国各地，熟悉各地民俗风情。

[5] 此处唐鲁孙记录有误，孙中山逝世于民国十四年（1925）。

[6] 唐鲁孙撰《从小友想起了一段旧事》，唐鲁孙著《燕尘偶拾故园情》，桂林：广西师范大学出版社，2008年版，第158页。

字对联，上联为“是有真宰”，下联是“时见道心”，字体“朴拙苍劲，骎骎入古”[1]，但落上款时吴老写了“鲁孙小友正腕”，唐鲁孙当时一愣，由于吴老为江南人，他不知道“小友”这个称谓是清末相公堂子（在清代，相公就是一种男妓、男娼，相公集中的地方叫作相公堂子）盛行时代，狎客对堂子里的相公诗酒酬唱时的称谓。唐鲁孙心直口快，就向吴敬恒讲起了关于这个称谓的故事，吴老当即将写好的对联撕碎，重写了一副，上款改称“棣台”，并在下联将这段经历书成长跋赠予唐鲁孙。后唐鲁孙还请民国元老张继、李煜瀛看过，他二人均认为这是吴老的佳作。从这则旧事可知吴敬恒在民国十四年（1925）已经书写篆书，亦得到了朋辈的认可和推崇。

吴敬恒行楷书《蒋金紫园庙碑》（拓本局部）

对于吴敬恒的篆书风格，学者董作宾分析得十分精辟，他认为吴敬恒精于篆书，对许慎的《说文解字》一书极有研究，深谙中国文字发展的源流及其嬗变过程，因此以这种功夫来书写篆书，自然能别出新境。加之吴敬恒自幼临习大篆，受《石鼓文》影响，他能将自己的文字学功力和篆书相结合，吸收并借鉴清末民初篆书的研究成果。与亦擅长大篆金文的学者罗振玉、容庚相比，吴敬恒为民国元老，早年的经历为其书法增添了几分清刚之气，这种气质多体现于身历革命的

[1] 唐鲁孙《从小友想起来了一段旧事》，唐鲁孙著《燕尘偶拾故园情》，桂林：广西师范大学出版社，2008年版，第159页。

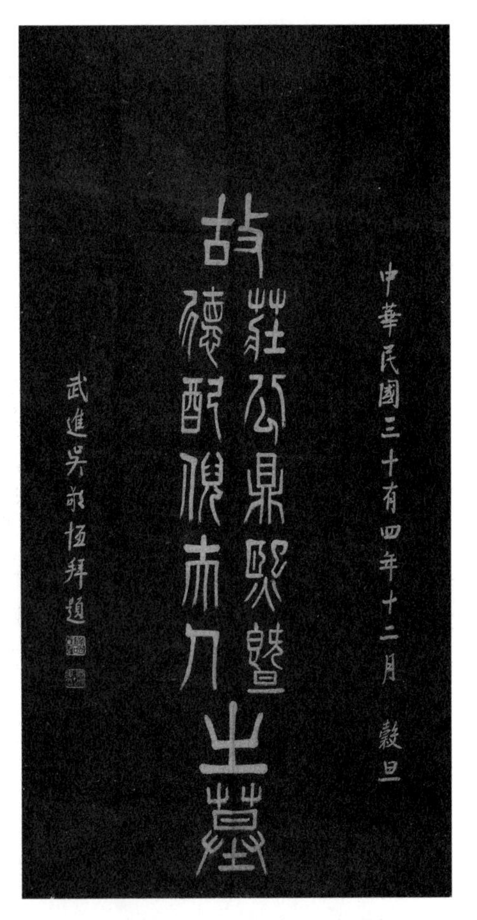

吴敬恒篆书《日华时雨》七言联

吴敬恒篆书《故庄公鼎熙暨德配倪夫人之墓》（拓本）

政坛书家中。再者，吴敬恒生性诙谐，能将原本易写板滞的篆书，写得变化错综、飘逸放诞，将诙谐与古雅相结合，形成一种沉稳古拙的篆书风格。在中锋用笔的基础上，行笔求简洁劲爽，于平直的线条中加入曲笔，于板滞中增添几分趣味。台湾书家王壮为认为“吴稚晖深于篆书，古茂苍劲”[1]，亦是他书法中的特色之一。晚年的吴敬恒篆书

[1] 王壮为著《书法研究》，台北：台湾商务印书馆，1999年版，第119页。

还融入了《天发神谶碑》的一些结构特点，体势更加强劲，用笔方折劲挺，体现出一种刚强的气势。

清末民初，擅长篆书的书家不在少数，但政治家中以篆书见长者却不多，吴敬恒、章炳麟、宋教仁算是几个特例。宋教仁因英年殒命，故其篆书存世不多，且水平逊于吴、章二人。同为民国先驱的章炳麟除功勋卓著外，在经学、文字学、音韵学造诣很高，但他习篆书标榜《说文解字》，以行书笔法书写大篆，加之过于自信，因此其书法风格趋之险怪，体现出一种卓尔不群、怪石嶙峋的美感。吴敬恒的篆书论功力不逊于章，但其书法中多了一层圆融豁达，能将篆书写得清劲洒脱，自成一种超然物外的书法新境。加之他无官气和学究气，因此为他的书法融入了一丝平淡祥和。总体而言，吴敬恒的书法在民国书坛因风貌独特而受到了一定群体的推崇，由于他传奇的经历和独有的个性，更是为他的书法笼罩了一层神秘的面纱。

鉴湖知己——吴芝瑛

吴芝瑛（1867—1934），字紫英，号万柳夫人，出身安徽桐城望族。其父吴康之，号鞠隐，曾官山东郓城、信阳县知县。其从伯为晚清桐城派古文学家吴汝纶。吴芝瑛19岁远嫁无锡廉泉。廉泉，字惠卿，号南湖，江苏无锡人，光绪二十年（1894）举人，曾任户部主事、户部郎中等。廉泉精诗文、善书法，笃好金石书画。二十四年（1898）吴芝瑛随夫廉泉移居北京，后结识秋瑾，三十年（1904），秋瑾去日本，旅费多赖吴芝瑛资助。后劝夫廉泉勿屈清廷，南归，在上海曹家渡筑“小万柳堂”隐居。三十三年（1907）秋瑾在绍兴遇害，吴芝瑛冒死将秋瑾尸体“偷”回，并撰《秋女士传》《纪秋女士遗事》，将秋瑾义葬于西泠桥畔，墓表由徐自华撰文，吴芝瑛书丹。晚年在家乡创办鞠隐小学堂。1934年病卒。著有《帆影楼纪事》《小万柳堂摹古》等，辑有《小万柳堂丛刊》《小万柳堂藏画》。

吴芝瑛像

光绪二十四年（1898），廉泉就职户部郎中，吴芝瑛随夫移居北京。居京期间，吴芝瑛广泛结交京城名流俊杰，思想倾向维新，曾发起组织“妇女谈话会”，倡导慈善爱国。此时廉泉与同部任职的王子芳比邻而居，王之妻秋瑾性格豪爽慷慨，且与吴芝瑛过从甚密，两人结为盟姊妹。在时代潮流的影响下，秋瑾思想渐趋开放，为寻求救国之路，弃家留学日本。出京前，吴芝瑛曾书擘窠对联“驹隙光阴，聚无一载；风流云散，天各一方”[1]以赠。后秋瑾投身反清事业，不幸被捕，在绍兴被害，吴芝瑛闻讯，悲愤欲绝，在丈夫廉泉的帮助下，她与好友徐自华将秋瑾遗骨葬于杭州西泠桥畔。徐自华撰写《鉴湖女侠秋君墓表》[2]，吴芝瑛书丹。吴芝瑛凭吊秋瑾诗中“今日西泠拼一恸，不堪重唱宝刀歌”[3]，曾为人传诵一时。之后她还写出了《秋女士传》《纪秋女士遗事》等文章，介绍秋瑾事迹。吴芝瑛的义举触怒了清廷，故欲严惩之。而吴芝瑛慷慨凛然，坦然面对，亲戚或有促其赴租界避祸，对曰：“吾不欲更居洋场，人疑我托庇异族也。”[4]她还致信时任两江总督的端方，其中有“是非纵有公论，处理则在朝廷，芝瑛不敢逃罪”[5]之语。其事迹一经传开，舆论哗然。吴芝瑛的友人美国女传教士麦美德在《泰晤士报》头版刊登吴芝瑛照片和介绍文章，据理力争，向清廷发出质疑之声，而端方与吴芝瑛的从伯吴汝纶相善，故亦不欲罗织，在中外舆论的双重压力下，清廷未敢贸然加害吴芝瑛，故此事作罢。

吴芝瑛见清廷日渐腐败，力劝廉泉辞官，隐居于上海曹家渡“小万柳堂”。辛亥革命期间，夫妇两人慷慨资助起义军。民国成立后，吴芝瑛与秋社同人还葬秋瑾于西泠，建“悲秋阁”于家中，悬挂烈士遗像，设供桌加以纪念。1915年，袁世凯称帝，吴芝瑛不顾廉、袁两家的婚约（吴芝瑛小女廉砚华曾许配袁世凯之子袁克俊），毅然遣书责之，其中有“公朝去，而吾民早安；公夕去，而吾民晚息；公不去，而吾民永无宁日”[6]之壮语，从中足见吴芝瑛之大义凛然。袁世凯称帝失败后，吴芝瑛仍恪守约定，将小女嫁予袁之子，表现出其公私分明

[1] 转引自维摩、梁溪育撰《吴芝瑛其人其书》，《中国书法》1988年第1期，第13页。

[2] 参见光绪戊申十一月悲秋阁纪念日印行《鉴湖女侠秋君墓表》。

[3] 同[1]，第14页。

[4] 同[3]。

[5] 转引自《廉泉、吴芝瑛故宅》，政协无锡市崇安区委员会，无锡市崇安区档案局编《崇安名胜史话》，济南：山东画报出版社，2006年版，第264页。

[6] 同[3]。

的襟度。之后，吴芝瑛还多次参与筹款赈济苏皖地区灾民，并捐赠家乡旧宅创办鞠隐学堂，培养后进。1934年，吴芝瑛病逝于无锡故居。举殡期间，无锡各界人士市民无不伫立道旁默哀，吴氏灵柩上附国旗，与其夫廉泉衣冠合葬（廉泉墓在北平潭柘寺）。廉泉、吴芝瑛病逝后，廉泉表兄孙寒厓挽之云："碧血话轩亭，湖上相逢应举酒；清辉照潭柘，山中恰喜有归魂。"[1]对夫妇二人一生的事迹做出了公正的评价。

吴芝瑛一生最为人所称道的，是她与革命志士秋瑾的情谊，其次则为她的书法。其书法在清末民初名气不低，在京城书界更是广为人知。谈到吴芝瑛和北京的关系，她清末随夫寓居京城，后半生虽基本在南方活动，但廉泉在北京时间较久，夫妻二人伉俪情深，亦常往返于南北之间。1931年廉泉病逝于北平潭柘寺。廉泉病逝前，忽得家报，吴芝瑛病危，他深忧夫人不起，故提前撰成"流水夕阳，到此方知真梦幻；孤儿弱女，可堪相对述遗言"[2]挽联。吴芝瑛此病幸转危为安，数年后复病，逝于无锡故宅。

吴芝瑛出身名门，她早年在家乡即有"诗、书、文"三绝之誉。在书法上，她自幼深受其父熏陶，加之自身勤奋，故临池功夫很深，曾遍习唐宋元明碑帖，于帖学书法颇有心得。清末入京未久，即为世人所知。慈禧太后闻其书名，特招之入宫，与绣工沈寿同受赏；光绪二十六年（1900）庚子之变后，以赔款为国之累，乃倡议女子国民捐，吴芝瑛在北京寓所门口将家中破箱叠成桌子，用碎瓦为砚，以示山河破碎，挑起"国破家亡，随缘乐助"的条幅，在街头挥毫义卖对联，还自印《小万柳堂帖》出售，以所得尽数捐出以充赔款。吴芝瑛在此时期所书对联，有史可查者有"国不能破，家不能亡，卫中华汉满蒙回藏同仇敌忾；妻岂可离，子岂可散，保家乡工农兵学商众志成城""振中华，掌政须似秦皇汉武；斗洋寇，挥戈应如继光则徐""阎王哪里？何不锁拿魑魅魍魉犯边鬼；天兵何在？岂能放过琵琶琴瑟砍

[1] 转引自项结权撰《联林豪侠吴芝瑛》，《江淮文史》1997年第3期，第146页。

[2] 郑逸梅撰《廉南湖与吴芝瑛》，郑逸梅著《文苑花絮》，北京：中华书局，2005年版，第214页。

头王”“挺起！挺起！四亿病夫快挺起；醒来！醒来！百万睡狮猛醒来”[1]，等等，从这些对联中足见吴芝瑛爱国之豪情，自此其书名享誉京华。满洲贵胄端方见吴芝瑛写经，亦赞誉有加。民国初年，吴芝瑛手抄《楞严经》，袁世凯为之作序，赵秉钧绘释迦牟尼佛像，赠予日本天皇。[2]通过以上记载，可知吴芝瑛书法最初成名于京城，其影响力至民国而不衰。

据笔者看，吴芝瑛一生的传奇性为其书法增色不少，尤其是她义葬秋瑾之后，其人其书更是得到了士人推崇，时人认为她的书法有卫夫人遗意，为秋瑾所书《鉴湖女侠秋君墓表》成为其书法中最知名的一件。通过时人的记载，可知吴芝瑛楷书最初从欧阳询《皇甫诞碑》、褚遂良《孟法师碑》入手，后涉猎北魏墓志，用笔劲挺瘦劲，结字疏朗绚丽，时人誉之“瘦金体”。除前人的评价外，笔者认为，吴芝瑛的楷书虽名“瘦金体”，但与宋徽宗所书“瘦金体”不同，徽宗瘦金脱胎于唐薛稷的《信行禅师碑》、薛曜的《夏日游石淙诗并序》，后经过自己的理解诠释而成一种富贵、雍容的帝王书体。吴芝瑛“瘦金体”亦曾涉猎二薛（薛稷、薛曜），但骨子里的豪情狭义则使其书法与宋徽宗瘦金体呈现出了不同的气质。吴芝瑛书法以唐楷为根基，从欧书中得笔力，褚书中取伸展，进而熔铸二薛书法而成自家面貌，其书法保存了浓郁的唐人特色，用笔潇洒飘逸，中宫收紧，笔画舒展，一派盛唐气象，与宋徽宗所创“瘦金体”，同途而异路。

从另一个方面看，吴芝瑛虽曾涉猎北碑，但其具体取法何碑不得而知，从她成熟期的楷书看，并未取法那些面貌独特的北朝碑刻，也未受同时期碑派书家风格影响。她虽生于清末，思想从维新进而倾向革命，但其书学思想却未脱出清人范畴，更多的是遵循清人帖学传统，以欧、褚为基础。作为女性，吴芝瑛书法非如清末士子一样刻意钻研馆阁体，而是从喜好入手，以唐楷为归宿，最终形成了自己的书法面

[1] 转引自项结权撰《联林豪侠吴芝瑛》，《江淮文史》1997年第3期，第143页。

[2] 参见维摩、梁溪育撰《吴芝瑛其人其书》，《中国书法》1988年第1期，第15页。

吴芝瑛楷书题《呜乎鉴湖女侠秋瑾之墓》(拓本)

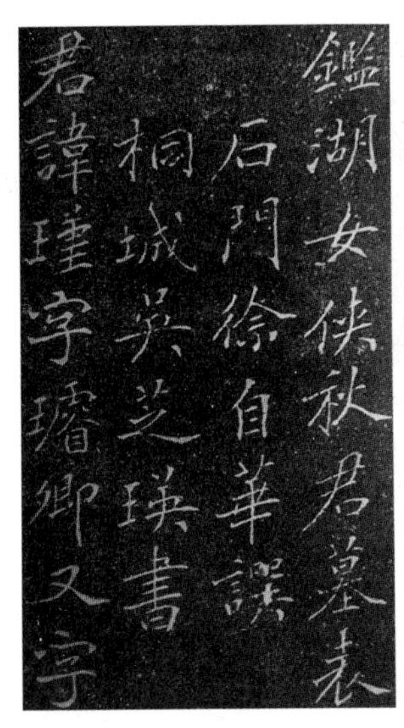

吴芝瑛楷书《鉴湖女侠秋君墓表》(拓本局部)

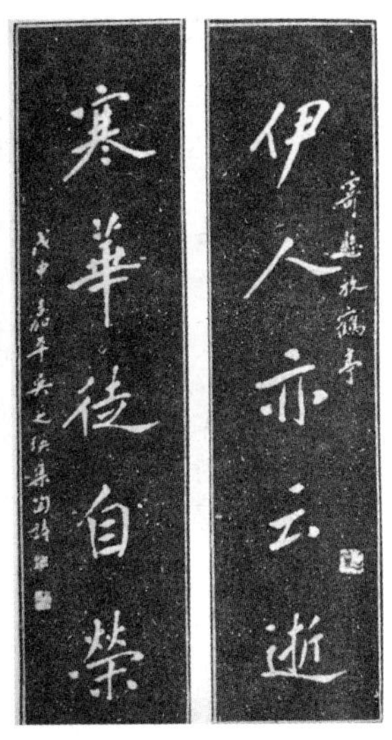

吴芝瑛行楷书《伊人寒华》五言联(拓本)

貌。以女性书法视角看，吴芝瑛书法水平不低，称为清末民初的“卫夫人”并非过誉之评。但若以时代视角审视，吴芝瑛的书法还是属于闺秀范畴。她的书法风貌，和同时期的逊清遗民溥侗、名士赵世骏近似，他们均以褚书为载体，从唐楷中汲取养分，对于碑派书法浅尝辄止，并未有深入的探索。此类书家在审美上似乎更倾向于飘逸遒美的风格，对以雄厚见长的书法风格并未产生足够的兴趣。这类书法的不足之处在于缺乏创新思维和时代眼光，但对于闺秀名门出身的吴芝瑛来说，其传奇性的经历为她的书法增添了许多的看点。吴芝瑛的小楷，尤其是抄经书法亦曾得到很多士人的推崇。清朝末年文宝书局曾刊行的《大佛顶首楞严经》十卷，是她的代表之作。此卷书法从《灵飞经》入手，堪称用笔精到，一丝不苟，正如学者庄严所评：“书法秀丽，若不食人间烟火。”[1]

[1] 庄严撰《六十年来之书学与帖学》，庄严著《前生造定故宫缘》，北京：紫禁城出版社，2006年版，第302页。

吴芝瑛行楷书题跋

除楷书外，吴芝瑛行书亦有传世。她的行书取法二王、董其昌，于常年临池中积累了丰富的经验，正如她所说“一帖有一帖之质性，其间架结构无一同处。学书者，最上得其韵度风力。若貌其形似，兢兢于间架结构，殆下焉者也。然不从间架结构入手，则笔法亦无由问津”[1]。吴芝瑛在临帖中很重视对于韵度的把握，其行书董其昌意味十足，临董之作，从形神上看，无不恰到好处，堪称深得董华亭三昧。

吴芝瑛最值得一提的是她的行楷书札，堪称是其“瘦金体”的浓缩版。用笔劲挺，线条瘦而不薄，通篇气息畅达，极显才情。此种优

[1] 转引自维摩、梁溪育撰《吴芝瑛其人其书》,《中国书法》1988 年第 1 期，第 11 页。

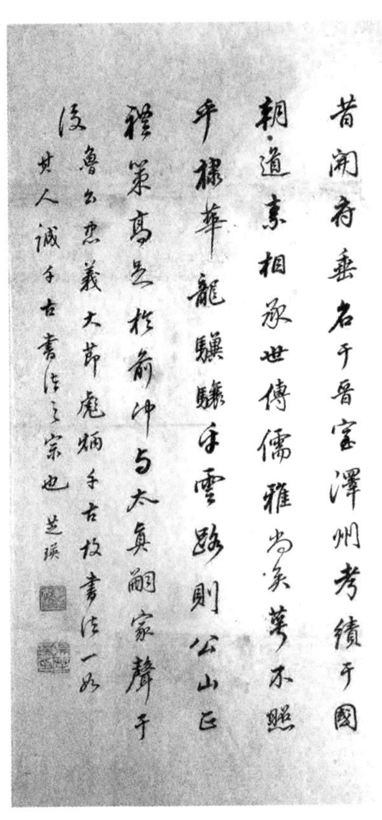

吴芝瑛临《董其昌节临颜真卿送刘太冲序》

美的书法，题于信札之上更增添了几分秀逸，尤其是吴芝瑛晚年书札，经过长年的实践和阅历的加深，使其书法完成了最终的蜕变，更显得韵味十足。另据一些学者研究，吴芝瑛因书法广受欢迎而有代笔者。顾颉刚、陈定山二人皆有此说，综合顾、陈之说代笔者应为无锡孙寒厓。孙之母与吴之夫廉泉继母为姐妹，因此二人为表兄弟，且为同年举人，因此孙寒厓为吴芝瑛代笔亦成情理之事，具体代笔作品有待进一步考证。虽吴芝瑛书法存代笔之事，但其真实水平亦不低，不能因此而忽视。总之，吴芝瑛书法虽不以突出的面貌示人，但其书法洋溢着浓郁的时代特点，是清末民初闺秀书法中一颗璀璨的明珠。

闽派诗人——何振岱

何振岱（1867—1952），字梅生、心与，号觉庐、悦明，晚号梅叟，福建侯官人。光绪二十三年（1897）举人，早年师从福建名儒谢章铤，曾任江西布政使藩署文案。辛亥革命后，与陈衍同回福州。1923年，应老友柯鸿年之邀进京在柯家任教。1936年，何振岱返回福州。1949年后，任福建文史研究馆名誉馆长，1952年病逝。著有《我春室集》，修纂有《西湖志》，协纂有《福建通志》等。

何振岱像

何振岱为清末民初同光体闽派著名诗人，曾居京达十余年之久，他的友人也大多是当时闻名的诗人，如陈衍、陈宝琛、郑孝胥、陈曾寿、梁鸿志、许承尧、黄濬等。居京期间，他常与同好作诗的友人柯鸿年切磋诗学，而陈宝琛亦为其在京城结识。那时陈既是逊帝溥仪的老师，还是同光体闽派的领军人物之一，在京城中文名大盛，求他撰写诔辞、墓志铭及族谱序文的笔墨生意很多，陈宝琛常应接不暇，其门人士子亦很难承担代笔之事。何振岱的学识和诗才深为陈所赏识，因此陈宝琛经常请何代笔撰写文稿，并分给何一部分酬金加以酬谢，可见陈宝琛对何之信任。何振岱还是一位极有骨气的文人，日本侵华期间，其昔日的友人郑孝胥、陈曾寿、梁鸿志、黄濬等纷纷沦为汉奸，何拒绝同流合污，毅然与他们绝交，并焚毁来往信件。福州沦陷后，他更是拒绝和日本人合作，并坚守“宁可挨饿，不事日寇”的信念。抗战胜利后，国民政府曾有意嘉奖抗战期间不附敌伪的何振岱，但他请好友代为“辞名”，表示爱国并非为了出名。1946 年，蒋介石过六十大寿，福建省主席刘建绪请何振岱撰写祝寿文章，并附上润笔，何振岱称病不肯代笔，从中可见此老之风骨。

清末民初，何振岱以工诗为人所知，陈衍评其诗“深微淡远……非惟淡远，时复浓至，其用力于柳州、郊、岛、圣俞、后山者，皆颇哜其胾也”[1]。何振岱擅长书法，兼善绘画和古琴。其书法功力深厚，但从不自我标榜，因此书作存世不多。他的书法得力帖学为多，推崇《兰亭序》，他认为“《兰亭》不纯是真书，而学真书者必玩味及之。昔人云‘临得《兰亭》八百本，不忧书法不造微’”[2]。习《兰亭序》当求不似之似。他还重视临池功夫，认为“即自唐以下千余年至清中叶，皆有可观。诚以前人一艺之工，必有数十年功夫。无论大家小家，都有自己面目。假如学颜似颜，学柳似柳，是颜奴柳仆已耳”[3]。此外，他坚守“无问何种学问，必先循规矩而后有巧妙”[4]，并且作书当“以敬言书，正学书之秘。考制字之始，但取虫鸟之文，大小篆兴，圆转劲逸，疏密匀称，度非驰慢者所可为。降而八分、隶体，稍飞动矣；再降而真、草且益放以舒……即不善书，若临书时，殚精神以赴之，即不能遽佳，而必胜于平日率尔之作。且严谨意多，本士大夫气象，不独于书为然”[5]。对于碑派书法，他也不排斥，偶尔临习一些魏碑和隶书，他认为写魏碑妙理在于“纵横顺逆之间。勿用拖笔，一拖便弱，得法之后，日书数纸，约一二百字，亦静中一乐也”[6]，对于篆书，他

[1] 陈衍著，郑朝宗、石文英校点《石遗室诗话》，北京：人民文学出版社，2010 年版，第 94 页。

[2] 何振岱著《我春室文集》，何振岱著，刘建萍、陈叔侗点校《何振岱集》，福州：福建人民出版社，2009 年版，第 74 页。

[3] 同 [2]，第 75 页。

[4] 同 [2]，第 76 页。

[5] 同 [2]，第 75—76 页。

[6] 同 [2]，第 79 页。

伏廬先生善養長春花甲於舊京今年從之乞種
又承以折枝見贈因賦長句為謝 即呈
天孫雲錦十萬匹照耀人間爍朝日化作名葩貫四時絕世仙
姿歎豔絕鳳城春晚花無數彈指飛紅怨啼鴂靈芝三秀蕙
再芳爭似茲花開不歇 伏廬留春春為留養花能譜花春
秋朱朱白白各壽相朝朝暮暮消閒愁太平從 君受瓶供今歲
分栽還翦送荒齋一昔燭花柔喚醒年時花底夢青綠
鬟鬟影展新銅紫陌香塵擾飛鞚試傾浮蟻發芳[illegible]尚有[illegible]
鶯溫故嗁綠無連天青靄迷乾坤懷淡今何時看 君一塢列
嘉植何嚴盆盎娛芳花 君言澆培須手理先後燥溼惟心知卅四
番風信候數卅六宮春無盡期
教正并和
弟何振岱

何振岱行楷书札

[illegible]

何振岱行楷书札

似乎涉猎较少，亦不精于此道。

对于书法，何振岱认为“作字无他法，只是多写，熟则巧生。诗、文、字三事最忌俗，一俗虽千好万好都算不好。何以谓之俗？无灵气耳。灵气是先天带来的，惟慧心人喻之”[1]，所以他觉得写好字的关键在于忌俗。总体而言，何振岱书法主要借力于其诗文的成就，其书法也正如他的诗一样，有着“深微淡远、疏宕幽逸”的境界。从面貌上看，何振岱书法以行楷、行草书最为常见，他的行楷书在帖学基础上融入了一定的隶书和魏碑，且结体右侧偏高，略为上挑，然通篇气息畅达，面貌醇古，颇具个人特色。他的行草书，亦方折劲挺，潇洒飘逸，每字看似独立，却古拙盎然，为二王行草书与魏碑结合之作品，于和谐统一中洋溢着诗人的气质。但客观地讲，和同样精于书法的郑孝胥相比，何振岱的书法似乎显得创造力不足，虽其诗才较高，但书法不及同时期擅长碑帖的书法家面貌丰富，变化多样。在书法上，何振岱可能并未投入很大的精力，只是作为闲暇间的娱乐，其书法也是在帖学中尝试掺入了一些碑派体势。从何振岱的文集书信中可知，他的书法似乎并未专注于某家某派，对清末民初的碑派书法风格浅尝辄止，也没有提出鲜明的书学观点，加之其书法作品存世不多，也就变得鲜为人知了。

如今，何振岱在北京的遗迹已很难寻觅，但他离开北平那年（1936）曾为北平的银行家徐子才[2]写过一幅立轴书法，现藏于首都博物馆。此轴内容为宋人卢祖皋所作《木兰花慢·别西湖两诗僧》，“嫩寒催客棹，载酒去，载诗归。政（正）红叶漫山，清泉漱石，多少心期。三生溪桥话别，怅碧（薜）萝、犹惹翠云衣。不似今番醉梦，帝城几度

[1] 何振岱著《我春室文集》，何振岱著，刘建萍、陈叔侗点校《何振岱集》，福州：福建人民出版社，2009年版，第63页。

[2] “地安门外平易银号经理徐子才，亦著名慈善家，有乐善好施之誉，是旧时北京金融界开明绅士、道教界护法大居士、大功德主。”常人春先生口述，陶金辑录《北京火神庙主持田存绪与民国北京道教轶闻》，《中国道教》2014年第一期，第43页。

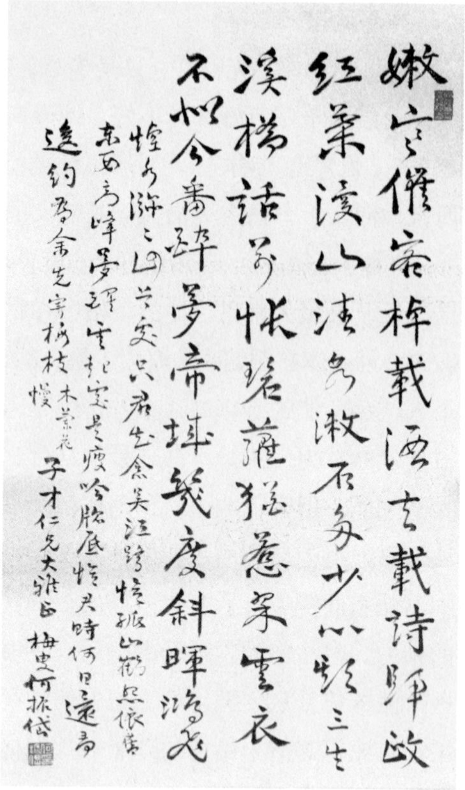

何振岱行草书《卢祖皋木兰花慢》立轴

斜晖。鸿飞，烟水弥弥。回首处，只君知。念吴江鹭忆，孤山鹤怨，依旧东西。高峰梦醒云起处，是瘦吟、窗底忆君时。何日还寻逡（后）约，为余先寄梅枝。”落款“子才仁兄大雅正，梅叟何振岱”。从此幅书法中看得出何振岱下了一番功夫，徐子才也是一位风雅之人，但二人交往具体情形如何，却随着时间的流逝很难进一步考证了。

朴学巨擘——章炳麟

章炳麟（1869—1936），初名学乘，字枚叔，号太炎，浙江余杭人。早年师从经学大师俞樾，后投身革命。光绪二十三年（1897），任上海《时务报》撰述，宣扬改良思想，因参加维新运动遭通缉，流亡日本。二十九年（1903）发表《驳康有为论革命书》一文，将光绪帝指斥为"载湉小丑，未辨菽麦"，并为革命家邹容《革命军》作序，因此被捕入狱。次年与蔡元培等人联系，发起成立光复会，后加入同盟会，任《民报》主编，与改良派论战。宣统元年（1909），出任光复会会长。三年（1911），上海光复后归国，于次年任《大共和日报》社长，同时兼任孙中山总统府枢密顾问。民国成立后，因反对袁世凯称帝，被袁氏囚禁于北京，他绝食以抗，最终获得释放。1917年，参加护法运动，晚年潜心著述，不豫政事，在苏州设立章氏国学讲习会，开馆授徒。1936年病逝。著有《訄书》《章氏丛书》《章氏丛书续编》等。

章炳麟像

作为民国革命先驱，章炳麟之政治地位仅次于革命先行者孙中山、黄兴，然其在经学、文字学和古音韵学造诣极深，加之精通书法，故被视为民国时期带有革命色彩之朴学巨擘。据其友人刘成禺在《世载堂杂忆》中讲：“章太炎与人讲音韵、训诂，不甚轩昂，与人谈政治，则眉飞色舞。”[1]他还面折新文化健将刘半农，但独畏服遗老沈曾植，在罗振玉之孙罗继祖眼中，“大抵太炎个性特强，不欲苟同于人，行事立言，皆不免流于偏执”。[2]此评价确有一些道理。如他对康有为的一些学术观点采取敌视态度，究其缘由，还是在于康的维新保皇思想与其相左，因此他对康有为《广艺舟双楫》中的尊碑思想也不甚赞同。甚至康喜用羊毫，章炳麟则偏用狼毫加以区别。他在某次和学生汤炳正的闲谈中曾说：“吴大澂在甲午战争中的狼狈相，简直好笑！吴用金文证明《尚书》的‘宁王’即‘文王’，简直是无稽之谈。”[3]对金石学家吴大澂考释错误结合政治上的失败加以批评。甲骨出土较晚，章炳麟对此一直持怀疑态度，曾对当时搜藏甲骨最力者某君说：“民族气节可以不讲，国土可以出卖。出自这类人物之手的东西，教我怎信得过？”[4]因此在学术研究上，章炳麟受其好恶的影响甚巨。与章氏有过交往的学者马叙伦曾撰有《石屋余瀋》一书，此书保留了许多马先生对当时学者书法的评价，其中《章太炎》一文记：“太炎不能书而论碑版法帖，盖欲示无所不知之博耳”[5]“太炎为袁世凯幽居于北京钱粮胡同时，以作书自遣。日有大书，常书‘速死’二篆，大可尺五六。悬之屏风，遂趣其长女以自缢。然此二篆颇有二李二徐之笔意。”[6]马叙伦本人自视很高，但此亦可作时人对章炳麟书法的一种评价。为袁世凯幽禁期间，章炳麟还为自己写好“章太炎之墓”五字，托弟子杜天一携出，后杜天一去世后，又转托其女杜时霞保存。此五字以小篆写成，字势舒展刚劲，极有气魄。鉴于章氏在政坛、学术界的特殊地位，

[1] 刘成禺著《世载堂杂忆》，沈阳：辽宁教育出版社，1997 年版，第 247 页。

[2] 罗继祖著《枫窗三录》，大连：大连出版社，2000 年版，第 466 页。

[3] 汤炳正撰《忆太炎先生》，陈平原、杜玲玲编《追忆章太炎》修订本，北京：生活 · 读书 · 新知三联书店，2009 年版，第 368 页。

[4] 同[3]。

[5] 马叙伦撰《章太炎》，马叙伦《马叙伦自述》，北京：中国大百科全书出版社，2012 年版，第 126 页。

[6] 同[5]。

他晚年一度鬻书为生。据说他不用登广告，上至军政要员、社会贤达，下至各会党成员，无不奉章先生墨宝为珍品。求其写字的人极多，他都来者不拒，只要投其所好，即为人作书，因此章炳麟书法的存世量不少，在旧京书坛的影响亦不容小觑。他反对用铅笔和钢笔，曾举《纬书》及《扬雄答刘歆书》来证明中国古代已经知道使用铅笔，后进化为毛笔。章炳麟云：“展转蜕变，毫之制造愈良而铅铁遂废不用，欧洲则讫（迄）今未改，以笔言之，亦见汉土所用为已进化，而欧洲所用为未进化也。”又曰：“今观汉土羊兔诸毫，转移轻便，其纸薄者为竹，厚者用楮，皆轻利胜于欧洲，诸子在巴黎，则言铅笔之善，向若漂流区域与赤黑人相处，其不谓芦荟叶胜于竹纸者几希！”[1]

民国时期，章炳麟以饱学之士身份涉足书坛，他精于古文字学，其书法一度影响很广，他的弟子很多为民国时期著名的学者，如钱玄同、许寿裳、朱希祖、黄侃、沈兼士、马裕藻、周树人、周作人、易培基、马宗霍、王仲荦、姚奠中等，周氏兄弟及姚奠中在书风上就深受其影响。章炳麟谈及书法的文章不是很多，据学者研究统计，有《论碑版法帖》《说单钩》《小学略说》《说文解字序解读》等。对章炳麟书法的评价，除前文的零星记载外，以沙孟海的评价最为人所知。沙先生认为章炳麟书法：“结法用笔与后来出土的战国墨书竹简和铜器刻款多有暗合之处，自成一家面目”[2]，章氏代表之作《终制》篇中书法“体势在篆楷之间，更多近似近年新出土的《睡虎地秦简》”[3]，属“古文字学别派”。而学者顾廷龙则评章氏篆书云：“信笔书之，或录全文，或节片段，乘兴命笔，无拘虚矜持之迹，有端庄流利之妙。”[4]他晚年时写字，以钟

[1] 转引自《辰子说林》，车吉心主编《民国轶事》第三卷，济南：泰山出版社，2004年版，第1339页。

[2] 沙孟海撰《章太炎自题墓碑和有关手迹》，《书法》杂志编辑部编《书法文库——书房撷趣》，上海：上海书画出版社，2008年版，第59页。

[3] 同[2]。

[4] 转引自刘永胜撰《章太炎书法风格综述》，《艺海》2014年第6期，第105页。

鼎文为常，喜一人牵纸，振笔疾书，用笔酣畅淋漓。笔者认为，如深究章炳麟书法风格，离不开其经历和学识。他继承了其师俞樾的书学思想，俞氏擅长隶书，得《张迁碑》《汉三老讳字忌日记》(《三老碑》)之神髓，作书喜掺入篆书笔意，整体书风静穆含蓄、高古卓茂，一派纯儒风范。

章炳麟没有留下系统的书学理论著作，故只能从时人的回忆中探寻他的书学主张。据章氏弟子姚奠中回忆，章炳麟亦推崇碑派书法，在谈到汉碑时认为，《石门颂》《天发神谶碑》《三体石经》是不可不学的，而《郑文公碑》《石门铭》是楷书的门径。但章炳麟尊碑并不抑帖，曾言:“然一二善书者，皆从法帖得津，次及碑版，则形神可以不离；其一意石刻之士，持论则高，大抵得其形模，失其神采。”[1]因此归纳而言，在章炳麟心中，碑是“形”，而帖是“神”，无神之形如同躯壳，故此作书碑帖结合才是明智之举。

从书法面貌上看，章炳麟书法有行草和篆书两种风格，他的行书早年具有一定的帖学功底，从其二十余岁所书《膏兰室札记》来看，字写得相对规矩，非如晚年所书之风貌独具。中年以后其书法更为倾向碑派，但取法不甚明显，看得出章氏对于这类书法并非刻意仿哪家哪派，而是利用自己的文字学功力和学识加以驾驭，善于从布白入手，用笔圆转，字势雄奇。他晚年的此类书法书写得更为得心应手，随意挥洒，变化如太空之行云，纵横无迹；又如飞仙御风，莫窥行止。整体面貌古拙而灵动，生涩而不呆板，将枯笔、涩笔运用自如，尤显得老辣倔强，雄直疏宕。与其行草书相比，章炳麟的篆书更为世人所推崇，除马叙伦提到的具有“二李二徐之笔意”外，其篆书以《说文解字》为准则，注重用字的准确性和标准性，但他又未步趋于清人钱坫、洪亮吉等传统玉箸篆书风格。对清中晚期邓石如、吴让之、赵之谦的篆书，似乎也未曾涉猎，对同时期的吴昌硕、黄牧甫篆书，章也未有明确的

[1] 章太炎撰《论碑版法帖》，崔尔平点校《明清书论集》，上海：上海辞书出版社，2011 年版，第 1576 页。

评价。因此来看，章炳麟还是以文字学为基础，并未对清人的篆书成就加以利用继承，其书法取“二李二徐之笔意”，也可见章先生的孤傲和崇古情怀。从一些篆书作品上分析，章炳麟借鉴了《天发神谶碑》的方折及一些金文的结体，来完备其篆书风格。但客观地讲，章炳麟过于恪守篆书文字的准确性，反而失去了艺术的特有情趣，体现出一种文人书法的保守心态。除篆书外，章炳麟还能书一种楷篆相参的字体。民国时期以此种书法进行创作的人并不是很多，也非由章先生始，如民国元老吴敬恒亦能书此类字体，章、吴二先生均为民国元勋，且均能以篆入楷，体现出当时书家的一种习书风气。章炳麟的这种字体面貌被沙孟海先生归纳为类《睡虎地秦简》，这也是章先生将篆书和楷书折中创作，取两种书法的特点加以发挥，故能别具风貌。笔者通过翻阅相关资料发现，章炳麟书房中曾悬有清代碑派书家何绍基的对联，此段记载对笔者很有启发，特别是章炳麟的篆书中的一些用笔似受到何绍基影响，无论是章炳麟的篆书还是行草书，用笔取逆势，既不求光洁，亦不求浓重，而是全持腕力，加之章先生自身的胸襟和功力，故用笔高古淡雅而有真味，体势开张，疏密悬殊，作书多为不经

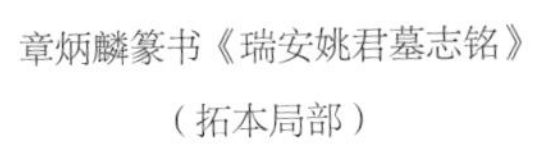

章炳麟篆书《瑞安姚君墓志铭》

（拓本局部）

沈兼士题《瑞安姚君墓志铭》

章炳麟篆书《吾宗八望》五言联

章炳麟篆书《宁与不随》六言联（拓本）

意之信笔，故而体现出一种卓尔不群、怪石嶙峋的姿态，与何绍基“屈铁枯藤”“惊雷坠石”的书风相映成趣。

总之，章炳麟书法追求字字有来历，但却对于前人的古文字研究实践成果多抱怀疑态度，显得孤立而无从。章炳麟性情高亢，精通文字学，他将书法视为挥洒性情的一种方式，这也为其身份增加了几分神秘色彩，称其为民国时期的朴学巨擘应该是恰当的。

镕铜铸鼎——张伯英

张伯英像

张伯英（1871—1949），字勺圃，一字少溥，又名启让，别署榆庄老农、云龙山民，晚号东涯老人、勺叟，江苏铜山人。光绪十四年（1888）举人，曾任津浦铁路南段总局文案。辛亥革命后，历任北洋政府陆军部秘书、国务院秘书、秘书厅帮办等职位。后见军阀纷争、官场腐败，1926年辞官定居北京。1929年，受万福麟之邀，任黑龙江通志局总编，自此奔波于北平与齐齐哈尔两地，1932年，《黑龙江志稿》编纂完成。1949年病故。喜收藏，精鉴赏，尤喜购藏碑帖。著有《庚午消夏录》《小来禽馆诗稿》等，辑有《右军书范》《黑龙江省志汇稿》《黑龙江大事志》《徐州续诗征》。

张伯英长年居于京城，住在北官房口十三号，此地位于后海南沿的东南侧，自古以来是旧京文人荟萃之处，也就是他的“小来禽馆”“东涯书屋”所在地。张伯英出身诗书世家，祖父张达、父亲张仁广均为当地知名文人，皆喜作书弄翰。受家庭熏陶，张氏自幼勤奋好学，博通经史，与徐树铮（民国时期皖系军阀段祺瑞智囊）为同窗

张伯英楷书《徐公墓志铭》(徐树铮墓志)(拓本)

好友。张伯英来京任职与徐树铮有着很大的联系。1925年，徐树铮被张之江枪杀于廊坊。次年，“三·一八”惨案爆发，段祺瑞政府在执政府门前枪杀学生，举国哗然。此两件事都深深地刺痛着张伯英，因此他愤然辞官，远离政治，在旧京以鬻书、著述为生。1937年北平沦陷，张伯英此时贫困交加，他昔日之友时任伪华北政务委员会委员长的王克敏曾三次上门邀请张伯英出任伪职，均被他断然拒绝，王愤然道：“就是隐居在山林之间的诸葛亮，在刘备三顾茅庐之后也出来辅佐朝政呀？你一个小小的张伯英居然也敢不给我面子，太有点不知天高地厚啦！”张先生正色道：“我虽然没有诸葛先生的才能，但是我愿意像诸葛先生那样的道德情操去做人。咱们俩人志不合道不同，希望先生不要再到寒舍来打扰了！”[1]自此断绝了和王克敏的一切交往。在最困难的时期，日本人得知张先生手中珍藏着王羲之馆本《十七帖》，曾想重金购买，张伯英毅然拒绝，保持了崇高的民族气节。

民国时期，张伯英的书名在旧京广为人知，并得到了士人群体的高度赞誉，像康有为、梁启超、罗振玉、郑孝胥、林纾、梁上栋、姚茫父、姚永概、傅增湘、张伯驹、齐白石、于右任、启功等均与他有一定的交往。他还因擅书与宝熙、罗复堪、邵章并称为“旧京四大书家”，张伯英题写的匾额更是遍布了京城街巷之中。在当时人眼里，张题匾额以琉璃厂的“富晋书社”最为著名（惜今已不存），现今存世的匾额有琉璃厂的“观复斋”“墨缘阁”，前门附近的“西单饭店”“亿兆”（亿兆棉织百货店），石刻则有陶然亭公园慈悲庵中的《都门纪胜碑》等。张伯英初至京师，名士秦树声见其书即惊叹道：“此何人？都中无是手也。”[2]张伯英祖父张达应之曰：“彭城书派固如是也。”[3]青年启功曾登门请教，多年之后对张伯英书法追忆道：“勺翁所书联，点画沉着，使转雄强，楹联大字，如在便笺之上，殊不见有意用力处。始惊勺翁

[1] 转引自张亚群撰《住在北官房胡同里的张伯英先生》，《西城追忆》2014年第4期，第52页。

[2] 转引自贾长祐撰《笔阵曾教淮海惊——张伯英先生琐记》，《中国书法》1995年第4期，第5页。

[3] 同[2]。

张伯英楷书题“西单饭店”匾额

于书艺之功，如镕铜铸鼎，只在指腕之间，而莫知其力如何运化至于斯境也！”[1]而“其后洛阳北邙魏志出土益多，精美之书，视龙门造像记又有进者，勺翁复以素纸临之，魏志精品，临写又若干通。其时为人书墓志，厂肆时有拓本，折叠露其一角。功阅肆见之，以为新出魏志，展之见款字乃知为勺翁书迹。北朝书家八法之妙，已融于勺翁指腕间有如此者”[2]。从启功的回忆中可知张伯英书法的魅力。

张伯英的书法早年习书以颜体为基石，后受包世臣《艺舟双楫》、康有为《广艺舟双楫》的影响，专意北碑，于《张猛龙碑》《张黑女墓志》《龙门二十品》用功最勤。取《张猛龙碑》之体势，《张黑女墓志》之结体，龙门石刻之用笔，兼取元氏墓志之风韵，以奠定其碑派书法风格。随着民国时期北朝墓志大量出土，张伯英眼界渐宽，广为购藏，通过临习这些最新发现的资料，对碑派书法有了更深入的认识。关于如何习碑，他赞同清人翁同龢提出“吾学六朝，每恨不得峭厉之势，失却眼

[1] 启功撰《铜山张勺圃先生遗墨书后》，张济和、屠式璠编《二十世纪书法经典——张伯英》，石家庄：河北教育出版社，2001年版，第9页。

[2] 同[1]。

矣。六朝碑无不峭厉者，安得舍峭厉而事圆浑耶”[1]的主张。但张伯英对于北朝书家郑道昭书法似不甚喜，他在《瘗鹤铭五石整幅》题跋中道：“六朝古石郁苍青，二美云峰与鹤铭。毕竟郑公难免俗，大书官阀傲山灵。”[2]在书法实践上，张伯英异常勤奋，每日用元书纸，临写龙门造像之精品，书写若干则束为一札，放置床下，直至无处容纳为止。可见他对北碑临习之刻苦和深入，无怪乎启功赞张伯英晚年的北碑书法可达“使今日观者眼中所见之临本，不啻与千百年前书者笔下意中俱与观者对语也”[3]之神境。

更为难能者，张伯英尊碑不抑帖，六十岁后尤为专意帖学，仅以其所撰帖学研究著作来看，即可知张伯英对于帖学的研究程度，他深谙帖学发展的脉络，且有自身独到的见解，其水平并不逊于同时期知名的书法理论家。他的著作如《帖平》《说帖》《阅帖杂咏》《法帖提要》等，保存了许多平生钻研帖学之心得，其中他高度评价了王羲之的书法，认为“右军字势雄强……苍浑可媲篆籀”[4]。在对待《唐怀仁集圣教序》评价上，他一反帖学宗师董其昌“集为习”之理念，提出了“‘圣教’拼凑而成，于此求右军去之远矣，思翁谓集为习固可笑，但此碑只可作怀仁字观”[5]。对于宋贤书法，他认为“苏书天资学力兼至，洗院体之薄，怯唐人之拘束，超逸绝尘如天骥不可羁勒，而无偭规错矩处”[6]，“米书工力在苏、黄以上，而韵度春容乃若弗及二家者。包慎伯（包世臣）谓未免飞扬跳荡之习，其一端也。书至老米，古人淳朴之风发泄无余蕴矣”[7]，“山谷书出自东坡，变肥浓为瘦硬。天资既

[1] 张伯英著《张伯英碑帖论稿》释文卷，石家庄：河北教育出版社，2006年版，第24页。

[2] 张伯英撰《碑帖题跋》，同[1]，第112页。

[3] 启功撰《铜山张勺圃先生碑帖论稿读后记》，张伯英著《张伯英碑帖论稿》，石家庄：河北教育出版社，2006年版，第1页。

[4] 张伯英撰《右军书范》，同[1]，第139页。

[5] 张伯英撰《阅帖杂咏》，同[1]，第107页。

[6] 张伯英撰《帖平》，同[1]，第5页。

[7] 张伯英撰《帖平》，同[1]，第6页。

张伯英行楷书立轴

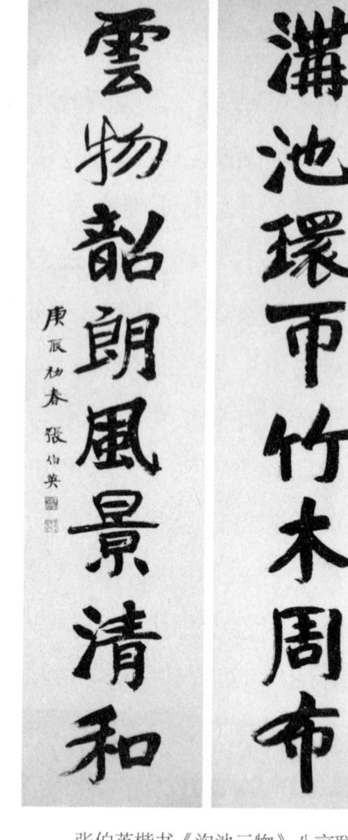

张伯英楷书《沟池云物》八言联

高，泽以道德文章之气，尘俗陋习自无从犯其笔端”[1]。而对于董其昌书法，他谈道“董思翁出，书道为之一振，镕唐宋诸家之长归一炉冶，天资学力超伦轶众”[2]。从实践上看，张伯英一生钻研帖学，他的理论研究与实践紧密结合，积数十年之功反复临摹二王手札及帖学名家书法，积累了丰富的经验和心得，故能将帖学之精华尽收腕底，为其北碑创作提供帖学营养。

晚年，张伯英的书法更是出神入化，精妙绝伦，他将帖学之潇

[1] 张伯英撰《帖平》，张伯英著《张伯英碑帖论稿》释文卷，石家庄：河北教育出版社，2006 年版，第 5 页。

[2] 同 [1]，第 6 页。

洒流畅融入北碑创作中，使其书法刚健中寓婀娜，雄强中见清丽，对碑、帖风格进行了绝佳的融合，打造出自家“锐而不峭、厚而不滞”之北魏皇家墓志体风格，达到了“行书中自有刚健之骨，真书中自有生动之趣”[1]的境界，赢得旧京士人群体的尊重和推崇。正如他自己所说“书虽一艺之微，非天资学力兼至不能造高深之域，若不解笔法，囿于俗学，则徒勤无益也”[2]。也正是张伯英尊碑不抑帖的书学主张，使他的取法和视野更为广阔，且不囿于俗学，故能别开新境，自成一家。

作为20世纪旧京书坛影响深巨的书法家，张伯英是一位具有开拓性、独创性的巨匠人物。和清末民初时期诸多碑学家相比，张伯英亦以碑派书法名世，但他并未一味笃信于包世臣、康有为、杨守敬等人的碑学理念，也未受同时期的吴昌硕、沈曾植、曾熙、李瑞清等人书风之影响，而是将自身深厚之帖学理论和实践作为根基，剥去碑派中做作、生硬的形骸，强化用笔中的节奏和动感，以驾驭其朴拙雄浑之碑派书法。张伯英还对前代碑学书家的理论和风格进行了主观的取舍，扮演了清末民初碑派书家中颇为理性的人物。笔者认为张伯英书法最为可贵的是其作品中蕴含着深厚的古意和书卷气，虽其用笔存帖学之流畅，但丝毫未减损其中的古拙，也无市井俗妍之气，这与清人伊秉绶书法，赵之谦、黄牧甫篆刻所提倡的以光洁之面貌兼具古奥之气有着异曲同工之妙，这也是张伯英书法常人最难及之处。

因此，民国时期北京书风碑帖融合趋势明显，张伯英书法即是此种风格成功实践之例证。但令人遗憾的是，张伯英书风没有得到后人很好的继承和发展，追摹者或得形亡神，或亦步亦趋，或步入歧途，背离了张氏的书学宗旨，未将其卓绝书学思想加以继承延伸。从此处

[1] 启功撰《铜山张勺圃先生碑帖论稿读后记》，张伯英著《张伯英碑帖论稿》，石家庄：河北教育出版社，2006年版，第1页。

[2] 张伯英撰《完白真迹二卷》《右军书范》，张伯英著《张伯英碑帖论稿》释文卷，石家庄：河北教育出版社，2006年版，第159页。

来看，是十分可惜的。但他的弟子丁文隽对其理论有所继承，在丁氏著《书法精论》中略有提及。总之，张伯英书法风格代表了民国时期碑派书家的创新成果，其融帖入碑的书学思想为后世书学者开启了碑派书法研习之门，带动了新生代碑派书家的理性创作。但客观地讲，张伯英书法从内涵上未能给后世学者提供发展的空间，习其书者如仅袭取其貌，很难摆脱其书风的束缚，因此可以说张伯英书法也是民国时期旧京书坛一种颇具个性和特点的书法风格。

晚清宗室——宝 熙

宝熙像

宝熙（1871—1942），清宗室，姓爱新觉罗，字瑞臣，号沉盦、室名独醒庵（取众人皆醉我独醒之意），北京人，隶属满洲正蓝旗。光绪十八年（1892）进士，历任翰林院编修、侍读、国子监祭酒、学部左侍郎、山西学政、宪政编查馆提调、总理禁烟事务大臣等职。辛亥革命后，历任大总统府顾问、约法会议议员、参政院参政等职。溥仪未出宫时，宝熙曾与陈宝琛、耆龄、袁励準等人奉命整理古书画。1924年，冯玉祥发动北京政变将溥仪赶出故宫后，摄政内阁组成“办理清室善后委员会”，宝熙即作为清室代表参与其事。全面抗战爆发前夕，追随溥仪，出任伪满内务处处长等。著有《东游诗草》等。

宝熙在清宗室中地位较高，是清太祖努尔哈赤第十五子和硕豫通亲王多铎九世孙。世代贵显，门第鼎盛，后世族人多身居要职。多铎的后裔经过近三百年变迁，其家族中的一些成员从“以行兵出猎为喜”骑射高手，逐渐变成了汉文化较高的旗籍知识精英，宝熙即是其中的一员。他是光绪十八年（1892）壬辰科殿试二甲进士，是旗人中有科举功名者。同年与他金榜题名者，有日后的北大校长蔡元培、教育家唐文治、出版家张元济、藏书家叶德辉等。极为巧合的是，宝熙与光绪帝生辰为同一日，帝师陈宝琛在贺瑞臣（宝熙字）六十寿诗中有“竹所清风齐子固，伯坚生日协神宗”[1]之句。

宝熙工诗，精收藏，是享誉旧京的四大书家之一。他与北京琉璃厂的渊源很深，被尊称为“宝二爷”。居闲时常出入尊古斋、大观斋、式古斋等古玩铺，购藏铜器和古玉较多。据张伯驹撰《北京清末以后之书画收藏家》中记：“旧人中事鉴藏者，尚有宝瑞臣、袁珏生、溥心畬、衡亮生、邵禾父、朱翼庵诸氏。宝袁两氏供奉清室，为废帝溥仪审定书画，眼界自宽，但并不以收藏为事，时入时出。在厂肆间，一言可以上下其价，有袁大掌柜、宝二掌柜之称。”[2]宝熙善写匾额，据琉璃厂老人陈重远记，光绪二十八年（1902），山东邹平人韩懿轩在琉璃厂开设悦古斋文玩处，请时任学部侍郎的宝熙题写“悦古斋”匾额，翰林袁励準书额，袁励準曾打趣地说：“上有我袁励準的字，下有宝二爷写的匾，联之曰‘袁宝’（元宝之谐音），使悦古斋招财进宝。”[3]宣统二年（1910），北京古玩行商会成立，会长赵佩斋请他书写“北京古玩行商会”匾额，琉璃厂“韵古斋”之匾额也出于其手。据史料记载，旧京后门大街亦存有宝熙题写的匾额，从以上记载可知他在旧京文化界的地位。

民国时期，宝熙以遗老自居，交游者多为八旗贵胄、逊清遗老，内中多思想守旧者，如陈宝琛、郑孝胥、袁励準、耆龄、罗振玉、金梁等。宝熙做过学部侍郎，罗振玉是他的旧属，因此罗对宝以弟子自居。1919年，宝熙居住在北京护国寺街，由于改朝换代，迫于生计，他经常出售藏品，其藏品成为很多商人争抢的紧俏货。宝熙为人厚道，

[1] 转引自叶扬撰《“独醒庵”主人：记宝熙》，叶扬著《翰墨风流》，北京：中华书局，2014年版，第15页。

[2] 丛碧（张伯驹）撰《北京清末以后之书画收藏家》，张伯驹主编、编著《春游社琐谈 素月楼联语》，北京：北京出版社，1998年版，第9页。

[3] 陈重远著《琉璃厂文物地图》，北京：北京出版社，2015年版，第158页。

始终信奉“忠厚传家久，诗书继世长”的格言，因此古玩界没人去骗他。甚至他病卒后，其后人生活困难，琉璃厂古玩界的一些老掌柜还想方设法帮助他们出售藏品，维持生计。民国时期，宝熙曾加入旧京著名书画社团松风画会，与遗老遗民唱和诗词、切磋书画。他还在北京、大连一代鬻书，在大连举办过展览，罗振玉、王季烈曾为其大力宣传，因此宝熙书名在京津、东北一带甚高。

目前宝熙的书法存世量不少，除对联、条幅、书札外，传世碑帖中亦有许多宝熙题跋，仅笔者所见故宫博物院藏朱翼盦碑帖、首都博物馆藏张效彬碑帖、旅顺博物馆藏罗振玉碑帖中，即存有不少。宝熙对碑帖有一定的研究，与旧京碑帖藏家群体颇多交流。和旧京诸遗老相比，宝熙可称为职业书法家，其书法很有特点，尤其是他的楷书。笔者曾见民国石印本《永春郑公渊如墓志铭》，吴增祺撰文，宝熙书丹，喻长霖篆盖。宝熙楷书字体端整，虽为石印，但字体清晰，笔画生动，看似平实无奇，然用笔张弛合度，一派旧式贵胄风范。正如学者庄严所评“其书初学东坡，其后变之。方雅蕴藉，仪态端庄，颇似张黑女”[1]。宝熙书法源出馆阁体，据笔者来看，其楷书标榜颜真卿，有钟繇、苏轼、赵孟頫、刘墉笔意，兼具魏碑之法，书风敦厚自然，体势稳健，上宽下窄，将颜体之雄浑、苏字之韵致、赵体之风姿，以碑法写出，极具个人特色。

宝熙被尊为旧京四大书家之一，其中另一层重要的原因，在于其书法的鲜明特色。民国时期旧京中擅书者甚多，但宝熙书法如其人一样敦厚笃实，看得出其文人的内涵和学识。同时，宝熙出身清宗室，又常年活跃于政坛，其书法中寓居着一丝富贵气和政治家的气魄，因此增添了雍容华美的特点。宝熙书法虽从馆阁体出，但仔细审视，会发现其书法中亦有碑派书风的影响，于提按之中蕴含着北碑体式，因此其书法骨力强健，气韵生动。

[1] 庄严撰《六十年来之书学与帖学》，庄严著《前生造定故宫缘》，北京：紫禁城出版社，2006 年版，第 308 页。

宝熙楷书《永春郑公渊如墓志铭》（拓本局部）

宝熙行楷书札

宝熙行楷书《老苏小宋》七言联

总体来看，宝熙楷书呈现出一种大智若愚、大巧若拙的面貌，加之他工于诗文，身份贵显，因此，其书法中还存有一分空灵的气息。宝熙书法高明之处在于以颜体为根基，天生体魄强健，故此其大小楷书均颇为耐看，但又不故作姿态，强以骨鲠忠贞为面貌，反而有清代遗民的荒疏和闲适。宝熙楷书并未完全依附于颜书，混同于谭延闿、华世奎、陈云诰对颜书的理解，而是取其厚重，并将诸多书体融为一炉，甚至其书法中还表现出些许诙谐。正如琉璃厂书法篆刻家徐之谦回忆，在其年轻之时，世人曾为宝熙书法冠之“宝小脚儿”之诨号，以形容其书法结体特点，因此可知旧时京城人士对宝熙书法之喜爱。

宝熙榜书格调高古，迎合了大众审美需要。从另一个方面来看，其书法体现出老北京人骨子里的那份厚道，因此笔者认为宝熙书法应属于清末民初北京书风中颇具代表的风格之一。正如庄严先生所说的“颇似张黑女”，此语谈到了其书法中的妙处。宝熙病卒后，此种书风近乎绝迹，继承者乏人，可能源于此类书体难于把握，且其书法的高明并非完全得自笔墨，而是学养深厚之故，不以突出的个人面貌博取世人的关注。

研究宝熙的书法，笔者不禁联想到碑派宗师梁启超的书法。从书法面貌上看，宝熙楷书与梁启超楷书有近似之处，但梁启超书法更多的是展现才情和学识，及其性格中那种激烈和对国家前途的担忧。加之梁启超为碑派宗师康有为高足，自有其师承，故而梁的书法刚劲遒美，具有浓郁的北魏皇家墓志特点，望之即能知其所尚。而宝熙作为清代宗室、遗民，其书法骨子里存有一种贵族之气，加之清亡后，对于国事日蹙，显然有些彷徨，因此宝熙书法表现出了一种放逸和诙谐。这种情感时露笔中，气格颇类明末清初八大山人的书作，这也是宝熙楷书中的一个不可忽视的特点。

除楷书外，宝熙书札和题跋多以行书写成，以厚重见长，通篇气息雅正，用笔含蓄内敛，饶有意趣，但美中不足者是其书受到了时代的限制，过分强调用笔的出处和结体上的一丝不苟，失去了对个人书法风格的充分发掘，停留于恪守传统的思维定式之中，只能一生仰望清四家“成、铁、翁、刘”的书法高度。总体来看，宝熙的行书是缺乏创造力的。

宝熙书法基本上还是以帖学为宗，并未广泛涉猎碑学，但他身边友人中不乏碑派名家，如郑孝胥、罗振玉等，因此耳濡目染中也受到了碑派书法的影响。加之他常年购藏碑帖，摩挲把玩，潜移默化从碑派书法中汲取营养，因此他的楷书不刻意临摹北碑却自有碑味。在诸多存世的书法中，笔者未曾见宝熙的篆隶书作品，据此推知他或不常作，或不作此类书体。总之，宝熙书法是以清人帖学思想为主体，坚守着前人对帖学书法的理解。清亡后，他的书法特点更为鲜明，在民国时期北京碑风大盛之时展现出一种坚守。他的书法不以强烈的个人面貌示人，而是于传统中寻求新的突破，能于近乎绝路的书坛中开辟出自己的风格。作为旗人书家中的佼佼者，宝熙书法成为清末民初士人追捧的一种风格，也是旧京四大书家中唯一的旗人。

民国时期帖学书法的重振，不仅依靠沈尹默、白蕉、潘伯鹰等文人群体的推崇，遗老遗民中还有如宝熙一样的旗人书家，他们终生追摹帖学书法，也正是由于他们的执着和艰辛，使帖学书法在旧京书坛保存了一丝元气。因此来看，民国时期帖学书法的重振不能忽视这一特殊遗民群体的贡献，他们的书法虽至今日仍未受重视，但在民国时期的北京书风中是一种不可缺少的艺术风格。

蒙古旗人——三　多

三多（1871—1941），蒙古钟木依氏，全名三多戈，汉姓张，号六桥，晚号鹿樵，隶属蒙古正白旗，祖籍抚顺，驻防杭州。早年就读于杭州旗营内的梅清书院，光绪十年（1884），承“世叔父”荫袭三等轻车都尉，食三品俸。二十年（1894）任杭州都护将军，二十二年（1896）任正白旗四佐佐领。二十七年（1901）任稽查商税事务，其间曾赴京师大学堂学习。二十八年（1902），充京师大学堂提调，后任浙江武备学堂总办及督练公所洋务局提调，三十二年（1906）署杭州知府、第一标统兼候补道。三十四年（1908）任归化城副都统，任职期间，在蒙地推行改革，重视教育。次年，任库伦办事大臣。宣统三年（1911），外蒙古宣布独立，被驱逐出境。乘火车先至奉天，后寓居天津。1912年，赴沈阳负责管理盛京皇宫和清朝关外三陵（清永陵、福陵、昭陵），由张作霖拨给管陵费用。后任盛京副都统兼金州副都统、华工事务局总裁、铨叙局局长，1922年授际威将军。南京政府成立，三多任东北边防军司令长官公署咨议。1932年，迫于生计，出任伪满洲国电信

三多像

电话株式会社副总裁。1941年病殁。著有《可园诗钞》，辑有《柳营诗传》。

三多是清末民初的特殊历史人物，作为少数民族，他一生活跃于政坛，面对变幻莫测的政治环境，有着诸多的无奈和彷徨。从政治上看，他不是单纯的遗老，但对前清有着特殊的眷恋；对待民国，他并未一味敌视；面对日本侵略者，他又表现出了一层复杂的情怀。纵观三多的一生，其经历曲折多变，充满着传奇色彩。除政治身份外，三多是清末民初活跃于文坛的知名诗人、词人、书画家，著有《可园诗钞》《柳营诗传》等，有的学者认为三多是近代以来最有名的蒙古族汉文诗人。三多和北京的渊源很深，民国时他曾居于东城板厂胡同。晚年，他在旧京过起了隐居的生活，以著述为乐，直至病殁。谈到三多的家学，他生于杭州旗营，此地自古为文人汇聚之地，也是江南文化重镇之一。作为蒙古八旗的后裔，三多认为"我朝家法文武并习，顾独以韬钤（铃）自囿耶"[1]，故发奋读书，他先拜王廷鼎为师，王去世后，又从王廷鼎的老师俞樾先生游，习诗词书画。此外，三多还广交江南硕学名儒，如谭献、杨葆光、蒋学坚、樊增祥、易顺鼎等，学人中与之交厚的有金梁、裕恂、宋恕、宋文蔚、俞陛云（俞樾之孙）、徐珂、张鹤龄、郭则沄（俞陛云女婿）、王永江等。郑逸梅回忆："与六桥往还及唱和者，尚有赵尊楼、任卓人、陈寿松、袁巽初、嵩允中、吴学庄、邹筠波、方佩兰、李益智、何棠孙诸耆旧。相处久，人亦忘其为蒙古人也。"[2]俞樾对三多的诗学成就评之曰："与其师瓠楼（王廷鼎）互相切磋以求其深而又深，又求其显而又显，有一唱三叹之音，而无千辟万灌之迹，合杜韩韦柳而炉冶之，以自成一家，则虽香山、剑南可以

[1]（清）王廷鼎《序》，三多《可园诗钞》，《清代诗文集汇编》，上海：上海古籍出版社，2010年版，第581页。

[2] 郑逸梅著《郑逸梅选集》第四卷，哈尔滨：黑龙江人民出版社，2001年版，第173页。

驾而上之，而曲园又何足以望之。”[1]谭献评其诗曰：“清超拔俗……清逸闲雅有儒将风……读如春山之秀色可餐，如秋月之朗人怀抱，如入柳阴曲径闻流莺之宛转，如栖幽岩披松风之泠泠，听流水之溅溅，抑亦啴缓和柔而无俗韵，又复旷邈若山林之士，何蚤成若此。”[2]通过翻阅三多的《可园诗钞》，可知他与活跃于旧京的宝廷、宝熙、贡桑诺尔布、耆龄、文廷式、李希圣、蒋式瑆、许宝蘅、袁励準、罗瘿公、罗振玉、严修、邓邦述均有诗词唱和，其间他还参加过许多旧京诗社雅集，如罗瘿公诗社、蛰园吟社、聊园吟社等。

三多工于诗词，这与他喜爱藏书和读书密不可分，他曾作《藏书》诗：“爱坐图书府，如对古贤豪。积石亦为仓，敢比谯国曹。”[3]三多好读《红楼梦》，并常以“红楼”事入诗，其《寄赠耆寿民龄京卿》诗中有“怡红君薄成常侍，存素吾渐法翰林”[4]之句。除藏书、读书外，三多喜购藏书画碑帖，居京期间，他是琉璃厂、隆福寺、地安门一带古玩店和南纸店的常客。1912年，三多曾在琉璃厂购得成亲王赠红梨主人《任陪都律诗》直幅，[5]并赋诗云：“五载三边建节牙，能遭人骂胜浮夸。祖居此亦堪栽柳，（吾家世居抚顺城，顺治二年迁驻杭州，盛京乃第一梓桑也。）吏隐何妨学种瓜。鸿爪且寻留雪印，（去冬由西伯利亚归，过奉曾小住三日。）马头犹看傲霜花。诸公未必悭珠玉，辉映红梨旧主衙。”[6]三多还访得著名突厥碑刻《阙特勤碑》，椎拓后遍请名流文士题跋。据传三多的藏品中有三件奇珍：一是《西溪梅竹山庄画册》，最初为西泠八家之奚冈自嘉庆八年（1803）开笔，经过近百年的集结

[1]（清）俞樾《序》，三多《可园诗钞》，《清代诗文集汇编》，上海：上海古籍出版社，2010年版，第579页。

[2]（清）谭献《序》，三多《可园诗钞》，《清代诗文集汇编》，上海：上海古籍出版社，2010年版，第580页。

[3] 三多《可园诗钞》，《清代诗文集汇编》，上海：上海古籍出版社，2010年版，第588页。

[4] 同[3]，第614—615页。

[5] 同[3]，第641页。

[6] 同[5]。

成册，此画册将清代中晚期的杭州书画名家尽收其中，后辗转于于莲客、张珩之手，曾滞留北京近百年；二是清代旗籍词人纳兰性德画像——《容若侍卫小像》，此画像后为大收藏家张伯驹先生收得，后张先生捐赠给故宫博物院；三是三多藏《石头记》，又称“三六桥本《石头记》”，此本为一百十回本《石头记》，有人认为此书后三十回为曹雪芹原著版本，此本据传后流入日本，至今下落不明。除此三件珍品外，三多还藏有纳兰性德生前所用双凤砚，此砚原藏罗瘿公处，上刻有纳兰性德题字和朱彝尊题词，罗去世后，三多从琉璃厂海王村觅得，故倍加珍视。双凤砚曾入邓之诚先生之手，后流落入日本。

最后谈谈三多的书法，关于他的书法至今未有学者专门整理，可能源于近百年的流失，使其作品存世数量不多。但三多的书名不低，他的老师王廷鼎曾记三多“书习魏齐造像诸碑及曹景完志，作八分书得三公山及校官碑笔意，皆苍秀有致”[1]，三多书法师从王廷鼎、俞樾。王廷鼎书法存世不多，故暂且不论，然俞樾的书法对三多影响很大，甚至贯穿了三多一生的书法创作。俞樾博通经史、著述宏富，尤擅长隶书，得《张迁碑》《衡方碑》《汉三老讳字忌日记》(《三老碑》)之神髓，作书喜掺入篆书笔意，整体书风静穆含蓄、高古卓茂。俞樾曾在《春在堂随笔》中记：“江艮庭先生，生平不作楷书，虽草草涉笔，非篆即隶也。一日书片纸，付奴子至药肆购药物，字皆小篆，市人不识。更以隶书往，亦不识。先生愠曰：‘隶书本以便徒隶，若辈并徒隶不如邪！’余生平亦有先生之风，寻常书札，率以隶体书之。湘乡公述此事戏余，因录之以自嘲焉。”[2]从此段笔记中可知俞樾的某些书法观念。三多在学术上一生服膺俞樾，故书法也应继承了俞氏对汉魏碑派书法的理解。

[1]（清）王廷鼎《序》，三多《可园诗钞》，《清代诗文集汇编》，上海：上海古籍出版社，2010年版，第581页。

[2]（清）俞樾著、方霏点校《春在堂随笔》，南京：江苏古籍出版社，2000年版，第9页。

念奴嬌　題吏隱著書圖
功名富貴算稱心而得無如文字大隱湖山
佳趣露笑逐風塵裏刺松菊田園梅花世
界展卷當前是衙齋人靜中興閒見頻紀
先生所居曰紀中興之室　消盡爆影幢幢鑪香裊裊澆
壘烏皮几不把風流追小宋卻做窮愁虞
子餘了裁紅鬧情刻翠一樣腰肢細鶴微
明日填詞同李恩旨　多有粉雲龕填詞圖
錄呈
夫子大人誨正　受業三多未定稿

三多行楷书札

咨送京師大學堂肄業敬呈
夫子大人鈞誨
角智爭雄五大洲自強各為　奠尊謀官閑
久愧發高秋安健何妨事壯游保教情殷甘
占未報　恩加重薄封侯滔滔洪水安能濟
終勝觀死切杞憂　十年輪鐵杳京華舊
識公侯半種而仁勇我師楊萬里治安誰是
賈長沙讀書無用都為福學劍雖成未足夸
散髮肄來堪理釣一湖風月萬株花　受業三多
登吳山觀感等岩蘇東坡別牡丹詩
吳東升歲寒采竹米元章弟一峰
諸摩崖題紀
躡山纔數步一步一殊觀湖海澆胸酒峰
巒換[illegible]丹古今靈鬼法事寧勢龍蟠那浮
凌雲筆狂題劍畫磨　敬呈
夫子大人鈞誨
受業三多拜稿

三多隶书书札

三多出身杭州旗营，早年应受过系统的馆阁体训练，楷书习欧、柳、赵，从存世的一些手札中可窥见一斑。随着他从政的经历，眼界日宽，友人囊括了清末民初诸多名流俊彦，加之自身学养深厚，精通诗词绘画音律，故此他的书法体现出与俞樾不同的面貌。三多行书迥异于常见的帖学书法，乃帖学和北朝碑刻融合之作，用笔震颤，取波磔之势，显得古朴可喜，体势开张，结体松而不散，法度存而面目新，这源于他广泛涉猎北朝造像，对碑派书法有所借鉴。三多的行书还有掺杂草书者，受篆隶、北碑的影响，结体呈横势，只是采用了一些草书结体。其书法最有特点的是隶书，从外形上看，三多隶书与俞樾面貌略似，二人均喜卓茂厚重一路，不求险怪离奇，以文人审美加以取舍，但俞樾隶书更为厚重凝练，乃学养积聚而成。三多“作八分书得三公山及校官碑笔意”，三公山即《祀三公山碑》，此碑为汉代篆书，风格纯古遒厚，兼有隶书和行草笔意，《校官碑》亦称《潘乾碑》，端庄浑厚，兼具篆意，亦属稚拙一路的书体。若三多隶书仅以此两碑为归宿，很难与俞樾书法相颉颃，但他兼取“曹景完志”（《曹全碑》），此碑结体舒展，用笔放纵，意态醇美，和《祀三公山碑》《校官碑》面貌迥异，也与俞樾书法的审美略存差别。三多虽为八旗蒙古后裔，但其家族数代人皆深受江南文化的熏陶，其性格中也融入了江南文人的细腻，书风融雄浑和飘逸于一炉。细观他的隶书，除蕴含深厚的学养和功力外，还洋溢着一种清新的活力。受俞樾影响，三多写信亦喜用

三多隶书《騄骥凤皇》五言联

隶书。他的隶书不是一味恪守成法，有些字体篆隶相参，面目纯古而存秀逸之气，堪称清新闲雅，超拔时俗。三多深谙篆书笔法，并从清末民初碑派书家中借鉴了一些几何概念，将易写板滞的隶书通过重组，呈现出了一种新的面貌。三多的书法凝聚了诗词、书法、绘画、音律的多重艺术因素，广泛吸纳了碑帖书法的精华，故能别出心裁，堪称古貌新颜，在旧京书坛中占有一席之地。

蒙古王公——贡桑诺尔布

贡桑诺尔布像

贡桑诺尔布（1872—1931），姓兀良哈（乌梁罕）氏，字乐亭，号夔盦，蒙古族，为内蒙古卓索图盟喀喇沁右旗世袭札萨克郡王，兼卓索图盟盟长。喀喇沁部先世为元代开国功臣，清初建喀喇沁右旗，固鲁思奇布被授为第一代札萨克——旗王。光绪二十四年（1898），贡桑诺尔布承袭了喀喇沁右旗世袭札萨克郡王爵位为第十三世旗王。担任旗王后，在制内兴利除弊，废除了森严的等级制，加强了对喇嘛教的管理，兴办了三所新式学校，开设了工厂、百货商店，大力发展邮电通讯。三十四年（1908），经肃亲王善耆举荐，贡桑诺尔布招揽300名蒙古兵编入新建禁卫军，并被任命为“御前行走”。1911年，与那彦图、博迪苏等蒙古王公参与组织“蒙古王公联合会”（亦称“蒙古同乡联合会”），向清廷内阁总理大臣袁世凯呈递请愿书，表示与清廷“大皇帝无二心”，继续效忠清王朝。后参加御前会议，反对清帝退位，1912年1月26日，清皇族“宗社党”主要成员良弼被革命党炸伤身亡，袁世凯逼迫清帝退位，贡桑诺尔布等蒙古王公见清廷大势已去，表示拥护共和，与孙中山多次接触，加入同盟会，被推举为国民党中央的九理事之一。同年9月，民国大总统袁世凯委任贡王为民国政府蒙藏事务局（蒙藏院）总裁，又以他“效忠民国”进封亲王。贡王任职蒙藏院总裁期间，在北京创办蒙藏学堂，后改名为蒙藏学校，招收蒙古族、藏族学生就读，培养了许多少数民族人才。1927年，蒙藏院废止。1931年病故于北平。著有《夔盦吟草》。

贡桑诺尔布是清末民初的旗人中举足轻重的政治人物，他思想开明，为近代蒙古地区的发展做出了卓越的贡献。作为世袭的蒙古王公，他从最初的拥护立宪，反对共和，到之后加入孙中山领导的同盟会，其思想及政治抱负充满着复杂和多变的因素。其间贡王活跃于内蒙古喀喇沁右旗和北京之间，其北京的王府坐落于太平街，1931年，他也病逝于此。贡桑诺尔布的成长受其父影响很深，他的父亲旺都特那木济勒（旺王）自幼喜读书，对书法、绘画、诗词均有较高的造诣，曾用汉文写了许多诗词，有《公余集》传世。但博学多才的旺王性格暴戾无常，对奴仆十分严厉，经常施以酷刑，视奴仆性命如草芥，故人称"厉害王"。旺王虽性格暴戾，但对贡桑诺尔布的培养极为重视，在贡桑诺尔布6岁时，聘请山东举人丁锦堂教授他诗书，聘请河北武师马雪樵传授其武艺，还聘请喇嘛教授蒙古、满、藏经。由于贡桑诺尔布自幼受到蒙古、满、汉、藏多种文化的教育，因此他除精通儒家经典外，工诗文，擅书画，精通满、蒙古、汉、藏四种文字，著有《夔盦吟草》。1913年，贡王在北京创办蒙藏学堂，后改名为蒙藏学校，校址在北京西单石虎胡同，校内东部为清初吴三桂之子吴应熊驸马府，后改为右翼宗学（宗室子弟学校），乾隆年间成为大学士裘曰修的赐第。蒙藏学堂招收蒙古族、藏族学生入京就读，培养了许多的少数民族人才，如乌兰夫、李裕智、多松年、奎璧、吉雅泰等。蒙藏院废止后，贡王居于北京太平街王府，此地有山林之盛，也成为旧京文人墨客的雅集之地。与他交往较多的有严复、梁启超、余绍宋、三多、钱桐、宝熙、周肇祥、李诜、陈半丁等。居闲时，贡王常赴琉璃厂和地安门的南纸店、古玩店，收购书画古玩，是享誉旧京的收藏家之一。他还远赴上海、杭州，与吴昌硕、李瑞清、曾熙等书画名家切磋技艺，探讨书画收藏鉴赏。1921年，北京一些收藏家在中山公园联合举办"书画金石展览会”；1924年，在中山公园举办“江西赈灾书画展览会”，这些展览中均有贡桑诺尔布的藏品。他的藏品中著名的有唐寅山水卷、董其昌行书卷、石涛竹溪图、高其佩指画册、边寿民花卉册、高凤翰西园雅集图卷等。

首都博物馆藏有一件民国时期旗人画家关松房所绘的《贡桑诺尔布像》，画中贡王坐于松下，着深衣，头戴草帽，手持书卷，一派汉人士子风范。画上存旗人宝熙长题：“‘萧然松下坐盘陀，五十年华鬓未皤。身外无边好风月，眼中不改旧山河。佳宾解作鲜卑语，壮士能为敕勒歌。诗卷酒杯良自得，陆沈此世意云何。’奉题夔盦贤王玉照。沉堪宝熙拜书。”[1]另夏孙桐长题：“‘谡谡清飙不世情，深衣独乐拥书城。高闲未异陶家径，更为春醪一举觞。松石韦郎寄古欢，轶群那得并东丹。请开十尺鹅溪绢，自写龙沙六月寒。’夔盦主人命题。丙寅四月，夏孙桐。”[2]此幅作品绘于20世纪20年代初，而夏孙桐的题跋则书写于1926年，从此幅作品中可知贡王对汉文化的向往和憧憬。史树青曾撰《蒙古族书画收藏家贡桑诺尔布》，[3]对贡王事迹有一定的描述。在史先生笔下，贡王是一位风雅、喜爱与文人名士交往的旗人贵胄，他在北京艺术界有着特殊的地位和影响。在朋辈中，贡王和肃亲王善耆交往很深，并有一层姻亲关系，善耆的三妹善坤为贡王的福晋。善耆亦擅书法，在旧京书坛颇有名望。笔者曾见《和硕肃忠亲王墨宝》一册，正文为善耆楷书册页，创作于1921年，后有升允、罗振玉、溥伟、贡桑诺尔布及日本人小平总治、国雄（疑为日本人）题跋。贡王题跋于1923年，文曰：“嵩护卫泰，字环五，肃府护卫也。其为人忠直笃实，临事不苟，余为肃邸姻戚，知之最悉。庚子之役、辛亥之变，护卫之竭诚效忠，尤为难得。今出此册祈跋，在护卫本非考求翰

[1] 参见《贡桑诺尔布像》，首都博物馆藏。

[2] 同[1]。

[3] 史树青撰《蒙古旗书画收藏家贡桑诺尔布》，史树青著《书画鉴真》，北京：北京燕山出版社，1998年版，第342—343页。

墨，留意临池者，惟以故主手泽，珍重宝贵，是其心亦可见矣。呜呼！世道陵夷，人心不古，肃忠亲王大节昭垂，翰墨自是余技，而嵩护卫之惓念故主，尊重遗翰，则此册之传又非寻常翰墨可比，诚有关于世道人心，岂浅鲜哉，用志数语，以期不朽。癸亥九月下旬夔龛识。”此题跋是贡王为肃王护卫嵩泰所作，其中表达出他与肃王的交谊，及对前朝的眷恋和世风的哀叹。

关松房绘《贡桑诺尔布像》

目前存世的贡桑诺尔布书法并不多见，但从记载中可知，贡王工于书法。如光绪二十八年（1902），崇正学堂开学典礼。贡王为学堂撰写一副楹联，并悬挂于学堂正厅明柱之上，“崇武尚文，无非赖尔多士；正风移俗，是所望于群公”[1]。上下联首嵌“崇正”二字。他还即兴赋诗一首：“朝廷百度尽维新，藩属亦应教化均。崇正先从端士习，兴才良不愧儒珍。欣看此日峥嵘辈，期作他年柱石臣。无限雄心深企望，养成大器傲强邻。”[2]从中足见贡王的学识和抱负。如今贡王所书的大字楹联已不存，但从他的手札及所处时代书法风格分析，他的大字书法应属馆阁体一路。鉴于他

[1] 转引自席永杰撰《“旋转乾坤，只要大刀长斧”——贡桑诺尔布诗词创作评述》，《民族文学研究》1991年第2期，第79页。

[2] 同[1]。

逢高尊兄足下：自别芝颜，将及两载，若者桃符又换，方拟裁笺，而藻先来谂我，故人不以嵇康之懒见责也。比维素祺笃祜，公私百益。弟客腊来京，随班碌碌，无可述接。尊函知萬雷约不退还，不胜欣幸，愉心有余而才不足，且诸务猬集，实有应接不暇之势矣。君畧已南归，原书奉赵，望就近便寄可也。六桥二月若来京，甚慰想，可在京一晤也。沪道袁公信并礼单已收到，若有复函，祈转致为祷。以复，即请勋安，祇贺春祺。贡桑诺尔布 谦版谨璧

贡桑诺尔布致李光久行楷书札

早年从山东举人丁锦堂习诗书，故取法在欧、颜、柳、赵之间，面貌和同时的许多皇族取法类似，清末皇族习书不逾欧、颜、柳、赵之门，近取清代帝王书风（康熙、雍正、乾隆）及四家中成亲王永瑆、旗人铁保等。贡王的大字除继承了馆阁体外，应未受碑派书风影响，为旗人皇家书法风格。笔者曾见贡王一通手札及题跋，手札为行楷，是贡王致建斋（李光久）书信，[1]用笔厚重之处似鲁公，秀润处存二王风神，整体风格雄浑而拙茂，灵秀不乏苍劲，望之颇似宋元人书。从贡王的经历来看，他的书法早年受到良好的训练，视野也比较宽广，加之他身为清末蒙古王公，于日常中书法是其必备的一项技能，与之交往者身份很高，既有清代皇室贵胄，兼有旧京书画界名流。贡王还喜好收藏，首博如今还藏有书画名流吴昌硕、陈半丁、李瑞清等为其所作册页26开。可见贡王喜与书画名家交往，并深受旧京文化影响，故此书法下笔即不落尘俗。其所书题跋，随意自然，是他中年之后的书法，比其书札多了几分自信和洒脱，从笔法上看，贡王已经忽略了字的起收笔，纯任自然，能将帖学书法格调控于宋元之间，无俗态媚姿，加之其少数民族性格中的豪爽，故他的书法别具风姿。笔者认为贡王书法颇有几分元代少数民族书家康里巎巎的意味。

在民国书法史上，少数民族的书法往往被忽略，尤其是民国时期，旗人书法多混同于汉族书法之中，被视为是一种缺乏创造力的风格。尤其是清帝逊位后，很多旗人书家更变得默默无闻。但笔者认为帖学书法能在碑派书法冲击中尚保留一分元气，还得益于一批旗人书法家坚守和执着，特别是这些深受汉文化熏陶的少数民族书家，他们除受本民族的文化影响外，对汉文化向往和憧憬，在学习中能很好地继承汉文化中的精髓，并与本民族的文化相融合，在千人一面的书法中，逐渐融入自己的理解，对书法的发展有一定的贡献。

---

[1] 参见李俊义撰《贡桑诺尔布致建斋书札考释》，《内蒙古大学艺术学院学报》2013年（第十卷）第四期，第122—126页。

目前，对于贡桑诺尔布的研究以史学和文学方面为重，他的书法没有专门的学者进行汇集整理。长期以来，这位少数民族书家的艺术成就被埋没和遗忘，随着年久日深，他的书法已如凤毛麟角。因此，笔者希望以此文引起学者和藏家们的关注，对这位昔日享誉旧京的蒙古王爷书法进行庋藏和研究，这项工作将为后人了解旧京皇室贵胄书法提供重要的资料。

末科状元——刘春霖

刘春霖像

刘春霖（1872—1942），字润琴，号石箕，河北肃宁人。光绪十八年（1892）秀才，后读于保定莲池书院，师从桐城古文大师吴汝纶，光绪三十年（1904）甲辰科状元，是中国历史上最后一名状元，所谓"第一人中最后人"。历任翰林院修撰，三十三年（1907）赴日本东京法政大学留学，宣统元年（1909）归国，曾任清资政院议员、福建提学使、保定直隶高等学堂监督等。辛亥革命后，一度隐居家中，后任袁世凯大总统府内史、中央农事试验场场长，后任总统府秘书帮办兼代秘书厅厅长、直隶省教育厅厅长、治理自治筹备处处长等。1942年病故于北平。

作为中国历史上最后一名状元，刘春霖之名可谓家喻户晓。但其早年出身贫寒，家中世代务农，其父刘魁书为保定府皂隶，即旧时衙门里的差役。明清两代科举考试规定，皂隶之家的子弟不允许参加，故刘春霖自幼寄养在肃宁县伯父家中，后入莲池书院就读。刘在中状元之前，备尝艰辛，他曾刻制"平生志不在温饱"一印以自勉。刘春霖中状元之过程，在时人眼中也是颇具传奇色彩的，他参加的光绪三十年（1904）甲辰会试，是中国历史上科举的最后一科，此榜出的进士，很多都成为民国时期出类拔萃的人物，如记者黄远生，政界要员汤化龙、王揖唐、张其锽、谭延闿等。据传，这一科的状元原本为广东人朱汝珍。金梁在《光宣小记》中记：“殿试派读卷大臣八人，复试及朝考，各派阅卷大臣八人。传阅诗卷，排定甲乙，以前十卷进呈。闻是科，初以朱汝珍卷列第一，及发下，则第一为刘春霖，而朱卷第二，余卷亦有更动，谓由钦定。实则，卷上，或随手翻阅，次序微乱，发下时，即据以为定，不得擅易。一甲二甲，出入在此顷刻间也。”[1]金梁在《瓜圃述异》中记：“又是科第一，原定朱汝珍，太后阅卷始改刘，已屡见近人记载矣。而余卷本第三，李姚琴先生题记曾详言之。相传太后观字，喜疏淡而恶乌方，朱擅楷法，惟用笔较重。太后阅第一卷，不甚合意，见第二卷为细笔，而第三卷尤瘦硬，将置诸首，即余卷也。及阅策首有痛哭流涕句，是届为七十万寿恩科，太后以为不祥，竟掷于地，遂改第二为第一，于是刘为状元，朱为榜眼矣。左右既知第三卷不为太后所喜，查系旗卷，乃急易一旗卷为探花，即商衍鎏，然外间早已传余为第三，捷报竟至余寓，其时京津各新闻皆喧登焉。事之确否不可知，而余寓鸿升店，确曾高悬探花之报，则人人皆目睹而艳传者也。”[2]而晚清名臣陈夔龙在其《梦蕉亭杂记》亦记有“甲辰会试，借豫闱举行。余以豫抚派充知贡举，总裁为长白裕文恪德相国、长沙张文达百熙尚书、吴县陆文端润庠总宪、南海戴文诚鸿慈侍郎，满知贡举为长白熙阁学瑛，其余同考、监试、提调等官，均由京奉派来豫，赞襄其事，揭晓日，余与诸公齐集至公堂升座，拆卷填榜。陆文端手持一卷语余曰：此卷书法工整，为通场冠（时已废誊录），廷试可望大魁。揭封，知为肃宁刘君春霖。……迨殿试胪唱，刘君果获大魁”[3]。可见刘春霖中状元之由来。然而1905年科举制度废除，状元成为一个历史性的名词，随后刘春霖留学日本，归国后做官，但均不甚突出。民国之后，

[1] 金梁著《光宣小记》，章伯锋、顾亚主编《近代稗海》（第十一辑），成都：四川人民出版社，1988年版，第290页。

[2] 转引自高伯雨撰《谈末科状元刘春霖》，高伯雨著《听雨楼随笔》（二），香港：牛津大学出版社，2012年版，第40页。

[3] 陈夔龙著《梦蕉亭杂记》，北京：中华书局，2007年版，第78页。

他曾一度受大总统袁世凯的青睐，任大总统府内史，组织过“中央农业试验场”。徐世昌、曹锟任大总统期间，被授予总统府秘书帮办兼代秘书厅厅长，后任直隶教育厅厅长等职，曾两次代表徐世昌赴山东曲阜主持孔子大成节典礼。1935年，时任察哈尔省主席的宋哲元还拜刘春霖为师，请他每周讲经两次。宋对刘非常尊敬，每次都派自己的汽车迎送，以示尊师重道。

伪满洲国成立之初，伪总理郑孝胥曾以逊帝溥仪的名义邀刘春霖出任伪教育部部长，刘发以“君非昔日之君，臣亦非昔日之臣”之辞加以拒绝。北平沦陷后，伪华北政务委员会委员长王揖唐亦以昔日同科进士、留日同学交谊，请刘春霖出任北平市市长，遭到刘的断然怒斥，保持了高尚的民族气节。为此日伪当局将刘春霖历年所藏书画文物尽数洗劫，并将其家人赶出住宅，后因舆论的压力不得不返还所掠，刘春霖也因病故去。

上甲其母以甲日生故也商家生子以日為字蓋自微始微卒子報丁立報丁卒子報乙立報乙卒子報丙立報丙卒子主壬立主壬卒子主癸立主癸卒子天乙立天乙名履伐夏有天下國號商是為成湯都於亳葬於濟陰廟號烈祖嗣倴位十七年在王位十三年湯太子太丁早薨湯崩太丁之子太甲立太甲克修祖德在位三十三年崩廟號太宗子沃丁立沃丁在位二

刘春霖小楷《至圣先师世系考》（局部）

刘春霖书法因状元公之名，一直以来为世人所重。尤其是清末民初中国各地及香港的商号，喜欢请末科状元、榜眼、探花、传胪（刘春霖、朱汝珍、商衍鎏、张启后）合写四条屏，以增光门面。但他们真实的书法水平又如何呢？首先，其书法必然是馆阁体，整齐端庄，四平八稳，能将馆阁体书法中“乌、方、光”等特点写出方称妙品。目前北京故宫博物院、恭王府、北海公园等处，还能看到许多清代名臣写的帖落（中国传统书法绘画的一种装潢方法，四边镶绫边，直接裱糊于墙壁或槅扇之上），大体就是此种字体。而状元公是写馆阁体中的佼佼者，因此更为整饬划一。清末民初，尤其是科举制度废除之后，书法风格发展迅速，馆阁体逐渐退出历史舞台。进入民国，这种字体在世人眼中亦变得褒贬不一，从时人对刘春霖书法之评价即可知。贬之者认为“刘春霖的字，体格甚卑，殊无足观”[1]，特别是“他在一九三一年到上海给死了的犹太富商哈同题主，得到一大笔‘利市’之外，海上人士还传为美谈。一般以耳当目的人，不惜拿出大笔钱来求他写字。据他的同年金梁说，刘久患手震，不能执笔，只有在夜里十一点到十二点半的时候，偶然能写字，所以人们更宝贵他的书法了”[2]。学者邓云乡亦记有“刘老先生的字极为圆润，十分规矩，因他官做得不大，辛亥之后也未膺重要职务，所以字如其人，也十分拘谨，只能小，不能大，较之晚清其他状元如翁同龢、陆润庠等人是稍逊一格的”[3]。但褒之者亦不乏其人，刘春霖曾一度鬻书为生，所获不少即是明证。笔者也认为馆阁体书法不能一笔抹杀。清末民初，活跃于书界的大部分书法家都有参加科举的经历，且他们很多即以鬻书为业。据出身翰林的高毓浵公子高准记：“辛亥革命，原翰林公星散，多以鬻字为稻粱谋。当时各大城市都有书画社及南纸笺商店，专营代客求购字画的生意，如北平的荣宝斋、天津的梦花室等，竞相给书画界名流印制‘润例’——通称‘笔单’，即价目表……所以生意倒十分兴隆，这给翰林公卖字提供了方便之门。”[4]这些在科举考试中脱颖而出的士人，早年受过正规的馆阁体训练，并以此为傲，其中一些书家还成为震古烁今的书坛名流，这与其早年的科举经历有着密切的联系。

[1] 高伯雨撰《谈末科状元刘春霖》，高伯雨著《听雨楼随笔》（二），香港：牛津大学出版社，2012年版，第42页。

[2] 同[1]。

[3] 邓云乡撰《末代状元》，邓云乡著《文化古城旧事》，石家庄：河北教育出版社，2006年版，第357页。

[4] 高准撰《翰林卖字》，天津市文史研究馆编《津沽旧事》，上海：上海书店，1994年版，第130页。

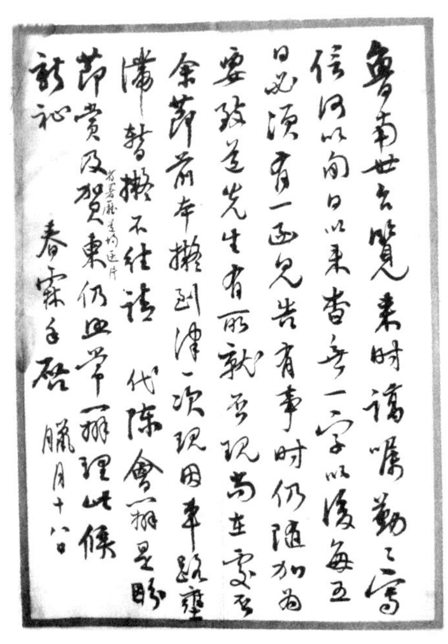

刘春霖行楷书札

刘春霖以状元书家之名享誉书坛，其书法最佳者为小楷。居京期间，京城达官显宦均以得到刘书墓志为荣，其中较为知名者有冯玉祥之父《冯有茂墓志》、韩复榘之母《李氏墓志》等。关于刘春霖书法的出版物也甚多，有《圣教序》《灵飞经》《木兰辞》《进学解》《治家格言》等十余种。对于他的小楷，时人有“大字颜真卿，小字刘春霖”之誉。据称他能书数千小楷，一字不落，可见其功力之不凡。他的小楷取法钟绍京《灵飞经》、褚遂良《圣教序》、王羲之《黄庭经》。目前可见的1904年《甲辰科状元策》是他最具代表的作品，此卷书法，堪称集帖学大成之作，无怪乎阅卷大臣、同为状元出身的陆润庠一见刘春霖考卷便语“此卷书法工整，为通场冠，廷试可望大魁”[1]。虽馆阁体有许多不尽如人意之处，但《甲辰科状元策》从结体上看，堪称无懈可击。笔者曾详细比对清代状元、进士、举人、秀才

[1] 陈夔龙著《梦蕉亭杂记》，北京：中华书局，2007年版，第78页。

所作馆阁体书法，其中差距还是有一些的。虽同为馆阁体，但与其人的天资、功力、身份、阅历，有着密不可分的关系。因此，刘春霖在科举最后一次考试中，能一举夺魁，并非全凭借运气，这与他的综合素养密不可分。他除工于书法外，在诗词、古文、小学、史学、金石学上的造诣亦不低。刘春霖大字楷书从虞世南、欧阳询入手，后涉猎赵孟𫖯，所作很像将小楷书法放大，整体匀细端正，不足之处在于缺少颜书的厚重及碑派书法的力道。与同为状元出身的南通张謇相比，张的楷书以厚重为基，虽亦为馆阁体，但张的楷书从胸襟和魄力上看，都要优于刘，这可能是张謇早年坎坷的经历和在政坛中的历练所致。且在民国之后，张謇除参与政事外，投身事业，于政事、民生做出了很多的贡献。从书法中，即能对二人经历和性格之区别有所窥见。刘春霖行书亦不脱馆阁体范畴，是从二王帖学一路书法入手，同时继承了晚明“台阁体”书风，观之颇有局促之色，看得出他最初便是以应试为目的，专攻小楷，未能精于行书。后世一些研究者曾提到刘春霖书法得碑派书家张裕钊指导，在日本留学期间所作家书和致友人的书信中的书法，有受碑派影响者。然笔者观刘春霖书法，确实觉得此公书学思想甚为保守固执，书法一直是状元

刘春霖行楷书《竹阴荷叶》七言联

公馆阁体的水平。除应用外，面貌上没有突出的变化。总之，刘春霖书法除契合了皇家审美的需要外，基本风格不出帖学范畴，代表了馆阁体书法走向模式化的发展结果。但从另一方面来看，刘春霖书法含蓄端庄、结字精整、墨气畅达，虽受时代之局限，却也有其独有的书法境界，在清末民初书坛中别具特色。

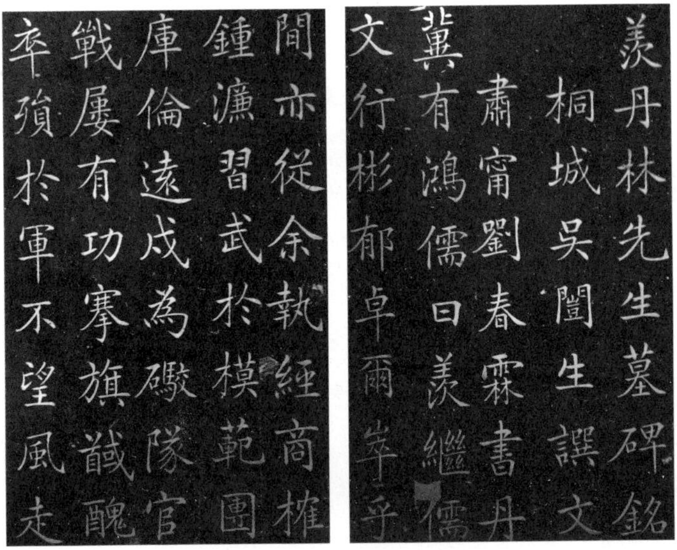

刘春霖楷书《羡丹林先生墓碑铭》（拓本局部）

盛魏正宗——梁启超

梁启超（1873—1929），字卓如，号任公，别号沧江，又号饮冰室主人，广东新会人。自幼熟读儒家经典，有神童之誉。光绪十五年（1889）举人，后拜康南海为师。二十一年（1895），参与“公车上书”，同年8月，参加强学会，后任上海《时务报》总编辑及编辑《西政全书》，积极宣传维新变法理论。二十三年（1897），任长沙时务学堂“中学”总教习，次年，入京以六品衔专办京师大学堂译书局，戊戌变法失败后，逃亡日本，在日本横滨创《清议报》，宣传改良保皇思想。二十八年（1902），创《新民丛报》，鼓吹民权，批判封建专制制度，积极推动清政府实行君主立宪，成为立宪派领袖。1913年出任共和党党魁，5月，组成进步党，拥护袁世凯，出任司法总长，1915年，袁世凯称帝，

梁启超像

多次上书劝阻，发表《异哉所谓国体问题者》一文，反对变更共和政体，进而策动蔡锷组织护国军反袁。袁世凯称帝失败后，与段祺瑞合作，出任财务总长。后辞职，周游欧洲各国。自1921年起，先后在南开大学、清华大学任教，并出任北京图书馆馆长等职，1929年病逝于北平。著有《中国近三百年学术史》《中国历史研究法》《中国文化史》《先秦政治思想史》《墨子学案》《清代学术概论》《李鸿章》《饮冰室全集》等，编辑有《中国魂》《西学书目表》等。

梁启超是中国近代史上著名的政治家、思想家，同时又是声誉卓著、著述等身的大学者，他一生热衷于政治，但不忘文化之研究，其学问之博大、涉猎之广泛、成绩之浩瀚，在中国近代学者中罕有出其右者。谈到梁启超，自然离不开他的老师康有为。1890年，梁启超拜康有为为师，自此追随康氏，并在思想、学术、艺术等方面受到康有为的影响。书法对于他来说，只是翰墨余事，但特殊之经历和深厚之功底，赋予了他对书法独特的艺术洞察力，传统文化和新思想培养了他独到的“字外功夫”。

在时人眼中，梁启超貌若其人，头部很大，但目光如炬，讷讷口吃，不若其文章之流利。他对朋友学生，亲切如家人，毫无隔阂，待人礼貌随和而诚挚，送客最多送到书房门口，毫无官场之习气。但对于事关国体民生之问题，梁启超当仁不让，直抒己见，即使是自己的老师康有为亦可直面抨击，未肯稍作回护。1917年，康有为参与张勋复辟，段祺瑞讨张勋复辟檄文即为梁启超拟定，其中有“是夜十二时，该逆张勋，忽集其凶党，勒召都中军警长官二十余人，列戟会议，勋叱咤命令迫众雷同，旋即挈康有为闯入宫禁，强为拥戴”[1]，当时主复辟者还有梁鼎芬、万绳栻等，但独记康有为，以明其师之罪。

[1] 刘太希撰《康梁思想》，刘太希著《无象庵杂记》，台北：正中书局，1978年版，第111—112页。

梁启超常说“吾爱吾师，吾尤爱真理”，在张勋复辟后，师徒二人关系已公开对垒，康有为甚至赋诗痛诋梁启超，其中有“鸱枭食母獍食父，刑天舞戚虎守关。逢蒙弯弓专射羿，坐看日落泪潸潸”[1]，可见师徒关系之恶劣。梁启超曾评其师“有为之为人也，万事纯任主观，自信力甚强，而持之极毅，其对于客观之事实，或竟蔑视，或必欲强之以从我，其在事业上有然，其在学问上亦有然；其所以自成家数崛起一时者以此，其所以不能立健实之基础者亦以此”[2]，“有为太有成见，启超太无成见”[3]。虽梁启超与康有为因政治思想主张上的异同，互有攻讦，但梁氏感于昔日师徒情感，未尝一日自绝于其师。1925年，康有为在上海过寿，逊帝溥仪专程由天津派员送御书“岳峙渊渟”匾额。梁启超虽未到上海祝寿，但由北京寄出了十六幅自书自撰寿屏，用玉版宣朱丝锦缎精裱。后康有为病殁于青岛，梁启超在北京畿辅先哲祠集合同门开追悼会，祭文中高度评价了康有为的大同思想，祭文中亦提及康有为复辟之事，其中云：“复辟之役，世多以此为师诟病，即我小子，亦不敢曲从而漫应。虽然，丈夫立身，各有本末，师之所自处者，岂曰不得其正，报先帝之知于地下，则于吾君之子而行吾义，栖燕不以人去辞巢，贞松不以岁寒改性，宁冒天下之大不韪，而毅然行吾心之所以自靖，此其所以大过人，抑亦人纪之所攸托命。”[4]梁启超以曲笔为老师辩护，并挽以“祝宗祈死，老眼久枯，翻幸生也有涯，卒免睹斯民鱼烂陆沉之惨；西狩获麟，微言遽绝，政恐天之将丧，不独动吾党山颓木坏之悲”[5]。挽联情真意切，也算梁启超对其师在天之灵有所告慰。

[1] 刘太希撰《康梁思想》，刘太希著《无象庵杂记》，台北：正中书局，1978年版，第114页。

[2] 左舜生撰《我眼中的梁启超》，左舜生著《万竹楼随笔》，台北：文海出版社，1967年版，第172—173页。

[3] 同[2]，第173页。

[4] 同[1]，第116—117页。

[5] 同[3]。

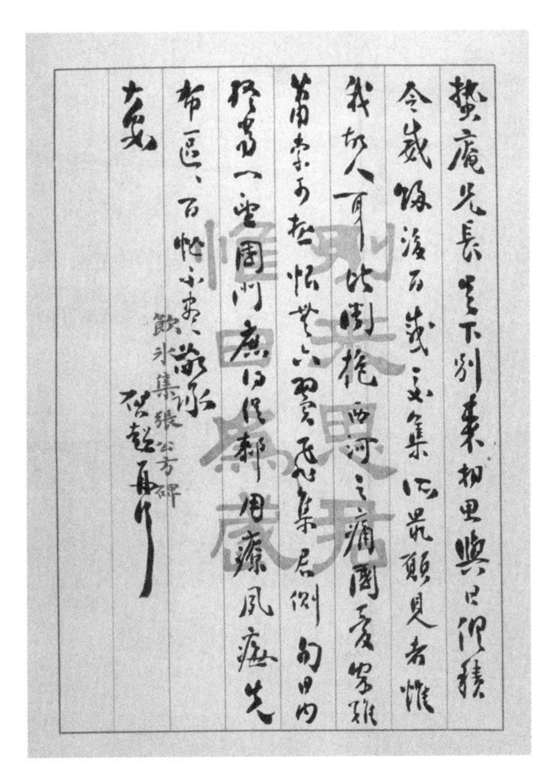

梁启超行草书札

从康梁师徒一生的交往变化过程，亦可见梁启超书法之演变。梁启超曾自言他的文章胜于其师康有为，而诗和书法则不及之。1926年，梁启超为北京清华教职员书法研究会作《书法指导》演讲，梁氏运用自己广博的学识和多年的习书经验，阐述了其独特视角的书法美学理念，该文既发展了其师康有为的碑学思想，同时也开启了现代书学研究的新局面。梁启超书法蕴涵丰富，精神超脱，不追求个性张扬，依附于传统文人对艺术的审美，加之他广博的学识，更为他的书法增添了几分令人向往的情趣。梁启超生于清末，出身科举，自幼即练习写白折子（馆阁体）、大卷子，此类字体以欧（欧阳询）、赵（赵孟頫）书法为主，从其传世的早期书作可看出梁氏习欧的端倪。他曾回忆道：“我年轻时候，想得翰林，也学过些时候的

梁启超篆书题《孔彪碑》

翰林字，到现在总不脱大卷子的气味。”[1] 可知梁启超书法最初以帖学为根基。

光绪十六年（1890），梁启超拜康有为为师，康有为是中国近代史上改良派的领袖，同时还是清末一位理论与实践相结合的碑学大师。他的理论著作《广艺舟双楫》继承了碑派前贤阮元、包世臣的书学思想，加以拓展延伸。作为康有为的得意门生，梁启超很早即倾向碑学，重视金石考据，并广泛汇集历代碑帖。据统计，由梁启超家人捐赠给国家图书馆的历代碑帖拓本1300余件，其中即涵盖了大量的碑版。而梁氏本人以习碑为日课，先后临习了《张猛龙碑》《张黑女墓志》《高贞碑》《李超墓志》《马鸣寺碑》诸碑。从一册他早年临《马鸣寺碑》作品来看，梁启超曾对此碑下了很大的功夫，其临作纸洁墨浓、神气凝重，笔笔都忠实于原碑，即使半边残字，也照临不苟，若干年后他整理校勘《马鸣寺碑》时，曾写道：“支道林爱蓄马，或问之，曰：‘吾

[1] 转引自陈福树著《梁启超的书法艺术》，珠海：珠海出版社，2003年版，第4页。

赏其神俊。’吾生平酷嗜根法师碑，亦以此。”[1]由此可知梁启超早年对碑派书法之涉猎和钟情。

在政治上，梁启超素称多变，不惜以“昨日之我与今日之我交战”。此种思想在其书法学习上亦时有体现。流亡日本期间，梁氏曾专心临习王羲之小楷《黄庭经》，并于1911年以小楷手抄自作诗集、《南海先生诗集》各一册，可见梁氏并未完全遵从其师康有为尊碑的教导，而是以晋唐之基上溯六朝，一反其师“若从唐人入手，则终身浅薄，无复窥见古人之日”[2]之说。1916年，梁启超再次临习欧阳询《化度寺碑》，同时兼取隋《龙藏寺碑》，确立了其以隋唐融汇魏晋的书学思想。此外他还取法汉隶，以《张迁碑》《曹全碑》《张寿碑》《乙瑛碑》为主，通过临习汉碑，逐渐将汉隶笔意融入魏碑。他在跋自临《张迁碑》中记：“如有魔力强吾侪终身钻仰……生平临摹垂百过，卒不能工。”[3]跋《西狭颂》中云：“西狭颂雄迈而静穆，汉隶正则也。”[4]跋《张寿碑》时写下了“此碑丰容而有骨，遒健而流媚，与我笔路最近，今后拟多临之”[5]。这一时期，梁启超碑帖并举，取二者之长以完成其个人书风之塑造。

1918年至1922年，梁启超更加潜心书学，通过不懈的临池和揣摩，总结出其独有的“梁氏”书学思想。在创作上，他将隋唐楷法和汉隶笔意融入魏碑，以北碑形式写出，做到刚柔相济，倚古而出。结体则以北魏《张黑女墓志》扁方体势为主，保留了欧阳询楷书的险峻，加以汉隶之方笔，横、竖画起笔方利，收笔自然，撇捺伸展外拓，保存了汉碑隶意。同时他认为“方严峻拔”为“盛魏正宗”，学习北魏楷书应该“从方正严整入手为是，无论做人作事，都要砥砺廉隅，很规

[1] 冀亚平、贾双喜等编《梁启超题跋墨迹书法集》，北京：荣宝斋出版社，1995年版，第218页。

[2] 康有为著《广艺舟双楫疏证》，台北：华正书局，1980年版，第125页。

[3] 梁启超著《饮冰室合集》文集（四十四卷下），北京：中华书局，2008年版，第36页。

[4] 同[1]，第204页。

[5] 同[4]。

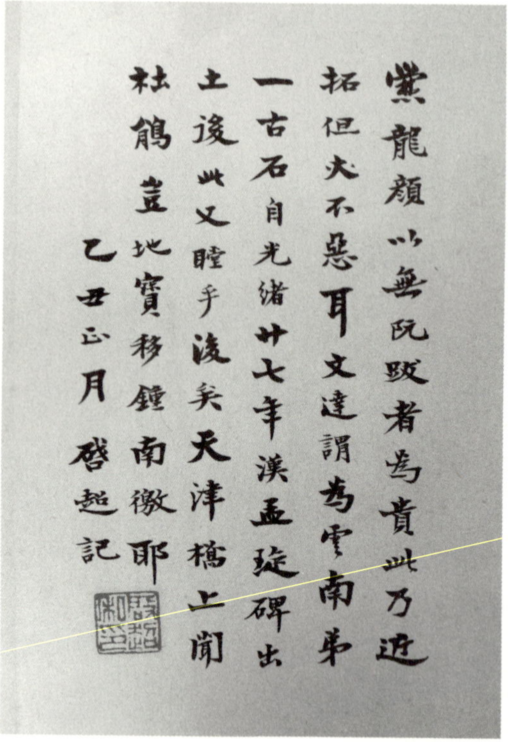

梁启超为《爨龙颜碑》作行楷书题跋

律，很稳当，竖起脊梁，显出骨鲠才好”[1]。最终梁氏以其绝高之天资和丰厚之学识，打造出一种厚重典雅的北碑风格。此种书风极大地继承了魏碑中皇家墓志的书法特点，用笔凝练自然，深得古人三昧。梁启超书法的高明之处还在于除日常临习外，亦用毛笔创作大量文稿、信件、题跋，其人之勤奋用功，与同时期的政治家相比，罕有出其右者。且他的手稿，如其创作书法一样整饬端庄，丝毫不苟，亦如一幅美丽的书法作品。

据笔者研究，在康有为诸多弟子当中，梁启超书法为康门中成就较大者，也是能自立门户者。能达到如此之境，在于梁氏学富而气盛，

[1] 梁启超著《饮冰室合集》专集（一百二卷），北京：中华书局，2008年版，第12页。

梁启超楷书《花影古人》七言联　　梁启超楷书《遥山秋云》六言联

词达而意诚，个性鲜明，他的书法风貌并未承袭其师康有为大气磅礴的特点，而是以整饬入手，求书写的稳重端庄，不求惊世骇俗之表象，以“古拙”“厚重”为质，体现出梁启超严谨的治学特点。同时，他的书法还孕育着一种南帖的秀丽，助其碑派书法蜕化成蝶。观梁启超书法，正如他自评其文：“条理明晰。笔端常带情感，具有使读者特别感动的魔力。”[1] 其书如其文，同样有一种魔力，足以令后世习书者翘仰膜拜。

[1] 曹聚仁著《中国近百年史话》，北京：生活·读书·新知三联书店，2013 年版，第 68 页。

常熟才子——杨圻

杨圻（1875—1941）字思霞，谱名朝庆，更名鉴莹，后名圻，字云史，江苏常熟人。二十一岁为詹事府主簿，后为户部郎中，光绪二十八年（1902）中举，官邮传部郎中。曾与表兄曾朴同入同文馆习法语，后出任驻新加坡领事。辛亥革命后，曾在南洋从事橡胶种植业，经营失败后归国。先入江西督军陈光远幕府，后入吴佩孚幕府，任秘书长。全面抗战爆发后，避居香港，曾遣爱妾狄美南挟书至北平，劝阻吴佩孚出任伪职。1941年病故于香港。著有《江山万里楼诗词钞》《呕血吟》《檀青引》《天山曲》《少室观雪图记》等，辑有《云史悼亡四种》。

杨圻像

杨圻是民国时期的著名诗人，他少年时与汪荣宝、何震彝、翁之润“皆以名公子擅文章，号江南四公子”[1]。晚清名臣张百熙评其人：“高咏独赏，摆脱积习，不独诗格名贵，益可见其人品之高，二十年后，江东独步矣……”[2]他的父亲杨崇伊曾任广西道监察御史，在戊戌政变爆发前赴颐和园向慈禧太后递折呈请即日训政，扮演了守旧派向维新派反扑的鹰犬。戊戌政变后，杨崇伊并未因此受到清廷的重

[1] 参见马卫中、潘虹撰《前言》，杨圻著，马卫中、潘虹校点《江山万里楼诗词钞》，上海：上海古籍出版社，2007年版，第1页。

[2] 高拜石著《新编古春风楼琐记》（二），北京：作家出版社，2003年版，第135页。

用，反而弄得声名狼藉，遭到了士人阶层的唾弃。杨崇伊与晚清重臣李鸿章为姻亲，杨崇伊之女嫁李鸿章之孙李国杰，而其子杨圻则娶李鸿章之孙女李国香（李经方之女）。张元济在《戊戌政变的回忆》中记："被捕的六君子，上谕交刑部严刑审讯，十三日绑赴骡马市大街，处以死刑。杨崇伊的儿子也是通艺学堂学生，他跑来告诉我，看他面有喜色，不知是何居心。"[1]按年龄推算，杨圻此时二十出头，为不谙世事的少年，恐涉世未深。任新加坡领事期间，他曾劝阻凶手行刺在新加坡从事反清运动的孙中山，此事颇为革命党人所知。民国以后，杨圻曾在南洋从事橡胶种植业，经营失败后，遂归国回乡，曾以"逊清遗老"自居，后迫于生计，先后入江西督军陈光远、北洋直系吴佩孚幕府。

1923年，吴佩孚五十大寿，此时他在军阀中实力最大，坐镇洛阳，宴请天下宾朋，康有为亦赶赴洛阳，特赠吴寿联："嵩岳九蟠，百岁功名才过半；洛阳虎踞，八方风雨会中州。"[2]康有为是受邀嘉宾，而杨圻负责接待，此事令杨十分尴尬，[3]他在撰《送南海先生》四首律诗、四首绝句"序言"中写道："癸亥暮春之初，吴将军五十寿，四方诸侯宾客会于洛阳者七百人。南海康先生先三日至，延上座……于他处见余北游诸诗，哀余之志，誉为诗史。时宾客数百皆欲一见颜色，先生亦既厌之，独引余作清谈，绵绵然若针芥之相投，书'风流儒雅'四字见赠，意殊爱我。余则以戊戌政变，先公（杨崇伊）与先生政见不合，弹劾先生至出亡，未敢作深谈，且直告之。先生则笑曰：'此往事耳，政见各行其是，何足介意？况君忠义士，何忍失之？愿与君订交'……

[1] 张元济撰《戊戌政变的回忆》，张元济著《读史阅世》，西安：陕西师范大学出版社，2007年版，第110页。

[2] 邓云乡撰《常熟才子杨云史》，邓云乡著《云乡丛稿》，石家庄：河北教育出版社，2004年版，第286页。

[3] 笔者按，光绪二十四年八月初三日（1898年9月18日），御史杨崇伊通过庆亲王奕劻向慈禧太后上奏折，请求慈禧太后"训政"，引发慈禧发动政变，直接导致戊戌变法的失败，戊戌六君子被杀，康有为、梁启超等逃亡国外。

余感先生爱我之真挚，至不以怨家为嫌，其气度迥非常人所及，慨念今昔，纷忧斯集。乃赋诗以报其意，先生盖伤心人也。”[1]可见康有为爱重杨圻之才，故不念旧怨，一笑泯恩仇。杨圻的诗学成就确实不同凡响，在民国诗坛名重一时，学者陈兼与赞其“《江山万里楼诗》，人皆称其似少陵，凡才气纵横者，皆不主一家，其古体《檀青引》《天山曲》《神女曲》等篇，皆近元、白长庆之体”[2]。时人目其诗为“史诗”，康有为亦赞之为“诗史”。《江山万里楼诗词钞》经吴佩孚资助，于1926年由中华书局刊行。

杨圻清末曾随父居京城，以“负不羁才，尚侠好奇，京华奇迹，裘马丽都”[3]为世人所知。民国后长期追随吴佩孚，转战各地，除以手中之笔为吴撰文外，还写下了许多记载军阀混战的诗篇。杨圻胆识过人，据时人撰《杨云史轶事》：“云史清才雅度，有古人风。尤以忠义廉介著闻于时，湘楚间人士争推重之。……去年吴秀才（吴佩孚）汀泗桥之恶战，为南北成败关键。幕友皆不往。杨独请从，随吴督师咸宁县之火线，身临炮火者四日四夜，眠食俱废，屡滨危险。……于弹如雨下血肉横飞之中，其渡江时奇险，弹穿其壁碎其枕，人皆失色，某处长伏匿床下，而杨若无所觉，执笔办公如故。炮声如雷发，人皆以棉花塞耳，杨若无闻，张月波参谋长称之为文人中之豪杰。”[4]1931年吴佩孚兵败后，回北平定居，并实践他不出洋、不入租界、不娶姨太太的诺言，搬到东城王府大街北什锦花园做寓公。杨圻则住船板胡同，做起了名士，以鬻字卖画为生。由于杨圻在文坛的特殊地位，因此其人其书颇为时人所重。天津《北洋画报》1927年11月5日载《吴佩孚与杨云史之画》一文：“前汉口……拍卖吴佩孚公馆物件。……

[1] 杨圻著，马卫中、潘虹校点《江山万里楼诗词钞》，上海：上海古籍出版社，2007年版，第368—369页。

[2] 陈声聪著《兼于阁诗话》，上海：上海古籍出版社，1985年版，第146页。

[3] 高拜石著《新编古春风楼琐记》(二)，北京：作家出版社，2003年版，第135页。

[4] 天津《北洋画报》第114期，1927年8月20日星期六。

近人字画反多聚精会神之作，惟以皆有双款，故无人问津。独杨云史所绘工笔红梅玻屏一幅。生香活色，苍秀绝伦，画用没骨法，聚而观者如堵。第二日开拍时，此画有某日商与一中山装之党员争购之，其意皆在必得，增价甚猛。旁人遂退避三舍，结果由四十元增至三百二十元，为此日人购得，喜形于色。或问此近人耳，何值此价。日人操华语答曰：'杨圻为贵国有大名之诗人，忠于吴佩孚，实最有道德者，而此画又绘以赠吴者，有题诗，有年月地名，将来可证其关系之迹，此为异日之骨董。故愿出此价耳。'嗟乎外人犹知崇拜道德二字乎，犹忆其所题诗有'看到英雄真事业，状元宰相太寻常'之句。"[1]可见杨圻在时人眼中的地位。1932年，齐白石曾为杨圻绘《江山万里楼图》。1936年赛金花死后，杨圻弟子张次溪和北平士人将赛安葬于陶然亭畔，并请杨作《灵飞墓诗碣》。1939年，青年书法理论家丁文隽以所撰书论一部，请其师杨圻作序，杨序云："孔门六艺，书居其一，则知书为学者必修之科也，久矣。故周、秦金石流传之犹可得见者，其书无不严整肃穆，精妙绝伦，至今为法。汉、晋、唐、宋以来，篆、隶、真、草其用大备，体变既繁，名家辈出，于是书法一道各有师承，俱臻绝诣。清代重文学以之取士，文词书画人才皆称极盛，迈越前代，故书法人人所长，京师尤盛，虽至胥吏僮仆莫不各擅家法，握管斐然。迨校制既兴，注重科学，斯学遂见废弃，尝见国学博士、官府大僚，画蚓涂鸦不成字体。而学书不成者，乃援以自文其短。于是三十年来，此事遂废，可胜慨哉。门下丁子文隽，敏而好学，从政之暇，淫于文史，其手写碑帖逮五百余种，备谙笔法，慨书法之中绝。乃撰《精论》一书，都十余万言，广搜博采，取精用宏，以浅显之笔墨，仿近时之标目，不作古人艰深之言论，力破古人意会之疑阵，所以使学者易领悟而跻速成也。书成，以例言、纲要示余，且请名而索序焉。余少误馆体，壮疲戎马，盖无暇晷用心临池，略述源流已多邱盖。近岁臂弯远视，

[1] 天津《北洋画报》第135期，1927年11月5日星期六。

仅可摩崖书榜，而不克伏案作笺。书法未精，诚平生一恨矣。故文隽此作，实获我心，喜其可继绝学而惠学子，不惟为丰年之玉且实为歉岁之谷也。则促其速以问世，且以其立言精审，命名曰《书法精论》焉。学者一编在手，三年有成，谚曰：书无千日功。盍一试吾言。民国己卯中元日江东云史杨圻序。”[1]从序中可知此书之名《书法精论》即为杨所赐题。此外，杨圻对丁文隽及其著作亦颇为推许。

吴佩孚为杨圻草书题《江山万里楼诗词钞》

在书法上，杨圻早年习书应习馆阁体，他虽不以书家自居，但对书学之源流极为谙熟。他曾言民国以后，“迨校制既兴，注重科学，斯学遂见废弃，尝见国学博士、官府大僚，画蚓涂鸦不成字体。而学书不成者，乃援以自文其短。于是三十年来，此事遂废，可胜慨哉。”[2]足见杨圻对书法之见解和对于民国时期北京书坛呈衰靡之势的感慨。

目前杨圻的书法难得一见，研究者往往重其诗学成就，津津乐道其逸事。笔者曾见杨氏书札两通，现藏国家图书馆。其手札作行楷书，宋贤意味十足，用墨厚重，笔画开张，呈长枪大戟势，文气中寓一丝武人气质，可能源于他常年戎马倥偬的生涯。和同时期诗人、词人书法相比，杨圻书法除寓文气外，兼得武将风神，不似文臣之重细枝末节，而是于书写中强调速度、节奏和力量。有些用笔，明显受黄庭坚书风之影响，尤其表现在撇捺之上，纵横伸展。仔细观察他的书法，似不甚注重字的造型，而求欹侧之势，能于不稳中求变化，堪称寓险

[1] 杨圻撰《杨云史先生序》，丁文隽著《书法精论》，北京：人民美术出版社，2007年版，第10页。
[2] 同[1]。

杨圻行楷书札

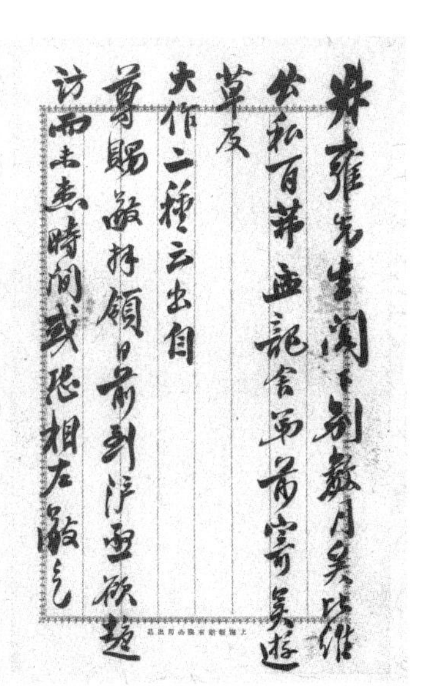

叔雍先生閣下：别數月矣，比維
公私百茀，無記念。弟前寄吳遊
草，及
大作二種，云出自
尊賜，敬拜領。日前到滬，亟欲趨
訪而未遂，時間或恐相左，敬乞

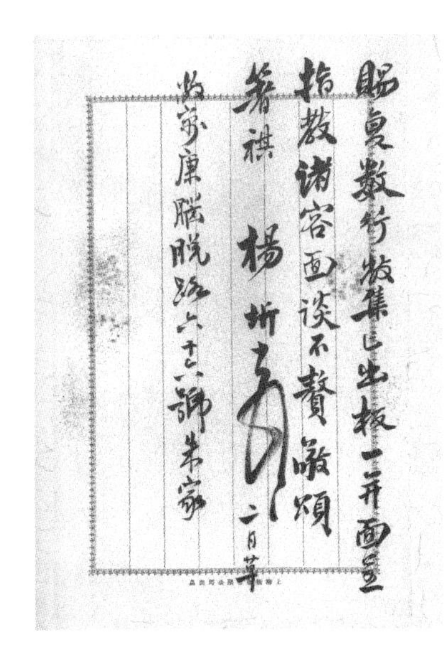

賜復數行。收集已出板，一并面呈
指教，諸容面談，不贅。敬頌
箸祺。楊圻頓首　二月草
此家康腦脫路六十八號朱宅

杨圻致赵尊岳行楷书札

绝于平正之中。他下笔用墨很重，据笔者推测可能早年习颜书，后取法苏轼、黄庭坚，偏好于古厚的书法。

通过杨圻为《书法精论》所作序言，可知他在书法上更侧重于帖学，源于其出身科举的经历。他亦能作碑派书法，虽未见其大字，但其文中所言“近岁臂弯远视，仅可摩崖书榜”即是明证。再者，据陈兼与回忆，杨圻晚年避居香港，书斋中犹悬挂吴佩孚书“天下几人学杜甫，一生知己是梅花”[1]一联，可见杨圻不忘故主，同时在书法上可能也受到吴佩孚的影响。吴氏工于书法，在军中有“儒将”之称，其书早年受馆阁体影响，最初以颜真卿、赵孟𫖯为宗，后受康有为碑风影响，渐习北碑，得《石门铭》笔意。吴佩孚书法以草书最为多见，书风率意随性，体势开张，骨力雄强，在民国时期军阀中以擅书闻名，存武人气质，兼具文人风范。吴佩孚曾为杨圻著《江山万里楼诗词钞》题名，即是他的代表风格。杨圻尊敬吴佩孚其人，故而吴书亦为他所喜。因此，杨圻书法亦受吴佩孚影响，具武将之风，兼寓一丝杀气。

全面抗战爆发后，日本侵略者用尽一切办法试图收买吴佩孚出任伪职，亦对杨圻展开游说，企图以杨劝说吴，当派员询问杨对中日事件的感想时，杨圻则曰：“我无感想。我的感想，我是中国人，只知爱中国。”[2]弄得来人亦无可奈何，后杨圻避居香港，还遣爱妾狄美南挟书至北京劝阻吴佩孚与日本人合作。[3]日本侵略者百计施尽，均遭到吴佩孚的断然拒绝。1939年，吴因牙疾复发，高烧不退，后经日本医生医治后猝死，世人均疑为日本特务土肥原贤二指示日本牙医将吴刺杀。日伪政府为掩人耳目，蛊惑民心，按中国传统习惯为吴大办丧事。

[1] 陈声聪著《兼于阁诗话》，上海：上海古籍出版社，1985年版，第145页。

[2] 转引自《近代中国人物漫谈》，车吉心主编《民国轶事》第五卷，济南：泰山出版社，2004年版，第1892页。

[3] 据传杨圻受国民政府所托，嘱狄美南女扮男装潜入沦陷后的北平，劝吴佩孚莫受伪职，吴忿然作色，大呼杨先生非知我者也。时吴宅陈棺材一具，宅外有日谍看守。

《花院煎茶图》
（天津《北洋画报》中刊载的杨圻和狄美南合影）

杨圻亦赠有挽联：“本色是书生，未见太平难瞑目；大名垂宇宙，长留正气在人间。”[1]虽未见杨圻此幅书法原件，但从内容猜测，此联凝聚了杨对故主吴佩孚的敬佩和眷恋，书法应如其诗句一样，高亢激昂，雄肆纵横。杨圻临终前，还集中最后之精力，撰写成一篇不朽的杰作《攘夷颂》，对抗战中的国人予以激励，表达出了这位诗人的爱国情怀。

除行草书外，笔者还曾见杨圻篆书一幅，取法《天发神谶碑》，但用笔似不甚灵动。后见史籍中杨圻家世记载，杨圻出身江南书香世家，其父杨崇伊之伯父即为晚清著名的书法家杨沂孙。因此笔者推断，杨崇伊、杨圻父子很可能均能作小篆，其书应受杨沂孙影响。但父子二人均不以书家名世，一位热心于仕进，一位以遗老、诗人和吴佩孚幕僚的身份名世。总之，杨圻是一位特殊历史时期的文人、诗人和爱国者，他的综合素养精深，精通诗文书画。在留寓京城期间，广交天下名士，世人重其才学和人品，故而他的书法亦得以流传。作为吴佩孚的幕僚，也是他的下属，杨圻穷尽后半生完成了对故主的尽忠，他赠吴佩孚书法上款多为“主公”。杨、吴二人去世仅相距两年，他们的情谊也代表了旧式文人与主公之间关系的终结。

[1] 高拜石著《新编古春风楼琐记》(二)，北京：作家出版社，2003年版，第147页。

末科探花——商衍鎏

商衍鎏像

商衍鎏（1875—1963），字藻亭，号又章、冕臣、退圃，晚号康乐老人，广东番禺人，祖籍沈阳，隶属正白旗汉军，驻防广州。光绪十六年（1890）秀才，二十年（1894）举人，三十年（1904）在清末最后一科甲辰科殿试中一甲第三名探花，授翰林院编修。后由清廷派驻日本东京法政大学习法政，1912年受德国汉堡大学之聘，任汉文教授。归国后任北洋政府副总统府顾问、咨议兼江苏督军署内秘书及参政部秘书、江西省财政特派员等职。后见官场腐败，愤而辞职，以鬻书为生。1927年任国民政府财政部秘书，1937年全面抗战爆发，入四川，辗转于成都、夹江、眉山、乐山等地。抗战胜利后回南京，不豫政事。1949年后任江苏文史研究馆馆长、江苏省政协委员、广东文史研究馆副馆长，广东省政协常委、中央文史研究馆副馆长等。著有《清代科举考试述录》《太平天国科举考试纪略》等。

商衍鎏是清末科举最后一科甲辰科殿试一甲第三名探花，其在旧京活动时间主要是在晚清为官之时，民国期间仅有短暂的停留。但旧京作为昔日的首都，商先生又是清末最后一科的旗籍探花，故其人其书在北京有一定的影响。至今商衍鎏书法在北京存有不少，仅笔者所知，首都博物馆、荣宝斋中即存有一些。民国时期，坊间还曾经流行过一种风尚，据掌故学家高伯雨先生在《谈末科状元刘春霖》一文中记："从前中国各地和香港南北行街稍为大一点的旧式商号，都喜欢找末科的状元、榜眼、探花、传胪写四条幅，挂在客厅，这四个人便是刘春霖、朱汝珍、商衍鎏、张启后。"[1] 刘、朱、商、张四先生的书法在旧京受到商界等群体的推崇，虽无相关详细记载，但常见于时人笔记中。民国时期琉璃厂、隆福寺、鼓楼及各大南纸店，曾为这些遗老悬有书法润格，所以说商衍鎏先生和北京还是颇有渊源的。

从商衍鎏诗集来看，他与寓居旧京的朱汝珍、徐宗浩、叶恭绰、罗复堪、杨仲子等往还颇多。徐宗浩曾将《临柯九思竹谱》赠予商衍鎏，商先生题跋云："是本为徐宗浩石雪临柯九思竹谱原迹，据言偶于金北楼（名城，一号拱北）斋中获见真迹，则又是一度曾入金手者，石雪喜余画竹，具有同心，遂以临本相赠，余敬谨爱护，藏之箧笥者有年，石雪逝矣，不忍老友之精光埋没，故影印以公于世之赏鉴家焉。"[2] 从中可见商衍鎏与徐宗浩之交谊。商氏与同乡叶恭绰家族几代交好，商衍鎏早年即师从叶恭绰祖父叶衍兰，有《寄怀北京叶遐翁》诗云："老去亲知见面稀，光风霁月比年违。耆英洛下怀司马，文采云间重陆机。万事胸中成竹理，百般眼放见花飞，春归忽触黄垆痛，花落莺啼共一欷。"[3] 从诗句中可见商衍鎏、叶恭绰均喜画竹，二人有着特殊的乡谊之情。商衍鎏与康有为弟子罗复堪，也有一定的交往，他曾撰《复堪

[1] 高伯雨撰《谈末科状元刘春霖》，高伯雨著《听雨楼随笔》（二），香港：牛津大学出版社，2012年版，第39页。

[2] 商衍鎏著《商衍鎏诗书画集》，北京：文物出版社，2008年版，第40页。

[3] 同［2］，第9页。

八十寿》诗云："虽无江上罗含宅，老卧京华作故乡。梓里龙山云缥缈，琼楼蜃市海苍茫。一生素业真如谛，三绝尤推急就章。晚节菊松堪耐冷，愿同饮露虀椒粮。"[1]其中甚为推许罗复堪的章草书法。在诸多友人中，商衍鎏与杨仲子的关系最为有趣，他曾作《赠杨仲子》诗云："交游遍湖海，及耄稀侪辈。今得杨仲子，气味喜同类。仲子虽白头，不减少年态。笑语说俦昔，昂藏窄宇内。长风慕宗悫，万里壮志遂。睥睨巴黎过，瑞士结车骑。缥缈逢众仙，霓裳歌舞丽。仙乐几回闻，招邀住福地。濯足罗尼河，水清见鱼戏。高塞阿尔普，雪山拥吟鼻。绮窗调鹦鹉，珠树巢翡翠。吹箫引凤鸣，颇动终然志。欢娱朝复朝，荏苒十年寄。人情有消歇，倦飞骋回辔。……"[2]从中可见商衍鎏与杨仲子在欧洲交往情形。一位精研传统文化的士子，一位才华横溢的音乐界巨子，二人在欧洲建立起一段不平凡的友谊。诗中所记，也是 20 世纪初年海外华人生活的一段生动写照。

最后谈谈商衍鎏的书法。商先生书法属于力学而成，自幼习书，因为科举的需要，从赵孟頫和柳公权入手，追摹珠圆玉润的"馆阁体"。取得功名后，逐渐涉猎碑派书法。他曾在《藻亭日记》中记："与（徐丹甫[3]姻丈）谈碑帖字法颇久。丹甫丈对书法沉浸甚深，金石源流考校极详，劝余多购六朝隋碑临字。以余文字失于秀弱，全无精悍之气也。"[4]辛亥革命前后，商衍鎏与旧京古玩界联系密切，从琉璃厂、隆福寺的古玩铺中选购了许多碑帖拓片。他在日记中有"至琉璃厂购碑

[1] 商衍鎏《藻亭诗抄》，商衍鎏著《商衍鎏诗书画集》，北京：文物出版社，2008 年版，第 19—20 页。

[2] 同[1]，第 29—30 页。

[3] 徐丹甫（1860—1947），原名受麋，中年后改名识耜，又字端甫，安徽歙县人。曾任广东盐务官，后不耐官场陋习，愤而弃官，中年游安庆、芜湖、苏州、杭州等地，以课徒、卖字为业。工于书法，深得康有为、郑孝胥所赏，以郑文公碑致力最勤，并喜集魏碑作诗赋，古雅醇厚，晚年曾参与分纂《歙县志》。

[4] 商志馥撰《后记》，商志馥编《商衍鎏书章草〈急就篇〉》，北京：文物出版社，2007 年版，第 106 页。

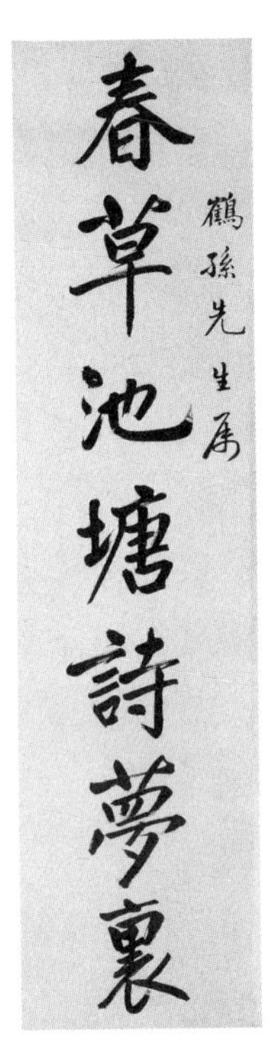

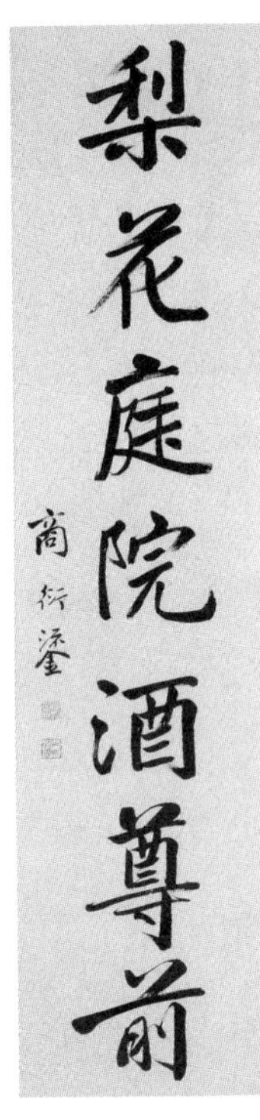

商衍鎏行楷书《春草梨花》七言联

片四十二种，多唐碑，亦间有北魏六朝者，价贰拾五两”[1]等记录，其间先后受赠或购买的碑帖有《大唐中兴颂》《多宝塔碑》《汉祀三公山碑》《西岳华山庙碑》等，从中可见他的书学源流。

在民国时期众多的书家中，商衍鎏属于传统一类的士人，他对书法有着执着的爱好，但并未表现出明显的倾向。商衍鎏帖学取法褚遂良《雁塔圣教序》、颜真卿《多宝塔碑》《大唐中兴颂》《王居士砖塔铭》《集王圣教序》等，碑派则广泛涉猎于篆、隶、魏碑等。他的楷书以颜、褚、柳、赵为根基，字体端庄，笔画精准到位，能书数百字无一脱漏。商衍鎏 1944 年所作楷书《正气歌》，即是他的代表之作，点画遒劲，结体萧散，用笔清新俊逸，集颜、褚、柳、赵四体之长，叶恭绰赞之曰：“得力于褚颜，故天骨开张，而姿态颖秀，与俗尚之剑拔弩张者异。”[2]时人亦赞云：“一肖河南（褚遂良）流丽，而显端庄；一仿鲁公（颜真卿）争坐恣肆，而具沉著，辄为叙手赞叹。”[3]商衍鎏的楷书，虽曾一度涉猎北朝碑刻，但基本上还是帖学的底子，面貌未脱唐法，一生变化不甚大，保持着固有的矜持。

商衍鎏的行书亦得力于帖学，取法《集王圣教序》《淳化阁帖》《澄清堂帖》、赵孟頫、董其昌等，体态充盈，得王书之典雅、赵孟頫之圆润，

[1] 商志䆅《后记》，商志䆅编《商衍鎏书章草〈急就篇〉》，北京：文物出版社，2007 年版，第 106 页。

[2] 叶恭绰撰《代序》，同[1]，第 1 页。

[3]《作者简介》，同[1]，第 2 页。

商衍鎏章草《急就篇》(局部)

用笔刚劲雄肆，纵横而不失法度，点画遒劲而不生硬，提按中尽显传统帖学功底。叶恭绰曾为商衍鎏书展作序云：“抑世俗论书法者，知科第不足为衡量为准，矫枉过正，遂谓翰苑书例无足取，此不知亦视乎其造诣之如何。如王梦楼（王文治）、翁松禅（翁同龢）之书法，何尝不能独标真谛，谓书家不能囿于翰苑可也，谓翰苑之必不能成为书家不可也。”[1]这也代表了叶恭绰对商衍鎏书法一种客观的评价。

在书学上，商衍鎏以帖学为根本，视碑派书法为营养，善加调理，时而临习帖学书法，时而追摹碑派书法，有自己一定之方向。尤其是1927年他脱离政坛后，鬻书自给，除日常作书应酬外，亦临习篆隶。

[1] 叶恭绰撰《代序》，商志䨲编《商衍鎏书章草〈急就篇〉》，北京：文物出版社，2007年版，第1页。

商衍鎏楷书《蒋夫人墓志铭》（拓本局部）

其篆书取法《石鼓文》《碣石颂》等，隶书取法《张迁碑》《曹全碑》《史晨碑》等，但商先生篆隶书作流传甚少，故笔者不便加以品评。目前商衍鎏书法存世最多的是楷、行、草三体，他以帖学思路审视碑学，故其思维模式难逾帖学所囿，最终还是以帖学书法为归宿。

商衍鎏一生钟爱书法，居闲时研读书论，如《法帖谱系》《古今法帖考》《闲者轩帖考》等，后受时风影响，对章草关注颇多。由于他的帖学根基和深厚学养，上溯章草，通过临习《急就章》《出师颂》《芝白帖》等，尝试以帖学之基复兴章草，其间曾广泛借鉴了黄庭坚草书，以山谷笔法融入章草之中。他的章草气息生动，才力富健，时时彰显着文人的雅致韵度，然不足者在于少了古人的熔炼之工与浑厚之致。总之，商衍鎏的章草未能形成独有的面貌，难以颉颃于以章草见长的沈曾植、卓定谋、王秋湄、罗复堪诸公，在民国书坛中未受到普遍的关注。

笔者认为，商衍鎏书法代表着馆阁体向书法艺术的过渡，也是旧式文人以自己独有的理解诠释书法这门艺术的实践之一。商衍鎏之兄商衍瀛亦是清末民初擅长馆阁体的书家，他二人并称“禺山双凤”。商衍鎏之子商承祚，是中国近现代著名的古文字学家、考古学家、书法家、篆刻家，曾任中山大学教授，学识宏富，著作等身，对文字学的发展做出了突出贡献，可谓深受商氏家风的影响。

政坛书家——林长民

林长民（1876—1925），幼名则泽，字宗孟，自称苣苳子，亦称桂林一枝室主，晚号双栝庐主人，福建闽侯人。光绪二十三年（1897）秀才，后留学日本，不久复回杭，毕业于杭州东文学校，再度赴日本早稻田大学学习政治法律。宣统元年（1909）归国，任福建省咨议局秘书长，武昌起义后，赴上海，赞助革命事业，南京临时政府成立时，任福建省代表，后任南京参议院秘书长。1912年，参与组织共和党，次年被选为众议院议员，后任秘书长。共和党与其他保守党派合并为进步党后，任政治部部长。1917年任段祺瑞内阁司法总长。1919年，撰《山东亡矣》短讯于北京《晨报》，反对巴黎和会偏袒日本，1920年游历欧美，1923年任宪法起草委员会委员，1925年参与郭松龄反对张作霖，郭改组为东北国民军时入郭幕府，后兵败身死。著有《铁路统一问题》。

林长民像

“丧身乱世非关命，感旧儒门惜此才”[1]，此挽联为民国时期遗老陈宝琛挽林长民所作，短短十四个字大略能概括林先生晚年的命运。林长民之名至今可谓家喻户晓，其成因还是源于他的女儿林徽因在近代文化史上的特殊地位。林长民其人，出身于闽侯林氏家族，林氏家

[1] 高拜石著《新编古春风楼琐记》（二），北京：作家出版社，2003年版，第97页。

族乃福建望族，近代人才辈出，如林则徐、林旭、林纾、林森、林宰平等。其父林孝恂，清末翰林，历官浙江金华、孝丰、仁和、石门诸州县，能医，工技击，为晚清开明的进步人士，对西方思想颇能接受，曾于杭州设立家塾，以国学和新学教授子侄，旧学请林纾为主讲，新学则延林万里（林白水）讲授。林长民早年受业于林纾，与林万里为友，而黄花岗七十二烈士之一的林觉民乃其堂弟。

林长民的一生基本上活跃于政坛，且以之为主要事业，因此许多人目林长民为政客。1912年，林长民随临时参议院北迁至京，曾被委以秘书长一职，后任国务院参议。袁世凯称帝前，因杨度进言，封林长民为上大夫，据刘成禺[1]在《洪宪纪事诗》后记："体元、承运、建极三殿扁（匾）额，刻镂沉檀，四围空凿龙凤云物之属，像十二章，呈十二色。额字用金黄色，御笔圈派上大夫林长民恭书，字体仿《瘗鹤铭》。书就，进呈御圈，项城（袁世凯）大为嘉许。钦定林书上额。群臣上颂，长民笑向人曰，他日小小男爵，总有一位，方不辜负此书。"[2]后袁世凯书"新华"二字以赠。而"有人谀宗孟者（林长民字）曰，严钤山书贡院至公堂，公字上之八字两撇下面横出，至今称道，视为国宝。先生三殿书额，将来与国同休戚，相业勋业，当与钤山无异云云（录《后孙公园杂录》）"[3]，革命党人刘成禺此说应有些根据。从一个侧面也可看出林长民书法在政坛的影响。而掌故大家兼擅书法的高拜石也曾专文谈过林长民的书法："宗孟的书法，是由晋唐人入手的，早年写的东西，真是美妙绝伦，中岁参了北碑的态势，更在雅秀之中，

---

[1] 刘成禺（1876—1953），字禺生，笔名壮夫、汉公、刘汉，原籍湖北武昌，生于广东番禺。光绪二十九年（1903）加入兴中会，次年赴美入加州大学，后加入南社，1912年任北京临时参议院议员，后任广州大总统府顾问、总统府宣传局主任、大本营参议、监察院监察委员等职，1932年回湖北，从事湖北文献纂修工作。1947年任两广监察使等职，1953年病逝于武昌。

[2] 参见《洪宪纪事诗》"筒瓦参差建宝蓝，赐名匾额镂沉檀。体元承运余新殿，辜负书家小小男"注，刘成禺、张伯驹著，吴德铎标点《洪宪纪事诗三种》，上海：上海古籍出版社，1983年版，第48页。

[3] 同[2]。

显出朴茂劲遒的意味；所谓‘融碑入帖’，便是这个境界。”[1]碑派名家康有为曾和书家伊立勋说起，“‘你们福建书家，却只有两位……’伊峻斋（伊立勋）以为他自己一定占了一个，那康圣人从容地说：‘一个是郑苏庵（郑孝胥），一个是林宗孟……’”[2]书家张宗祥也曾在《论书绝句》中谈到林长民的书法：“未冠相逢已擅书，中年小楷到唐初。能工能秀能开展，髯也精神实起予。长民为伯颖师长子，予十七岁时相遇于海宁州署，已擅书名，后工小楷，未遇难前曾鬻书京师。”[3]从以上记载中可知林长民书法在旧京的地位。据称，民国时期林长民的书法曾一度风靡，甚至有人将他书写的圣约翰大学校长卜舫济的寿序与遗老沈增植的书法相媲美，称其二人为“书家两雄”，沈增植的书法以槎枒为美，而林长民体现的是劲健之美。此外还有一则逸事记，林长民曾有一位如夫人（小老婆），林先生寓居北京时，把她留在南方，此夫人略识文字而已。但林长民为了表达思念之情，为她写了很多文辞风趣的信，且每封书札均变换书体，或注明用王羲之体、王献之体、智永体，或为褚遂良体、虞世南体，用尽所能，但因如夫人水平有限，有些字不能尽识，只能拿给别人看，故此逸事传播甚广[4]。林长民死后，1931 年上海有正书局曾印有《林长民遗墨》一册，收录林先生书法若干，封面为叶恭绰题字，也算是后人整理他书法比较完备的一个集子。而今北京石景山八大处四照谷还存有 1918 年林长民书摩崖石刻，此石刻系林先生游山所题，字体圆融，确有《瘗鹤铭》意味，落款于最高处，也可作为林长民书法在北京颇有影响的一个佐证。

在笔者看来，林长民书法并非如碑派宗师康有为所评，可以等埒于碑派名家郑孝胥，仅能称擅书而已，同时和后世对他的字褒之过高，

---

[1] 高拜石著《新编古春风楼琐记》（二），北京：作家出版社，2003 年版，第 108 页。

[2] 同 [1]。

[3] 张宗祥著，浙江省文史研究馆编《清代文学概述 书学源流论（外五种）》，上海：上海古籍出版社，2015 年版，第 130 页。

[4] 同 [1]。

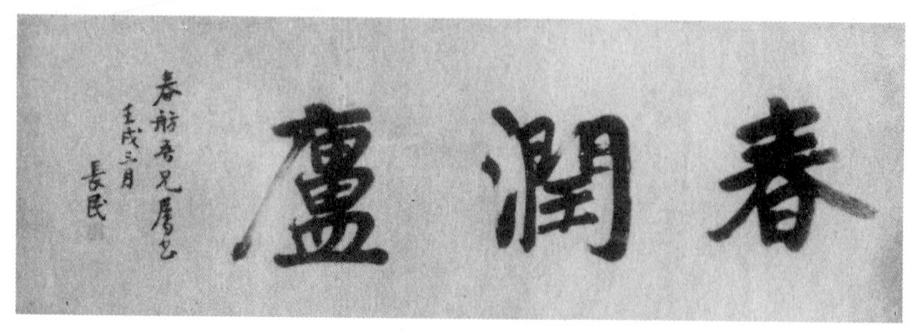

林长民行楷书题“春润庐”横幅

其中缘由还在于林先生的文采和家学，加之他为人潇洒倜傥，又活跃于政坛。林长民出身书香世家，早年受教于林纾，对馆阁体应下过一定的功夫，高拜石说林先生的书法由晋唐人入手大约就是这个时期。从《林长民遗墨》收录的作品来看，林长民习书似从颜书入手，得颜真卿之雄浑，兼取赵孟頫之妍美，行书有米芾、苏轼笔意，犹得米书刷字之趣。细致研究会发现，其实林长民的书法受福建乡贤书风影响很大，如他的老师林纾。林纾书法苍劲古朴，随意雅畅，极有韵致，作书讲求师承，遵循法度而不失灵秀。再者就是遗老郑孝胥，其书法融碑帖于一炉，用笔刚劲挺拔，体势开张，骏爽高浑。同时林长民书法借鉴了碑派名家康有为、梁启超书法，从中汲取所需。由于与梁启超特殊的关系，他得以从康、梁师徒书法中体味近人理解的北碑书法。加之林长民聪颖过人，故他的书法擅学时贤，并非着力于此但却举重若轻，得心应手。从时人对他书法的记录来看，清末民初，林长民应致力于北碑，但笔者认为林长民的书法成就主要来自他早年的帖学根基，其对碑派的理解则基本上是构建于对林纾、郑孝胥、康有为、梁启超书法理解的基础之上，特别是他的大字，细腻处取林纾书法之内敛，而雄放得郑孝胥书法之伸展。尤其是起笔收笔，有些完全仿照海藏老人样式，可以说林长民书法是将时贤书法进行归纳总结后的再创作，说白一点就是学现在所谓的“流行书风”（此处指清末民初的流行书法）。林长民常年周旋于政坛，精力充沛，但书法仅是他的翰墨余事，甚至就是为了实用，并非如职业书家一样细加钻研，追本溯源。故此林长民书法靠的是早年的帖学积累和卓绝的天资，毕竟他经历过科举的训练，于馆阁体下过很深的功夫，后随着留学日本，广交时贤，身边擅书之士甚多，且与师长、乡贤、友人交往的机会不少，因此耳濡目染，眼界渐宽，尤其是接触到了很多清末民初碑派大家的书法。

再者，入京后，林长民活跃于政坛，与寓居旧京的福建籍文人交往甚多，因此他的书法受乡贤影响甚深，加之此时期福建籍人士在北京的势力很大，上自帝师陈宝琛、郑孝胥，遗老陈衍、林纾等，名士则有郭则沄、李宣倜、林开謩、林志钧、梁鸿志、黄濬等，他们均是旧京各界举足轻重的人物。林长民从所见和交往中，广瞻时贤墨翰，所以他的书法非力学而成，是基于特殊的时代，而早年从政的经历使其书法又有政治家的气魄，在镕铸时人书法和古代帖学书法的基础上形成了自己独有浓郁福建意味的书法。就像民国时期，旧京四大书家张伯英的书法曾被誉为“彭城书派”一样，林长民书法是将福建书风引入北京，笔者名之曰“闽派”（此笔者意见）。此种书风对于旧京艺术的贡献很大，故此林长民书法得到推崇也就是自然而然的事了。所以笔者认为林长民的书法因人而贵，其成为旧京士人追捧的对象，很重要的原因是将福建书风北传。

林长民未及知天命之年，即惨死于乱军之中，徐佛苏撰挽联中那句“冲锋陷阵哪用书生”，今日读来也是颇有几分道理的。按时人的说

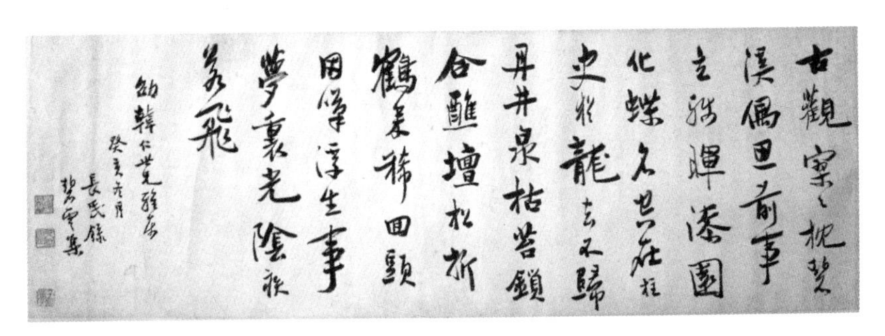

林长民行楷书《李中经古观有感》横幅

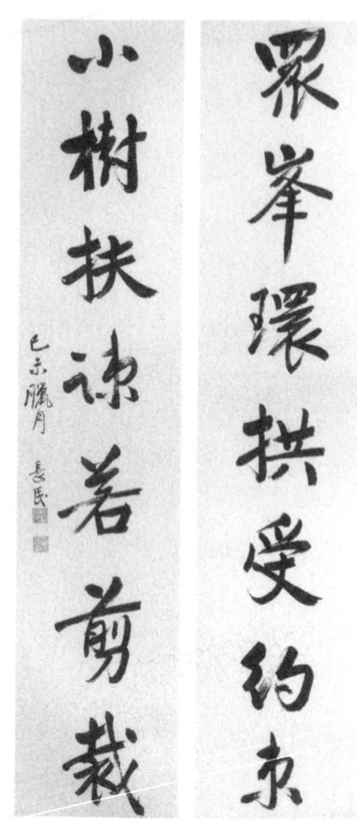

林长民行楷书《众峰小树》七言联

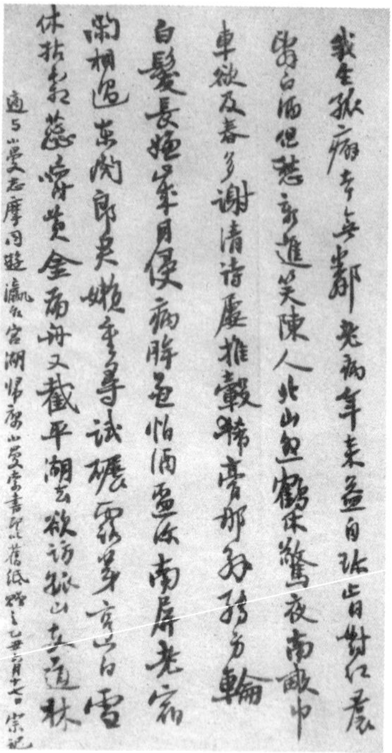

林长民赠陆小曼行楷书苏东坡诗

法，即使林长民晚年在旧京做寓公，以他的才望于京津一代鬻书也应过得不错，但林先生偏偏是位不甘寂寞的人，不愿意默默无为，以小道为业，总觉得要做就做“治世之能臣”，因此才有了晚年悲惨的命运。后人曾在咏郭松龄兵败事中谈及林长民之死：“谋国由来藉股肱，衰迟兵马本难胜；沙场归骨林宗孟，绝域生还饶宓僧。塞上折冲宜有待，军前磨盾果何曾？凄迷双栝题门处，同为佳人一拊膺。”[1]

[1] 高拜石著《新编古春风楼琐记》(二)，北京：作家出版社，2003年版，第98页。

缶翁传人——陈半丁

陈半丁像

陈半丁（1876—1970），名年，字静山，号半丁，自号山阴道上人、山阴半叟等，斋号有敬涤堂、饮雪庐、五亩之园等，浙江绍兴人。出身中医世家，早年曾读私塾，亦做过学徒，后经表叔吴隐带至上海，得识吴昌硕，并师从之，与上海诸多画家皆有交往。1917 年，供职于北京大学图书馆，1921 年入中国画学研究会。1928 年任杭州国立艺术专科学校教授，1931 年任北平大学艺术学院教授。1937 年，拒受伪职，以鬻印卖画为生。1949 年后任中国文联委员、中国美术家协会理事、中国画研究会副会长、北京中国画院副院长等。

光绪三十二年（1906），陈半丁受金城的邀请，进入北京，最初寓居金宅，自此在旧京定居鬻画。后经金城引见，陈半丁结识满族贵胄肃亲王善耆。应肃亲王之嘱，为吴可读侍御作肖像，并得肃亲王赠“帖里有余闲登山临水觞咏；身外无长物布衣蔬食琴书”联。后得识贡王贡桑诺尔布。肃王、贡王为清末权臣，且二人交往深厚，并有一层姻亲关系，善耆的三妹善坤为贡王的福晋。陈半丁初到北京即受到二位清廷政坛人物的赏识和扶持，他为肃王、贡王创作了一批绘画作品，其中为贡王所作者，今藏于首都博物馆。民国以后，陈半丁曾在贡王主持的蒙藏院任职。1922 年，肃王在旅顺病卒，陈半丁负责营办丧事，并筹措灵柩返京之资，成就了一段艺林佳话。

1910年，其师吴昌硕来京盘桓数月，为陈半丁“把场”，以壮声势，并为他撰写《半丁画润》，这为陈半丁在北京打开市场提供了很大的帮助。民国时期，陈半丁交友广泛，活跃于京城各界，尤与书画界友人交往频繁。1913年，他与鲁迅相识。1915年，参与了梁启超、陈师曾发起成立的“宣南画社”。1917年，受蔡元培之邀，至北京大学图书馆工作，与馆长章士钊交往，并在文史上得其指导。后曾与陈师曾在北大商办书画研究室，但因经费问题未果。1917年，结识齐白石，二人很快成为挚友，在艺术上相互切磋。20世纪20年代，陈半丁参与了金城、陈师曾组织的“中国画学研究会”，并成为这一时期旧京雅集中的重要人物，其间齐白石送其第三子齐子如拜陈半丁为师习画。1927年，陈半丁任“中国画学研究会”副会长，1931年任国立北平大学艺术学院国画系教授。此时期他与北京地区书画名家广泛交往，如周肇祥、齐白石、张大千、溥儒、凌文渊、姚茫父、萧谦中、贺良朴、寿石工、沈尹默、马衡等。20世纪30年代，陈半丁成为旧京画坛中举足轻重的人物。北平沦陷后，陈半丁拒受伪职，以卖画、刻印维持生计，保持了崇高的民族气节，其间购得后门米粮库四号一座住宅，名之“五亩之园”，此地也成为旧京各界名流的汇聚之处。1938年，王梦白在北平病故，陈半丁在琉璃厂“集萃山房”举行义卖，操办王梦白后事。北平解放前夕，陈半丁与马占山、邓宝珊商议和平解决北平问题。1949年后陈半丁事迹从略。

陈半丁是中国近现代著名的画家、书法家、篆刻家。1906年，他受金城之邀赴北京，后逐渐以旧京为主要活动地。自1910年至1970年（去世），陈半丁的艺术在北京扎根，从崭露头角到家喻户晓，并形成了独有的艺术风格。陈半丁除在画坛的突出地位外，他的书法、篆刻亦为时人所称道。尤其是他的篆刻在旧京名重一时，郑逸梅在《艺林散叶》中言：“陈半丁能刻印，其自用印甚佳，甚至有超过其师吴昌硕者。”[1]寿石工《杂忆当代印人得十九绝句又附录一首盖自况也》:“敬涤堂中六博新，借山馆外绝嚣尘。钝刀利刃余清事，蠕扁虬圆齐与陈。”[2]他的篆刻最初师法吴昌硕，进而受到民国时期旧京各派印风的影响，出现了新的变化，并逐渐成为旧京印风中颇具代表性一种风格。

从荣宝斋出版社编的《近现代篆刻名家印谱丛书——陈半丁》及金煜编著的《篆刻四大家印谱》中收录的陈半丁篆刻作品来看，陈半丁篆刻作品存世量有限。2016年11月11日，中国美术馆、北京画院、中央文史研究馆共同主办，绍兴市人民政府、中国艺术研究院美术研究所、陈半丁纪念馆协办的“此中有真趣——纪念陈半丁诞辰140周年艺术展”中，有陈半丁的部分篆刻作品参展。从这些所见的资料看，陈半丁一生篆刻创作在数量上和水平上显然难与吴昌硕、齐白石、寿石工等颉颃。在印存和展览中所见，他一生为友人治印所存不多，自用印占绝大部分，印存中有数方为友人寿石工所治，其余者需要进一步考证。

从目前所见资料看，陈半丁早年治印师从吴昌硕，后上溯吴让之，进而参考封泥、砖瓦等金石资料，但基本上是对吴昌硕印风的继承。由于陈半丁印存中存纪年之作品不多，难以按年代顺序加以阐释，故笔者从陈半丁对吴昌硕印风的继承和发展两个方面，粗浅地分析一下陈半丁篆刻风格。

1894年，陈半丁结识吴昌硕，并深得吴的厚爱，在篆刻上得到了吴昌硕的指导，所见资料中收录的印章中有一些为吴昌硕篆、陈半丁刻的作品。目前可见，最早者为“陈年”一印，边款曰“二字缶老为余篆也，戊戌十月半丁记”[3]，时间为1898年。除此之外，印存中有明

[1] 郑逸梅著《艺林散叶》，北京：中华书局，2005年版，第95页。

[2]《文篇诗录》,《古学丛刊》1939年7月第3期。

[3] 参见《近现代篆刻名家印谱丛书——陈半丁》，北京：荣宝斋出版社，2007年版，第30页。

确纪年的“陈”印，边款曰“庚戌秋，缶道人篆，半丁自作”[1]，时间为1910年。无纪年吴昌硕篆、陈半丁刻的印“半丁”“山阴道上人”等，以上诸印均为吴篆陈刻之作，这些印章反映出吴昌硕篆刻的布局和安排理念，也足见吴昌硕对弟子的悉心栽培。1910年，吴昌硕为陈半丁治“晴山”印，其边款曰“苦先生刻”[2]，后有陈半丁补款“庚戌冬初，缶老北来，为余刻十余印，此其一也。晴山，今讳半丁”[3]。此印是吴昌硕赠予陈半丁的作品。

陈半丁刻“哂翁”印及边款

吴昌硕天资绝高，无论是绘画、书法还是篆刻，都取得了非凡的成就。其篆刻从钱松得精密，从吴让之得婉转，从赵之谦得精巧，于汉印、封泥、汉砖得古茂浑厚，还从《石鼓文》、汉碑额、汉瓦当、汉砖、金文、陶文、泉布、秦权量、镜铭中汲取养分，并将这些被前人忽视的书法、文字素材运用于篆刻之中。吴氏篆刻最可贵的是，能打破前人难以逾越的藩篱，将书法融于篆刻之中，逐渐将朱白文印风实现了真正意义的统一。缶老此时的印风已经相对成熟，通过对比，可知陈半丁早年印风为吴氏篆刻的忠实继承者。

陈半丁得吴昌硕亲炙，从中得以深入领会缶老篆刻艺术的真谛，这些思想贯穿了他一生的篆刻创作。从所见陈半丁篆刻作品来看，他的篆刻恪守缶老的创作理念，白文印“山阴道上人”“哂翁”“半丁老人九十后作”等，均是对吴昌硕印风的忠实传承，既有缶老篆刻的古

[1] 参见《近现代篆刻名家印谱丛书——陈半丁》，北京：荣宝斋出版社，2007年版，第34页。

[2] 同[1]，第44页。

[3] 同[2]。

奥精深，兼存几分天趣。毕竟曾得吴昌硕亲炙，前辈风雅犹存。“山阴道上人”印，用字考究，笔画厚重，行刀劲爽而不虚，下侧留红恰当，整体稳健而老辣。“哂翁”印，布局妥帖，虚实相生，线条厚重而不臃肿，古拙自然。“翁”字参考了吴昌硕“缶翁”印。“半丁老人九十后作”一印，为陈半丁晚年力作，也是其篆刻的巅峰之作。整体看似平实，但气象宏大，排列空灵而不局促，边缘破残恰到好处。朱文印“天半人半”“天下几人画山水”等，则是对吴昌硕“封泥”印风的传承。在字形排列上，陈半丁相对保守，但很好地利用了朱文印的边栏，求字实而边虚。“天半人半”印，边栏处理得相对自然，然“天下几人画山水”似过于追求“封泥”残破而略显得琐碎。陈半丁的许多朱文印在边栏处理上都喜作大面积破残，使边栏支离破碎，印文整饬，观之似有做作之态。如“莫自鸣馆”“双生同老”“稽山半老”等印，即处理得相对夸张、粗率。

受吴昌硕之影响，陈半丁白文印亦与朱文印在面貌上呈现出相对的统一。启功曾认为，陈半丁篆刻除追求拙外，其大部分篆刻中还寓巧，笔者则认为陈半丁篆刻巧的成分不足，而拙稚有余。与陈同时师法吴昌硕篆刻的印人赵古泥，他所治朱文印，巧拙相生，能把“封泥”的立体效果和沧桑感表现出来，且化圆为方，堪称善学。赵古泥在对边栏的破残上极为讲究的，进一步提升了吴昌硕印风的艺术内涵，此种风格被邓散木继承发展，从而演变成 1949 年后北京吴派印风的变种之一（“虞山派”印风）。陈半丁对吴昌硕篆刻的师法亦很深入，但似乎过度强调缶老的稚拙之美，反而忽略了吴昌硕篆刻“貌古而神虚”中的“神虚”之美。

作为吴派印风北路嫡传者之一，陈半丁通过与旧京诸多篆刻家进行交流，接触到一些新的艺术理念，加之旧京特殊的文化地位，大量金石资料的发现和整理，为陈半丁的艺术提供了更多的借鉴。在时代上，陈半丁接触金石资料的视野，较清末人士更为广阔，友人中诸多印人的篆刻风格对其治印也有一定的启发。在发展上，吴昌硕的篆刻创作以“封泥”为归宿，书法以《石鼓文》为依托，故入印还是以小

陈半丁楷书题“戴月轩”匾额

篆为主。陈半丁打破了吴昌硕取字以小篆为主的创作特点，有时会选取大篆字体。在字形排列上，参考了一些金文及古玺印的结构特点，如“花草精神”“各自为政”“春消息”“是何世界”“山阴道上人”“陈半丁考藏书画印”等印，大胆运用吉金文字，于排列上巧加安排，然创作理念还是以吴昌硕为根基，追求印面的“残”“破”，体现出印章的时代和残损之感。看得出陈半丁与老师吴昌硕一样，喜以钝刀刻印，刻得也相对随意。陈的弟子尤无曲曾回忆陈半丁刻印往往不打印稿，直接在印面上书写，刻印采用双刀法。从气息上看，陈半丁的篆刻和其师有一定的差别，陈半丁治印忠厚笃实，以稚拙为美；吴昌硕治印则纵横捭阖，独来独往，气息古奥而生动，一派巨匠风范。

陈半丁与齐白石交厚，齐白石第三子齐子如曾师从陈半丁习画，陈、齐二人篆刻都存在吴昌硕印风的影响因素，且用刀爽劲，故而寿石工将其二人篆刻相提并论也是颇有几分道理的。作为同属吴昌硕印风北传风格的陈师曾、钟刚中，陈半丁篆刻面貌与二人似是而非，貌合而神离。究其原因，陈师曾、钟刚中篆刻中有黄牧甫印风的成分，故在设计和排列上借鉴了黟山派的几何排序之法；陈半丁则是坚守老师的创作风格，难逾一步。他虽然在取字上略加变化，但门派观念很深，以缶老印风为主体，从而也成就了他在旧京印坛作为吴派印风忠实坚守者的独有地位。

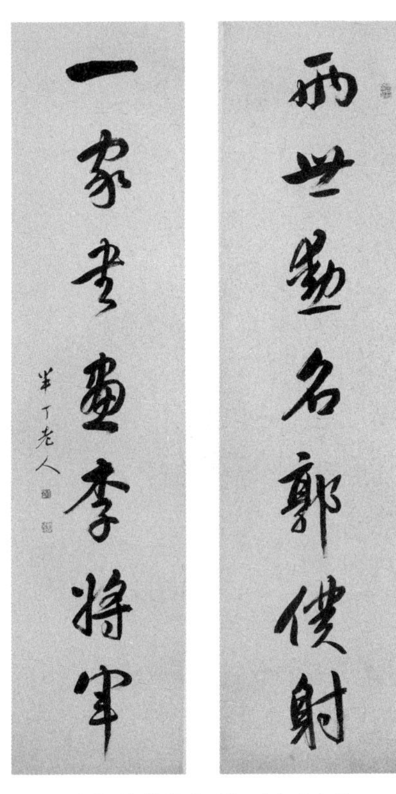

陈半丁行楷书《两世一家》七言联

最后谈谈陈半丁的书法，他的绘画和篆刻成就在其书法之上，但他的书法也很有特色。其行书属帖学一路，和其师吴昌硕碑派书风是颇为不同的。陈半丁用笔受宋人米芾影响很深，以侧锋取势，他的小字堪称精妙秀逸，但大字却写得略显粗率，似乎不太注重细节的处理。尤其是一些对联书法，虽不乏灵动，但缺少清末士人的凝练和谨严之态，此中意味颇像学者陈兼与评余绍宋的诗：“觉古体气象雄伟，感情充沛，颇能放笔为直干，疑其成诗太快，字句之间，欠修饰耳。”[1] 陈半丁行书亦觉用笔过快，笔画之间欠修饰。陈半丁还能作篆书，不愧为海派巨匠吴昌硕弟子，前辈风雅犹存，用笔雄肆刚劲，缶翁意味十足，但缺乏吴昌硕的老辣生涩。陈半丁曾为琉璃厂著名的笔庄戴月轩书匾额，用笔秀雅飘逸，但似乎缺少了几分厚重。陈半丁生于清末，但未经历过科举馆阁体的训练，因此从功力上讲是逊于诸多遗老遗民的。他曾得吴昌硕亲炙，又常年活跃于艺术界，眼界较宽，故此其书法虽不甚突出，但别具意味。

[1] 陈声聪著《兼于阁诗话》，上海：上海古籍出版社，1985 年版，第 98 页。

硕学鸿儒——吴北江

吴北江（1877—1949），原名启孙，改名闿生，字辟疆，号北江，学界称“北江先生”，安徽桐城人。晚清名儒吴汝纶之子，幼承家学，习古文辞，后游学于日本早稻田大学。归国后任度支部财政处总办等职，后任直隶学校司，主持莲池书院。辛亥革命后，任袁世凯大总统府秘书、教育部次长代理部务。1916年后任北洋政府总统府秘书、教育部次长、国务院参议、顾问等职。1928年，应张学良之邀，赴奉天任萃升书院古文教授。抗战期间，虽困于生计，仍清白自居，拒绝出任伪职，隐居著述。抗战胜利后，任北京古学院文学研究员。著有《定本尚书大义》《诗义会通》《左传微》《桐城吴氏文法教科书》《北江先生集》等，纂有《汉碑文范》等。

吴北江像

吴北江为清末大儒吴汝纶之子，他“生有异禀，濡染家学”[1]，八岁能文，九岁时其所作诗被时人王毓菁赞为“绝似汉人”[2]。他先后师从贺涛、范当世、姚永概等名儒，其父老友著名学者王树枏见吴北江后“叹为奇才，曰吾老友挚甫（吴汝纶）有后矣”[3]。吴北江平生不乐

[1] 吴闿生著，余永刚点校；房秩五著，徐成志点校《北江先生诗集 浮渡山房诗存》，合肥：黄山书社，2009年版，第18页。

[2] 同[1]。

[3] 王维庭撰《吴北江先生传略》，《文献》1996年第1期，第65页。

仕进，最喜著书，曾先后入徐世昌、段祺瑞、黎元洪幕府，以作幕为隐，所得收入悉数用于购书，一生志趣在于收天下英才而教之，弟子中知名者有曾克耑、齐燕铭、贺孔才、于省吾、潘伯鹰、吴兆璜等。自其弟子贾应璞、张庆开于1920年初刻《文学社题名录》，经1924年续刻，1936年增刻，共收录北江先生弟子门人二百六十二人。吴北江诗文兼擅，以古文成就最高，是民国时期桐城派的后劲人物。新文化运动期间，桐城派成为新文化运动的主要批判对象，北江先生见新文化派中的激进派主张全盘否定传统民族文化，如陈独秀提出的汉字拼音化，取消方块字等中文西化的观点，毅然以桐城派卫道者的身份加以抨击，坚决维护其父辈奉行的“醇厚雅洁”桐城派文风。居京期间，他还曾参与由关赓麟先生发起的“稊园诗社”。此诗社汇聚了京城一大批的文人学者，如傅增湘、章士钊、许宝蘅、郭风惠、叶恭绰、夏仁虎、邢端、陈云诰、彭八百、王道元、言简斋、张伯驹等，他们诗词唱和，极为风雅。在弟子们的记忆中，北江先生最令人难忘的是他诵读诗文时的情景，其“诵之入神之际眉头飞扬，笑容可掬，声音变化，千回百折之态，若现于空际。听之者神凝形释，文章内涵之秘，不待讲说而自明，盖‘因声求气’之说也”[1]。

在书法上，北江先生亦有很高的造诣，这主要得益于其深厚的家学。他诗文均佳，其诗远祖风骚，上宗杜韩、江西，近拟桐城、同光，自成一派，所作诗大气磅礴，横空出世，在诗坛占有一席之地；为文合韩非子、司马迁、韩愈、王安石为一体，文风雄奇跌宕，为民国时期桐城派之代表人物。他的书法也是秉承家学，其父吴汝纶为中兴名臣曾国藩的弟子，曾氏亦工于书法，在清末书坛称著一时。吴汝纶早年参加科举，受过严苛的馆阁体训练，书法导源于颜真卿，用笔雄放浑厚，气息雅正，望之俨然。吴北江书法受其父影响较深，书法亦宗鲁公，得颜书雄健之体魄，提按之中尽现法度，能于严谨的结体中自

[1] 王维庭撰《吴北江先生传略》，《文献》1996年第1期，第66页。

吴北江行楷书《杜甫戏为六绝句》扇面

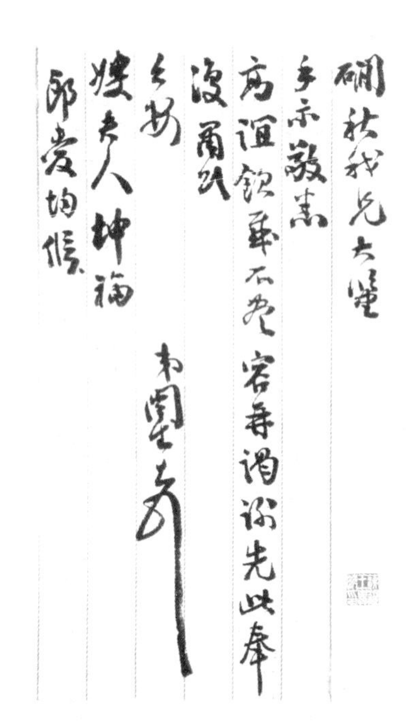

吴北江致臧荫松行楷书札

出新境。他的行书则融颜真卿、苏东坡书法于一炉，结体宽舒，笔法精熟，深得东坡书法之神髓。目前，他的书法以行书最为常见，小字行书饱满厚重，稳健端庄，极为精到。他的大字潇洒平和，将颜字书写得轻松自然。总体来看，北江先生的书法基本上遵从帖学，未染碑派书风，坚守着自家传统，整体气息高世绝俗、冲淡平和，为典型旧式文人世家子弟之作，将家学和自身完美结合。

清末民国时期，面对社会的变革，有一批旧式文人，选择了传统士大夫的生活方式，像旗人杨钟羲、学者瞿宣颖等。他们终日埋首于故纸堆中，以研究经史子集为乐，书法仅是他们的一项基本技能，但其或经过科举之训练，或深受家庭影响，于耳濡目染中承继旧学，吴北江即是此类文人。他对帖学书法有一种执着的眷恋，视其为正统，对碑派书法似乎不甚重视。在生活中，他每日受父辈和老师们的熏陶，作书为文均讲求法度，恪守传统，加之常年临池不辍，前辈书风得以继承发扬，因此吴北江书法是传统士大夫文人书法的延续。这种风格表现出复古的雄心，一笔一画均讲求出处，经过常年刻苦的训练，他作书更为自信从容，将看似单调的书体写得遒劲圆融，无丝毫俗气，虽风格上不能自成一派，但质朴的面貌中是数十年临池功力和学识的蓄积。欣赏北江先生的书法，笔者看到的是一种坚守、一种执着、一种信念，正如他始终奉行的桐城派文风一样，是对帖学书法的传承和发扬，虽然吴北江书法不追求新奇的面貌和鲜明的个人风

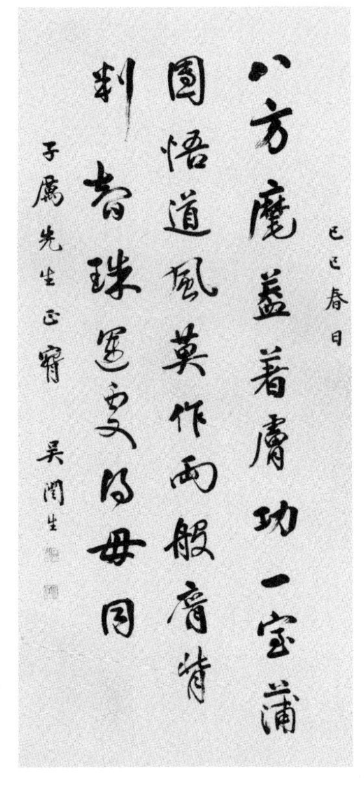

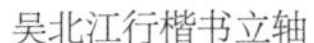
吴北江行楷书立轴

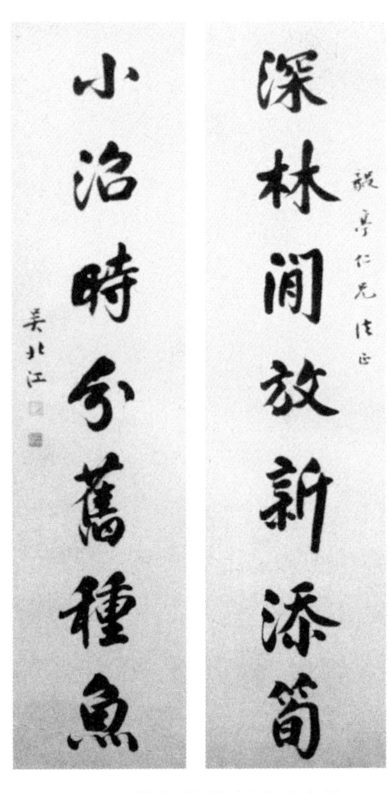

吴北江行楷书《深林小沼》七言联

格，但从他的书法中我们可以寻觅前贤的遗风和他们即将逝去的精神世界。1928年，北江先生五十寿辰时，桐城唐尔炽特作诗赞之曰："继世有文章，司马班父子。元成哀平间，亦有刘中垒。降而至北宋，三苏亦可喜，吾邑方刘姚，文行俱可记。再传寂无闻，未足趾前美。先师冀州公，近代马班氏。大业炳千秋，英声腾八海。吾子继之兴，矩矱酷相似，此乃国之幸，非徒家福耳。"[1]此诗表达出时人对先生的一种崇拜和敬仰之情。

[1] 吴闿生著，余永刚点校；房秩五著，徐成志点校《北江先生诗集 浮渡山房诗存》，合肥：黄山书社，2009年版，第20页。

旗籍书家——金　梁

金梁（1878—1962），初字锡侯，后改称息侯，号东庐，姓瓜尔佳氏，晚号“瓜圃老人”，隶满洲正白旗，驻防杭州，光绪二十七年（1901）举人，三十年（1904）进士，历任京师大学堂提调、内城警厅知事、奉天旗务处总办、奉天新民知府等职。辛亥革命后，历任清史馆校对、奉天省洮昌道道尹、政务厅厅长，农商部秘书等职。1949年后在国家文物部门任顾问等职，1962年病故。著有《东庐吟草》《息庐咏史》《光宣小记》《瓜圃丛刊叙录》等，辑有《盛京故宫书画录》《近世人物志》《御玺谱》《黑龙江通志纲要》《四朝佚闻》等。

金梁像

金梁出身为满洲巨族，是清初满洲八大家族之一。其祖父名观成，号苇杭；父名凤瑞，号桐山，均为杭州驻防旗人。“金梁”之得名，据其自述，他生于杭州新龙巷之新衙，出生时正值午夜，忽闻有车骑之声自涌金门金华庙而来，故其父给他起名“金梁”。凤瑞先生“性好古，金石书画罗列一室，终日摩挲不去手”[1]，金梁自幼耳濡目染并接受了传统的私塾教育，7岁时，正逢中法战争爆发，他翻看海上画

[1] 申权《金公年谱》，北京图书馆编《北京图书馆藏珍本年谱丛刊》第198册，北京：北京图书馆出版社，1999年版，第123页。

报所载中法作战图，竟“阅之感愤，日持假木刀，作杀敌状，气概凛然”[1]；8 岁时师以“立马吴山第一峰”属对，金梁撰成“从龙辽海推三杰”（三杰为索尔果、费英东、图赖，均为瓜尔佳氏族人）的下联，其中豪气可见一斑；15 岁时，因他学识书法兼优，为乡人所称颂，闻金梁至，乡人“各以一纸争索书”[2]。后参加科举考试，在最后一科廷试中，本应得中第三名，却因其对策中有“痛哭流涕”之句，犯了慈禧太后七十万寿恩科的不祥之忌，为广东籍旗人商衍鎏所取代。

金梁入仕时二十余岁，正值晚清末造，以慈禧太后为首的守旧势力镇压以光绪帝为首的改良派势力，戊戌六君子被杀，康有为、梁启超亡命海外，光绪帝被囚瀛台，史称“戊戌政变”。而作为旗人的瓜尔佳氏金梁，感于时势，竟“伏阙上万言书，言词激烈，指斥宫闱，且直诋时相，请杀之以谢天下，万口喧传，中外名人争以一见颜色为荣幸”[3]，此“时相”即为与慈禧太后共同发动政变的大学士荣禄，他与金梁同为瓜尔佳氏族人。后有人欲罗织金梁入狱，荣禄竟叹息说：“吾族有此才而不见用，此亦宰相之责也，愿先约一面语传事，始解。”[4]然金梁却终不想见。十多年后，慈禧太后以民部保举案召见金梁，再度提及此事时，金梁尚“怒目相对”。可见在贵胄中，金梁算得上是一位敢言的有志之士。

光绪三十三年（1907），徐世昌调任金梁为督办京师外交巡警，到任之后，由于他“悉心筹画，调查测绘，分科并举，未月余而大致定”[5]，受到了上级的赏识。那桐主持民部事宜，亦对金梁的才干颇为推许。后金梁从徐世昌赴盛京任旗务司总办兼管内务府办事处事务，

---

[1] 申权《金公年谱》，北京图书馆编《北京图书馆藏珍本年谱丛刊》第 198 册，北京：北京图书馆出版社，1999 年版，第 121 页。

[2] 同 [1]，第 124 页。

[3] 汤寿潜撰《戊戌上书记书后》，金梁著《瓜圃丛刊叙录》，台北：文海出版社，1977 年版，第 62 页。

[4] 同 [3]。

[5] 赵秉钧撰《东厅文牍序》，同 [3]，第 65 页。

还担负着盛京宫殿管理之责，同时他还是较早提出将皇室收藏建立博物馆者。宣统二年（1910），他主持拟定了创办规划并起草出请旨呈文，由时任东三省总督的锡良名义具折上奏，其上折中即有“请查盛京大内尊藏宝物，即拟设博览馆”[1]之建议。在赵尔巽接任东三省总督后，金梁开始研究盛京书画、掌故及满文老档，并在十余年后编辑出版了《盛京故宫书画录》《满洲老档秘录》等。

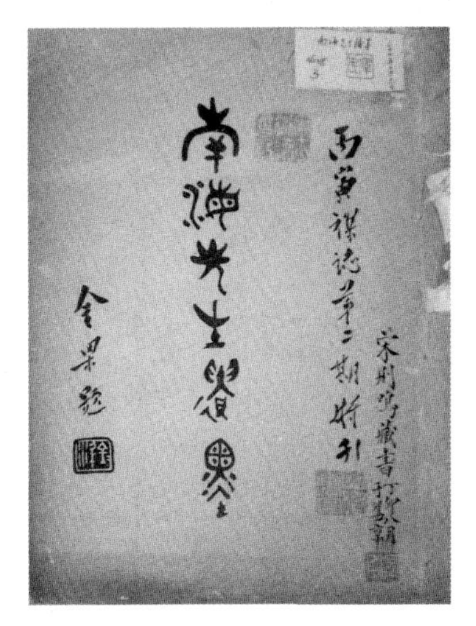

金梁篆书题《南海先生遗墨》

金梁早年虽得罪权贵，但由于自身的突出才干和政绩，在清末官场中脱颖而出。清帝逊位后，金梁不得已离开沈阳，先赴大连，后至北京。居京期间，他心系前朝，曾将复辟为己任，追随逊帝溥仪。1924年，他被任命为总管内务府大臣。次年，冯玉祥将溥仪驱逐出故宫，溥仪迁往天津，金梁奔走于京津之间，后曾一度在东北任张学良老师。1928年，奉天省政府决定创办一座“东三省博物馆”，特聘请金梁任筹备委员会委员长。1929年，东三省博物馆正式开放。1931年，“九·一八”事变后，金梁曾一度出任“奉天地方维持会”委员，策动溥仪赴东北成立伪满洲国。然而伪满洲国成立后，由于家人的反对和人事的原因，金梁并未出任伪职，而是隐居天津，埋首著述，所居卧室“方不及丈，局促成囚”，还自书一小联悬于壁上，“自作孽，不可活；身将隐，焉用文”。此时期他心情复杂，思绪万千。

此外，金梁曾参与了赵尔巽在京出面组织编纂的《清史稿》工作，在赵身体健康不佳的情况下，他担任校对之职。他利用“总阅”职务

[1] 转引自段勇撰《古物陈列所的兴衰及其历史地位述评》，《故宫博物院院刊》2004年第5期，第18页。

之便，擅自增加了《康有为传》《张勋传》《张彪附传》，还将印成的一千一百部中的四百部运到东北，这即是《清史稿》的关外本。金梁此举引起了清史馆同仁们的不满，他们将留于京城的七百部全部改回原本面目，还删去了金梁的“校核记”，形成了《清史稿》的关内本。也正是由于这段特殊的经历，金梁掌握了大量的清史资料，为他编写《清帝外纪 清后外传》《清宫史略》等提供了素材。金梁还曾参与拯救“大内档案”的事件，在他与遗老罗振玉的努力下，八千麻袋“大内档案”免于被当作废物处理，为世人保存了大量珍贵的明清史研究资料。

在诸多遗老中，金梁并未终身追随溥仪，像某些逊清旧臣一样执迷不悟，出任伪职，而是选择埋首著述，过起了寓公的生活。1937 年，他已是年届花甲的老人，面对动荡的时局，慨然赋诗：“孰料虚生六十年，生平志业两空传。救亡悔不拼孤注，偷活恨难值一钱。犬马何心徒旧恋，龙蛇同劫敢贪天。千秋再请从今始，不待重周愿早全。”[1]从中可见金梁晚年复杂的遗老心境。1949 年后，他迁居北京，1962 年病故。

金梁仕途的曲折并未能掩盖他在艺术上的成就，他的书法在民国时期以其独特的面貌为人所知，其风格主要分为行草书和篆书，金梁的行草书得益于早年馆阁体的训练，临池功夫很深，结字和用笔有浓郁的《淳化阁帖》味道，气格类晚明人。对于取法，金梁似乎很难避开一个客观存在的事实，在其习书之时正值清末，新式印刷术尚未普及，书法学习基本参照刻帖。刻帖是新式印刷术出现之前保存历代书法真迹的重要手段，但刻帖毕竟经过勾摹、上石、椎拓等工序，其精准度与原迹仍存在很大距离。金梁的行草书早年遵从帖学，似也从这些刻帖入手，故很难摆脱其中的影响。

民国以后，金梁曾一度赴奉天任张学良老师，教授国文和书法。这一时期，他以擅长钟鼎、篆籀为世人所知。从张学良存世篆书来

[1] 转引自刘秀荣、张剑锋、赵少峰撰《金梁与〈清史稿〉》，《兰台世界》2009 年 13 期，第 39 页。

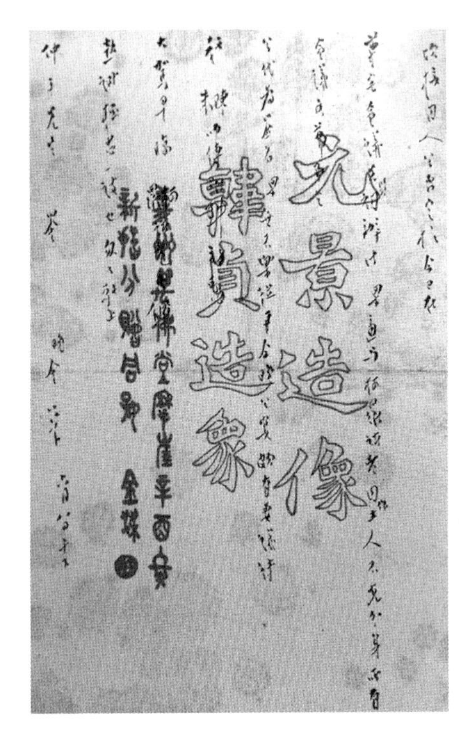

金梁行草书札

看，金梁和张学良篆书风格差异较大。柯劭忞撰《古籀答问书后》载：“张汉卿将军年少好学，尝从问字息庐（金梁），以此示之，余于息庐处见将军所习钟鼎文，颇似愙斋（吴大澂），知用力已深，息庐亦深赞其精进此道，有传人矣。息庐道德文章，将军功名事业，足并传百世。”[1]可见，张学良习篆遵从吴大澂书风，此种做法也得到了金梁的认可。但不知是金梁从内心肯定吴大澂书风，还是因自己的篆书风貌太过个性，不适宜传授张学良，此说法还有待新资料的发现进一步考证。

金梁书法的成就最大者应为篆书，篆书中以钟鼎、籀文最为见

---

[1] 柯绍忞撰《古籀答问书后》，金梁著《瓜圃丛刊叙录》，台北：文海出版社，1977年版，第139—140页。

长。与他同时期名家辈出，擅长篆书者层出不穷。从金梁篆书风格上看，他似乎避开了李斯、李阳冰等传统的篆书，也未受邓石如、何绍基、吴让之、杨沂孙、赵之谦、莫友芝、吴大澂、吴昌硕、曾熙、李瑞清等碑派名家书风的影响，而是另辟蹊径，寻求一种复古面貌。金梁篆书用笔露锋，强调节奏的变化，是以帖学笔法驾驭篆籀。此思路与晚明书家赵宧光如出一辙。金梁同时以帖学融合篆书。与赵宧光不同的是，清末民初大量的金石资料涌现，世人得见更多的金石碑刻，大量的墨迹、刻帖、碑帖拓本、研究著作、书法学习指南、字汇、字典、杂志等层出不穷，而金梁曾以职务之便，见到了诸多的一手金石资料。他参与过《散氏盘》发现和整理工作，在其自撰《重拓散氏般跋》中云："散氏般自贡入天府，初陈列养心殿，不知何时弃置内库，外传遗亡久矣，今春正月，梁入直奉命清理，始得于库藏尘土中，众皆指为伪造之品，及检出捧观，则赫然真器，至宝也。般高……铭三百五十余字，有两耳，制作古茂，中贮小册，为赵秉冲释文，宫锦为囊，犹旧装也，乃先请摄影全形，并选工精拓，分颁内直诸臣与诸考古家及北京大学校博物馆、图书馆等处，得者宝之，惜当时未及多拓，以广流传耳。"[1]能得见西周重器《散氏盘》，乃同时期和前代书家的梦寐所求，金梁以其特殊的身份，不仅能得窥实物，还能摩挲审视，极大地开阔了他的书学视野，为其书法创作提供了直观的范本。因此他将自身精熟的帖学笔法融入篆籀之中，其创作理念与赵宧光不谋而合。对于如何书写篆籀，他亦有着独到的见解，其友人柯绍忞撰《古籀答问书后》载："古籀失传久矣，吴窸斋（吴大澂）独悟笔法，开前启后，为世所宗。而吾友金息庐，神而明之，更入化境，超超玄箸，卓然自成一家，古籀之法于是复传于今矣。息庐博通经史，精小学，尤善篆籀，其论古籀曰：'篆、籀不同法。天圆而地方，籀法乎天，故

[1] 金梁撰《重拓散氏般跋》，金梁著《瓜圃丛刊叙录》，台北：文海出版社，1977年版，第110—111页。

笔笔皆圆；篆法于地，故字字皆方。’又曰：‘金石文亦异趣，金文多从籀，故圆而取侧势，石文多从篆，故方而作正形。’又曰：‘籀得其全，故钟鼎文字左右俯仰，全器常成一气，混然无迹；篆得其偏，故碑石文字分行布格，字字务求工整，毋少通变。’又曰：‘籀笔务神化，其运用全在笔之心；篆守规矩，其刻画唯在笔之颖。夫古今言笔法者，曰藏，曰中，唯知笔锋而已。所谓颖也，其上者曰拨，曰转，曰刷，知用笔腹矣，而神动天随，得心应手，能运全力于笔心者，今有几乎。’”[1]可见金梁对篆籀不仅仅一味摹写，而是通过实践，总结出自己的心得，其“籀得其全，故钟鼎文字左右俯仰，全器常成一气，混然无迹”的理论，则是他常年摩挲大篆的心得。

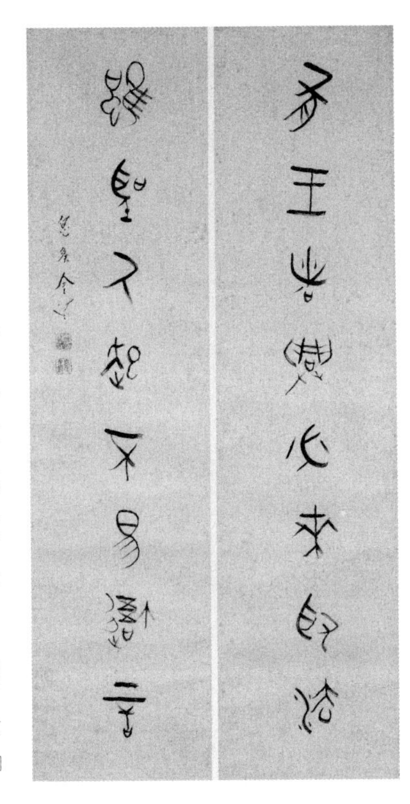

金梁篆书《有王虽圣》八言联

金梁在遍观金石名品的基础上，理性地加以继承，于创作中增强了作品的整体动感。他深知小篆及石鼓文结字务求工整而少变化的特点，故逆向求索，在极力体现篆书书写性的同时，通过结体的巧妙安排和用笔的丰富变化，寻求笔墨的趣味。因此，金梁篆书不刻意安排，纯任笔趣，以露锋为多，提按起伏较大，使其篆书字形出现欹侧之势，

[1] 柯绍忞撰《古籀答问书后》，金梁著《瓜圃丛刊叙录》，台北：文海出版社，1977年版，第138—139页。

得钟鼎文之神韵，在民国时期的北京书坛堪称独领风骚。总之，金梁的篆书风格，瘦劲挺拔，极富墨趣，没有受到其遗老身份的制约，而是显现出超前的书法创新思维和构图理念，以一种突破沉闷传统帖学的开拓精神，塑造出了极具想象力和发挥性的篆书风格，完成篆籀书法艺术化的进程。

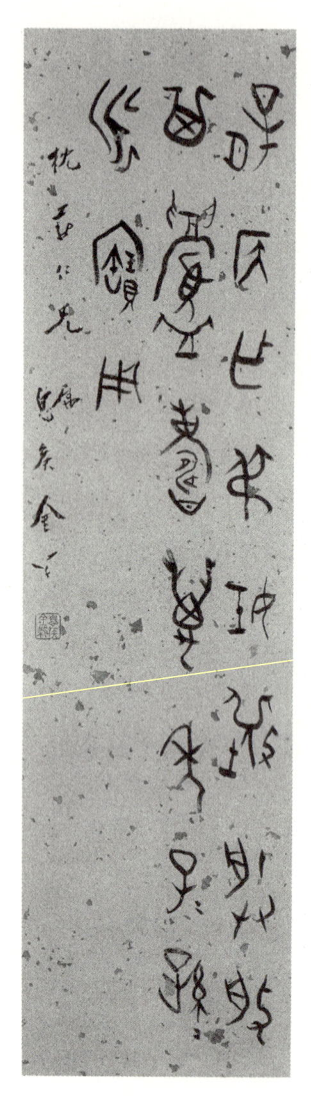

金梁临金文立轴

鲁之灵光——丁佛言

丁佛言像

丁佛言（1878—1931），原名世峄，字佛言，号迈钝、松游庵主、还仓室主，山东黄县人。出身书香世家，19岁为县庠生，旋补廪生。戊戌变法失败后，他痛心疾首，剪掉辫子，后考入山东省师范学堂，光绪三十一年（1905），官费留学日本，入东京法政大学求学。三十三年（1907），返国并任教于山东法政学堂，与安丘周建龙并称为“法学二巨擘”，1910年当选为山东咨议局议员，后积极响应武昌起义，参与山东独立运动。辛亥革命后，当选为临时政府国会议员。民国之初，曾兼任《国民日报》《民吁报》编辑。1913年，当选为宪法起草委员会委员长，任共和党党务部部长。后袁世凯谋划称帝，持反对态度，不得已四处奔波。1916年，黎元洪代理总统，进京任议员、议院秘书长，同年离职。1918年，感于地方形势不稳，携眷赴京，自此闭门谢客。1931年病逝于北平，著有《说文古籀补补》等。

丁佛言是清末民初著名的书法家、古文字学家和社会活动家，在政坛中有“鲁之灵光”的美誉。他出身于山东书香世家，自幼受齐鲁文化的滋养，聪颖好学，早年即喜好书法篆刻，时人描述他“身躯魁梧，蓄有长髯，目光炯炯，举止庄重”[1]，其为人“清正持躬，敏瞻应物，有国士风”[2]，在书法上，丁佛言很早就显现出不凡的才华，龙口市博物馆至今仍藏有他23岁时书写的“圣业须添齐鲁论，尚书应校古今文”对联。他在民国时期政坛中的地位一直不低，活跃于北京、齐鲁一带。1917年，丁佛言之父丁玉书去世，他回乡守孝，时任大总统的黎元洪特赠挽联云：“乃公今化辽东鹤，有子才如北海龙。”[3] 1918年，丁佛言深感政局不稳，退出政坛，定居北京，以著述为业。

丁佛言为人极为简朴自律，居京任职时，他不乘汽车，平日仅身着粗衣布履，每天的饭菜也仅为两菜一汤，住处是月租仅二十元的小屋，一切生活起居由夫人负责。丁佛言非常喜欢孩子，但对于孩子的教育却极为严格，不主张对他们过分溺爱，他常常引用“君子之泽，五世而斩”的古训加以告诫。吃饭时，丁佛言在饭桌上常讲的是“饭不言，茶不语”，孩子们也要等长辈动了筷子才能用餐，饭后，孩子必须要说声“爸爸妈妈慢吃”方可离席。同时，他还注重培养孩子吃苦耐劳的精神，尤为重视科学教育，他常说：“孩子们非学技术不成。一个国家，科学技术不发达，谈不上独立自主，更难逃脱列强宰割！”[4] 丁佛言不仅对自己的孩子严格要求，甚至还影响着身边的其他人。有一次早餐后，由于孩子挑食，丁佛言责怪夫人娇惯孩子，此时适逢邻居家的孩子来他家玩，为了缓和气氛，丁氏便放下了手中的水烟袋，摸了摸那孩子的头，随便问了问他的年龄、生日，最后问到了他的志向：“你长大了干什么呀？”孩子眨了眨眼说道：“做官发财呗。”闻言后，丁佛言勃然大怒道：“做官不能发财，发财的官是赃官、贪官，不

[1] 张久深著，中国人民政治协商会议山东省龙口市委员会编《鲁之灵光——丁佛言传略》，北京：中国文史出版社，2010年版，第2页。

[2] 同[1]。

[3] 黄县政协文史资料研究委员会、烟台市政协文史资料研究委员会编《烟台文史资料》第六辑《丁佛言》，1986年版，第46页。

[4] 同[3]，第67页。

丁佛言篆书题《冰社雅集图》横幅

刘宗书绘《冰社雅集图》横幅

是好官！”一顿训斥将这个孩子吓得目瞪口呆，脸色煞白。丁佛言激动过后，语重心长地教导那孩子道：“你……长大干一番对国家、对百姓有益的事业。做官可以，要做为民做主的清官、好官，不能为发财做官……计利应计天下利，求名应求万世名。”[1]居京期间，丁佛言经常搬迁，夫人曾劝他在北京购置住所，为孩子留点产业，对此他颇为不满，并说道：“积财千万，不及薄技在身；留产业不及教他学点技艺，做个自食其力的人。”[2]从这些记录中可对丁佛言刚正不阿的为人

[1] 黄县政协文史资料研究委员会、烟台市政协文史资料研究委员会编《烟台文史资料》第六辑《丁佛言》，1986年版，第90页。

[2] 张久深著，中国人民政治协商会议山东省龙口市委员会编《鲁之灵光——丁佛言传略》，北京：中国文史出版社，2010年版，第173页。

窥见一斑。

除忙于政事外，1920年[1]，丁佛言与易孺、罗振玉、寿石工、马衡、梅兰芳、尚小云等各界人士数十人发起成立冰社，以发扬国粹，开展学术研究，社名出自《荀子》“冰，水为之而寒于水”句，由易孺担任社长，周康元任副社长，孙壮、柯昌泗为秘书长，社址设在北京琉璃厂54号，此处也是副会长周康元经营的古光阁的后院，集会时间为每周六、日，社友在集会时纷纷出示所藏金石文物切磋交流，丁佛言著《说文古籀补补》中一些重要金石资料即由该社社友提供。冰社中汇集了一大批京城内外的金石篆刻名家，壮大了北方金石研究队伍，其知名度一时间甚至可与西泠印社媲美。

1931年，丁佛言因病逝世，北平、黄县两地的至交好友在宣武门外山东会馆为他举行了追悼会，《大公报》主笔张季鸾撰《悼丁佛言先生》一文，高度赞扬了丁佛言的人品、气节、操守、学问，并推丁佛言先生为“一代之范”。海内外名流学者赠挽联、仪幛者甚多。民主人士沈钧儒赠联云：“大笔何淋漓，金石刻画为余事。才人感摇落，风流儒雅怅千秋。”[2]此联亦为丁佛言一生的真实写照。

在书法上，丁佛言是民国时期政坛书法家之代表。他久居京城，常青衣小帽出入于厂肆之间，喜搜罗鼎彝龟甲三代之物，勤于著述。他与国学大师章炳麟、康有为为友，切磋书艺，同时他还是京城著名金石社团——“冰社”的最早发起人之一，正是在诸多综合因素促使之下，使丁佛言成为北京书坛中一位举足轻重的人物。

丁佛言6岁开始习字，最初以颜真卿为宗，用笔挺拔有力，8岁时从母舅王文山读书。其外祖父笃嗜金石碑刻，对古文字学颇有研究，

[1] 首都博物馆藏丁佛言题耑《冰社雅集图》横幅及刘宗书绘《冰社雅集图》落款为1920年，为史树青先生记录“冰社”成立时间1921年的前一年，因此笔者推断很可能史先生记忆“冰社”成立时间有误。

[2] 黄县政协文史资料研究委员会、烟台市政协文史资料研究委员会编《烟台文史资料》第六辑《丁佛言》，1986年版，第71页。

收藏古文字资料甚多，由于丁佛言自幼耳濡目染这些金石资料，常年受外祖父、舅父影响，对书法篆刻产生了浓厚的兴趣。10岁以后，他每天必按时写字，并曾登蓬莱阁临摹宋贤苏东坡行书《书吴道子画后》刻石。19岁时，丁佛言拜招远县温方玉为师，开始学习黄庭坚书法，后受碑学影响，临习了一些汉魏名碑。22岁时，他正式涉猎汉隶，取法《张迁碑》《孔宙碑》，并认为书《张迁碑》"入笔为方，出以辅毫"方能写出隶书之真谛。后随本县名士王常益学习篆刻，王常益教导他治印"白文仿汉，朱文仿邓"，因此，丁佛言开始系统临习邓石如，习书治印以邓为准则，后曾摹秦泰山刻石、李阳冰，金文则致力于三代钟鼎彝器，尤致力于石鼓文。25岁时，他曾闭门研究《小学》，兼习唐怀素《食鱼帖》、王羲之书法。1913年，丁佛言系统临摹古籀，并潜心研究《石鼓文》。1917年，其父去世，丁忧期间，丁佛言更为潜心于书法篆刻，并常与康有为书信往来，他曾著成《书论》一篇，从执笔、结构、笔法、习篆及各家得失的角度阐述了他自己的书学理论，其中不乏一些精辟的见解。

对于碑派名家康有为的执笔，他认为"南海（康有为）执笔几至管之最下端，挑拨纵逸最易拘束欹侧，故力主扭腕使平。然则平腕，则气力上行，不但指不能用，即腕亦不复能命令。而肘与臂实为唯一之主力，用肘臂而不用腕指，其弊即不能转矣。南海为今之大书家，但其用笔能放而不能收，能走而不能转，其弊已不少胜言矣。夫南海或以为古人搦管轻松，故不用指。不知轻者非不用之谓也。古人唯搦管轻松故运转自如，无握死管之病。南海误会其意，以轻松而失其作用，所谓得其反者也"[1]。

丁佛言精研文字学、金石学，在广泛临习前人金石碑刻的同时，对篆书结构提出了"古金文字极佳处，在通篇成一结构，所谓一篇成一字也。或左右上下二字，或数十字，相互相让，配合颇用意，所以

[1] 张久深著，中国人民政治协商会议山东省龙口市委员会编《鲁之灵光——丁佛言传略》，北京：中国文史出版社，2010年版，第75—76页。

为不可及。晚周及石鼓等仅于一字间讲结构，虽布白极密，就一字论，未尝不美观，然通体无气势”[1]，“钟鼎文字最讲配合，疏密、繁简、欹斜、纵横皆有意匠存乎其中，有因器而配合者，有用上下左右而配合者。如《虢叔旅编钟》‘新、邑、臣’配合极密，若吾人拆用，此数字即不依原写也。……悟此可知刻印配合之道矣。金文中，一字数十篆，必有上下左右供我择取者。若拘于强用某一字而不顾其前后上下左右之如何，不足以言篆刻也”[2]等理论，他将金文结构归纳为因字结构及因器结构，指出书写金文当讲求“通篇如一字也”，避免“通篇无气势”的弊端。

对于笔法，他认为：“篆书用绞笔者必善转，用顿笔者必善折。然而用绞者必圆，用顿者必方。圆必转，方必折。欲方而用绞，欲圆而用顿者皆自乱其例。故写圆笔不能用顿用折，写方笔者不能用绞与转也。何子贞（何绍基）、吴昌硕皆圆笔，吴清卿（吴大澂）则方笔，陈簠斋（陈介祺）云，‘吴清卿篆书皆直起直落’，用方笔者之实象也。可谓能评。”[3]

丁佛言书法之成就源自他醇厚的学养和政治家气魄，作为学者，对于清人的碑学成就，他并不盲从，而是以专业研究者身份审慎地品评，他认为：“篆书何子贞（何绍基）、左文襄（左宗棠）皆左道旁门，一以点滴成画，无真实质量，故用外道以掩其陋；一以干枯为坚硬，貌为紧密。他如赵撝叔（赵之谦）、魏稼孙、胡石生（胡澍）、王廉生（王懿荣）以至王孝禹（王瓘）皆邓派中左道旁门，一味柔滑，毫无真意。至徐三庚者，其丑乃如儿矣。杨沂孙专习《阴符》，实亦邓之支流，然笔有逸气，未可轻视。近时，吴昌硕乃杨藐翁（杨岘）弟子，篆刻初学赵撝叔，中年亦开始宗浙，后专习《石鼓》，因以得

[1] 张久深著，中国人民政治协商会议山东省龙口市委员会编《鲁之灵光——丁佛言传略》，北京：中国文史出版社，2010年版，第76页。

[2] 同[1]，第76—77页。

[3] 同[1]，第77页。

名。吾见其中年临寸余方《石鼓》，谨守规矩，颇为可观。中年以后，习为剑拔弩张，尤喜用枯笔秃毫大笔，如古树杈枒，不耐寻味。而流毒四出，后生小子皆步规模，亦不可奈。凭心论之，吴之苍茫诚有所长，且终身习《石鼓》，而意自不恶。时流习之者，无其学而摹其形，自谓写吴，而乃亦命为《石鼓》，真不知人间有羞耻事矣。"[1]从书论中，可以看出丁佛言独立思考之书家态度和"谨守规矩"的书学主张。这些精辟的书学理论虽未能在民国书坛引起共鸣，但却代表了民国书家对金石书法的一种全新见解，此种理论也并非普通善书之士所能理解。

丁佛言书法四体皆善，以篆书成就最高，他的大篆力摹先秦，得甲骨文、金文、小篆、秦诏版（秦量、诏版）、陶文、汉镜铭文、泉货文等之精华，加之他早年对古文字浸润较深，故其所作篆书结体谨严，笔力凝重，格调高奇，于端庄中见韵致。在实践中，丁氏认为："小篆以秦为宗，今唯《琅琊》当可取法。余则诏版，折而无转，能方而不能圆。砖瓦零星，各异其体。少温（李阳冰）书已非古法，宋人峄山更无神趣。至清朝孙（孙星衍）、洪（洪亮吉）、钱（钱坫）纯取峄山及少温。邓完白（邓石如）虽开门户，而吴程（吴让之、程荃）精力不足，赵王（赵之谦、王瓘）又涉柔媚。清卿首写金文，功与完白埒。而小篆写秦诏版及汉铜，能刚而不能柔，能方而不能圆，能折而不能转，皆其大病。居今若写小篆，最好取《石鼓》《曾伯黎》《虢季子》《邵钟》四种，加意摹写，复用秦诏版以充其刚直之气，当能于以上诸公之外别树一帜。居今返始，独奏元音，其庶乎可以成就矣。但有其法，贵有其人，非可与俗子凡夫论也。"[2]通过实践，他认为《盂鼎》圆中有方，挺拔绝伦，并言"作此必须用浓墨，硬毫、粗纸，方

[1] 张久深著，中国人民政治协商会议山东省龙口市委员会编《鲁之灵光——丁佛言传略》，北京：中国文史出版社，2010年版，第77—78页。

[2] 同[1]，第78页。

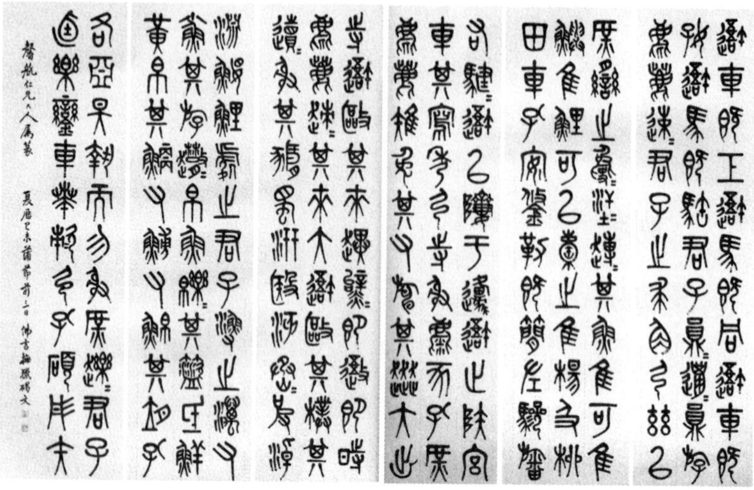

丁佛言临《石鼓文》六条屏

能显出雄浑本色”[1]，“钟鼎文字，虽器不同，而大体类似者亦可择取数种。如《许子簠》《五孙钟》《仆儿钟》《子璋钟》等，结体用笔如出一手。《盂鼎》《大保》《四耳鼎》亦多类似处，《虢季子盘》《邵钟》等亦极相同”[2]，“钟鼎文字，一字写法多至数十种，一字释文多至数十说，而假借旁通层出不穷。写法多者，须多写多记，释文如自己无考订，以择一先夫之说为是”[3]。

丁佛言精通文字学，临摹功夫甚深，加之他常年钻研金石碑刻，因此对书法总结出很多独到的见解。但从他的书法整体面貌上看，过于恪守传统，用笔寻求出处，创作时谨小慎微，失之拘束。在民国碑学大盛的书坛，其书风也因太过规矩，而失去了个人鲜明的面貌。随着他身殁，书名不甚显。令人欣慰的是，丁佛言的书法还是得到了一

[1] 黄县政协文史资料研究委员会、烟台市政协文史资料研究委员会编《烟台文史资料》第六辑《丁佛言》，1986年版，第76页。

[2] 张久深著，中国人民政治协商会议山东省龙口市委员会编《鲁之灵光——丁佛言传略》，北京：中国文史出版社，2010年版，第78页。

[3] 同[2]。

定人群的肯定，特别是对于书法初学者来说，他的书法无疑是最佳的模板。首都博物馆藏有一件丁佛言临摹《石鼓文》作品，这件作品在风格上保持了《石鼓文》的原貌，用笔以中锋为主，结体基本忠实原作，被视为后世临摹作品中最能反映《石鼓文》书法原貌的经典临摹作品。因此，丁佛言书法因其法度森严、力举千钧的用笔特点，在京城书坛中赢得了“金刚杵儿”的诨号。

丁佛言刻“东莱黄人”印

对于篆刻，丁佛言曾在其著《说文古籀补补》开篇叙中记：“余生好篆书，又好治印，嗜之至废寝食。少闻人言，篆宗秦，印仿汉，至矣尽矣。叩之则曰‘非秦前无篆，毛颖不能写漆书也。非周秦无印，字古不可强辨识也’。余时心疑之而无据，不能置辨。中更世变、走四方、涉险怪，虽极至危疑困迫，无不以椎刀自随。如此者几二十年，而所交游日多，所见闻日广，所癖好日深，所搜集亦日富，上自鼎彝龟甲，以至玺陶化布，传形精拓，博搜遍览不下七八千种，皆秦前文字也。试以纸笔刀石所向，无不如意。于是乃恍然前说之非。”[1] 从中可知，丁佛言的篆刻基本上也是遵循着前人的法度，从浙派西泠八家、徽派邓石如、吴让之、赵之谦到战国古玺、货布、汉印、封泥，他均涉猎较深。由于深谙金文篆书结构，丁佛言治印取法较宽，面目多样，既能治稳重厚博之西汉印，又能作灵动洒脱之古玺，以邓石如、吴让之、赵之谦风格创作亦得心应手。丁佛言印风，整体面貌高古遒劲，雅致秀逸。但客观地讲，虽然丁氏篆刻面貌多样，但如他的书法一样，不乏厚重典雅，却缺少灵动细微处的变化，整体印风个性不甚突出，这与他谨慎的性格有着很深的联系。

总之，丁佛言书法、篆刻于平淡中见功力，属于学者型金石书法

[1] 丁佛言著《说文古籀补补叙》，吴大澂、丁佛言、强运开辑《说文古籀补三种》，北京：中华书局，2014 年版，第 94 页。

篆刻家。对于他的艺术成就，北京时谚曾有“吴大澂写形，吴昌硕写神，唯有丁佛言形神兼备”的美誉。当然，也可能是丁佛言去世过早，使他像梁启超、陈师曾一样没有机会将自己的功力和学养进一步融会贯通，形成带有鲜明个人面貌的书风、印风。笔者通过翻阅相关史料，了解到丁佛言书法在民国时期还是得到了一定群体的重视和喜爱。他每次春节返乡，只要门上贴上春联，过不了三天肯定不翼而飞，被人窃走。丁佛言一生清廉自居，晚年的书法更趋成熟，但却很少为家里人书写，他的夫人曾流露出让他为子女留一些作品的意图，他慨然说：“存什么！等有时间给你写两天就是了！”之后，他写出了一份毛公鼎（周鼎铭文，数百字），写后将笔一掷，说道：“我平生只写了这一份，以后没饭吃，可卖两千元。”[1]丁佛言去世后，学者柯昌泗、商务印书馆经理孙壮曾有意将丁氏遗墨整理出版，但由于多种原因，未能实现。随着战乱不断，政局不稳，丁氏遗墨曾多次流失。1950年，燕京大学校长、美国驻华大使司徒雷登回国前，曾有意以20万美元从丁夫人手中收购丁佛言的手稿和遗墨，丁夫人就商于黄炎培、沈钧儒、章士钊等学者，众人一致认为“此（丁佛言的手稿和遗墨）系国粹，一旦落于外人之手，中国即难复得矣！虽重金不能卖”[2]，丁夫人因此谢绝了司徒雷登的请求。最终，在朋友们的支持下，20世纪50年代丁夫人及其家属将丁佛言部分遗物（包括丁佛言手书毛公鼎墨迹）、印谱等捐给了山东省博物馆，使这些珍贵的丁佛言书法资料永远地留在了神州大地。1990年，丁佛言的故乡黄县人民为了缅怀他，建立了丁佛言纪念馆，展出丁氏遗墨、遗物179件。丁佛言是中国近现代史上集政治家、学者、金石书法篆刻家于一身的全才型人物，其书法篆刻也展现了这一时期独特的艺术风貌。

---

[1] 黄县政协文史资料研究委员会、烟台市政协文史资料研究委员会编《烟台文史资料》第六辑《丁佛言》，1986年版，第79页。

[2] 同[1]，第80页。

儒者风范——林宰平

林宰平（1879—1960），名志钧，字宰平，号北云，福建闽侯人。清末举人，早年留学日本，归国后入京任外务部佥事。清末民初，曾先后任职于大理院、司法部。一度赴英、法、德、意等国考察。1927年，辞去司法部司长职，先后任教于北京大学、清华大学。1949年后，任第一届全国政协特邀代表、中央人民政府政务院参事、国务院参事，兼中国佛教协会理事。1960年病逝。著有《帖考》《北云集》等。

林宰平像

林宰平出身于闽侯林氏家族，林氏家族乃福建望族，其先祖林春溥为著名学者，著有《竹柏山房十五种》。林宰平早年家道康宁，曾随父居台湾数年，读书最初受业于其六兄林子熙，后拜名儒谢章铤门下。受时风影响，林宰平并未参加科举，而是在福州东文学校习日文并任干事，后留学日本习法政科三年。光绪三十三年（1907）学成归国，依照清光绪末年奖励游学条例，学成归国者经廷试可授予举人、进士出身。因此，林宰平乃光绪丁未“法政科举人”，后任外务部佥事。在政治主张上，最初他倾向于立宪派，尤佩服乡贤前辈郑孝胥，与郑颇有往还。然民国初年，林宰平思想渐趋转变，与梁启超志趣相投。1913年，梁启超在北京万牲园发起修禊雅集（是日为癸丑年上巳日（农历三月初三日），也是东晋永和九年兰亭修禊后第二十六个癸丑），集会者四十余人，[1]林宰平即在受邀之列，并作与梁启超唱和诗《癸丑三月三日，饮冰招集万生（牲）园，分韵得天字》云："时序重三节，风光尺五天。名园记兴废，人事喜暄妍。有酒成佳日，牵肠入小弦，玄黄看满野，回首永和年。"[2]1927年之前，林宰平在旧京基本上为一政坛人物，任职于司法部，与梁启超、熊希龄、林长民、余绍宋、蔡锷、黄远生、蹇季常、蒋百里过从较多。其政治思想受梁启超影响较深，但并不热衷政治，司法总长林长民曾力邀林宰平出任次长一职，为其婉拒，后专心任教于国立北京法政学校。1915年，林宰平之友黄远生被刺，林先生发愿为其手编《远生遗著》加以纪念，至1920年该书方刊行面世。蔡锷病殁后，梁启超创办"松社"，于北海公园快雪堂创办松坡图书馆，林宰平曾一度主持其事。1917年，梁启超退出政坛，全身心投入著述之中，林宰平亦受其影响。1927年，梁启超欲重返政坛，组党预政，但受到友人蹇季常、林宰平、丁在君等的反对，梁启超感诸君谏言之诚，直至去世未参与政治活动。同年，林宰平受聘至清华研究院授课，约年底辞去司法部司长一职。1929年，梁启超逝世，林宰平恪尽朋友之道，参与梁启超丧事，并受梁氏后人委托编纂《饮冰室合集》。同年，清华国学研究

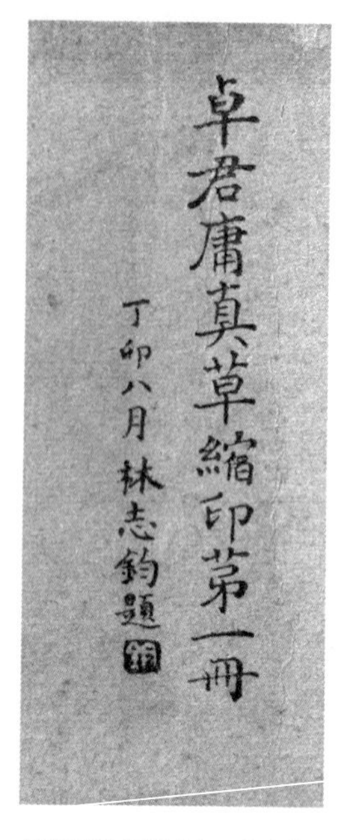

林宰平楷书题《卓君庸真草缩印第一册》

[1] 目前可知的有顾印愚、易顺鼎、顾瑗、郑沅、徐仁镜、梁鸿志、王式通、李盛铎、陈士廉、郭则沄、姚华、姜筠、夏寿田、罗瘿公、黄濬、关赓麟、袁思亮、杨增荦、朱联沅、唐恩溥、陈庆佑、姜诰、林宰平、袁励凖、饶孟任、陈懋鼎等，此名单参见罗惠缙、周彩云撰《主题选择与文学表达的差异性——京、沪1913年上巳日三场修禊诗比较研究》，《吉首大学学报》2009年11月第30卷第6期，第69—70页。

[2] 陈兼与撰《纪念林宰平先生》，林宰平著《林宰平先生帖考及书画集》，上海：上海教育出版社，1999年版，第6—7页。

院师生集资共立“海宁王静安先生纪念碑”，此碑由陈寅恪撰文，林宰平书丹，马衡篆额，梁思成拟式，至今此碑仍矗立于清华园中。林宰平的前半生以政坛人物身份活跃于旧京，政务之余，参与了北京地区的许多文人雅集。如1913年北京万牲园修禊，1917年积水潭高庙修禊[1]等。1915年宣南画社[2]成立后，林亦参加活动，可见其乃旧京文化界一位相对活跃的人物。

1927年，林宰平脱离政坛后，专心从事学术研究。日本侵华时期，华北沦陷，他举家避居天津租界，直至抗战胜利。林宰平学贯中西，旧学功底极其深厚，于哲学、儒学、佛学、政法、博物馆学、金石、诗文、书画均有较深的涉猎，其成就可从学者沈从文、陈兼与、金岳霖、张中行、吴小如等学者的回忆中寻得一鳞半爪。沈从文回忆林先生云：“他做学问极谨严，认真、踏实、虚心，涵容广大而能由博返约。处世为人则正直、明朗、谦和、俭朴、淳厚、热情。”[3]陈兼与誉先生云：“先生的学术、文章、品格，一代完人，实国家的元气，学者的楷模。”[4]金岳霖评先生云：“林宰平先生是一个了不起的中国读书人，我认为他是一个我唯一遇见的儒者或儒人。他非常之和蔼可亲，我虽然见过他

[1] 1917年阴历三月初三日，蒲殿俊、林宰平、汤涤、余绍宋、孟森、刘崇佑、陈师曾、黄节等12人在积水潭高庙修禊，汤涤绘《宣南修禊图》，孟森记云：“席而饮，酒酣，或弈或歌，或弹琵琶，或玩，谈震屋瓦，水禽拍拍惊起。淑风疏襟，凭栏望西山，岚光浮动，欲袭衣袂，几不知身在长安也。”此处参见赵林著《什刹海》，北京：北京出版社，2004年版，第116—117页。

[2] 宣南画社，“宣南”，泛指北京宣武门外，1915年，由余绍宋发起，邀请汤涤（字定之）指导，参与者有梁启超、姚华、陈师曾、贺良朴、林纾、萧俊贤、陈半丁、沈尹默、王梦白等，画会每周集会一次，吟诗作画、探讨文艺，人员最多时达二三十人，地点为余绍宋居住的宣武门南西砖胡同，画会成立后，司法界爱好者林宰平、梁敬錞、胡祥麟、杨劲苏、孟纯荪、刘崧生、余戟门、蒲伯英时常从汤定之习画，此画社持续了12年，为北京地区存在时间较长的社团之一。

[3] 沈从文撰《北云文集跋》，林宰平著《林宰平先生帖考及书画集》，上海：上海教育出版社，1999年版，第1页。

[4] 陈兼与撰《纪念林宰平先生》，同[3]，第11页。

严峻，可从来没有见过恶言厉色。”[1]张中行回忆先生道：“因为先入为主之见，他是致力于西学的，不料对于中国旧学竟这样精通。这所谓精，所谓通，单是由文字也可以看出来，就是说，那是地道的文言，简练而典雅，不像有些人，新旧不能界限分明，用文言写，难免掺入不见于文言的成分，使人念起来感到味道不对。再其后，我认识人渐多，才知道林先生不只饱学，而且是多才多艺。他通晓中国旧学的各个方面，诗文书画，尤其哲学，造诣都很深。他不轻易写作，但是由他传世的星星点点的作品看，比如《稼轩词疏证序》，就会知道他不只精通词学，而且精通中国文学和中国学术思想。”[2]而名儒熊十力亦视林宰平为平生知己，晚年曾叹云：“余与宰平及梁漱溟同寓旧京，无有睽违三日不相晤者。每晤，宰平辄诘难横生，余亦纵横应对，时或啸声出户外。漱溟默默寡言，间解纷难，片言扼要。……余与宰平交最笃。知宰平者，宜无过于余；知余者，宜无过宰平。”[3]在时人眼中，林宰平为一代通人，他思想开明，于新旧之学均有很深的研究，其前半生从政，经历一波三折，混迹于清末民初官场之中，却能独善其身，保持文人操守。林宰平亦致力于西学，五四运动前后，由范源濂支持，国内知识分子组成尚志学会，翻译介绍欧美新学术著作，林宰平即负责整理编辑工作，对于世界文化思想的输入是有功的。20世纪20年代左右，美国哲学家杜威、英国哲学家罗素、印度哲学家泰戈尔先后来华演讲，林先生均参与其中。而林宰平的另一贡献在于常年留心于学人年谱的收集，曾购藏学人年谱三百余种，后捐赠给科学图书馆。居闲时，他究心佛理，专研于“唯识”“因明”之学。他还工于诗，初学刘禹锡，中年喜白居易，而所作诗气格似陈与义，亦能仿杨诚斋体，著有《北云集》。

---

[1] 金岳霖撰《林宰平是我唯一遇见的儒者》，林宰平著《林宰平先生帖考及书画集》，上海：上海教育出版社，1999年版，第13页。

[2] 张中行撰《林宰平》，张中行著《负暄琐话》，北京：中华书局，2006年版，第20页。

[3] 林在勇撰《林宰平先生事略心征》，同[1]，第70页。

民国时期，林宰平博通今古，素养精深。对于书法，他也有一定的研究，曾积数十年之功力，撰成《帖考》二十一篇，附八篇，旁征博引，或谈前人所未谈，或汇集前人之说加以评骘，颇具见地，对民国时期的帖学书法理论研究很有贡献。如今，林宰平的书法存世甚稀。1999年，上海教育出版社刊印《林宰平先生帖考及书画集》，是目前收录林先生书法比较全面的著作。通过诸多回忆文章、林宰平著《帖考》及其书画集，可对林宰平的为人和书法略有了解。除此之外，“海宁王静安先生纪念碑”至今仍存世，此碑为林宰平书丹，是存世少见的林先生楷书作品。从楷书上看，林宰平似从欧（欧阳询）、虞（虞世南）、褚（褚遂良）入，用笔瘦劲挺拔，简洁而凝重，类隋人楷书，能将法度与学养完美结合，体现出文人的风骨和不凡的功力，灵动处亦有郑孝胥书法的影响。他的行书用张中行的话说，“刚劲清丽，颇像清代大家姚惜抱（姚鼐）”[1]，但笔者认为张先生此说法略笼统，实则林先生撰有《帖考》，对帖学发展脉络颇为熟悉，其行书遵循着清人的传统习书方式，从二王入手，兼取赵孟頫、董其昌，体态轻盈而富有动感，安闲而不局促，是常年刻苦练习和追摹的结果。而姚的书法亦属清人帖学一脉，加之其学养深厚，二人习书思路相近，故书法面貌相类。然细致比对，林宰平行书中除“刚劲清丽”外，还有一种挺拔开张的气势。他还能作行草书，取法《十七帖》《淳化阁帖》《书谱》，并融入了赵孟頫的腴润和秀美，客观地讲，林先生行草书更像文人书斋的墨戏之作。他还偶作章草，受友人余绍宋、卓定谋的影响，张中行评林先生章草“变觚棱为浑厚”[2]，亦有一定的道理。林宰平对碑派书法似乎并未涉猎，也不是很推崇，他身边的师友不乏碑派精擅书法者的，如郑孝胥、梁启超、林长民等，但林先生却始终以一种传统文人姿态审视书法。其书法虽功力深厚，笔法精熟，但若以艺术的角度看，确实是保守和缺乏时代眼光的。然换一个角度来说，林宰平的书

[1] 张中行撰《林宰平》，张中行著《负暄琐话》，北京：中华书局，2006年版，第20页。

[2] 同[1]。

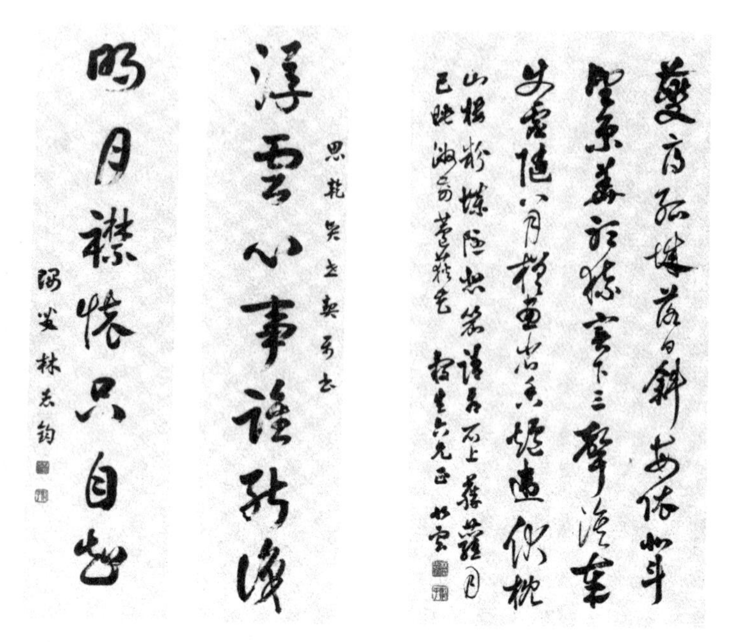

林宰平行草书《浮云明月》七言联　　林宰平行草书节录《杜甫秋兴八首》立轴

法属于学者书法范畴，在民国时期的诸多北京书家中，学养如林先生者却也不多，他的书法契合了前代书家所说之三要（即要天分、要多见、要多写）及杨守敬所增之“一要品高，品高则下笔妍雅，不落尘俗；一要学富，胸罗万有，书卷之气，自然溢于行间，古之大家，莫不备此，断未有胸无点墨而能超轶等伦者也”[1]。因此，在世人的眼中，林宰平书法是清代帖学唯美风格的重现。

[1] 杨守敬著《学书迩言》，台北：华正书局，1990年版，第4页。

冰社旧友——孙 壮

孙壮（1879—1943[1]），字伯恒，号雪园：高逸居士，室名读雪斋、玉简草堂、澄秋馆、抱朴斋、埙室，直隶大兴人，原籍浙江余姚。国子监学生，肄业于同文馆，京师大学堂。辛亥革命后，曾任商务印书馆北京分馆经理及中国营造学社校理等职，为考古学社社员。编辑有《读雪斋印谱》《澂秋馆吉金图》。

孙壮在北京与友人合影（前排右起刘希涛、姚华、陈汉第、陈敬第、姚鋆；后排右起：孙壮、汤定之、邵章、周大烈、林宰平、陈师曾）

[1] 常见的孙壮卒年或不明，或误为1938年，笔者据1943年7月2日商务印书馆伊齐贤致上海办公处函载："孙伯翁因病于六月三十日逝世……"可确定孙壮去世时间为1943年6月30日。

笔者最初了解到孙壮，还是在撰写《鲁之灵光 金石永年——记金石书法篆刻家丁佛言》[1]时，据史料记载，丁佛言去世后，学者柯昌泗、商务印书馆北京分馆经理孙壮曾有意将丁氏遗墨整理出版，但由于多种原因，未能实现。据孙壮之子孙振申回忆，[2]其父孙壮大约1912年在商务印书馆工作，曾任商务印书馆北京分馆经理多年，他与出版界元老张元济交往颇多，而共产党元老陈云、学者陈叔通、沈雁冰亦在商务印书馆工作过，与孙壮有一定交往，沈雁冰最初得以进入商务印书馆工作也是由于孙先生推荐。笔者于2015年整理"冰社"副社长周康元的资料，并撰写了《浅析"冰社"副社长周康元的篆刻艺术成就》[3]一文，通过翻阅相关资料，发现孙壮为"冰社"秘书长，喜好金石，与旧京一些收藏家、金石家、遗老遗少、文人学者均有交往，其中一些人也是"冰社"的社员。1924年涵芬楼刊印《读雪斋印谱》，其中存孙壮撰序文，文载"先叔祖考春山公，收藏秦汉鉥印三百余方，庚子兵燹散失殆尽，仅存印本三分之二，亦未加考订，丁巳秋陈君叔通自沪来札，见有古泉鉥印二册，首列先叔父少春公序文，审为吾家故物，亟为购还，足补前缺，失而复得，陈君之惠厚矣，今又拟将鉥印介涵芬楼印行以广其传，陈君传古之心尤令人钦感，谨叙得失概略，以志不忘。壬戌二月北平孙壮谨识于京师"[4]。从此段题跋中可知，孙壮叔祖"春山公"、叔父"少春公"均好收藏印章，足见孙壮好鉴藏之家学渊源。孙壮收藏宏富，以所藏珍稀拓本为世人所知，如北平古光阁曾致函傅斯年，拟售孙壮藏三代秦汉陶器砖瓦封泥等拓片二百十

[1] 邹典飞撰《鲁之灵光 金石永年——记书法篆刻家丁佛言》，北京：中央文史馆编《中华书画家》2015年第6期。

[2] 孙振申撰《为庆贺商务印书馆成立一百周年回忆佚事》，商务印书馆编《商务印书馆一百年》，北京：商务印书馆，1998年版，第720—722页。

[3] 邹典飞撰《浅析"冰社"副社长周康元的篆刻艺术成就》，西泠印社编《西泠印社当代篆刻学术研讨会论文集》，杭州：西泠印社出版社，2015年版。

[4] 孙壮辑录《读雪斋印谱》，北京：中华书局，中华民国十三年四月版影印本。

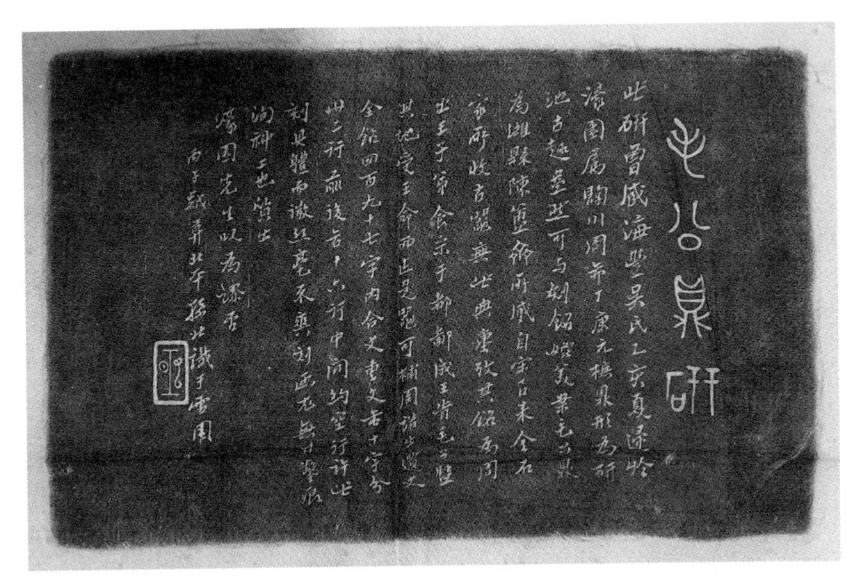

孙壮为《毛公鼎砚》作题跋（拓本）

七品。[1]傅斯年亦曾致信请容庚搜购拓片，容氏介绍孙壮藏品，但似因价格不协未果。[2]孙壮与遗老罗振玉关系颇佳，罗先生曾赠给孙许多甲骨拓本，其中一些也成为他的重要藏品。孙壮与旧京著名篆刻家、古器传拓家周康元的关系也非同一般，笔者整理周康元藏《石言馆印存》（周康元自辑印存）、印蜕及拓片时，发现了《石言馆印存》中周康元为孙壮治印可考的达二十余方之多，印蜕一枚（未收录印存）及孙壮为《石言馆印存》所作题字、题跋，足见二人之交谊。而活跃于琉璃厂的另一位篆刻家张樾丞亦应与孙壮有一定的交往，其《士一居印存》中收录有张先生为孙壮所治之印。

除了商务印书馆北京分馆经理、中国营造学社校理、考古学社社员、“冰社”秘书长等身份外，孙壮在旧京还是一位颇有名气的书法

[1] 邢义田撰《中研院史语所藏汉代石刻画像拓本的来历与整理》，邢义田著《画为心声：画像石、画像砖与壁画》，北京：中华书局，2012 年版，第 549 页。

[2] 同[1]。

家。北京校场头条中段路西著名学者吴晓铃故居门口曾有副朱色篆书对联，上联为“宏文世无匹”，下联为“大器善为师”，即为孙壮所书。1935年，天主教圣言会会士、汉学家鲍润生神父在北平辅仁大学校长陈垣的支持下创办了国际汉学杂志《华裔学志》，其刊名即请孙壮以隶书题写，可见他在旧京的影响。

如今孙壮的书法存世稀少，仅有一些题跋、书札及条幅，字体可分为楷书、行草书、隶书、篆书数种，随着时代的流逝，有关孙壮的资料也越来越少。为能撰成此文，笔者曾翻阅了许多史料笔记、回忆录，这些资料对孙壮的记录多为一笔带过，他的作品更是无人重视和整理。因此笔者在研究“冰社”社员的同时，也对孙壮书法做了一定的汇集和整理。

通过研究，笔者认为孙壮的书法应归入民国时期的北京金石家书法范畴。自清代碑学兴起后，有一个群体逐渐显现出来，即金石收藏家。他们笃好金石碑帖，并广为收罗，由于常年钻研金石之学，对钟鼎彝器、摩崖石刻、瓦当砖文、碑版墓志等古物有着浓厚的兴趣，加之清末民初甲骨文、西北简牍、敦煌写经及魏晋南北朝墓志相继被发现与整理，为他们提供了更多收藏和研究的对象。金石收藏家群体购藏古物，不仅有古物之好，更多的是通过考释、研究这些文献资料，将所得刊布成书，以展现自己的成果。在书法上，金石收藏家与学者、职业书法家不同，他们更加专注自己的收藏，书法仅被视作翰墨余事，但正是这种不经意的态度，使其书法写得更为烂漫质朴、自然洒脱，从金石收藏家们留下大量的题跋、手札、书法墨迹中，即可以领略到这一群体书法中独有的金石韵味以及由于常年摩挲金石碑刻而蕴藉的古奥之气，这种面貌是非好古物者很难达到的一种境界。金石收藏家群体大多在科举制度中接受了严苛的馆阁体训练，于帖学练就了精深的功力。同时，由于对金石古物收藏的偏好，又使他们掌握了诸多的一手书法资料，因此其书法凝聚了馆阁体中帖学之精华，又融汇入碑派的雄浑，形成了一种碑帖融合后的书体。

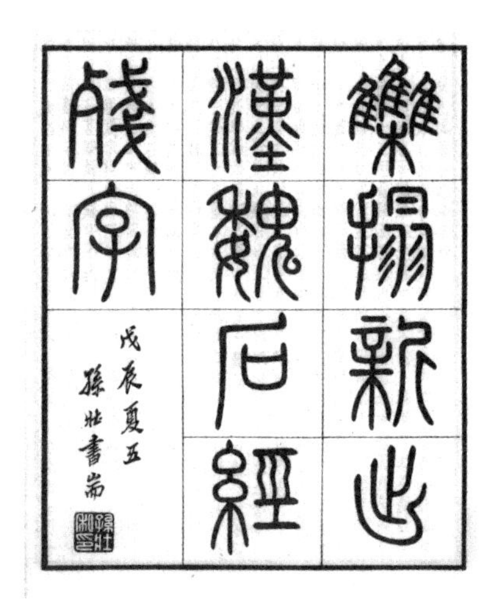

孙壮篆书题《集拓新出汉魏石经残字》

孙壮临甲骨文甲子表

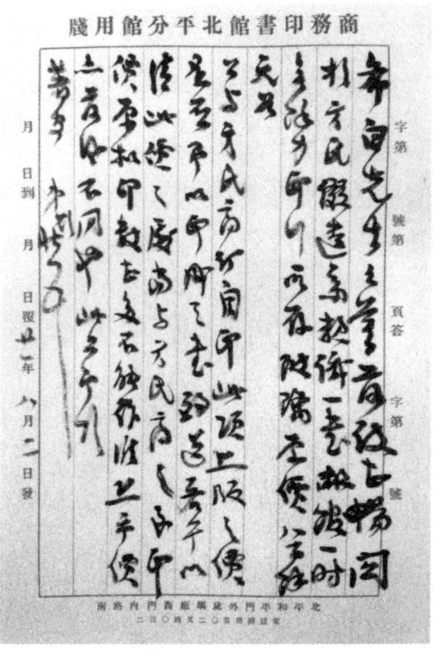
商務印書館北平分館用牋

孙壮致容庚行草书札

孙壮即是金石书法家中颇具代表的一位，他的临池功夫很深，对帖学书法曾有系统的学习。从其行草书札来看，他的帖学书法似取法颜真卿一路，写得精准到位、潇洒雄肆，擅用枯笔，孙壮的楷书、篆书也很有独创性，尤其是他的楷书，笔者最初见到他的楷书，误认为出自金石家容庚之手，二人书法面貌略似，他们均好金石，常年摩挲鼎彝，容庚楷书源出欧阳询《皇甫君碑》，结体瘦长挺拔，用笔凝重，存唐法较多，而孙壮楷书带有很强的篆隶书遗意，楷书中还时常穿插一些篆隶笔法，这得益于他深谙文字学的发展脉络，对篆隶书法结体用笔颇为熟悉。他将一些篆隶结体掺入楷书之中，字体古奥深邃，妥帖安闲。孙壮帖学书法功力不低，但他对碑派书法也不排斥，甚至更钟爱后者，常见的孙壮楷书为碑派风格，这种书风在民国时期的北京也是很有特点的。从他为友人周康元《石言馆印存》的题跋来看，他的楷书主体面目除带有很强的篆隶遗意外，更贴近于北碑墓志中质朴一路的碑版，以柔寓刚，方圆并济，其书法不一味地追求龙门石刻那种棱角分明、斩钉截铁的方折笔势，也未依附于元氏墓志中那种典雅雍容、凝重端丽的风格，而是倾向于《郑文公碑》《刁遵墓志》的那种方圆中和、宽博凝重的风格，加之他博通篆隶，因此其楷书清晰地体现着“篆书—隶书—楷书”的发展脉络，与同时期的碑派名家相比，他的楷书面貌更为淳朴自然，无刻意的安排，更多的是一种性情流露，这种境界非常年浸润于金石的书家不可得。他的隶书不甚常见，笔者可知的仅有他为《华裔学志》的题名，从风格上看受《张迁碑》影响较深，但特点不是很分明，功力是有的。他的篆书也存世不多，笔者曾见其为《集拓新出汉魏石经残字》题名、周康元印谱题名及一幅甲骨文，《集拓新出汉魏石经残字》题名为小篆，取法在邓石如、吴大澂之间，用笔劲挺匀称，气息古雅。为周康元印谱题名用金文，字体规整，结体谨严，然个人面貌不甚突出，略带金石味。其甲骨文书作则是一种以金文思路诠释甲骨的状态，追求结字的精准，但笔画略粗，缺乏甲骨文的刀刻意味，鉴于他与罗振玉交往较深，其甲骨文书法似乎也受到罗氏的影响，但他在甲骨文方面的学识和理解显然不及罗振玉，因此孙壮的甲骨文书法仅停留于一种尝试状态。图中孙壮的甲骨文作品书写于 1927 年，孙壮正处中年，也代表了他这一时期的书法水平。民国时期致力于甲骨文创作的书家不是很多，取得成就者更是寥若晨星，孙壮甲骨文书法更多的是一种对甲骨文外形的追摹，未对其艺术内涵有深刻的了解，他是以擅小篆、金文的书家思路诠释甲骨的状态，很难比肩于罗振玉、简经纶、杨仲子、董作宾等擅长甲骨文的书法名家。

孙壮其人其书随着时代的流逝而被后人忘却。他的书法在民国时期北京有一定影响，而且他又是旧京重要金石社团“冰社”的重要成员之一，因此对孙壮的研究颇值得继续深入。如今，还能从一些“冰社”社员的印谱、拓片及出版界人士的书稿文牍中寻得孙壮的题跋、书札，

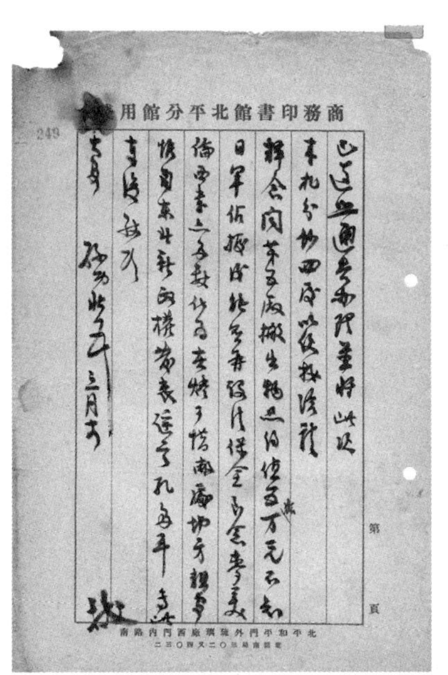

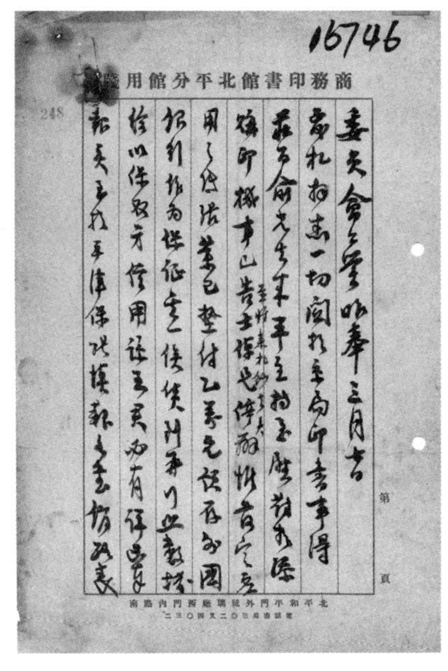

孙壮行草书札

但数量甚少，很难相互联系，这也为今人了解孙壮的人生历程和艺术成就带来很大的难度。因此，笔者希望孙壮能引起更多人的关注，通过搜集和整理他的生平资料和作品，让这位金石书法家的艺术风格逐渐清晰，这对研究民国时期的北京书法也是一种莫大的帮助。

长寿书家——孙墨佛

孙墨佛（1880—1987），原名孙巍，笔名半翁，号天舌山人、六桥、松山、二藤、剑门老人、眉园等，山东莱阳人。早年赴登州乡试未中，后于青岛赫兰大学学习经济。光绪三十四年（1908）加入同盟会。宣统三年（1911）入青岛特别高等学堂。辛亥革命后，转入山东军官讲习所习军事。1916年任北方护国联军总司令部秘书主任。1918年赴广东参加孙中山领导的护法运动。1921年任军政府海军舰队司令部参议。1924年任《胶澳商报》总经理。1927年任河南省政府秘书。次年任河南省民权县县长，1930年任山东省禹城县县长。1930年后寓居北平，从事著述编纂工作。抗战期间，从事抗日宣传工作。1949年后，任山东省人民政府建设厅厅长秘书。1950年，退休返京。1952年，被聘任为中央文史研究馆馆员。晚年任中山书画社副社长。1987年逝世。编纂有《书源样本》等。

孙墨佛像

在中国书法史上，年龄过百者有之，但百岁之后仍能作书者并不多见，而中国近现代却奇迹般地出现了两位——上海的苏局仙与北京的孙墨佛，因此书法界也就有了“南仙北佛”的美誉，笔者此次要谈的就是“北佛”孙墨佛。孙墨佛的前多半生为革命事业奔走，其人生最精彩的华章，是曾追随革命先行者孙中山，参与讨袁运动。中山先生出任民国大总统后，孙墨佛被委以总统参军之职。1922年，陈炯明叛变后，孙墨佛冒险掩护孙中山转危为安，得中山先生信赖。后陪孙中山赴上海，旋又被派往北方以“安抚使”之名在军阀曹锟处以图瓦解。1924年，孙中山赴北京，次年不幸病逝，孙墨佛撰挽联云：“一曲悲歌哀悼东西中外无双士；满腔热泪痛苦上下古今第一人。”[1]从联语中流露出孙墨佛对孙中山先生的敬仰和崇拜。谈到这段经历，他晚年曾回忆说：“我青年时期跟着中山先生干革命，在他的教育和影响下，渐渐懂得做人就要不断追求进步，要不断努力工作，要为人民献出自己的力量。”[2]1927年孙墨佛任河南省政府秘书，次年任河南省民权县县长，1930年任山东省禹城县县长。1930年后，孙墨佛寓居北平，专心著述，拜清史馆馆长柯劭忞、总纂王树枏二先生为师，研习经史。但他并未脱离政治，仍心系国家的命运。全面抗战爆发后，他多方奔走，以讲学方式宣传抗日，为抗战工作做了一定的贡献。抗战胜利后，孙墨佛以自己特殊之身份，辗转各地，反对国民党的内战独裁。1949年后，孙墨佛被聘为山东省人民政府建设厅厅长秘书，后退休返京。1952年，经周恩来、董必武举荐，孙墨佛被聘任为中央文史研究馆馆员。在文史馆期间，孙墨佛坚持著述和研究书法。

孙墨佛活了一百余岁，他身经晚清、民国、新中国三个历史时期，历尽百年沧桑，见证了中国从贫瘠衰弱走向富强，是名副其实的革命老人。他一生以诗酒为伴，笔墨纸砚法帖从未离身，青年之时即被人称为“孙颠三癖”。他钟爱书法，自四五岁起临池不辍，晚年更是勤奋有加，年逾古稀后，他坚持每日黎明即起，挥毫写字后方进餐，可以说写了整整一百年的书法，也算是书法界的一位奇人。谈到孙墨佛的取法，他出身于文人家庭，四五岁时已开始读书习字，受过严苛的馆阁体训练，同时受家乡山东莱阳的地域书风影响。莱阳地处胶东半岛，自古为文人荟萃之地，名家辈出，附近还留有大量的刻石题字，如著

[1] 黄禹康撰《辛亥革命老人孙墨佛》，《春秋》2008年第4期，第45页。

[2] 心一撰《访辛亥老人、著名书法家孙墨佛》，《人民日报》1981年9月22日第五版。

名的云峰山刻石、蓬莱阁苏东坡刻石、崂山赵孟頫刻石等。孙墨佛自幼备受熏陶，加之他对书法有着一种发自内心的喜爱，勤学苦练，十余岁时，他已在家乡小有名气，每逢过年，都为自家和乡亲们书写春联。他还曾多次登门求教于乡贤王垿先生，王先生为帖学大家，是清末状元曹鸿勋入室弟子，官至法部右侍郎，曾出任国子监祭酒。王垿擅长榜书，其书法在清末民初的京津、齐鲁一带名气极大，至今北京仍流传着“有匾皆书垿，无腔不学谭”[1]之说法。孙墨佛早年习书受王垿影响，以颜柳为基，取颜书之刚劲、柳书之挺拔，后渐习北碑，曾求教于寓居青岛的碑派书家康有为。后孙墨佛经同盟会会员刘大同[2]先生介绍，加入同盟会，并以刘先生为师，刘大同精草书，在同盟会中颇有名气。

青年时期的孙墨佛憧憬革命，爱国之情呼之欲出，书法喜刚健挺拔一路的风格。他此时期的创作以魏碑融合草书，用笔刚劲雄浑，笔画纵横，时而运用一些隶书笔法，提按顿挫处带有康有为书风的特点。从他早年的书法推断，他喜爱碑派书法，楷书取《石门铭》《郑文公碑》之精华，以康有为笔法驾驭，并将草书运用其中，作品大气磅礴，如脱缰之马纵横捭阖。他还擅长运用飞白，能在作品中表现出墨色的枯湿浓淡。其最过人之处在于用笔强健而不逾矩，如凌云劲笔，且能将魏碑与草书巧加结合，这种风格在清末民初的士人中并不多见。据笔

[1] 刘镜如撰《序》，高原编《王垿翰墨》，北京：中国书店，2010年版，第15页。

[2] 刘大同（1865—1952），原名刘建封，后更名大同，号芝叟、疯道人、芝里老人、天地钓叟，山东诸城人。清末秀才，后加入同盟会。宣统元年（1909）任安图县知事。辛亥革命爆发后，积极响应，举义旗于安图，创立“大同共和国”，为赵尔巽、张作霖镇压。后至大连，1912年，在大连创立平民社，参与奉吉独立运动。后追随孙中山先生，在各地从事革命活动。1917年，参与护法运动。1925年在上海主办《野语》杂志，进行反封建宣传，针砭时弊。1936年，西安事变爆发后，在自己创办《渤海日报》上发表文章，支持张学良、杨虎城的爱国义举，导致报馆遭查封，本人也险遭暗杀。1938年，日本侵略者邀他出任伪职，被他断然拒绝，当场撕毁文契，后遭特务暗杀，头部中弹幸“创甚剧而卒未死”。1949年，中央人民政府副主席李济深曾专程探望寓居天津的刘大同先生，1952年病逝于济南。

者分析，其书学思想与民国元老于右任近似，虽未查到他二人交往的记录，但他们对于书法的一些理解相通。于右任先生早年亦致力于魏碑并逐渐融入草书笔法，为之后成为“一代草圣”奠定了基础。孙墨佛书法亦从唐楷、北碑入手，渐融合草书，但孙先生书法似乎精密处不及于老。其书优点在于方笔较多，劲挺雄浑，但缺点在于用笔盘屈过甚，求笔画间的萦带照应，但失之凌乱。

中年时期，孙墨佛追随孙中山，投身革命事业，1930 年后寓居北平，受到旧京文化影响，无论是从眼界还是视野上都开阔了许多，同时他的书法也出现了一些变化，其草书在北碑的支撑下，更为挥洒自如，灵动多变，碑帖结合渐趋自然。从这一时期他所作草书旧作四条屏来看，其用笔能以帖学之流动融汇碑派之劲挺，将康有为书风进一步发展，在《石门铭》结体基础上掺入二王草法，看似乱头粗服，但

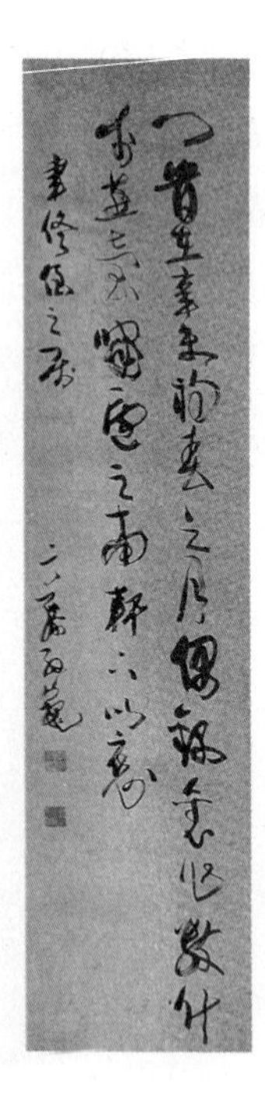

孙墨佛草书四条屏

孙墨佛楷书《白云碧水》七言联

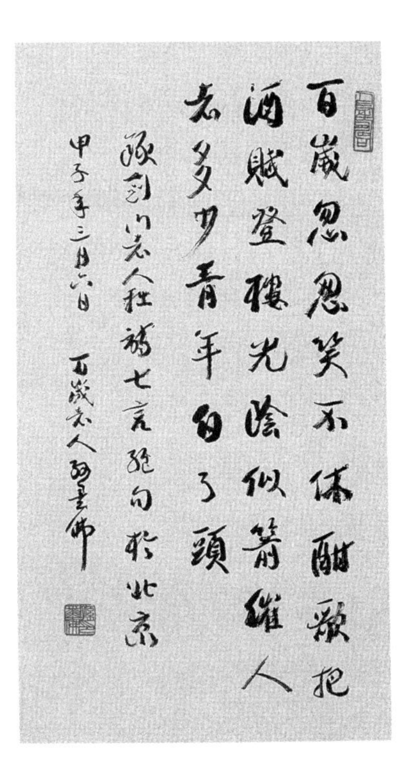

孙墨佛草书立轴

内蕴法度，刚强中现男儿气概。1936 年，他在秋海堂以指书写一对联，结体脱胎于《郑文公碑》，老辣刚劲，气势宏大，无一丝做作之态，堪称孙墨佛书法中的精品。

晚年，孙墨佛酷嗜唐孙过庭《书谱》，用笔已无青年、中年时的剑拔弩张之态，而是方圆并用，将魏碑之骨融于唐草之中，行笔方圆并济，收放自如，渐趋圆融。其大字多用侧锋，与早年书风差别较大，加之晚年远离政治，专心习字，每日将临帖作为日课，且作品以临作为多。笔者翻阅了很多介绍孙墨佛的文章，观之似觉孙先生将书法视作养生之道，以达到健身之目的，追求笔法的到位精准，甚至还带有一丝禅意。

从艺术的角度上看，笔者更喜爱孙墨佛青中年时期的作品，那种刚劲挺拔、锋芒毕露之形态犹如持剑之武士，极具阳刚之美。加之孙特殊的人生经历，其书法既有文人之秀逸，兼得政治家之胸襟，为民国时期政治家之书法。最后，谈一下孙墨佛之子孙天牧。孙天牧早年亦求学于旧京，师从近现代著名画家陈少梅，是当代北方山水画坛大师。1987 年，孙天牧将他父子创作的两千多件书画作品及收藏的近百件书画捐献给家乡山东。为了表彰孙氏父子对家乡的文化事业的贡献，山东省济南市政府在济南大明湖公园南丰祠内为孙氏父子建立“孙墨佛、孙天牧父子书画馆”。

魏晋风度——鲁　迅

鲁迅像

鲁迅（1881—1936），原名周树人，字豫才，笔名鲁迅，浙江绍兴人。出身旧式家庭，早年受私塾教育，光绪二十八年（1902）年赴日本学习医学，后从事文艺工作。宣统元年（1909）归国，先后在杭州、绍兴任教。辛亥革命后，曾先后担任南京临时政府和北洋政府教育部部员、佥事，兼在北京大学、北京高等师范学校授课，1918年5月，以“鲁迅”笔名开始文学创作，发表了中国现代文学史上第一篇白话文小说《狂人日记》，深刻揭露了人性的阴暗和旧礼教“吃人”的本质。五四运动前后，他参加了《新青年》的编辑工作，猛烈抨击封建文化和封建道德，使他成为新文化运动的伟大旗手。20世纪20年代，他陆续出版了《呐喊》《坟》《热风》《彷徨》《野草》《朝花夕拾》《华盖集》《华盖集续编》等文学作品。1926年，因支持学生爱国运动，受北洋政府迫害，南下厦门大学任教。1927年到广东中山大学任教，同年赴上海。自1930年起，先后参加中国自由运动大同盟、中国左翼作家联盟和中国民权保障同盟。1927年至1935年，创作了《故事新编》中大部分作品及《而已集》《三闲集》《二心集》《南腔北调集》《伪自由书》等，同时领导和支持了“未名社”“朝花社”等进步团体，主编《莽原》《奔流》《萌芽》《译文》等文艺期刊。1936年病逝于上海。

鲁迅是中国现代著名的文学家、思想家、革命家，新文学运动的奠基人之一。他自幼在书法上接受了严格的馆阁体训练，七岁时在私塾描红，十二岁师从寿镜吾。寿镜吾在鲁迅眼中是一位极方正、质朴、博学的人，在寿先生的指导下，他每天以书法为日课，从欧阳询入手。鲁迅很早即对文字有浓厚兴趣，据其二弟周作人在《鲁迅的故家》中回忆，此时期鲁迅“最初在楼上所做的工作是抄古文奇字，从那小本的《康熙字典》的一部查起，把上边所列的所谓古文，一个个的都抄下来，订成一册”[1]。光绪二十四年（1898），鲁迅至南京江南水师学堂学习，后考入矿路学堂，其间鲁迅曾用小楷抄写了《几何学》《开方》《八线》《水学入门》《地质学笔记》等，其小楷此时期带有欧体特点。他还在南京购得《金文识别》一书，细心研读，于书中做有许多批注。后鲁迅赴日本留学，师从章炳麟，研习说文，习书亦受到章先生的影响。

1912年，鲁迅受蔡元培邀请，去南京政府教育部工作，后随政府迁至北京，居住在宣武门外南半截胡同绍兴会馆。此地毗邻琉璃厂，从《鲁迅日记》可知，他在北京居住的15年之中，去过琉璃厂480多次，共计购买书籍、碑帖3800多册。他逛琉璃厂的习惯，是先去青云阁（观音寺街西口一家老式百货商店）喝茶，购买些牙粉、鞋袜、饼干之类的东西后，再去各店选购图书，他有时还会先去西升平浴池洗澡或理发后再逛琉璃厂。此时期，鲁迅经常在寓所里抄古碑，钻研拓片和金石学资料，成为他生活中一个必不可少的组成部分。在抄录古碑的过程中，他并未单纯以练字为目的，而是用近代科学的眼光和文字学、金石学的角度加以诠释。此时期的鲁迅与其说是一位书学者，不如说他是一位文字研究爱好者。他曾想撰写《中国字体发展史》，用

[1] 转引自庄伟杰撰《鲁迅书法的文化意义及其当代性启示》，上海鲁迅纪念馆编《上海鲁迅研究》2009年第2期，第235页。

科学的方法整理文字，但因资料不足，未能完成。在抄碑的章法上，他也有主观的取舍，字数多者重新排列，字数少者，按原章法临写。在字体上，如遇到篆隶，他以自身文字学、金石学的知识和理解加以辨别；遇到魏碑、隋碑、唐楷，他以方笔、圆笔来区分。因此可说鲁迅对待书法是以所知来进行研究，为中国早期以科学视角审视书法的先驱者之一。甚至他还学习如何拓碑，亲自动手制作拓片，之后再与原刻进行比较，通过研究书法线条变化来考量书法风格的演变。通过细致地抄录、鉴藏、校释碑帖、拓片和金石学资料，鲁迅对于书法的认识和审美有了一定程度的提升。

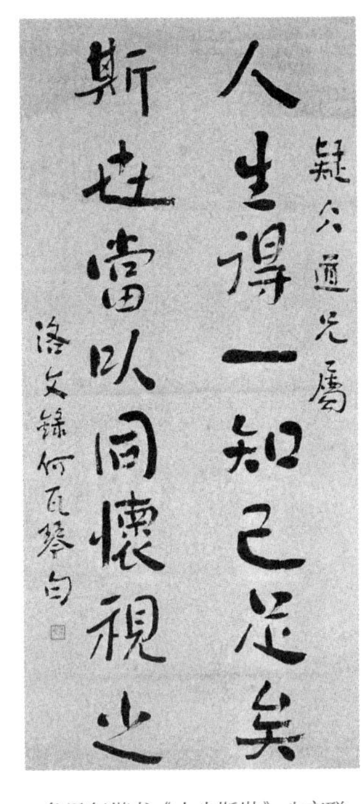

鲁迅行楷书《人生斯世》八言联

清末民初，受科举制废除（1905）、清帝逊位（1911）等因素的影响，书法从科举时期士子走向仕途的必要技能逐渐向艺术中一门独立的学科迈进。新文化运动期间，部分知识分子认为汉字是造成科学、文化落后的原因，故此他们主张简化汉字，甚至使用拼音化的文字，一些学者付诸实践，如钱玄同提出的八种汉字简化策略，胡适提出的“破体字”的创造与提倡，胡怀琛出版《简易字说》等。汉字简化运动曾一度对书法形成正面冲击。作为新文学运动的奠基人，鲁迅提倡“汉语拉丁化”“书法拉丁化”，批判书法在日常生活中不便利之处，同时倡导把书法资料作为美术品保护起来。鲁迅采用全新的视野，来审视书法发展的前途，认为书法正在从日常使用转向为“美术”，形成独立的学科。他在《门外文谈》一文中，曾提出“写字就是画画”、汉字就是“不象形的象形字”等理论。

对于书法，鲁迅还是情有独钟的。他自幼习馆阁体，从抄书到埋

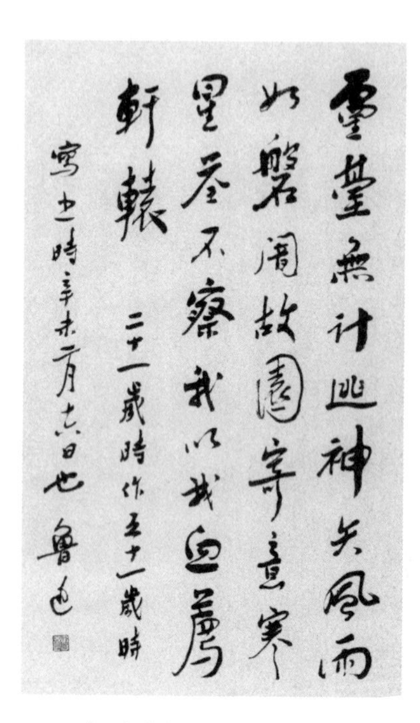

鲁迅行楷书自作诗《自题小像》

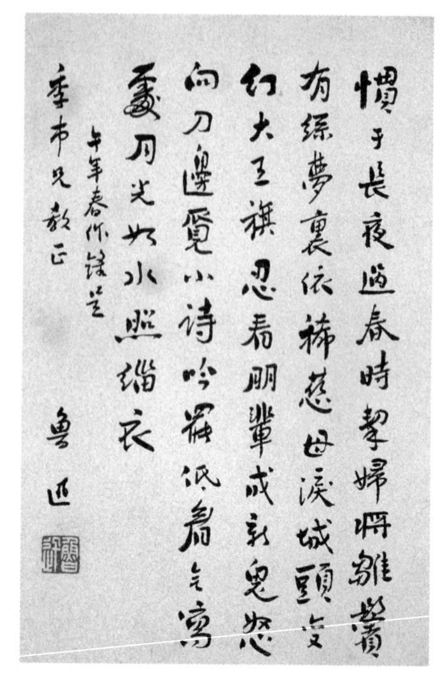

鲁迅行楷书自作诗《惯于长夜过春时》

首寓所抄录、研究古碑，一生创作了浩繁的书信、数百万字的文稿及著作稿，很多都是以家乡绍兴产的金不换小楷毛笔书写，甚至他在北京、上海期间，还要托人或去信购买。可见鲁迅虽曾反对汉字，但由于常年笔耕的需要，还是离不开传统的书写工具——毛笔。

鲁迅终生未以书家自居，但他也曾对友人自诩“别看我不是书家，但经常抄写古书，碑帖看多了，我写的字全无毛病”[1]，可见他对待书法的态度。书法在鲁迅心目中，一为书写实用，二为兴趣爱好，三为美术需要。鲁迅的书法，并非如清代士子将书法视为晋升仕途的必要手段而敬若神灵，所以全无学究气；也无沈尹默等职业书家极力追摹前人法帖以期掌握古人笔法的雄心，因此无刻意之经营；

[1] 转引自蔡显良撰《融冶篆隶于一炉 听任心腕之交应——鲁迅书法的主要特点及其成因》，《荣宝斋》2008年第6期，第206页。

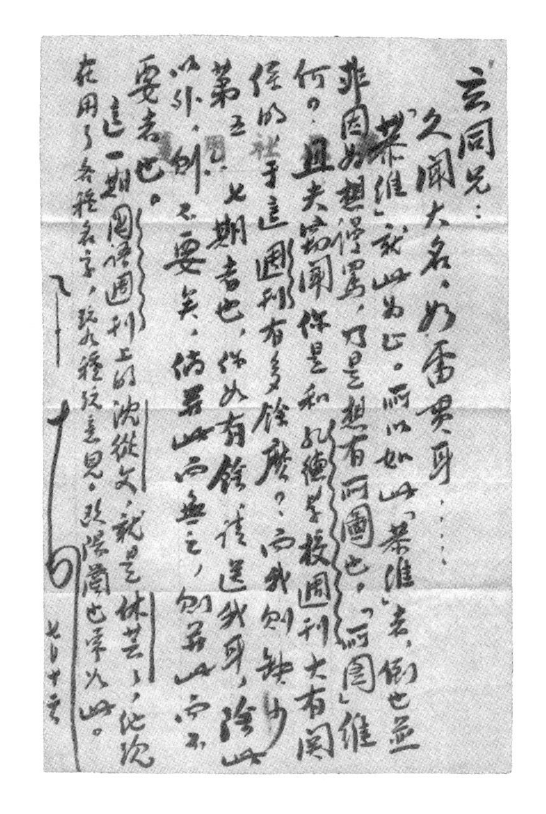

玄同兄：

久闻大名，如雷贯耳……

「莽原」就如此为止。所以如此「莽原」者，倒也并非因为想得罢，乃是想有所图也。「所图」维何？曰：夫岂闻你是和孔德学校周刊大有关系的，于这周刊有多余么？而我则缺少第三七期者也，倘如有余，请送我耳，除此以外，则不要矣。倘无此而无之，则若此而不要者也。

这一期国语周刊上的沈从文，就是休芸芸，他现在用了各种名字，玩各种玩意儿。欧阳兰也不过如此。

七月十二

鲁迅致钱玄同行草书札

更无吴昌硕、齐白石等艺术家寻求艺术创新的魄力，故此亦无突破前人之思路。

最后谈谈鲁迅的书法风格，他最初师法欧阳询，受时风影响，对唐楷和二王帖学有所涉猎；师从章炳麟后，从章先生系统学习《说文解字》，钻研文字学、金石学，博涉篆隶、魏碑。入京后收集、抄录古碑，得见大量的金石资料，受旧京文化圈的熏陶，进而书风再次演进。笔者认为鲁迅身处变革的时代，是特殊历史时期的文化学人，他的书法从仕途需要、抄写实用到兴趣爱好，出现了很多戏剧性的变化。书风曾经历了数次变革。第一个时期为 20 世纪初年，此时期鲁迅的书法学习以跻身仕途为目的，基本上以帖学为归宿，未脱离馆阁体的

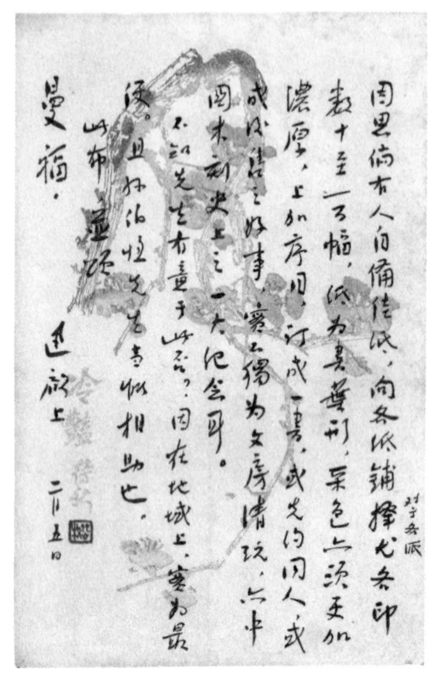
因思倘有人自備佳紙，向各紙鋪擇尤各印（對于各派）
數十至一百幅，紙為書葉形，采色亦須更加
濃厚，上加序目，訂成一書，或先約同人，或
成此書之好事，實不獨為文房清玩，亦中
國木刻史上之一大紀念耳。
不知先生有意于此否？因在北城上，實為最
適。且不必恒是先生多費心相助也。
此布，並頌
曼福。
迅 頓首 上 二月五日

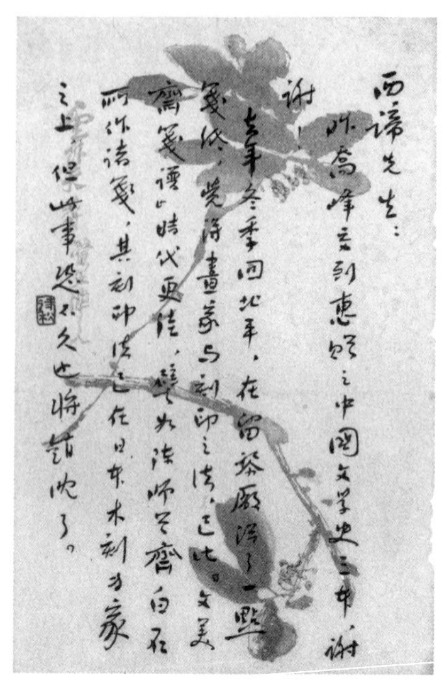
西諦先生：
頃蒙惠贈之中國文學史三本，謝
謝。
去年冬季回北平，在留黎厰得了一點
箋紙，覺得畫家與刻印之法，已比文美
齋箋譜時代更佳，譬如陳師曾齊白石
所作諸箋，其刻印法已在日本木刻專家
之上，但此事恐不久也將銷沈了。

鲁迅致郑振铎行楷书札

范畴。第二个时期是从日本归国后，由于受到章炳麟书学思想和近代西方美术理念的影响，书法上呈现出碑帖渐融之势，广泛涉猎，其中包括甲骨文、金文、真、草、隶、篆等。进京后通过抄录古碑，眼界渐宽，书风碑帖杂糅，时而帖学，时而碑版，以手写体信手拈来，并未遵循一定之法则。第三个时期是到上海后，此时期鲁迅书法已经相对成熟，常年的笔耕训练，形成了一种率意自然、奇肆厚重的手写碑体书风，纯以学者实用为目的。这种风格将帖学书法与篆隶吉金、六朝碑版糅合一体，加之其深厚广博的学识，无疑具有鲜明的文人书法特点。学者郭沫若曾评其书云："鲁迅先生亦无心作书家，所遗手迹，自成风格，融冶篆隶于一炉，听任心腕之交应，朴质而不拘挛，洒脱而有法度，远逾宋唐，直攀魏晋，世人宝之，非因人而贵也。"[1] 此论

[1] 上海鲁迅纪念馆编《鲁迅诗稿》，上海：上海人民美术出版社，1991 年版，第 4—5 页。

甚是精当。从中可见，鲁迅书法虽不以功力见长，其最难得者则是结体的宽博和用笔的萧散，无须刻意经营，故在格调上绝非寻常书家可比，在民国时期学者书法中极具个人魅力。

总之，鲁迅是无心做书家的，也不以此为标榜，心态与其弟周作人相通，周作人亦从不把书法看得很重要。对于他们而言，书法是工具，是爱好，并未如其对从事的事业那样专注，但特殊的历史时期使二周兄弟的书法受到了特殊训练，加之他二人学养精深、视野宽广，诸多因素使他们的书法自成一格，成为后世学人追慕的对象。

北洋骨干——叶恭绰

叶恭绰像

叶恭绰（1881—1968），字誉虎，又字裕甫、玉甫，号遐庵，晚号遐翁，别署矩园，祖籍浙江余姚，先世迁居广东番禺，生于北京。光绪二十八年（1902）入于京师大学堂仕学馆。三十二年（1906）创设邮传部，充文案处文案，历任湖北农业学堂教习、两湖总师范学堂教习、邮传部承政厅副厅长和厅长、铁路总局提调、铁路总局代局长等职。辛亥革命后，曾任北洋政府交通部次长、总长兼交通银行经理，成为北洋政府“旧交通系”要员。1923年，孙中山在广州成立海陆军元帅大本营，即召叶氏委以财政部部长之职，旋兼署建设部部长兼任税务督办。1931年，出任国民政府铁道部部长，后退出政坛，定居上海，致力于文化活动。抗战期间，拒受伪职，闭门谢客。1949年后，任中央文史研究馆副馆长、北京中国画院院长、文字改革委员会委员、全国政协委员等职。著有《历代藏经考略》《遐庵清秘录》《遐庵谈艺录》《遐庵汇稿》《遐庵诗稿》《遐庵词甲稿》，辑有《矩园余墨》《广箧中词》《全清词钞》等。

叶恭绰是中国近现代史上著名的政治人物，曾为北洋交通系骨干，长期追随孙中山参与政治活动。同时，他也是民国时期的著名书法家、画家、诗人、词人、收藏家、鉴赏家。叶恭绰出身书香世家，其曾祖叶英华，工诗词，擅花卉、人物，著有《斜月杏花屋诗钞》《花影吹笙词钞》等。其祖父叶衍兰，咸丰六年（1856）进士，官军机章京，晚年主讲广州越华书院（冒广生、潘飞声等均从叶衍兰受业），曾竭四十年致力编撰《清代学者像传》及著述《秋梦盦词钞》《海云阁诗钞》等。其父叶佩玱，光绪十四年（1888）举人，以积劳保举至候选知府，司榷江西，精诗文、书法、历算等。叶恭绰是在祖父京邸米市胡同长大的，幼年极聪颖，承继家学，五岁时祖父教授四书五经，十四岁时诗咏牡丹，为名士文廷式赏识，继而被张冶秋、梁鼎芬所称誉，十五岁时谒陈三立，很早即与诸多文坛前辈交往，学人称叶恭绰为“小北仔”“捕属仔”[1]。家学的渊源和早年的经历，使叶恭绰对传统文化具有浓厚的兴趣和较高的造诣，即使他后来投身政界，公务之余，依然致力于“专门人才的培养与民族文化的宣传”、“搜求、调查、编集与流布文化典籍”、“调查、维护与重修重要文物古迹”、“诗词的研究、编集与刊印”、“金石、书画、骨董的收藏与研究”[2]等，这才是其一生志趣所在。叶恭绰富收藏，精鉴赏，藏品宏富，包罗万象，内容涉及古籍、香炉、古墨、古尺、印章、砚台、笺纸、书法、绘画、碑帖等，藏品中以书画和古墨最精，用学者郑逸梅的话讲“他的书画收藏，不亚于昔之项子京（项元汴）天籁阁，今之庞莱臣虚斋”[3]。其藏品中最著名者，有晋王献之《鸭头丸帖》，唐褚遂良《大字阴符经》，五代石恪《春宵透漏图》，北宋文彦博三札卷、米芾的《多景楼诗帖册》、王安石诗卷、宋徽宗画《祥龙石幅》、黄庭坚《伏波神祠帖》，元赵孟頫《胆巴碑》，明祝枝山手抄《夷坚子册》、黄道周写《孝经》卷等，件件堪称稀世之珍。而他所藏古墨，也多属罕见之物，与湖北张子高、浙江张絅伯、北京尹润生并称“藏墨四大家”，合辑有《四家藏墨图录》

[1] 越人撰《叶恭绰之雅才》，《书谱》1975年第六期，第31页。

[2] 姜纬堂撰《选编后记》，叶恭绰著、姜纬堂选编《遐庵小品》，北京：北京出版社，1998年版，第365—366页。

[3] 郑逸梅著《近代名人丛话》，北京：中华书局，2005年版，第77页。

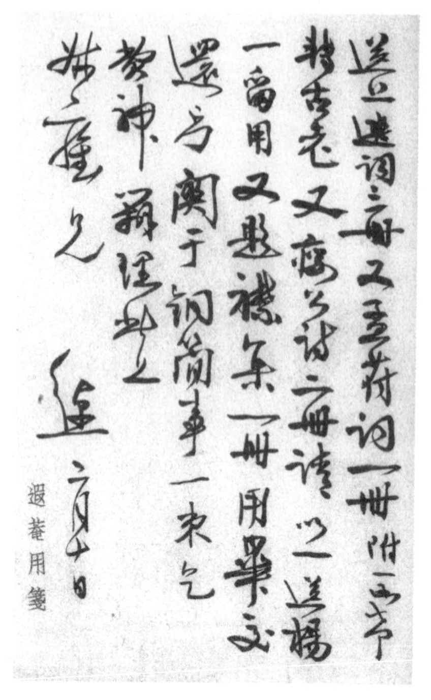

叶恭绰行草书札

一书。叶恭绰抱着“玩物而不丧志”的心态，进行文玩书画的购藏和研究，以此等经历和学识，为其书法增添了几分神秘的色彩。

叶恭绰一生居京时间最久，又生于此地，可谓名重京华。他的书画俱佳，写字喜用一种朝鲜所制之笔，名“崩浪”，很是奇特。他的书法精湛绝伦，“气魄沉雄，风姿挺劲，一扫三百年来的呆滞衰弱风气”[1]。与之交往甚深的后辈启功评其书云:“天骨开张，盈寸之字，有寻丈之势。谓非出于异禀，不可得也。”[2]据时人称，他的书法置众作之中，明眼者一眼即可辨出，可见其书法面貌之独特。

谈到取法，叶恭绰早年“在家庭的熏陶和自己的努力下，青年时

[1] 黄苗子撰《因蜜寻花——记叶恭绰的书论》,《书法》杂志编辑部编《书法文库——流光溢彩》，上海：上海书画出版社，2008年版，第170—171页。

[2] 启功撰《序》，黄因聪编《叶恭绰书画集》，桂林：漓江出版社，1988年版，第1页。

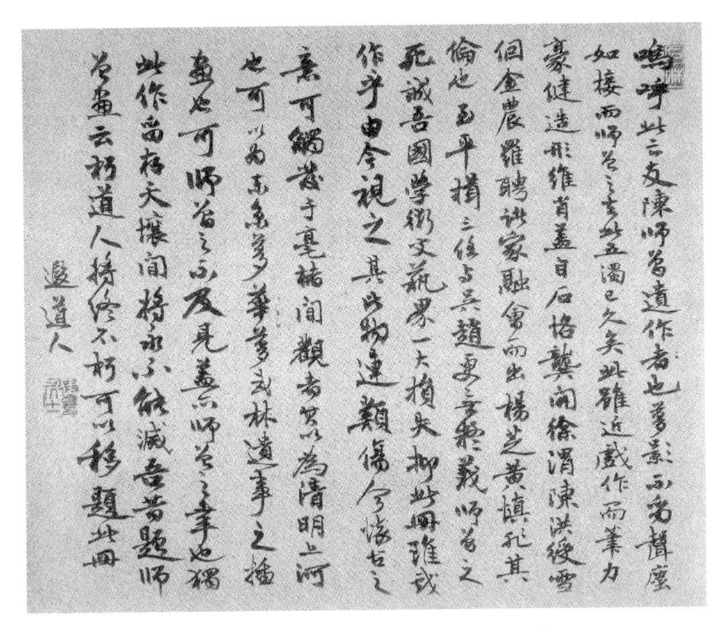

叶恭绰为陈师曾绘《北京风俗图》作行楷题跋

代就奠下了良好的书法基本功”[1]，最初以颜、柳为宗，先后临习了《多宝塔碑》《勤礼碑》《玄秘塔碑》《神策军碑》等，进行过正统的唐楷训练，后对家藏《胆巴碑》真迹临摹甚勤，笔法取赵孟𫖯，却剥去了赵书之柔媚甜俗，一变而成挺拔刚劲。其书结体取自褚遂良《大字阴符经》，在谨严中求变化，并掺入些许险笔。后来，他还受康有为碑学思想启发，精研《广艺舟双楫》，一度转宗碑学，对先秦两汉刻石到六朝墓志均有涉猎，提出了“书法应当以篆、隶为根本……学书应以出土木简，汉、魏、南北朝石刻和晋、唐人写经为基础”[2]的理论。这一时期，“他主张写碑，而不赞成临帖”[3]，并重视从最新的考古发

[1] 黄苗子撰《因蜜寻花——记叶恭绰的书论》,《书法》杂志编辑部编《书法文库——流光溢彩》，上海：上海书画出版社，2008 年版，第 171 页。

[2] 同[1]。

[3] 同[1]。

现和时人书法创作风格中加以借鉴，尤对近代名士书风有客观的认识。闲居时，他与张善子、张大千、吴湖帆、陈巨来、郑孝胥、傅增湘、张伯驹等来往密切，通过各类雅集活动，切磋技艺，交流心得，见到了许多藏家私人庋藏的历代书画名迹，进而提升了自身的审美层次。

中年以后，随着视野的开阔，叶恭绰逐渐认识到帖学书法必成复兴之势，将注意力再次转向帖学，作书多以行草面目示人。这一时期，他钟情于宋黄庭坚草法，并以此为根基确立了自家面貌。由于深厚文化之积淀和学养之浸润，使其草书发生了质的飞跃。叶恭绰草书在继承二王传统之上，将褚遂良、赵孟頫与北朝碑刻相结合，以山谷体势加以舒展，最终形成了一种体势雄肆、碑帖兼容的行草书风。此书风既有碑之稳健，兼得帖之灵动，于厚实凝重中充满了放纵的自信，书作中时现碑派之险笔，并辅之以清新隽永的书卷气，使其书格远超于常人之上，一派古典新生之风采。画家黄苗子曾回忆道，叶恭绰在“六七十岁以后，更是得心应手，达到了炉火纯青的境界。特别是二尺以上的大字，写得神采飞扬，气势饱满；一直到八十多岁，写小字还是手不发抖，通篇精力充沛，结构浑成，这是很难得的”[1]。

叶恭绰对于书法理论亦有很深的研究。1940年，他在香港广州大学讲演[2]，题目为《写字学纲要》，从“技艺、工具、传习、修养”等方面，结合自己的多年习书心得对书法加以阐释，其中不乏具有新发见者。其中“修养”方面谈出了一些精辟的观点，如“有志于写字学及欲成书家者，单恃技艺尚不足也。其最重要者，还在修养。盖我国艺术向重个性，要把整个人的人生观念、学问、胸襟，流露出来，此乃我国艺术特殊之点，亦写字的艺术例所应尔也。故欲其作品得艺术之精神，必须注重修养”“夫艺术之成就，与但求实用者不同。若

---

[1] 黄苗子撰《因蜜寻花——记叶恭绰的书论》，《书法》杂志编辑部编《书法文库——流光溢彩》，上海：上海书画出版社，2008年版，第171页。

[2] 原文为“民国廿九年，在香港广州大学讲演，麦华三笔记”，参见叶恭绰撰《写字学纲要》，叶恭绰著、姜纬堂选编《遐庵小品》，北京：北京出版社，1998年版，第41页。

叶恭绰行楷书《和璧黄龙》八言联

求急功，何不以打字机为之？今之谈书法者，如制啤酒，即制即饮，隔年则失味矣”“修养之道，第一为学问。学问，包括一切学问、知识。学识丰富的学者，其态度自别于人。其言动、举止，皆可于字里行间觇之”“第二为志趣，志趣卑下，贪财好色，影响于修养极巨。盖见解低下、思想低下，实际上已谈不到修养”“第三为品格。人品高尚，而又有相当写字修养者，不特其人令人钦仰，其片纸只字亦令人敬重”“总而言之，无精神之修养者，非真正的书法艺术”[1]。从叶恭绰的演讲中可知，他虽非以职业书家自居，却是用理性的眼光和视野来审视书法，强调书学者的“学问”“志趣”“品格”的重要性。据笔者来看，此篇演讲之价值可与1926年梁启超为清华大学教职员书法研究会做的演讲《书法指导》相媲美。

从叶恭绰书论看，他对“馆阁体”深恶痛绝，认为“书法以韵趣气势为主，清代白折大卷盛而书法亡，必须脱出羁绊，不为近三百年八股性之字学所笼罩，方可以言书法”[2]。他重视碑学，在《论书法》一文开篇即谈道：“书法应根于篆、隶，而取法则碑胜于帖，此一定不

[1] 叶恭绰撰《写字学纲要》，叶恭绰著、姜纬堂选编《遐庵小品》，北京：北京出版社，1998年版，第39—41页。

[2] 黄苗子撰《因蜜寻花——记叶恭绰的书论》，《书法》杂志编辑部编《书法文库——流光溢彩》，上海：上海书画出版社，2008年版，第170页。

易之理。”[1] 随后还说：“遂有李文田、康有为、沈曾植、曾熙等书家之出现，始脱去大卷白折之桎梏。然嗣后无能发扬光大之者，则时代为之也。”[2] 但他对帖学书法的学习，亦体现在作品的形神之中，有很深的造诣。他还有一个奇妙的理论：“昔年，有友人以其儿童初学之字求教。余曰：‘应以大纸、大笔，尽他乱写，愈大愈好。不管笔画对不对，结构像样不像样。令其放胆、放手，但不许用手指来动作。’结果七八岁小孩写出字，皆雄丽异常，见者不信其为儿童所写。此其确证。”[3] 可见叶恭绰作书主张放胆，即其书论中所提倡的“气势”和“骨力”的重要性。

民国时期，叶恭绰因其在书法上的卓著贡献而成为书法复兴的重要人物。他出身书香世家，后投身政界，富收藏，善交友，勤著述，诸多身份和优势把他的书法推向了一个新高度。和同时期书家相比，叶恭绰书法格调高、气势强，骨力劲，称雄于书坛，难怪民国时期当遗老书家郑孝胥投向伪满后，论书者遂有将其推为“当世第一”的说法。

叶恭绰行楷书题《文字禅》横幅

[1] 叶恭绰撰《论书法》，叶恭绰著、姜纬堂选编《遐庵小品》，北京：北京出版社，1998 年版，第 41 页。

[2] 同[1]。

[3] 同[1]，第 43 页。

博学精鉴——朱翼盦

朱翼盦像

朱翼盦（1882—1937），名文钧，字幼平，号翼盦，自署欧斋，浙江萧山人。早年毕业于英国牛津大学，归国后任度支部员外郎。辛亥革命后，先后出任财政部参事、盐务署厅长等职。故宫博物院成立后，被聘为专门委员，负责文物审查、鉴定工作，曾专任选定书画展品赴英国举办“中国艺术展览”。自幼笃嗜金石，博学精鉴，工书善画，尤喜购藏碑帖拓本，收藏各类碑帖拓本七百余种，为民国时期北京著名的碑帖收藏家。1937年病逝。1954年，朱翼盦夫人张蕙祇率子朱家济、家濂、家源、家溍遵照先生“将来无偿捐赠博物馆”的遗愿将家藏碑帖七百余种计一千余件全部无偿捐献国家，后经中央文化部文物局调拨，全部文物悉数入藏故宫博物院。著有《读左传札记》等。

民国时期，朱翼盦是活跃于旧京的金石收藏家，他精于碑帖收藏。其治学用学者谢国桢的话讲，“考订精详，博而不芜，时有新解，足以发前人未发之覆，盖集荛圃（黄丕烈），秋厂（黄易）鉴别之长，

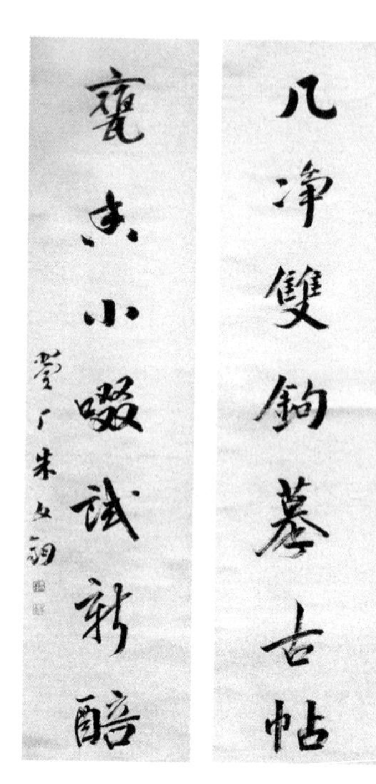

朱翼盦行楷书《几净瓮香》七言联

与竹汀（钱大昕）、授堂（武亿）考辩之精者也。”[1]朱氏藏两汉碑刻近七十种，囊括了当时能见的诸多名帖，仅唐代碑版，就有虞世南、欧阳询、褚遂良、欧阳通、王知敬、李邕、史维则、苏灵芝、李阳冰、张从申、颜真卿、徐浩、柳公权等名家之作，其中宋拓本达二十种之多，元拓本四种，明拓本四十余种。在诸多藏品中，朱翼盦对唐代书家欧阳询的书法推崇备至，1932 年，他购得宋拓本《九成宫醴泉铭》，激动地题下了“壬申（1932 年）秋七月得北宋拓本原石未经重开醴泉铭，因字欧斋，翼盦附识，九月初一日”[2]，从中道出了他以“欧斋”为号的缘由，晚年更“雅好欧书，而多聚群碑，兼赏众妙，更非覃溪（翁方纲）之墨守宋翻化度寺者所得同日而语”[3]。除宋拓本《九成宫醴泉铭》外，朱翼盦藏品较精者还有宋拓本《天发神谶碑》、宋拓本《云麾将军李思训碑》等。

笔者通过 2014 年故宫博物院举办的“欧斋墨缘——故宫藏萧山朱氏碑帖特展”，得见诸多朱翼盦书写的题跋和题签。从这些题跋和题签看，朱氏书法是遵从着碑帖融合的方式。据其子朱家溍回忆，朱翼盦习书最初从颜真卿入手，三十岁购置了许多汉魏名碑，转习魏碑，后自认为习魏碑俗恶，故取法所藏宋、元、明诸家墨迹，像《蔡襄自

［1］谢国桢撰《〈欧斋石墨题跋〉小识》，政协浙江省萧山市委员会文史工作委员会编《萧山文史资料专辑（五）——朱翼厂先生史料专辑》，杭州：浙江省新闻出版局，1993 年版，第 32 页。

［2］秦明撰《欧斋墨缘——故宫藏萧山朱氏碑帖特展》，《紫禁城》2014 年 08 期，第 49 页。

［3］同［2］。

书诗册》《静春堂元明人诗翰卷》《释溥光草书卷》《李西涯诸体书种竹诗卷》《雅宜山人草书离骚卷》《董其昌书如来成道记册》《董其昌书艮卦册》《董其昌临米帖册》《董其昌临淳化阁帖册》等。从此段记载来看，朱翼盦始学颜，其在跋《郭公庙碑》中记："……惟仙坛真本久佚，海内存者，几如星凤。而家庙碑椎拓过多，中兴颂剥损已甚，俱经开凿，面目已非。次山碑剜改最少，最有典型。然学者初学把笔，宜先精谨，多宝而外，端推此碑。俟结构既成，再等而上之，以麻姑、次山树其骨，以中兴、八关扩其势，终以广平、家庙造其微。则风格遒上，骨肉停均，希颜之能事毕矣。予学颜书最久，所藏善本亦略备，故能约略举其要以资津逮，后之览者，其勿忽诸。"[1]他在四十一岁时题跋《徐浩不空和尚碑》中记："予素心向徐书，故临池每有契合之处，而实未尝学也。苏文忠（苏轼）、董文敏（董其昌）旷代书家，其源皆出于季海（徐浩），董尤纯至。王梦楼太守亦习徐书者，然特貌似耳，其弊乃至于近俗。季海字意似奔放，而用笔无往不收，梦楼正病不知此也。余近年酷嗜董书，然摹拟未善，每流于拘孪（挛），恐致痴冻蝇之讥，以此救之，可无患矣。"[2]后朱翼盦得宋拓本《九成宫醴泉铭》，则倾向于欧法，他在跋欧书《醴泉铭》中云："率更（欧阳询）贞观六年七月十二日书付善奴，授诀云：每秉笔必在圆正，气力纵横重轻，凝神静虑，当审字势，四面停匀，八边俱备，短长合矩，粗细折中，心眼准程，疏密欹正。最不可忙，忙则失势。次不可缓，缓则骨痴。又不可瘦，瘦当形枯。复不可肥，肥则质浊。细详缓临，自然备体，此是最要妙处。按此碑书于贞观六年四月以后，适在书授诀之前三月耳。诀中所云，无不与碑字吻合，此正率更自道出《醴泉铭》之甘苦语，非泛泛论笔诀也。然非观北宋初拓，字字而体之，则不能知其语之亲切有味。予因适获北宋善本，每于风日恬和心情闲逸之际，

[1] 朱家溍著《什刹海梦忆》，南京：江苏文艺出版社，2011年版，第178页。

[2] 同[1]。

取置晴窗净几，静观玩味，正不啻对欧公书诀时也。”[1]可见朱翼盦晚年对欧阳询书法之喜爱。

朱翼盦早年习帖，后渐涉猎魏碑，最终摒碑尊帖。作为清末民初的文人，他经历了科举废除、清帝逊位、民国建立、军阀混战、日本侵华等一系列的历史事件，面对民国后国势日蹙的景象，思想中似有一些守旧的遗存，觉得“民国不如大清”，对国家前途的担忧，让他感到迷茫。与朱氏交往的文人，有很多清朝遗老，像宗室溥伦、溥侗、宝熙、末代帝师朱益藩等，因此遗老遗民思想对他有一定的影响。在书法上，他摒碑尊帖与其丰富的人生经历有关，年轻人一般喜新奇，好求新求变，故碑派书法似乎可以满足他们的需求；而经过若干年后，人老成或许觉得自己年轻时的思想荒唐，故尔选择重归传统。朱翼盦晚年笃嗜帖学，重寻昔日唯美经典的书法风格，将楷书取法定位于法度谨严的唐楷之中，而行书更多的是倾向于真气弥漫、禅意十足的董其昌书法，这均反映出其书法风格的形成与他特殊的人生经历有着一定的联系。

总体来看，朱翼盦擅书细字小行楷，他为《兰陵公主碑》所作题跋为行楷书，风貌与宗室遗老宝熙书法颇为近似，而朱氏藏碑中的许多题签即请宝熙所题，可见二人之交谊。宝熙为清末民初著名馆阁体书家，其楷书以颜真卿为宗，融钟繇、赵孟頫、刘墉笔意，行书似清人钱沣，晚年加入些许魏碑笔法，书风敦厚自然，体势稳健，上宽下窄，将颜体之雄浑、赵体之风韵，以碑法写出，极具个人特色。朱氏和宝熙二人书法面貌近似，可能源于他们长期交往，在书法上相互交流、切磋，故气格相类，加之二人均标榜颜书。朱翼盦为自藏《谷朗碑》题签风格则类北碑，和当时京城书坛盛行北碑体题签颇为近似。这一时期旧京喜以此体题签的书家很多，像郑孝胥、于右任、梁启超、张伯英、张祖翼、张效彬、姚茫父等，朱氏此题签带有很强的北碑意味，

[1] 朱家溍著《什刹海梦忆》，南京：江苏文艺出版社，2011年版，第178—179页。

虽他中岁之后曾极力摒弃碑派风格，但无疑碑派书法对他还是形成了一定的影响。朱翼盦为自藏《晋唐小楷十三种》作的题跋，册右题有“博古堂帖，晋唐小楷”中楷八字，风格明显为唐碑和魏碑融合之作。朱氏在学习魏碑时，没有选取《郑文公碑》《张黑女墓志》《龙门石刻》等个性鲜明的碑版，而是取法秀美、遒逸一路的北碑，像他所藏的《司马景和妻墓志》《阳平王妃李氏墓志》《于纂墓志》《刘懿墓志》《崔頠墓志》《乞伏保达墓志》《敬史君碑》，这些北碑可以和唐碑融会贯通，形成了一种北魏至唐过渡时期的楷书形态，却和清末民初张祖翼、梁启超、张伯英、张效彬等人唯美的北碑书法有些神似，毕竟此时期碑派人物取法此种墓志成为一种风尚。而朱翼盦为《集王圣教序》所作的题跋，用笔精到细腻，体现出其深厚的帖学功力，与为《太仆卿元公夫人姬氏合志》所作题跋相比，似在风格上更为随意自然，无一丝做作之态，是朱氏所作题跋中的绝佳者，此题跋融汇了颜、欧、

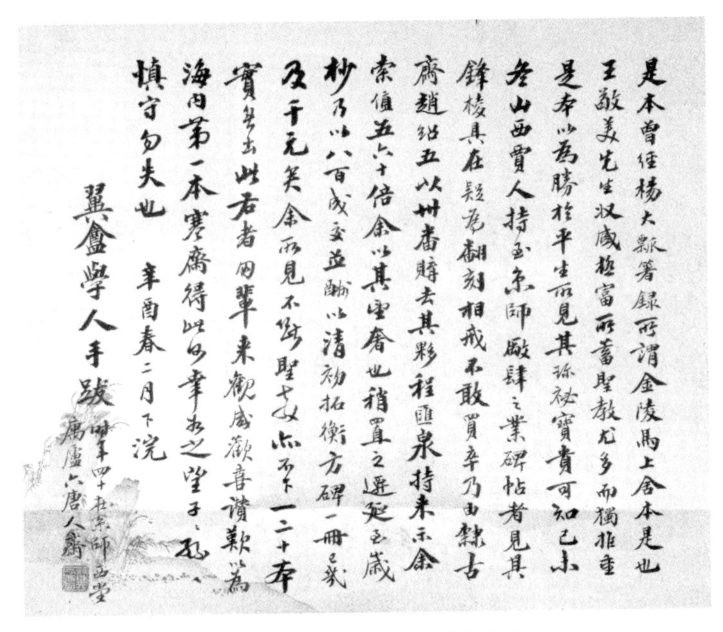

朱翼盦为《集王圣教序》作楷书题跋

北碑之精华，是碑帖融会贯通的上乘之作。朱翼盦藏有诸多珍稀的善本名碑，若宋拓本《九成宫醴泉铭》《吴天发神谶碑》《云麾将军李思训碑》等，由于异常钟爱，故题写时往往呈拘谨、局促之态。朱氏为《颜勤礼碑》所作的题跋异常精彩，是其极力追摹董其昌行草的明证，题跋中虽有多处涂改，但增添了书写的随意性，注重用笔的节奏变化，于行笔之中体现出朱氏的不凡功力和学者胸襟，此种题跋非涉世浅薄之士所能作，故此跋为绝佳之朱翼盦书法代表作。除题签和题跋外，朱氏有一大字行书对联传世，词为“几净双钩摹古帖，瓮香小啜试新醅”。此联书体近董其昌，兼有鲁公意味，但略显生涩，具稚拙之趣，可知朱翼盦似乎不长于书写大字，然学者气息浓厚，无丝毫浮躁气，这也正是一些职业书法家难以笔墨追摹之处。

朱翼盦为《兰陵公主碑》作楷书题跋

纵观朱翼盦书法，给人感触最深的是其深受所处时代的影响，在碑派勃兴的清末民国时期北京书坛，朱氏虽然并未以擅书名世，却遵循传统士人对书法的理解。他的书法清新秀逸，颇具古姿，这源于其常年购藏历代名碑佳帖，练就了不凡的眼力，并专注于帖学书法的临习，积累了丰富的实践经验。因此，朱翼盦书法代表了民国时期北京书坛中金石书法家的独特风格。如今，研究朱翼盦书法应从考据学、艺术学、考古学、金石学等多方面审视加以品评。在诸多评价中，以启功先生讲的最为精当，让我们用他的评语结束本文：“萧山朱翼庵先生，以相国世家，书画之余，酷爱金石，博学精鉴，有力收罗，于是一时之石墨善本，咸归插架。曾以重金获今所能见之最先拓本《醴泉铭》，因自号欧斋。……仅按先生致力处，与覃溪（翁方纲）为近。而详论书势，比较纸墨，衷怀朗澈，无覃溪专固之习。雅好欧书，而多聚群碑，兼赏众妙，更非覃溪之墨守宋翻化度寺者所得同日而语。至考史证碑，淹通博贯，则又兼竹汀（钱大昕）、兰泉（王昶）之学。读之如入宝山，诚有虚往实归之乐。再读所藏碑帖目录，益见众珍之全貌。昔人每病项子京（项元汴）、梁蕉林（梁清标）未留目录，今先生之藏碑帖，不减项氏、梁氏之藏书画。合观题跋目录，则近代石墨之藏，无或逾此完且美也。”[1]

---

[1] 启功撰《启功序》，朱翼盦著《欧斋石墨题跋》，北京：紫禁城出版社，2006年版，第12页。

鉴藏名家——张效彬

张效彬（1882—1968），名玮、字效彬，号敔园，河南固始人。光绪二十八年（1902）秀才，后留学于英国剑桥大学，归国后，任教于京师法政学堂。辛亥革命后任北洋政府驻帝俄远东（伯力）领事，十月革命后归国，曾任教于中国大学、辅仁大学、朝阳学院等。喜收藏，精鉴赏，收藏宏富，尤以碑帖见长，晚年将所藏全部文物捐献国家，著有《中国财政史》，辑有《敔园丛草》。

张效彬像

张效彬是民国时期北京著名的文物收藏、鉴赏大家。其父张仁黼为朱翼盦先生岳父，张效彬即朱翼盦之子朱家济、家濂、家源、家溍的三舅。张效彬在民国至20世纪五六十年代的北京收藏界名气很大，他出生于书香世家，自幼受到传统教育，从祖父起，家中世代好收藏和鉴赏，并传下了“镜菡榭”收藏印。其父张仁黼为晚清官员，官至兵部侍郎、大理院正卿、吏部侍郎等职。谈到自己父亲，张效彬曾说：“先严（张仁黼）秉性刚直，服膺孔孟，为官多年，廉洁自持，所得薪俸，除购置南小街方家园一所两进大院外，并未在家乡广置田产，大部分收入都用在购置书画、碑帖、古玩上。”[1]张效彬所藏的书画、碑帖、古玩，有一半是继承其父的。他自身亦收藏宏富，尤以碑帖见长。

[1] 徐士瑚撰《忆文物收藏鉴赏家张效彬》，全国政协文史资料委员会编《中华文史资料文库》文化教育编第十六卷，北京：中国文史出版社，1996年版，第621页。

张效彬的学生李家彬在《清华校友通讯》第10期撰文，对张先生讲授中国财政史的情形有详细回忆："张师身材矮小，貌不惊人，恒着长袍马褂……张师博学鸿儒，对于中国自商以来三千余年之财政史，加（如）数家珍，而配合教材，常以其家藏之古物，如商鼎周铜之类相示。中国财政史本属选课，然每次上课，座无虚席，听者动容。课余，张师常邀学生至其家茶叙，其家藏中国文物、古玩玉器，自商朝以至明清，琳琅满目，犹如一小博物馆。师母俄籍，精通英法俄各种语文，独不懂华语，招待茶点，穿梭其间，谈笑风生，构成一幅中西合璧之画面……"[1]张中行则在回忆中说："比如都知道他很有钱，可是他向来不坐车，出门，不管远近，总是走。在这方面，他还有近于阶级的理论，一次同我说，凡是走着来看他的，他一定回拜；凡是坐汽车来的，他一定不回拜，并且告诉来访的人说，因为没有汽车，恕不能回拜。我发觉，他的言行是一致的，比如每年新正我到他家，第二天他一定也来一次。我有时想，他的怪可能与想法过时而又认真有关，比如有一次，他托我代他出让端砚两方，理由是，因为他的斋名是'二十砚斋'，日前买了两方，与斋名不合，所以必须出让两方。"[2]他还自负于自己的养生之道，秘诀就是"不着急、不生气"，直到八十岁，还耳不聋、眼不花。

张效彬自幼受其父影响，对孔孟学说有着深入的研究和论述，在20世纪三四十年代撰写了八部儒学著述，汇编成《敔园丛草》，在香港及海外如新加坡等地广为流传，还曾一度在大学讲授《经史百家杂钞》。他为人处世处处遵守礼法，年轻时常西服革履，归国后自三十年代起，总是夏天长衫，冬日棉袍，外罩马褂，头戴黑缎小帽，颇有清末士人的遗风。对待学术问题，张效彬向来坚持自己的意见，对于认定的观点和信仰绝不轻易改变，他曾一度与郭沫若往来颇多，但二

[1] 徐士瑚撰《忆文物收藏鉴赏家张效彬》，全国政协文史资料委员会编《中华文史资料文库》文化教育编第十六卷，北京：中国文史出版社，1996年版，第623页。

[2] 张中行著《负暄琐话》，北京：中华书局，2006年版，第131—132页。

人因对待问题的出发点不同，结论亦不同，特别是他们对中国历史上许多问题的解释存在着一定的差异，因此一见面就争论得面红耳赤，互不相让，最后索性断绝了来往。

谈到张效彬的收藏，除世人皆知的碑帖外，还有大量书画文玩。据他的友人徐士瑚回忆：“张先生在解放前的数十年期间，除任公职、教职与从事著述外，最大的嗜好就是千方百计地搜购名画、名帖、名砚、玉器、青铜器，据他说，连同他父亲传下来的文物，共有 270 余件，其中明画最多……他讲他收藏的明画，北京任何收藏家都不及他的多，也不及他的好，这些明画都收藏在他家后院一高大房间内。元画中，我只记得一幅李享的几串紫葡萄，[1]是常挂在他的客厅的，至于他家的青铜器、玉器、古砚等古物，与《四书》《五经》，则摆放在客厅内的楠木书架与楠木条案上。”[2]1949 年前，张先生曾为了购买一件“提梁卣”，忍痛将南小街一座两进的深宅大院卖了 5000 银元，他们一家不得不搬到妹妹家外院的小平房居住。20 世纪 60 年代，张效彬感到自己年事已高，故于八十岁寿诞之时立下遗嘱，在自己百年之后将全部文物捐献国家，他还请父亲的学生陈叔通、山西大学教授徐士瑚二人在遗嘱上签名做证。张效彬捐赠的部分碑帖，如今藏于首都博物馆。

张效彬的书法存世较少，能见者多为题跋，在拍卖市场上偶有出现，笔者因工作之缘，通过整理张先生所藏碑帖，对张先生的书法略有涉猎。他对书法极为钟爱，穷其一生研习书法，功力很深，加之受家庭影响，自祖父起，家里世代好收藏和鉴赏，父亲张仁黼亦善书，时人杜慕堂曾评其书“导源于鲁公，蹀躞于虞世南，用笔之厚，结体

[1] 笔者按，李享原文标注为元代画家，但未查到其人，清代有一李享，字仲仁，清代画家，所绘花鸟虫鱼皆绝妙。乔晓军编著《中国美术家人名辞典补遗一编》，西安：三秦出版社，2007 年版，第 222 页。

[2] 徐士瑚撰《忆文物收藏鉴赏家张效彬》，全国政协文史资料委员会编《中华文史资料文库》文化教育编第十六卷，北京：中国文史出版社，1996 年版，第 624 页。

之严，不愧老成典型”[1]。张效彬是在文人世家中成长起来的书法家，青年时曾任驻帝俄远东（伯力）领事，为开眼看世界的早期中国人之一，具备深厚的学养和广博的胸襟。同时，张效彬亦属于旧京金石收藏家群体，他虽未能留下系统的碑帖著述，但其所藏碑帖无论是数量还是质量都很高，在民国至1949年后的收藏界名望甚高。通过整理张先生所藏碑帖，笔者对他的书学经历略有了解。如他在1949年书于《隋龙藏寺碑精拓旧本》中的题跋云：“丁巳至癸亥数年间，喜临北碑，殊不免芝陔老人（李在铣）所刺，择焉不精，实乖大雅。甲子于役北海，行装已具，忽得一皇甫明公碑‘务’字不损本，乃去而习欧书，十年不获寸进，因改临此碑，岁壬午又得虞公碑宋拓本，复回欧，学六七年来，无所得如故也。”[2]明确地谈到1917年至1923年间喜临北碑。但从可见的张效彬所藏碑帖来看，并未发现魏碑拓本。由于笔者仅得见部分张效彬捐赠碑帖，因此不知藏品中是否存有魏碑，但可推断张效彬捐赠藏品中魏碑很少，这可能源于其好尚。1924年，张先生收得欧阳询《皇甫明公碑》后，开始习欧阳询，十年没有进境，故改习《隋龙藏寺碑精拓旧本》。1942年，收得欧阳询《虞恭公碑》后，复习欧楷，仍觉无进展，因此复习《隋龙藏寺碑精拓旧本》。在此段跋文末尾，张效彬感慨自身习书虽“勤而又恒”[3]，但“学书多而有成者少”[4]。从此段文字来看，张效彬的学习徘徊于隋唐之间，对《隋龙藏寺碑》及欧阳询《皇甫明公碑》《虞恭公碑》均有涉猎，且“勤而有恒”，下了很大的功夫。他在1964年于《褚遂良圣教序》的题跋中，进一步阐发了习书主张，他认为《房梁公碑》《雁塔圣教序》二碑“皆极不易学。若徒求形似，而不得其高华之丰韵，则不免习气重。甚至横不平，竖

[1] 杜慕堂《谈谈清末河南几位书家》，全国政协文史资料委员会编《中华文史资料文库》文化教育编第十五卷，北京：中国文史出版社，1996年版，第360页。

[2] 参见《隋龙藏寺碑精拓旧本》，首都博物馆藏。

[3] 同[2]。

[4] 同[2]。

张效彬楷书题《隋龙藏寺碑精拓旧本》

张效彬为《隋龙藏寺碑精拓旧本》作楷书题跋

不直。故自来临褚书而名世者绝少”[1]，可见他觉得褚书不易学，题跋中谈到他曾系统临习过褚遂良体书法，但终未能窥其奥窔。据笔者研究，清末民初，北京确实有一批学者的书法标榜褚遂良体，习褚书也形成了一定的风气。像张效彬的友人赵世骏，即以擅长褚体书法称著一时。而活跃于旧京的河南名士秦树声，与张效彬为同乡，亦工褚书。

从目前可见的张效彬题跋来看，他早年习书应受过严格的馆阁体训练，1917 年至 1923 年之间喜临北碑。1924 年，转临唐欧阳询《皇甫明公碑》《虞恭公碑》和《隋龙藏寺碑》，其间也临习过唐褚遂良《雁塔圣教序》《房梁公碑》等。从其所藏碑帖来看，他可能还临习过《隋元智暨夫人姬氏志》《隋孟显达碑》《唐颜鲁公家庙碑》等，可见张先生终生致力于楷书学习，取法在北魏、隋、唐之间。他的楷书吸纳了隋、唐碑版中细腻遒美的风格，取北魏的刚劲挺拔的朴拙美感。初看张效彬的楷书题跋，与唐人写经体略为近似，其笔力强健，气格在隋唐

[1] 参见《褚遂良圣教序》，首都博物馆藏。

张效彬楷书题《田园风味》横幅

之间。

徐小燕女士曾回忆张先生晚年作书情况：“记得张老每天上下午各写寸楷四纸，已坚持了半个多世纪，难怪他字体工整娟秀，遒劲有力。一笔一画，一撇一捺，都是那么疏密得体，凝重稳健。”[1]他亦能书大字，从他为自家藏品题《田园风味》书法来看，其大字应以颜真卿体为主，与父张仁黼书法“导源于鲁公”如出一辙。

客观地讲，张效彬的大字楷书不如其小字耐看，力度亦不甚强，这也似乎是其书法的不足之处。张先生行草书存世不多，《褚遂良圣教序》后的题跋是其行书作品，从结体和行笔来看，应归于帖学范畴，取法在二王、智永之间，无甚突出面貌。张效彬藏品中还有《元拓岐阳石鼓文》《明拓汉置卒史碑》《吴天发神谶碑》，他在《房梁公碑》中所作题跋有“常习篆籀以用中锋，习分隶以炼辅毫，习颜书以植间架，习欧书以取姿势，于褚派则只临同（州）本圣教序记”[2]，可见他对篆隶书应略有涉猎，但似乎很少临摹。总之，张效彬书法还是以楷书最为见长，从其所作的诸多题跋来看，以《元拓岐阳石鼓文》题跋最长，且最精彩，洋洋洒洒数百字的楷书，整体气息通畅，用笔劲挺爽利，是将金石气和书卷气完美结合之作品。

清末民初，很多书家对于书法仅作为实际的应用，并未以此加以

[1] 徐小燕撰《文物鉴赏家张效彬》，中国人民政治协商会议北京市委员会文史资料研究委员会编、舒乙主编《京华奇人录》，北京：北京出版社，1992年版，第295页。

[2] 参见《房梁公碑》，首都博物馆藏。

炫耀，但他们临池功力深厚，风貌独特。像张效彬，他经历了科举的训练，自身又对金石、书法甚为喜好，一生收藏甚富，对前人名迹心追手摹，特殊的身份和经历，为其提供了广阔的视野，因此他的书法自成一格，别具风姿。但是，随着时间的流逝和复杂的历史原因，后人对他们的书法了解不多，其作品也极少流布，如今仅能通过题跋领略他书法特有的面貌。民国时期北京书法的发展进入了一个黄金期，碑帖两派书风并存，名家辈出，擅长书法的学者、文人如车载斗量，虽然他们并不以擅书自我标榜，但其书法是那一时期学者书法真实水平的展现。如今，研究者对吴昌硕、溥心畲、于右任、齐白石等名家书法关注较多，对张效彬这样活跃于清末民国的学者书法不甚重视，金石书法家的作品更是没有得到应有的保护和整理。张效彬所藏碑帖，存有很多活跃于京城的金石书法家如蒋式芬、宗树楷、徐坊等人的题跋文字，如今这些书家却连生平和经历都无从查起，甚为可惜。笔者认为民国时期北京书风是由多种群体书法风格所组成的，这些文人学者金石家所创造的书风正是民国时期北京书法史的重要组成部分，其风格代表着帝都“京派”书风一种颇具代表性的书法面貌。

千里骏骨——杨天骥

杨天骥（1882—1958），本名锡骥，自改天骥，字千里，号骏公、茧庐等，笔名东方，江苏吴江人。光绪二十四年（1898）秀才，二十八年壬寅科（1902）优贡。后就读于上海南洋公学及法政讲习所。曾任上海澄衷学堂国文教师，三十年（1904）加入同盟会。宣统元年（1909），陆续担任《民呼》《民吁》《民立》及《新闻报》等主笔及编辑，宣传革命思想，曾加入南社。辛亥革命后，先后任职于北洋政府、国民政府，一度任国务院秘书，后任吴江、无锡两县县长。1936年，脱离政坛，以著述、书法、篆刻自给。日本侵华期间，辗转居于香港、桂林、重庆等地。1949年后，受聘为上海文史研究馆特邀顾问、徐汇区政协委员。1958年病故。编辑有《简易修身课本》《女子新读本》。

杨天骥像

谈到杨天骥，今人对他知之不多。据笔者所知，马国权撰《近代印人传》中收录有其人其艺，郑逸梅编著《南社丛谈：历史与人物》中有其逸事的介绍。2008年第一期《书法丛刊》曾刊崔瑛、南雁撰《善撰对联的杨千里》一文，讲述了杨天骥善撰对联及相关受赠者的情况。2014年杨天骥之子杨恺先生编《千里骏骨——纪念杨天骥先生逝世五十五周年》一书，收录了杨天骥部分日记及家人师友对他的回忆文章。

据《近代印人传》记，杨天骥在乡擢任优贡[1]后，曾在乡设帐授徒。后杨先生入南洋公学，曾师事唐文治、何梅生、张元济等，专攻国学，并从吴昌硕请益篆刻。杨天骥在上海澄衷学堂教国文时，为学生推荐严复译《天演论》，学生胡洪骍受其思想影响，更名“胡适”。胡适在《四十自述》中写道：“澄衷的教员之中，我受杨千里（天骥）先生的影响最大。”[2]胡适身居北大校长后，依然敬重杨天骥先生。《南社丛谈：历史与人物》中记“他能文、能诗、能词、能刻、能书、能治稗官家言”[3]，《千里骏骨——纪念杨天骥先生逝世五十五周年》收录有杨天骥1936年日记，从中可了解他在北京的社会活动和交游情况。

从日记中可知，杨天骥与北京的渊源很深。他和学界的夏敬观、寿石工、萧谦中、张海若、徐森玉、马衡、张允中，政坛的孔昭焱、杨永泰、周肇祥，教育界的符鼎升及旧京古玩界商人均有一定的交往，其中杨天骥与寿石工、萧谦中关系最为密切。据杨天骥好友、掌故学家高伯雨记，杨先生工篆刻，功力韵味，皆在石工之上。1914年，杨天骥和寿石工曾同住北京一屋，寿经常将所刻之印向杨请教，杨天骥教他尽去清人飞鸿堂印谱一类的恶俗之态，专攻汉印，旁及赵之谦、吴让之、吴昌硕，必能去尽俗气。寿石工将旧作尽数磨去，重新刊刻。[4]杨天骥在日记中记有“又为石工制‘火传四明’印，为石工夫人（宋君方）制‘君方’小印，系仿汉碑头者”[5]，此印即为寿石工请杨先生

[1] “清制，各省学政三年任满，根据府、州、县教官上报，会同总督、巡抚，从在学生员中选取文行俱优的人，由学政考定保送，大省六人，中省四人，小省二人。叫优贡。”参见孙永都、孟昭星编著《简明古代职官辞典》，北京：北京图书馆出版社，1997年版，第224页。

[2] 马国权著《近代印人传》，上海；上海书画出版社，1998年版，第170页。

[3] 郑逸梅编著《南社丛谈：历史与人物》，北京：中华书局，2006年版，第216页。

[4] 高伯雨撰《长安印丐寿石工》，高伯雨著《听雨楼随笔》（二），香港：牛津大学出版社，2012年版，第183页。

[5] 杨恺编著、吴江博物馆编印《千里骏骨——纪念杨天骥先生逝世五十五周年》，杭州：西泠印社出版社，2014年版，第78页。

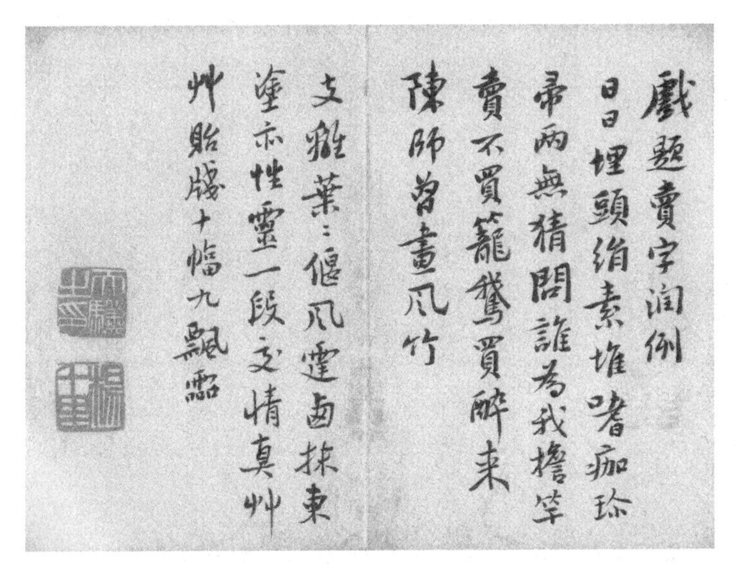

杨天骥行楷书《戏题卖字润例》

所刻。而《寿石工藏印》[1]中除收录此印外，还有杨天骥刻“枯桐”“山阴寿石工”“馥秋阁”“金谷兰亭同梦”“欢憙”诸印，可见杨天骥和寿石工的关系在师友之间。画家萧谦中最初寓居北京，亦曾住于杨天骥家，杨为萧谦中治印不少，日记中亦记有很多二人交往的片段。杨天骥还曾为琉璃厂书写匾额，[2]荣宝斋亦为其悬润鬻印，[3]旧京名流得其治印者不在少数，各类雅集均有杨天骥的身影。

杨天骥是一位传统的文人，他精通诗文、书法、篆刻，早年曾加入同盟会及南社，投身报业，宣传革命思想，与革命党人陈其美、宋教仁、于右任、徐血儿、谈善吾为革命同志。辛亥革命后，他曾在北

[1] 天津市古籍书店出版《寿石工藏印》，天津：天津市古籍书店，1991 年版。

[2] “徐森玉在三时待我写字，往已近四时，写数联及琉璃厂古玩肆匾额等。”参见杨恺编著、吴江博物馆编印《千里骏骨——纪念杨天骥先生逝世五十五周年》，杭州：西泠印社出版社，2014 年版，第 85 页。

[3] “今日上午，作印三方，皆为荣宝斋送来者。”同 [2]，第 89 页。

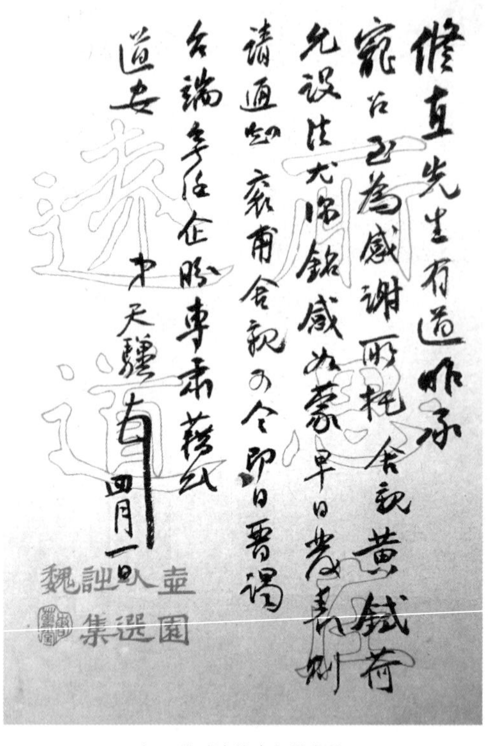

杨天骥致许修直行楷书札

洋政府任职，与北洋政要亦有一些交情。寓居京城期间，他还与一些遗老遗民保持着文士交往，虽然杨天骥的身份比较特殊，但由于他深厚的旧学基础和宽厚的为人，得到了旧京各界人士的推重。

谈到杨天骥的书法、篆刻，在民国时期的旧京名气不低。他的书法早年源自家学，受父亲杨颐影响。杨颐为进士出身，官至江苏学政，据称杨天骥最初名“锡骥”，其父杨颐取曹操《龟虽寿》“老骥伏枥，志在千里”，意为老天赐家里一匹千里马。杨天骥早年随父到驻地镇江读书，由于父亲教授有方，加之他天生聪颖，五岁读书，六岁开笔，自幼就熏陶于书香笔墨之中。约十三岁，其书法在家乡已小有名气，甚至有些人开始专门购藏他的作品。杨天骥生于清末，习书必然受到馆阁体的影响，但他似乎并未取法欧阳询、柳公权等法度谨严的书体，而是从颜真卿入手。有学者认为杨天骥的楷书得力于唐《开成石经》，但笔者未曾见他早年的书法，对此持保留意见。他的行书从二王入手，转而师法宋贤，以米芾和苏轼为依托，因此他的行书宋人意味十足，尤其是他的行楷书，丰腴饱满，洒脱飘逸，灵动而富有诗趣，看似不着力，但非有深厚学养者不能及。杨天骥书法的高妙处在于挥洒自如，未囿于馆阁体的限制，也未受到欧、柳书法的束缚。清末士人书法往往受馆阁体牢笼，如黄自元擅长的欧、柳帖学书法，陈宝琛、朱汝珍作书展现出浓郁的欧书风貌。因此，进入民国，一些碑派书家往往以此抨击馆阁体书法，视黄自元、陈宝琛、朱汝珍为攻击对象。杨天骥习书亦从馆阁体出，但他的书法似乎能体现出书家的性情，师法唐人融汇宋韵，依托帖学，将宋贤中“意”进行了很好的诠释。民国时期标榜宋贤书风者不乏其人，他们的书法成就亦不容小视，如晚年附逆的梁鸿志、王揖唐书法均标榜宋贤，书法也写得很够水准。民国时期帖派书法中，标榜晋贤、唐风外，还有一批人是推崇宋人的，杨天骥就是其中的一位。他的草书亦是从二王入手，进而取法怀素，甚至还融入了明人王宠的意味。从传世的杨天骥作品来看，草书与于右任相类，但无于书方折。杨天骥亦工隶书，得力于汉《熹平石经》，用笔凝练含蓄，方圆并济，气度雍容，结体文雅。

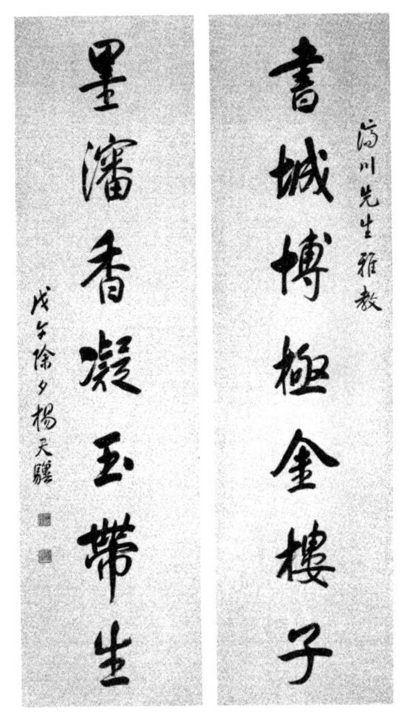

杨天骥行楷书《书城墨瀋》七言联

从杨天骥的书法来看，他应属性情温和之人，作书不求险怪离奇，而是遵循正道，正大光明，兼具文人姿态和情调。从风格上来看，杨天骥书法受碑派书风影响不大，对于流行的康有为、杨守敬书风，似乎并未涉猎。但他晚年一度鼓励家中晚辈临习《石门铭》，看来他对碑派书法也不完全排斥。总之，杨天骥的书法应属传统的文人名士书法，不具有突出的个人面貌。他标榜宋贤，书法功力和见识不低，只是不喜以突出的面貌作惊世骇俗之态。

杨天骥工篆刻，名气亦颇高，通过《近代印人传》中的记录及《寿石工藏印》中收录的印章，大略可以分析其源流。马国权记其“治印始于少时，初宗汉印，既得吴让之、赵㧑叔两家印谱，又取其姿致，变化揖让，体貌益广。平素勤研篆隶，博涉金石文字，后获领教于吴昌硕，篆法刀法益加雄肆，陈师曾曾以诗三首作为《题茧庐摹印图》之咏。年未三十，已名重江南，四方求其印者踵接，有《茧庐治印存稿》传世"[1]。从《寿石工藏印》中收录杨天骥篆刻作品来看，杨天骥篆刻风格和寿石工近似，且通过杨天骥之子杨恺回忆："父亲刻印章非常快。平时我看他刻，先选好一块石料，然后直接用小楷毛笔在石料上写反字，写好等干，就开始刻，个把小时就能完成。有时也先沉思片刻，拿起刀就直接刻，真是'胸有成竹''一气呵成'。"[2]其刻印的方法和寿石工颇为近似，寿刻印亦不过墨稿，直接反书于石上，或将印面涂黑，运刀如笔，速度极快，谈笑间金石为开，看似随意，却反映出他深厚的功底。寿石工曾受杨的点拨，他二人均取法吴让之、赵之谦、吴昌硕、黄牧甫印风，杨天骥篆刻布局取法赵之谦，刀法标榜缶翁，继承了流派印风的诸多特点，气息雅正平实，不故作姿态，显得端庄而古朴，显示出他平正稳重的性格和传统的旧式文人修养。关于寿石工和杨天骥的篆刻，笔者并不完全赞同高伯雨的评价，杨天骥虽在年龄和习印时间上或早于寿，但寿石工一生治印数量极为庞大，据称有数万方之多。其自用印也超过两千多方，在风貌上较杨氏前卫且个性分明，加之其诙谐的性格，为寿石工的篆刻增添了些许动感和趣味。与民国时期北京诸多印人相比，寿石工治印气息酣畅，艺术家特质浓郁。而杨天骥则为传统的旧式文人，其篆刻平正而不涉险绝，从流派印入手，

杨天骥刻
"山阴寿石工"印及边款

[1] 马国权著《近代印人传》，上海：上海书画出版社，1998 年版，第 172 页。

[2] 杨恺编著、吴江博物馆编印《千里骏骨——纪念杨天骥先生逝世五十五周年》，杭州：西泠印社出版社，2014 年版，第 11 页。

亦以此为归宿，显得过于严肃而保守，加之其印谱流传不广，故在名气上不能与寿石工相提并论。

由于杨天骥的特殊身份和经历，其篆刻受到士人群体的推重。从抗战末期他为于右任治“于右任”“太平老人”印来看，其印风此时已基本定型，风貌端庄雅驯，笔画粗细匀称，过于恪守前人陈规，反而失去了自身的特点，这也可能是老辈文人那种谦虚平和内心世界的体现。

翰林遗风——邢　端

邢端像

邢端（1883—1959），字冕之，号蛰人，笔名新亭野史，贵州贵阳人。光绪二十七年（1901）举人，三十年（1904）进士，次年赴日公费留学，毕业于日本大阪高等工业预备学校及东京法政大学。三十四年（1908）归国，后历任翰林院检讨、奉天八旗工厂总办、天津直隶高等工业学堂监督等。辛亥革命后，曾任北洋政府工商部佥事、图书馆主任、农商部技监。1917年后任北洋政府农商部矿政司司长、工商司司长、普通文官惩戒会委员、善后会议代表、井陉矿务局总办，曾参与创办地质调查所。1927年，张作霖主持北京政府后，他辞去所有职务，闭门谢客，以著述鬻书为生。1949年后，任中央文史研究馆馆员。1959年病故。著有《蛰庐丛稿》，辑有《于钟岳别传》《清代黔人馆选题名》等。

邢端是寓居旧京的贵州人，光绪三十年（1904）中进士后即点翰林，成为中国科举考试最后一科（甲辰科）中最年轻的翰林（21岁），这也使他很早即闻名于京城。1927年邢端退出官场，一直寓居于北京。居闲时，他以赋诗写字为乐，并好购藏图书，尤注重收集整理家乡贵州的文献资料，其间邢端曾和同乡朱启钤共同编纂了《黔南丛书别集》。邢端工诗擅书，与旧京各界名流颇多往还，如叶恭绰、朱启钤、钟刚中、周肇祥、姚华、陈师曾、徐燕孙、傅增湘、江庸、齐白石等，与朱启钤、钟刚中最为友善。钟刚中在为邢端《蛰庐丛稿》撰序中对其为人做过简单的描述："君才器敏练，职务悉办，志又谦巽，乐于施人，亲故周恤及文字来请者，皆餍所期以去，由是闻誉翕然。"[1] 1937年，北平沦陷，邢端因其前清翰林、日本留学生的身份，受到侵略者的关注。日本人曾力邀其出任伪职，遭到他严词拒绝，保持了崇高的民族气节。在极为困难的时期，邢端以在琉璃厂鬻书维持生计，过着淡泊清贫的生活。为了发泄胸中的愤懑，他曾创作了大量的爱国诗篇，如1939年《己卯北海禊集》"城阙依然五尺天，风流非复永和年。祓除一室吾安用，剩写山阴誓墓篇"[2]，邢端在此诗中以王羲之"誓墓"作比，拒绝与侵略者为伍。1945年抗战胜利后，邢端欣喜若狂，撰《收京喜赋》："南冠八载坐幽囚，露布欣传遍九州。日丧偕亡闻见笑，河清可俟仗人谋。度辽并雪前朝耻，复楚终歼九州仇。犹有台澎遗老在，喜心翻倒涕难收。"[3] 此诗颇得杜甫《闻官军收河南河北》之神韵，爱国情怀呼之欲出。同年，国民党要员李宗仁赞赏邢端的气节，曾设宴招待，希望他能为国民政府效力，翁文灏、张道藩也曾登门劝其出仕，但邢端均不为所动，一概回绝。

1949年，北平解放，周恩来代表中国共产党和毛泽东主席宴请邢端等十位在世的前清翰林，此事在旧京传诵一时。1951年，邢端接受毛泽东接见，并与毛泽东作诗唱和。他随后还写下了《怀仁堂公宴》，"四壁华灯照举觞，八方异乐动春声。瑶阶云拥千年鹤，琼苑风传百啭莺。酒泛波光招醒客，雨如人意放新晴。儒冠获与瀛台会，更幸余年见太平"。[4] 同年，邢端受聘为中央文史研究馆馆员，后被推为北京

[1] 钟刚中撰《蛰庐丛稿》序，罗湘民、钟海、钟若水编《钟刚中艺文集》，北京：华文出版社，2012年版，第38页。

[2] 转引自刘学洙撰《铁骨铮铮一翰林——贵州先贤邢端及其〈蛰庐丛稿〉》，《贵阳文史》2003年05期，第36页。

[3] 同[2]。

[4] 同[2]。

市政协委员。

晚年，邢端投身于各项社会活动，多次参与稊园诗社雅集，创作出很多歌颂新中国的诗篇。1954年，受成都相关部门邀请，邢端与诸多北京各界名流，为成都杜甫草堂书写杜甫诗，并制成木匾，悬挂于杜甫草堂之内，供世人观赏。临终前，邢端将所藏全部图书、碑帖约数十箱、二万余册，无偿捐赠给家乡贵州省图书馆和博物馆，为家乡文化事业做出巨大贡献。他还曾作诗一首："已到钟鸣漏尽时，归人何用更伤离。九原亲友如相问，犹有怀中一卷诗。"[1] 从此诗中可见证翰林邢端潇洒超脱的一生。

目前，对于邢端的研究，一般围绕他的藏书和生平传记，其书法往往仅谈擅长楷行二体。客观地讲，邢端书法在旧京有一定的名气，由于他的翰林身份及早年身居官场，北平沦陷期间，他以鬻书为生，拒绝与侵略者合作。加之他身边的友人均为一流的学者、艺术家、诗人，其书法自有过人之处。从现今的展览和拍卖中看，邢端书法出现的频率很高，尤其是在一些关于旧京书家的作品及藏品中，经常能看到他书写的题跋，首都博物馆、荣宝斋中也藏有邢端书法。以今日艺术视角看来，邢端书法往往被归入翰林书法的研究范畴，俗称"翰林字"，甚至一些人追述此类书法在"文革"前夕的琉璃厂曾以极低的价格出售。但在清末民初时期，尤其是清代，翰林书法在旧京有很高的地位，以清四家之一刘墉书法为例，与他同时的书法家王文治曾说："石庵以名翰林扬历中外，继世业，参国政，清操直节，朝野仰望。至于书则往往震于其名而泛泛称道之，逮叩其所以佳，未必真知也。"[2] 从中足见翰林书家的地位。晚清民国之初，虽碑派书法一度成为书坛的主流风格，但帖学书法并未退出历史舞台，旧京中有很多人士即以擅长帖

[1] 转引自刘学洙撰《铁骨铮铮一翰林——贵州先贤邢端及其〈蛰庐丛稿〉》，《贵阳文史》2003年05期，第34页。

[2] 王文治撰《快雨堂书论》，崔尔平选编点校《明清书论集》，上海：上海辞书出版社，2011年版，第1011页。

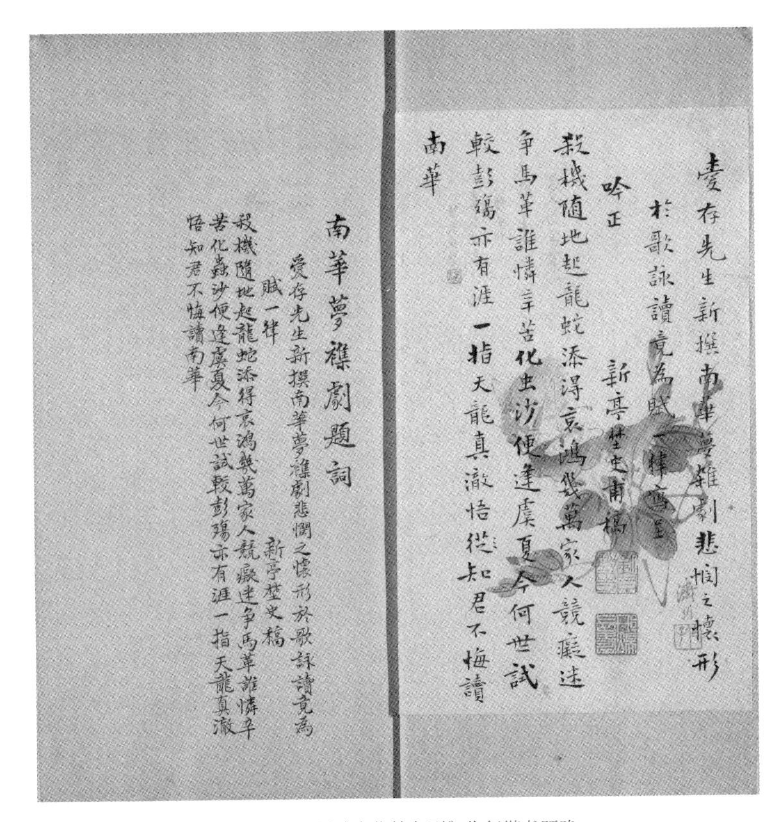

邢端为章鸿钊《南华梦杂剧》作行楷书题跋

邢端楷书扇面

学书法而受到推崇，如清代最后一位状元刘春霖，他的书法在旧京销路颇佳，甚至一度成为琉璃厂各大南纸店、古玩店的紧俏商品，其间仿作也不少。[1]除刘春霖外，以擅长帖学书法称著一时的还有华世奎、谭延闿、商衍鎏、潘龄皋、陈云诰等，而遗老中擅长此类书法的更不在少数，如陈宝琛、梁鼎芬、朱汝珍、朱益藩等。故此，邢端是以擅长帖学书法在旧京书坛占有一席之地。

细致分析邢端的书法，据相关资料记载，他出身贫寒，七岁丧父，虽一度辍学，但坚持自学苦读，故能在科举考试中脱颖而出。算来邢端生于1883年，此时为光绪初年，科举制度未废，而书法依然推崇馆阁体，流行着一种“不欧不柳不颜”[2]风格，且同时期在坊间流行着《间架结构摘要九十二法》一书。此书最初刊行于1884年，也就是邢端出生的次年，作者为黄自元[3]，这也是黄对后世影响极为深远的作品。邢端受私塾教育，习书应从“描红”开始，后“双勾”逐渐临习法帖，教授者一般为地方具有科举经历的秀才、举人，他们除了身历科举外，旧学和书法都非常好。在他们的指导下，邢端基本上具备了较扎实的基础。从他晚年的书法来看，邢端习书似从欧、柳入手，取欧书之谨严，柳书之筋骨，结体端正，墨色饱满，从一定程度上看，似受流行的黄自元书法影响。有趣的是，邢端的挚友钟刚中，他的楷书与邢端

[1] 据邓云乡先生回忆，民国时期琉璃厂清秘阁伙计曾仿作刘春霖扇面出售，后为刘春霖识破。参见邓云乡撰《末代状元》，邓云乡著《文化古城旧事》，石家庄：河北教育出版社，2006年版，第356—358页。

[2]（清）欧阳兆熊、金安清著《水窗春呓》，北京：中华书局，1984年版，第61页。

[3] 黄自元（1836—1918），字敬舆，号澹叟，湖南安化人。同治六年（1867）举人，次年获殿试第二名（榜眼）赐进士及第，授翰林院编修，曾任顺天乡试主考、江南乡试副主考、后历任河南道、陕西道监察御史，简放甘肃、宁夏知府，中年后丁忧回籍，光绪二十年（1894）甲午战争起，曾随湖南巡抚吴大澂率湘军赴山海关一带参战，任随军参赞，后兵败从海上逃归，晚年居长沙。工于书法，曾被清同治帝赐以“字圣”称号。是晚清著名的馆阁体书法家，刊行的字帖有《临柳公权玄秘塔碑》《临欧阳询九成宫醴泉铭》，书写有《正气歌》《间架结构摘要九十二法》。《间架结构摘要九十二法》刊行于光绪十年（1884），流传甚广，达到家喻户晓、习书之人必备的程度。

湛湛長江水上有楓樹林皋蘭被徑路青驪逝駸駸
遠望令人悲春風感我心三楚多秀士朝雲進荒淫
悅天仁兄雅屬即正　戊子春蟄人邢端

邢端行楷书

《阮籍咏怀八十二首之一》

暮年多遐思買田王官谷卜宅當谷口聊構數椽屋
門對天柱峰窗挂千尺瀑仙靈委空蜕通客遂初服
高嶺披松杉深巖藏橘槲峽逼疊溜鳴崖落危石撲
細路連棧橋層巔走牧犢
邢端時年五十有九

邢端行楷书立轴

颇为近似。但从邢端的楷书来看，其书法反映出一种雄直疏宕的气度，亦展现出欧阳询书法中的冷酷之美。这种书法虽无突出的面貌，但与其人格和内心相通，体现着一种谨严和朴雅。邢端的行书则继承了馆阁体的基本风格，在坚守欧、柳的基础上，融汇赵孟頫、董其昌，并逐渐形成了自己的特点。

邢端常年究心诗学，故其行书中还有着诗人的独有情怀。笔者认为，如果以清末民初擅长馆阁体的书家为研究对象，这些看似千人一面的书法风格，实质上其中也有本质的区别。此时期标榜馆阁体，并均以欧字名世的书家有很多，以陈宝琛、朱汝珍、杨钟羲为例进行比对，他们同为取法欧阳询，陈宝琛书法内敛醇厚，有古名臣之风；朱汝珍遒劲清秀，极具诗人气质；杨钟羲饱满雄浑，展现了北方旗籍学者之胸襟；而邢端书法则刚正豪迈，沉雄郁博，体现着一种贵州人特有的阳刚之美。故此，对于馆阁体书法，笔者认为不要一味以“死板无生气”“缺乏建树”加以贬斥，应从多重角度加以考量。以笔者所见故宫博物院内各宫殿所存帖落（中国传统书法绘画的一种装潢方法，四边镶绫边，直接裱糊于墙壁或槅扇之上。）书法来看，虽均为馆阁体书写，但其中也有细微的变化，它们与宫廷建筑相得益彰，别具古姿。因此，邢端书法有他的个性和过人之处，值得深入挖掘和研究，尤其是可将其归入贵州书风加以考量，从中或可寻觅出独特的地域书法风格的流变过程。

金石学者——陆和九

陆和九（1883—1958），原名开钧，号墨盦，晚号四石居士，湖北沔阳人，蒙古族。光绪二十五年（1899）秀才，二十九年（1903）毕业于汉阳府中学，后赴北京，肄业于吏部学治馆法政班，旋任津浦铁路总局书记。辛亥革命期间回湖北，任武昌文华大学译学馆馆长兼汉文科科长、湖北襄阳师范学校教员，后任北洋政府内务部礼俗司第四科编辑，去职后曾在山东、河南等地从事文物考古工作。后赴京，历任中国大学讲师、民国大学教授、辅仁大学名誉教授，1952年辞去辅仁大学教授职务，被聘为中央文史研究馆馆员。著有《中国金石学》《古器物学》《中国文字学》《篆刻学》，出版有《墨盦竹印选》。

陆和九像

陆和九本是蒙古皇室（孛儿只斤·阿里不哥）后裔，元时因宫廷之难，逃至湖北，其家族经历元明清三代与汉族的交流和融合，逐渐转变为书香世家。受家庭影响，陆和九自幼酷爱书法篆刻，据马国权先生在《近代印人传》中记载，陆和九的书法篆刻承继家学，其家治印的风气至陆和九已传七代。他还藏有其先人刻《介石山房印景》，为袖珍本，内皆象牙小印，扉页有“同治壬申七月篆刻”题字，可见他家学渊源之深厚。陆和九出身科举，后从事教育及文物考古工作，入京后，任教于辅仁大学，讲授金石学、古器物学、文字学及书法篆刻。

这一时期，北京作为中国数百年的文化古都，集中了大量的新旧人才、通学硕彦、书画名家，陆和九就是其中的一位。由于其自身深厚的家学和对文物考古的热爱，加之对金石学研究及擅长碑帖鉴定和书法篆刻，陆和九在旧京文化界圈内赢得了“黑老虎大王”的雅号，他还曾参与琉璃厂著名的碑帖店庆云堂的碑帖鉴定和整理。京城人士收藏到好的碑帖，往往请陆和九鉴定品评，并以得到陆氏的题签、题跋为荣。琉璃厂同古堂篆刻家张樾丞以擅长篆刻和刻铜墨盒为世人所知，张氏所制墨盒常请陆和九代为设计图样，再以铁笔刻出，其作品也成为旧京文人墨客钟爱的文房用品。西泠印社创始人之一的叶为铭，年齿长于陆和九，却十分赏识陆氏在金石学上的造诣，他们常互相切磋共同考证一些金石问题。如今，故宫博物院、国家图书馆、北京大学图书馆、首都博物馆藏的一些碑帖拓片中还留存有大量陆氏的题字、题跋。篆刻家齐白石之子齐良迟二十余岁入北平辅仁大学美术系学习，曾师从陆和九，学习陆氏“双侧入刀”的刻印方法，与其父“单侧入刀”法结合，对齐派印风有所发展。学者许林邨、任晓麓、钮隽早年也曾受教于陆和九。

谈到陆和九的书法，如今可见的有楷书、行书、篆书、隶书数种。他的楷书早年以欧、颜为基，后渐取法魏碑，但似乎未直接临摹北朝碑版，而是从碑派书家何绍基、赵之谦、康有为、于右任入手，利用近代碑派书家的成果。其中陆和九楷书受赵之谦影响最深，赵习楷书亦从颜体入手，博涉篆隶，后致力于北碑，将原本宽博雄劲的唐楷逐渐转变成斜画紧结的北碑风格，于清末书坛独树一帜。但客观地讲，赵书北碑过于追求以“笔”摹“刀”，个人创造较多，其书风并未得到清末民初书坛的普遍认可。如碑派名家康有为在其《广艺舟双楫》评其书“赵㧑叔学北碑，亦自成家，但气体靡弱。今天下多言北碑，而尽为靡靡之音，则赵㧑叔之罪也”[1]，赵之谦因此也被称为“北

[1] 康有为著《广艺舟双楫疏证》，台北：华正书局，1980年版，第217页。

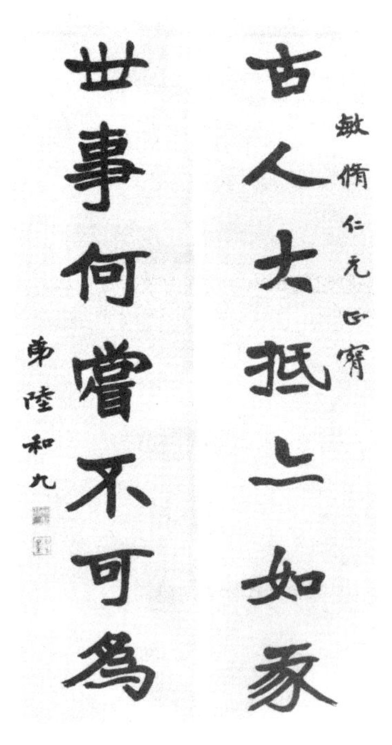

陆和九楷书《古人世事》七言联

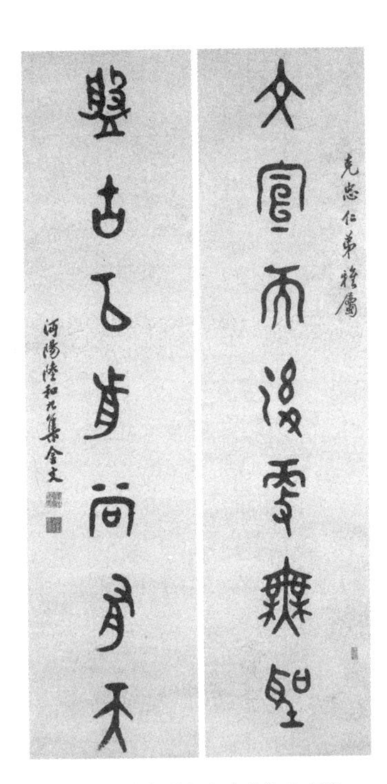

陆和九篆书《文宣盘古》七言联

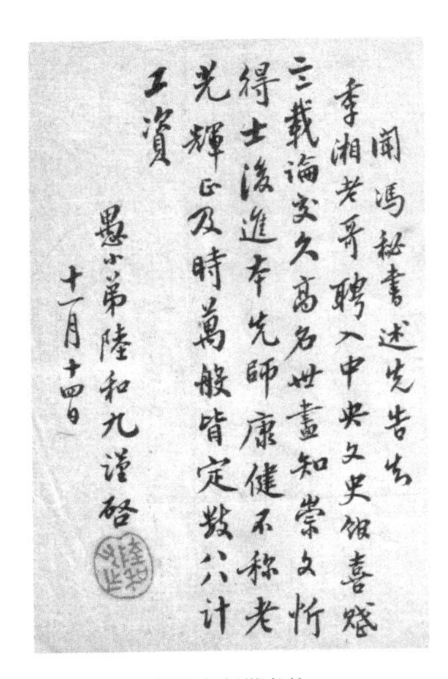

闻冯秘书述先告知
季湘老哥聘入中央文史馆喜慰
三载论交久高名世尽知崇文忻
得士後進本先師康健不稱老
光輝正及時萬般皆定数六计
工資
愚小弟陸和九謹啓
十一月十四日

陆和九行楷书札

陆和九刻“北平辅仁大学教授联谊会”印及边款

碑罪人”。书法理论家马宗霍在《霎岳楼笔谈》中评赵书为：“行楷出入北碑，仪态万方，尤取悦众目。然登大雅之堂则无以自容矣。”[1]从中可知，赵之谦北碑风格自出现以来褒贬不一，众说纷纭。笔者也认为习赵之谦魏碑体，如不慎，易入流滑，且侧锋较多，呈剑拔弩张之势。但陆和九钟爱赵氏书风，无论从用笔还是结体上均忠实于赵书风貌，导致其一生楷书难脱去赵书的形骸。更有甚者，陆氏早年习欧，其结字紧凑端严，总保持着有一种拘谨的态势。从他所临诸多魏碑作品来看，赵对他的影响深入骨髓，难逃“靡靡之音”“登大雅之堂则无以自容矣”的窘态。再谈他的行书，其帖学功力很深，受过正统的馆阁体训练，因此其行书挺拔劲健，所作书札也端庄谨严、一丝不苟，有点儒者喜怒哀乐不形于色的姿态。他偶作隶书，常见的为碑帖题字，却很有特色。他能根据碑帖的风格巧加变化，或隶或篆隶结合，与所题碑帖相得益彰，可见他极富巧思，并非一味强求以自身擅长的字体书写，而是根据碑帖的时代特色，选择相应的字体搭配，他的题字在民国旧京书家中是很有个性的一位。如陆和九为首都博物馆藏《旧拓好太王碑》题字，采用了《天发神谶碑》的笔法，以方笔写成，显得题字风格时代略早于原碑，使题字能与碑帖本身和谐地融为一体。他创作的隶书也很是多变，或《礼器碑》风格，或作《天发神谶碑》风格，面貌多样，极具风致。陆和九的金石学素养深厚，因此他的篆书，尤其是金文写得确实不错，他虽在楷书上取法赵之谦，但其篆书似乎受赵氏篆书影响不大，而径取金文。他能很好地把握金文的体势和意态，表现出遒劲、质朴、雄浑、雍容的特点，又能将帖学书法的流畅不激不厉巧妙地融入其中，这是一种综合素养的体现。每位书家都有自己擅长的书体，从陆和九的书法来看，他的篆书成就不低，虽没有鲜明的个性和风格，却是常年摩挲金石古器所得，在清末民初金石家中颇具代表性。

[1] 马宗霍辑《书林藻鉴·书林纪事》，北京：文物出版社，2003年版，第242页。

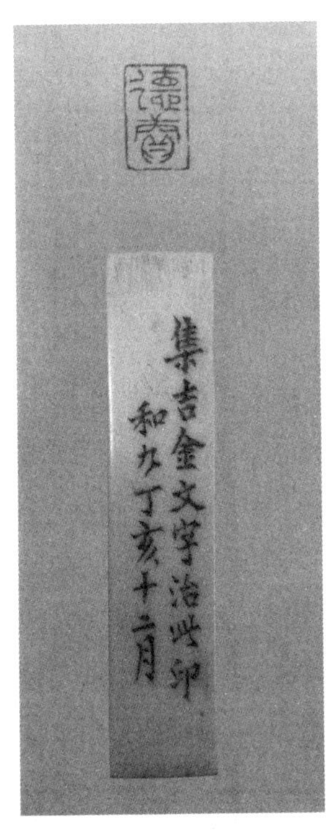

陆和九为柴德赓刻“德赓”印及边款

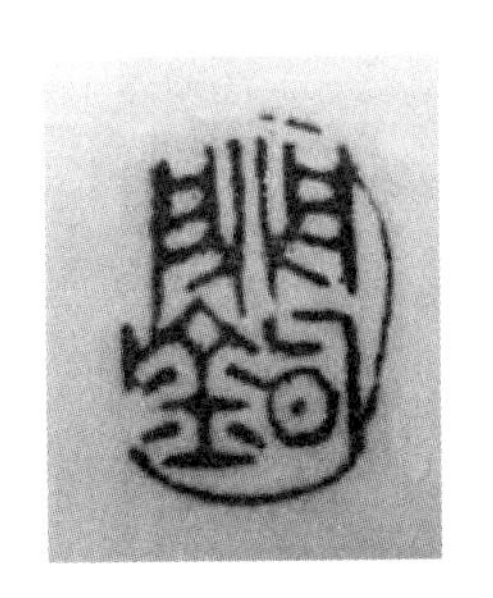

陆和九刻“开钧”印

陆和九刻“古复州陆和九字墨盦”印

最后谈谈陆和九的篆刻，马国权先生评其篆刻“酷似周秦两汉人铸印”，笔者认为马先生此评似乎过于笼统。其白文印取法秦汉玺印，以双刀凿刻为主，行刀过程中冲切结合，追求“笔中见刀，刀中见笔”，所作之印古朴而不失灵动，代表着民国时期旧京传统一路篆刻风格。他的朱文印受古玺、汉铜印、黄牧甫印风影响，稚拙者斑驳陆离，古气盎然；细腻者线如发丝，精妙绝伦；生动者别出生趣，不悖古法而臻于妙境。陆和九还善刻竹根印，面貌整饬秀丽，风规自远。

革命前驱——王秋湄

王秋湄（1884—1944），名薳，字秋湄，号秋斋，亦名君演、世仁，以字名世，生于广东番禺，祖籍直隶万全县。出身行伍世家，数代为官。早年曾就读于广州的诃林、丕崇书院、武备学堂等，后因有革命倾向，未能入日本陆军士官学校就读，入上海震旦大学习法文。后投身报业，宣传革命思想，追随孙中山，光绪三十年（1904）后加入了兴中会和同盟会，曾在香港两会机关报《中国日报》任记者和编辑，并参与创办《平民报》《齐民报》等。三十二年（1906），与潘达微等在广州创办进取学堂。次年，任教于桂林陆军小学堂和黄埔陆军小学堂。1912年，与黄节、高剑父、陈树人等响应友人黄宾虹的号召，共同创设广州“贞社”。民国以后，逐渐对国家的前途感到失望，寻求实业救国。二次革命失败后，为避难，与友人潘达微、吴公干至香港，加入广东南洋兄弟烟草公司，从事市场营销广告工作。1917年，与潘达微等人创办《天荒》，1918年广东南洋兄弟烟草公司总部迁至上海，曾在北京、天津任公司经理，20世纪20年代定居苏州，全面抗战爆发后举家移居上海，1944年病逝。著有《摄堂诗选》《章草辨异手册》(《章草例》)《汉石疑》等，编纂有《说文粤语徵》等。

王秋湄像

王秋湄的一生是极其丰富多彩的，他早年参与了孙中山倡导的推翻清王朝之革命运动，为兴中会、同盟会的早期会员，被民国元老冯自由誉为“兴中会时期之革命同志”“民国前革命报人”，与革命先觉孙中山、黄兴、章炳麟、胡汉民、马君武、黄节、潘达微均有交往。民国时期，王秋湄有着广泛的交友圈，在朋友中他被认为是“治学精勤，苦心孤诣，十年如一日”[1]，而且他“所做学问，并不甚求人知，他的方法，不拘牵于旧式，很注重逻辑条理，使人明晓，务要寻到真确的理解，充量发挥所得的意见，‘读书不为古人欺’，这句话，是他可以自信的”[2]。在诸多友人中，王秋湄以政界和文化界友人为最多，特别是广东籍的政要，同时他们也是同盟会的早期会员，如孙中山、胡汉民、马君武、黄节、潘达微、叶恭绰、陆丹林等。除广东籍的政要外，他还与黄兴、章炳麟、蔡锷、宣古愚、余绍宋、何澄等政界人物交往密切。在政界友人中王秋湄与黄节最为莫逆，二人性情、政治主张亦相近，曾同住北京宣南的高井胡同，切磋学问达五年之久。他们均擅长写诗，在诗坛有“唐面宋骨”之名，作诗风格亦相似。王秋湄精通佛法，黄节好诠释《诗经》，因此略有小异。二人之友叶恭绰认为“他日，与晦闻（黄节）诗并行，比之郊、岛之于韩；耒、观之于苏，其殆庶几乎”[3]，这也算是叶氏对他们诗学的一种较高评价。王秋湄终生清白自居，脱离政坛后，多次拒绝了政要的邀请，甚至不惜得罪当权者。日军侵华期间，他为了摆脱伪政权的纠缠，毅然和一些友人断绝了往来，可见王秋湄是非常爱国的，也是十分有骨气的。同盟会老友吴公干去世后，其家人生活陷入困境。当时上海一位名人写信想请汪伪主席汪精卫帮忙，吴家人拿到信后，心有犹豫，便找王秋湄商量，王虽与汪在辛亥革命前已相熟，但表示国难当头，不可求汪，并在信上批语退回，最后自己设法筹款帮吴家解决了经济困难。1947

[1] 陆丹林撰《云影秋词——王秋斋的治学》，上海《良友》杂志 1942 年版，第 35 页。

[2] 同[1]。

[3] 叶恭绰撰《王秋斋摄堂诗选序》，叶恭绰著《遐庵小品》，北京：北京出版社，1998 年版，第 69 页。

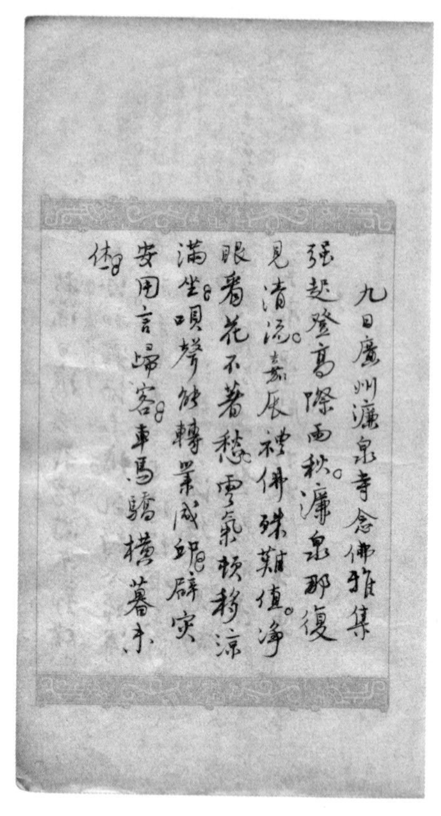

王秋湄行楷书《九日广州濂泉寺念佛雅集》

年，王秋湄去世后三年，其后人品学兼优，考取北京大学，但因家庭经济拮据，无力负担学费。当时北大校长胡适先生知道后，批示对革命功勋的后代，免除其一切学杂费，并免费食宿，以示对革命先贤后代的照顾。

在艺林中，王秋湄精通古文字声韵学及金石书画，更与吴昌硕、黄宾虹、陈师曾、傅增湘、张善子、张大千、谢玉岑、谢稚柳、吴湖帆、易孺、简经纶、高剑父、陈垣、傅雷、陈半丁、许之衡、汤涤、商承祚等交往颇多，他们之间经常诗画唱和，鉴赏文物，还多次在上海、广东、香港等地共同举办书画展览，因此先生的交友圈极为广泛。但他却从不肯随便恭维人，也不乱诋毁人，待人真诚，在和朋友谈艺论学时，王秋湄有时也是极不客气的，始终恪守“知无不言，言无不尽”的信条，从中可见先生的率真和性情。1943 年 11 月，他与张元济、陈叔通、傅雷等沪上名士一起为困居北平的老友黄宾虹庆祝八十华诞，克服种种困难，在上海举办“黄宾虹八十书画展”，反响热烈，好评如潮。先生喜收藏，精鉴赏，眼界亦颇高。其收藏了许多友人间互赠的名家书画，尤其是收集的佛造像拓片较多，曾辑成《北周造像》二卷，并著有《汉石疑》一书，惜均未能刊行。同时他还通晓文字音韵之学，曾编纂有《说文粤语徵》。晚年的王秋湄笃信佛教，自号“无念居士”，与名列“民国四大高僧”的印光法师、虚云禅师等大师交情至深，谢绝一切俗务，潜心佛法，每日除诵经之外临池不辍，过着一种萧然物外的精神生活。

王秋湄书法在民国时期即名噪一时，但记录者多为其同时期的朋辈。他年轻时对自己的书法极为自诩，也不喜轻易为人作书，晚年时他人书俱老，也只是偶尔兴起才写几幅，因此王秋湄的书法存世不多。谈到王秋湄的书法，用其同乡友人民国时期著名的收藏家、书法家叶恭绰的话讲“秋斋复工章草，世殆无与匹”[1]，而其另一同乡友人金石篆刻家简经纶则誉先生书法为“五百年来第一人，宋仲温（宋克）而后鲜有伦比”[2]。对于叶恭绰和简经纶而言，他们不仅是王秋湄的挚友，同时叶、简二人也是近现代著名的书法家和篆刻家，对先生的褒扬应是发自内心的。而出身书画世家的吴学愚对王秋湄的书法分析得更为精辟：“他写章草，是把史游的《出师颂》《急就篇》，张芝的《芝白帖》，皇象的《文武帖》等，参以康里巎巎、赵孟頫等章草，融会贯通，合一炉而冶，绝不是局限于某一家某一帖里打跟斗。因之他的书法，精熟奇绝，点画都有法度，充分地表现了个人所成就的独有风格。张邦基评王安石的（书法）说‘公书清劲峭拔，飘飘非凡，其状如横风疾雨’这个评语，把它移来评秋斋的字，异常恰当，用不着更换一个字。”[3]先生的另一位挚友陆丹林则认为王秋湄“所见碑帖，实在不少。但他说没有用过什么功夫，然而他落笔潇洒，写出来另外有一种美趣。近年他对于章草，颇见肆力，是由赵松雪、宋仲温入手，进窥皇、索的，他见得近人好写章草，以为时髦，然多不知章草原理，字形的组织和笔画的演变，非驴非马，徒乱耳目，因又编了《章草例》一书，是用新的表解，分析举例，有二十多条，这也是他的创作，以前恐怕还没

[1] 叶恭绰撰《王秋斋摄堂诗选序》，叶恭绰著《遐庵小品》，北京：北京出版社，1998 年版，第 69 页。

[2] 何子忠撰《何氏灵璧山房所藏秋斋章草自序》，王建平编《秋斋遗墨》自印本，2001 年版，第 71 页。

[3] 兰翁撰《近代的章草书家》，《艺林丛录》第二编，香港：商务印书馆香港分馆，1962 年版，第 152—153 页。

王秋湄章草扇面

有人做过呢”[1]。

《章草例》[2]倾注了王秋湄毕生的精力，此书以列表的形式阐述了章草书法的源流，从中可知先生深谙章草书法的发展脉络，他认为“学章须从篆隶入手，自不待言。章为隶之捷，则隶分更较篆籀切要。自宋元以来书家多不讲求篆隶小学，故效章体，每每涉于轻剽，便类今草”[3]，且“夫善章草宋克，王凤洲（王世贞）犹讥其佻卞，太过剽险”[4]。清末民初，中国西北部出土一系列的简牍，按地域分为楼兰尼雅简牍、敦煌汉简、罗布淖尔汉简、居延汉简。清代之前，习书者对书法的学习只依靠刻帖、碑版拓片，至于流传于世的墨迹，最早的也只能见到隋唐珍本，而简牍的出现，让世人得见汉代人的书迹，极大地促进了后人对秦汉时期书法的理解，解开了困扰千年的书学秘密。这些珍贵的考古资料，很快即引起了书家们的重视，像遗老沈曾植、郑孝胥、罗振玉，学者叶恭绰等，都曾对之予以关注。王秋湄也关注简牍，在

[1] 陆丹林撰《云影秋词——王秋斋的治学》，上海《良友》杂志 1942 年版，第 35 页。

[2] 笔者按，《章草例》为王秋湄先生最初定名，后上海书画出版社将名称改为《章草辨异手册》并刊行。

[3] 王秋湄编著《章草辨异手册》，上海：上海书画出版社，2000 年版，第 158 页。

[4] 同［3］。

《章草例》中云:"逮近世始于西陲再见木简,残碎不下万种,法人伯希和捆载西行,幸借影出。比来西北续有发掘,瑞典人斯文哈定来华探险,获逾万余,过于希氏,捆归尚俟整理。又北平考古家某氏亦藏弃木简大量稽时印行,其中不少瑰宝。汉简虽多属屯戍之作,鲜有斐然成章,然其胎息古懋,芝草离奇,甚有补益于章学,并以旁见魏晋之作草胎息,六朝写经,皆从是派流衍。近人学书,求唐人墨迹,已矜希见,无论魏晋,遑望两京。吾人幸生斯世,地不爱宝,古物迭有掘见,撮印以传,在前人梦寐所不可求,而今轻易得之,实拜科学之赐,论今学人艺事,宜可超轶前代。"[1]可见王秋湄书法亦从这些新发现的简牍资料中汲取养分,将自己的研究与实践相结合。

谈到王秋湄的书法,他早年从馆阁体入手,接受了严苛的训练,书风类赵孟頫;后转习章草,笔法自汉史游的《出师颂》《急就章》、张芝的《芝白帖》、三国皇象《文武帖》中得,并参以元康里巎巎、赵孟頫、明宋克诸家风格。先生章草书法成就之取得,还得益于其过硬的行草书及隶书、魏碑基础。其行草从二王、赵孟頫得法,为帖学之正宗传人,风貌和气息与其友人黄节、叶恭绰极为近似。黄、叶二人均为近现代书法大家,特别是叶恭绰,其行草书精湛绝伦,但王秋湄在笔力上似乎更加强健,这可能源于先生早年投身革命,做事比较有魄力,而叶恭绰在政界相对平稳。王秋湄的隶书、魏碑功力亦颇深厚,据他的友人高伯雨回忆:"在上海居住时,他努力临池,清早起来,写隶书至少要二三百字,每日如是。他的章草看来似乎写得很娟秀侧媚,但因为他写隶书有基本工(功)夫,有时能以隶书及北碑等法,贯入章草中,写出来特别峭拔刚劲,宋仲温(宋克)见之亦当退避三舍。"[2]先生书法的独到之处,在于他不仅精通书法,对诗学亦颇有研究,见于《摄堂诗选》,因此他的书法中蕴藉着一种独有的诗人境界,这种气息的融入极大增强了其书法的韵致。同时他喜好收藏,藏有诸

[1] 王秋湄编著《章草辨异手册》,上海:上海书画出版社,2000年版,第159页。

[2] 高伯雨撰《章草书法家王秋湄》,《书谱》1976年第十期,第39页。

王秋湄隶书《杜甫朱熹》七言联

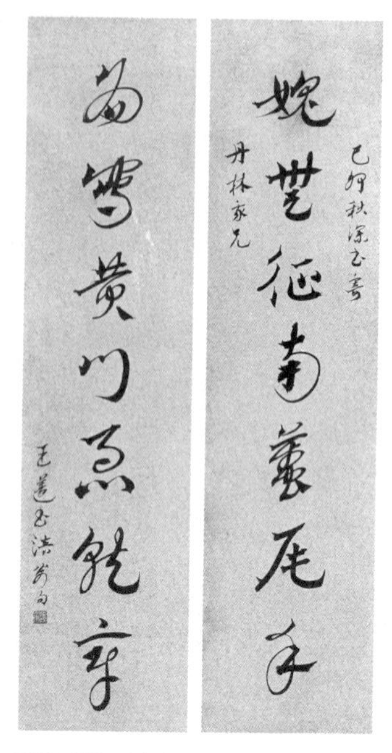

王秋湄赠陆丹林章草《愧无为写》七言联

多佛造像拓片，其中有颇多的书法名品。王秋湄的隶书、楷书亦有存世，其隶书带有一定的明清人隶书意味，楷书则融合魏碑、隋碑，受隋《鞠迟墓志》影响较大。通过先生的隶书、楷书作品来看，他似乎主要遵从帖学，对碑帖书法之间的壁垒认识分明，并没有像叶恭绰那样进行将碑融于帖的尝试，而是运用帖学笔法书写隶书和楷书。且根据现有的资料，王秋湄书写章草，提倡从篆隶书入手，但未见其临习篆书的作品。虽然他身边的友人黄宾虹、易孺、简经纶、张大千、陈师曾均为民国时期擅长碑派书法的大家，但先生似乎如其为人一样，清高自居，不易受他人影响，恪守着自己的信念。但不容否认的是，王秋湄的帖学书法自成一格，筋骨强健，用笔潇洒，书作中孕育着一种清刚之气，加之他性格高亢，极富才情，常年钻研佛法，晚年其书更是于刚健雄浑中融入了一种冲淡自然的禅境，非寻常书家可比。

章草名家——卓定谋

卓定谋（1884—1965），字君庸，室名自青榭，福建闽侯人。早年留学日本，毕业于日本高等商业学校。归国后，入京任教于北平大学法学院、女子文理学院经济系、私立中法大学文学院、辅仁大学社会经济学系。曾任北平中国实业银行行长、北京大学国文系讲师、国立北平研究院字体研究会常务委员。1946年当选为“制宪国民大会”代表，1947年被聘为宪政实施促进委员会研究委员会委员，后去台湾。著有《银行论》《章草考》《用笔九法——章草》《补订急就章偏旁歌》《卓君庸章草墨本》等，辑有《自青榭酬唱集》等。

卓定谋像

谈到卓定谋，今日专业书学者对其人知之亦不多，他在近现代书法史上占有重要的地位，特别是民国时期他身体力行，致力于章草书法的复兴。卓定谋顺应新时期文字改革的风潮，提倡以章草改良汉字，认为章草便于规范，提出“章草出于分隶……故笔画非常平正。窃以章草字字有区别，字字不牵连，定体有则，省变有源，可谓草体而楷写者，非如今草之信手挥洒，想象意造者所可比”[1]的书学观点，他主张将章草变为全国的通行字体。在卓定谋的影响下，很多人开始了解

[1] 卓定谋撰《章草与中国字体之改革》，卓定谋著《用笔九法——章草》，国立北平研究院院务汇报第二卷第一期单行本，1931年版，第9页。

章草、搜罗章草字帖，研习章草的人也逐渐增多。正如学者林宰平在卓定谋《章草考》序中所说“今日则海内知章草者日益众，北平大学，且专设讲座，资传习焉，此非君庸专志提倡之力不及此”[1]。在学术界，卓定谋著《章草考》影响甚大，并于1930年刊印，他在当时被誉为提倡章草书法并作出实际贡献者。然而20世纪二三十年代，卓定谋因与章草书家王世镗争论《章草草诀歌》真伪，引发了“一段离奇章草案”事件，其间参与者有于右任、余绍宋、罗复堪、林宰平、周肇祥等，具体公案内容笔者不在此赘述，但因此事，卓定谋其人成为后世诟病的对象。

除学者身份外，卓定谋还是京津地区银行界的头面人物，他原本在日本高等商业学校学习银行会计，精于算学，著有《银行论》一书，曾任北平中国实业银行行长、全国农商银行讲习所教务长，同时他还是才女林徽因的三姑夫[2]，也是旧京著名的文化人士。在林徽因眼中，她这位姑丈极为风雅，筑庐于北京玉泉山侧，名曰“自青榭”，此处有池、有柳、有荷花鲜藕、有山坡、有田陌，卓定谋的友人黄孝平记其地“风景不殊，江山如梦，此间邱壑聊足自娱”[3]。如今市面上还流传1927年上海商务印书馆刊行的《自青榭酬唱集》，陈三立题名，收录了卓氏和名士间的诗词唱和，其中很多名士都是旧京中一流的人物，如陈宝琛、李宣龚、陈衍、郑孝胥、樊增祥、姚华、冒广生、陈汉第、熊希龄、江庸、何振岱、傅增湘、庄蕴宽、郭则沄、黄濬、诸宗元、瞿宣颖、罗复堪、赵椿年、周印昆、丁传靖等，其中郑孝胥《君庸属赋自青榭诗》云：“西山驻跸想当时，处处园林竟付谁。万寿玉泉虽仅在，元都紫陌已来迟。坐君水榭饶诗趣，对我宫墙奈酒悲，怀玉名亭应最称，相看被褐志难移。”[4]丁传靖《乙丑小春君庸招集玉泉山自青

[1] 卓定谋编著《章草考》，天津：天津市古籍书店，1990年版，第2页。

[2] 笔者按，林长民之妹、林徽因之三姑林嫄民，嫁卓定谋。

[3] 卓君庸辑《自青榭酬唱集》，上海：上海商务印书馆，1927年版，第21页。

[4] 同[3]，第5页。

卓定谋之父卓孝复绘《自青榭图》

1932年，卓定谋与高梦旦、郑振铎全家及友人们在卓定谋别墅（自青榭）前合影，照片从左往右：卓定谋、郑振铎、高君远、高梦旦、高君珊、高君箴、刘淑度，女童是郑振铎女儿郑小箴

榭分韵得宽字》:“小筑红尘外，西山作画看。漫天烽火急，此地水云宽。塔影排烟出，泉声漱玉寒。羡君承色养，庭菊即陔兰。”[1]从和诗中可知卓定谋的风雅旧事。尤为有趣的是，卓定谋身边不乏逊清遗老守旧

[1] 卓君庸辑《自青榭酬唱集》，上海：上海商务印书馆，1927年版，第21页。

人物，《自青榭酬唱集》也是老辈作风所为，但他所推崇章草文字改革，却多为新派人物支持，推崇者如钱玄同等。

在学术界亦新亦旧的卓定谋，除精于章草理论研究外，他自身也进行书法创作，在章草书法史上占有重要的地位。鉴于他最初习算学，因此毕生相信科学，搞起书法创作也要用科学的办法，翻阅其所著《用笔九法——章草》，触目所及尽是表格、抛物线图，一派科学家研究书法的姿态，之所以他能在章草研究上取得成就也得益于采用了不同的视角。卓定谋的书法作品如今很是罕见，加之晚年去台湾，据传他还曾教过蒋经国书法，但笔者翻阅了一些研究台湾书法家的专著和论文，对卓定谋的记载很少，他在台湾的晚境也不得而知。笔者有幸得见1927年刊行的《卓君庸真草缩印第一册》，林宰平题签，内收录先生作品十六幅，后还附有《卓君庸书例》，代订者为曾熙、郑孝胥、陈宝琛、朱孝臧、章梫、黄葆戉、李宣龚等名士，收件处有北京、上海、天津，北京悬此书例的有琉璃厂淳菁阁、清秘阁、荣宝斋及各大南纸店，可见卓定谋于民国初年即在京悬润鬻书。1928年，上海《申报》还刊登有卓定谋书画展的广告。

卓定谋生于光绪十年（1884），其父卓孝复，清时曾任杭州府制。卓定谋"年少英发，负誉杭城，性敏慧刚毅，言行必果。以农村凋敝，列强环视，遂立志负笈东瀛。……留日期间，习银行会计于日本大学，学成归国后，为朝野器重"[1]。他早岁在杭州接受传统旧式教育，习书应为馆阁体，从《卓君庸真草缩印第一册》中楷书来看，他最初习书有颜柳遗韵，后受碑派书风影响，似曾取法康有为，习北碑则带有龙门石刻及郑孝胥书法的样貌。卓氏楷书拘谨不灵动，生硬缺乏才情，显不及清末民初精于北碑的诸多名家。对于楷书，卓定谋虽非擅长，但据篆刻家周康元为其刻"观千剑楼"印，边款有"海藏年伯（郑孝胥）云，书有疏密离合之法，凡一字一行一叶一幅，疏者疏之，密

[1]《卓定谋先生传略》，国史馆编《国史馆现藏民国人物传记史料汇编》（第二十五辑），台北：国史馆，2001年版，第147页。

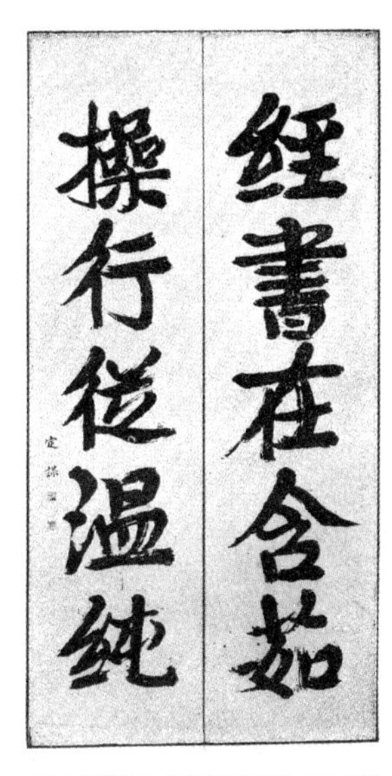

卓定谋楷书《经书操行》五言联

者密之。余博观六朝碑版约数千百种，其书法与海藏之言皆合。因罗列诸碑，择其字体结构之佳者，数逾千字，神会而味玩之。乃知书固各有法焉，昔张长史观公孙大娘舞剑而得书法。杨子云曰，能观千剑，而后能剑。余今富有此法，当亦能观剑矣。即用此意以名吾楼。甲子夏日，闽县卓定谋记，金溪周康元刻”[1]，从边款中可知卓氏对楷书还是进行过一定的研究。卓定谋的行书存世亦不多，《卓君庸真草缩印第一册》中收有一件 1924 年临王羲之手札的作品，此件作品受章草影响很大，方折过多，无帖学书法流畅之美，缺乏动感。卓定谋书法最被世人称道者为章草，由于他对章草书法有着精深的研究，因此其章草赢得了一定的声誉，但翻开他的著作《用笔九法》开篇即曰：“吾国各种学问向不用科学方程式来表演，此是最大缺点。因科学具有一定范围，一定组织，一定标准，可以按程式而进。故无论才质聪明与不聪明之人，苟依其范围组织标准而研究之，无不能达到其目的者。反之，不用科学的方法，则举凡学问任人摸索领会，其才质差者自永无登堂入室之希望。”[2]可见卓定谋以科学之方式研习书法，但笔者认为科学和书法似乎联系不大，书法更多地应归入艺术范畴，举凡一流的书家鲜有科学家者，好的书法作品多为艺术家才情和创造力的发挥，因此卓定谋以科学研究书法并以此创作确是另一种状况。卓定谋的章草临摹功夫很深，视野也较前人宽广，但过于强求科学，难免使书写陷入程式化，束缚其艺术自身的发展。

[1] 参见周康元《石言馆印存》，首都博物馆藏。

[2] 卓定谋撰《用笔九法是用科学方法写汉字》，卓定谋著《用笔九法——章草》，国立北平研究院院务汇报第二卷第一期单行本，1931 年版，第 1 页。

卓定谋章草

《宫商雅颂》八言联

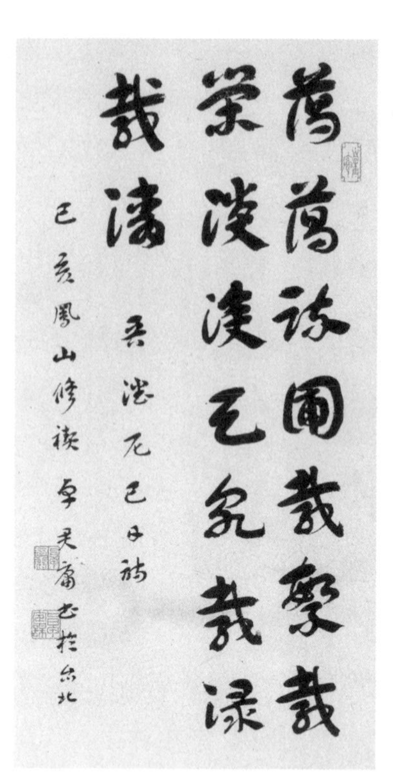

卓定谋章草立轴

对于卓定谋的章草，学术界似无定论，褒之者认为其书“神理俱足，其书风敦厚隽逸、古朴渊雅，行笔平和天真，别有一番滋味。细究之，其质如铁之秀，如金之柔，草法娴熟，运笔含蓄平稳，然徐急有度，特别撇笔迅疾、爽朗，极见韵律和情致。其书作与时尚迥异，更与流俗书家有云泥之别，盖书家胸中学养与笔下生机，如行云流溪，字里行间，似水才情，皆出字外之思矣”[1]，将其书法纳入学者范畴，一些赞誉略为夸张，但深研书法者不敢完全苟同其说。贬之者则认为“但他的字，写来不是过于严谨，有肉无骨，便是过于纤弱，气

[1] 兰若撰《自青榭主考章草》,《市场瞭望》2011 年第 22 期，转引自百度文库。

韵缺乏雄健，无使人一看再看的吸引力”[1]，笔者认为后者评价似乎更为中肯，这也是后来其书影响不大的原因之一。总之，卓定谋是以一种科学的手段诠释书法，代表了民国初年受西学影响的文人以全新的思维研究书法，希望通过科学来整理国故的思路，但遇到了一定的挫折。民国时期，章草名家辈出，如沈曾植、王世镗、王秋湄、余绍宋、王蘧常、高二适、郑诵先等，他们在章草创作上均取得了不小成就。卓定谋在章草理论研究上的首创之功不可掩没，然谈到创作确不及以上书家。卓定谋是一位活跃于旧京的名士，身边的友人均是重量级的文人。他的书法得到过友人们的推崇，但后来逐渐不为人重视。据称卓氏晚年皈依基督教，常书写新旧约语录赠送教友，家人多投身实业，因此后辈对卓定谋的书法了解恐怕也不是很深。

[1] 兰翁撰《近代的章草书家》，《艺林丛录》第二编，香港：商务印书馆香港分馆，1962年版，第152页。

印坛翘楚——钟刚中

钟刚中（1885—1968），字子年，号柔翁，别署桴堂，室名炳烛居，广西邕宁人，壮族。光绪二十七年（1901）举人，三十年（1904）进士，授吏部主事，后由清政府派送日本早稻田大学学习法政。辛亥革命后，曾任湖北通山县及河北成安、宁晋等县知事。后因“拙于周旋，宦途坎坷”[1]，遂不复居官，南下广州，1937年返北平定居，以鬻书治印为业。1949年后，被聘为中央文史研究馆馆员。

钟刚中像

谈到钟刚中，如今知道他的人很少，笔者最初了解到钟先生还是通过《中央文史研究馆馆员传略》中的记载，后顺藤摸瓜，购买到《钟刚中艺文集》，更为巧合的是钟先生的弟子王任先生[2]和笔者

[1] 罗湘民撰《前言》，罗湘民、钟海、钟若水编《钟刚中艺文集》，北京：华文出版社，2012年版，第3页。

[2] 王任（1936—2015），字尔遐，河北安新人，曾供职于首都博物馆。早年习书师从陈云诰、郭风惠，篆刻师从钟刚中，绘画师从陈半丁、汪慎生、王雪涛、娄师白等，曾为中国书法家协会会员、北京书法家协会会员、北京美术家协会会员、北京市政协书画家联谊会会员、北京书画艺术研究会会长等。

均曾任职于首都博物馆，王先生为钟刚中友人王道元[1]之子。笔者年齿小王先生很多，王任先生于20世纪90年代退休，2015年离世，笔者虽未能当面请教先生，但通过王任先生的同事和友人对先生的艺事师承略有了解。1982年，启功先生曾致函王任先生，询问其师钟刚中情况，信载："但对桴公（钟刚中）知之不多，您是桴公入室弟子，获得真传，且笃念师谊，敬求拨冗赐下数行……因此类资料非公莫知矣……"[2]1980年，王任先生曾为画家胡爽盦治"大风堂门人"一印，此印深得胡的老师张大千先生喜爱，大千先生评此印"规矩而不板滞，大有古铜印韵味，为印中佳品，只憾不知为印者是谁，师承哪位高贤门下"[3]，可见张大千先生慧眼独具，而"高贤"钟刚中的篆刻水平也可略见一斑。

钟刚中出身广西诗书世家，其父钟德祥[4]居官多年，在士林中颇富才望，任御史期间以强项著称，弹劾不避权贵，晚年罢官流放张家口。据《钟德祥集》序中记。光绪十一年（1885）中法战争结束后，

[1] 王道元（1879—1967），字画初，号宾羲，直隶安新人。光绪举人，毕业于京师大学堂，自清末历任吏部主事，北京顺天中学堂首任校长、京师学务局教育科科长、京师学务局局长、中国赴法留学组织国内负责人，曾参加北伐，任国民革命军第三军秘书长。北伐胜利后任河北大学教务长等职。1949年后曾参加全国政协组建工作和政协组织的各类学习活动。

[2]《诸家述评辑要》，罗湘民、钟海、钟若水编《钟刚中艺文集》，北京：华文出版社，2012年版，第140页。

[3] 同[2]。

[4] 钟德祥（1835—1905），字西耘，号园公、愚翁、蛰窠翁、耘翁等，壮族。广西邕宁人。同治三年（1864）举人，光绪二年（1876）进士，后授翰林院编修。十年（1884）擢侍讲衔，参与中法战争。十一年（1885）入国史馆。二十年（1894）任江南道监察御史。曾上书千言揭发大学士李鸿章卖国求荣的罪行，继而又检举四川总督刘秉璋结党营私，贪污官运盐局存银60余万的劣迹。二十一年（1895）被罢官，流放张家口沙陀军台，三十一年（1905）病逝于广州。钟德祥在广西宣化名气很大，他与其弟钟德瑞、其子钟刚中均进士出身，故当地有"一门三进士"的美誉。钟德祥擅长书法，工诗词，辑有《集古联句》。

钟德祥奉令回京，他顺便把全家迁到北京[1]，居城南宣武门外，号“睡足斋”。钟刚中幼年随父入京，童年即在此地度过，故后来他言“1937年返北平定居”，并将其父遗骨移葬于北平西郊钓鱼台。钟刚中幼年如逊清遗老沈曾植、政要叶恭绰、学者瞿宣颖一样，均因其家人早年居京为官，随侍左右，与北京有一定的渊源。钟刚中民国初年至1937年间亦曾在此地活动，并与这里的各界人物有直接或间接的交往。

据《广西邕宁县志·钟刚中传》[2]中记，钟刚中“次年（1905年）考取清廷官派日本留学生，为第一批出国留学七人之一，入日本早稻田大学法律系学习”。钟刚中是留日学生中的一员，笔者认为这段经历对他艺术的形成和发展有一定的影响。作为书法篆刻家，钟刚中出身科举，后留学日本，归国后从政，直至退出政坛，1937年定居北平。留学日本的经历使他拥有更为宽广的视野及较高的交友圈，他的友人中很多或为留日同学，或因共同的经历而进一步交往。他年少及第，清末民初在旧京艺坛即崭露头角，通过他的一些资料可知，钟刚中在此时经常出入京城，[3]与此地各界人物有直接或间接的交往。故此笔者推断，钟刚中与北京的联系比较密切。除故乡外，旧京是他人生中最重要的活动地区。民国时期，钟刚中集前清进士、留日学生、官员于一身。书法篆刻虽仅作为余事，但他以卓越的资质和才华，得到了张伯苓、邢端、谭延闿、余嘉锡、寿石工等一批京津文化精英的认可和推崇，他还工于诗词，曾加入旧京著名的稊园诗社和蛰园诗社。居闲时，钟刚中与傅增湘、夏仁虎、吴北江、章士钊、叶恭绰、郭风惠、张伯驹、邢端往还较多。学者傅增湘在为同古堂张樾丞《士一居印存》

---

[1] 钟德祥光绪十一年（1885）作《携二子熙中、刚中入都》，钟德祥著，雷达辑校《钟德祥集》，南宁：广西人民出版社，2010年版，第80页。

[2] 罗湘民、钟海、钟若水编《钟刚中艺文集》，北京：华文出版社，2012年版，第139页。

[3] 钟刚中治“谭延闿印”边款“讱斋先生正篆，刚中己巳清明旧京”。笔者按，己巳年为1929年，此时钟刚中应在北平活动。王北岳撰《钟刚中治印》，王北岳著《印林见闻录》（二），台北：麋研笔墨，2012年版，第201页。

书题跋中有“今樾丞得姚、钟诸公以成其志”[1]之语，姚为画家姚茫父，钟即为钟刚中。傅增湘将钟刚中与姚华相提并论，可见钟先生在旧京士人眼中的地位。据传张樾丞治印亦曾得到钟先生的指导，齐白石也和他切磋过艺事。旧京闹市区中常能见到他题写的匾额，荣宝斋还曾为其挂出笔单。[2]

钟刚中一生不喜交际，家中每有俗客来访，他必曰“我倦欲睡君且去”[3]，谢客出门。北平沦陷期间，出任伪职的王揖唐（王、钟二人为同科进士，又是旅日同学）曾派人馈赠并邀钟刚中出任伪职，来人被其骂走，礼物亦掷出，表现出钟先生誓死不当汉奸的民族气节。迫于生计，他不得已只能靠鬻书和妻子摆摊为生。抗战胜利后，钟刚中以其刚正不阿、大义凛然的品格得到了学者傅斯年、实业家张嘉璈、政要李宗仁等人的赞赏。

钟刚中书法篆刻在旧京名重一时，特别是他的篆刻代表了旧京印风中“高古雄伟”的一派，由于其风格与陈师曾印风略有相似之处，甚至后来书法家潘伯鹰、篆刻家方去疾将乔大壮藏属款“桴堂辛酉三月”的“蛮语东堂”一印误认为陈师曾所刻，并加长跋把“桴堂”之号冠于陈师曾，钟刚中友人郭风惠的弟子啸沧在《高古雄浑话桴堂——钟刚中篆刻艺术简析》一文纠正了这个错误。客观地讲，钟刚中与陈师曾治印，均追求格调古奥、气势雄伟的风格，取法于晚清诸家，受吴昌硕、赵之谦印风影响较大，进而广泛取法鼎彝、玺印、

[1] 张国维主编《士一居印存》，北京：首都师范大学出版社，2006年版，第4页。

[2] 马国权先生在《近代印人传》中记“柔翁一生不喜交际，不乐揄扬，亦从未悬例鬻印”，上海：上海书画出版社，1998年版，第208页。但《广西邕宁县志．钟刚中传》中记“抗战八年仅靠卖字和妻子摆摊为生”。罗湘民、钟海、钟若水编《钟刚中艺文集》，北京：华文出版社，2012年版，第139页。因此笔者推断钟刚中以鬻书为主，是否鬻印，值得考证，马国权先生对钟刚中艺事的追述多为询问所得，因此笔者认为马先生的资料也是辗转得来，而日前另见钟刚中致“克臣”书札多次提及鬻书之事，虽具体时间难以确定，但可确知此时他人在北平，时间为1937年。

[3] 马国权著《近代印人传》，上海；上海书画出版社，1998年版，第208页。

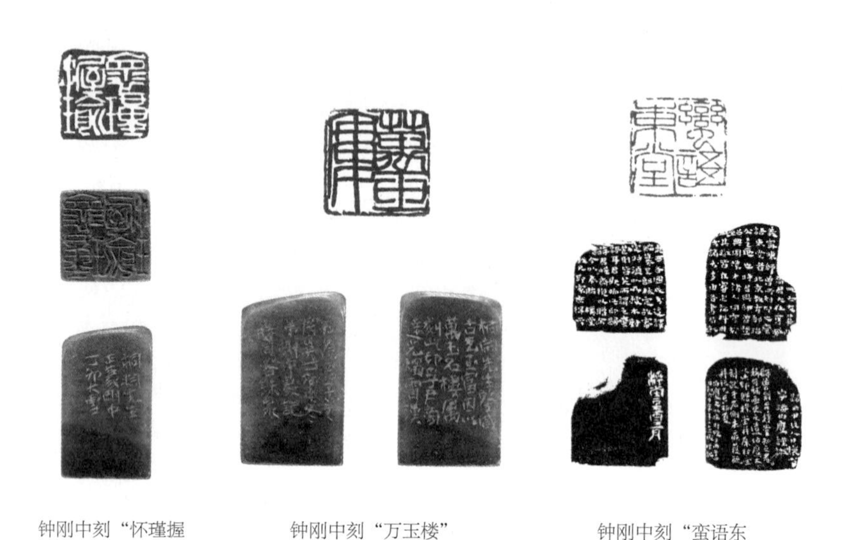

钟刚中刻“怀瑾握瑜”印及其边款

钟刚中刻“万玉楼”印及其边款

钟刚中刻“蛮语东堂”印及其边款

封泥、碑额、砖瓦、古陶、镜铭、权量、泉币，后二人均服膺“黟山派”黄牧甫印风。与陈师曾不同的是，钟刚中还喜以楷书入印，取六朝石刻和元押风格，他请友人赵味沧钩摹杨守敬藏元押一册，置于案头日夕观赏，以故深得其中三昧。对于篆刻，钟刚中认为黄牧甫工致光洁的“刀法”最可学，他还自我评价到“当今天下印人只有一个半，其一为广东之邓尔雅，吾为其半，余则无印人矣”[1]，当钟刚中见到陈师曾《染仓室印存》时谓“陈印甚佳，然亦有非佳者；有比吾胜，亦有逊于吾也”[2]。从两段记载中看，第一段见钟先生的好尚和自信，后一段见其胸怀和气度。与他有交往的旧京印人寿石工对他二人的印风亦有评价，寿石工在《杂忆当代印人得十九绝句又附录一首盖自况也》中云："头白虫鱼忏昔狂，桴堂或者逊槐堂（陈

[1] 马国权著《近代印人传》，上海：上海书画出版社，1998年版，第208页。

[2] 同[1]。

钟刚中行楷书《陆游仲秋书事》

师曾)。心肝镂尽浑无那，奇气纵横意可降。”[1]天津篆刻家张牧石(寿石工弟子)对钟刚中的篆刻则认为“翁(钟刚中)名不及寿公(寿石工)，而艺实高于寿公也”[2]，此两段记载亦代表了印坛对钟先生篆刻的一种评价。王任先生还追忆，其师治印强调“刀法”必须服从“笔法”，要先有“笔味”，再求“刀味”，治印时需用锐刀，虽然薄而略小，但要纵横驰骋，刀痕陡直利落，像以尖笔写浑厚之线条，能达到此境界需具备深厚的功力。且印人不要做匠人，要做文人，治印不能成匠人印，要成文人印。纵观钟刚中的篆刻，他融汇了吴昌硕、赵之谦、黄牧甫印风，广泛汲取鼎彝、玺印、封泥、碑额、砖瓦、古陶、镜铭、权量、泉币，得吴昌硕之古拙劲健，赵之谦之灵动多姿，黄牧甫之工致光洁，形成了一种坚实跌宕、生辣倔强的印风，

[1]《文篇诗录》，《古学丛刊》，1939年7月第3期。

[2]《诸家述评辑要》，罗湘民、钟海、钟若水编《钟刚中艺文集》，北京：华文出版社，2012年版，第140页。

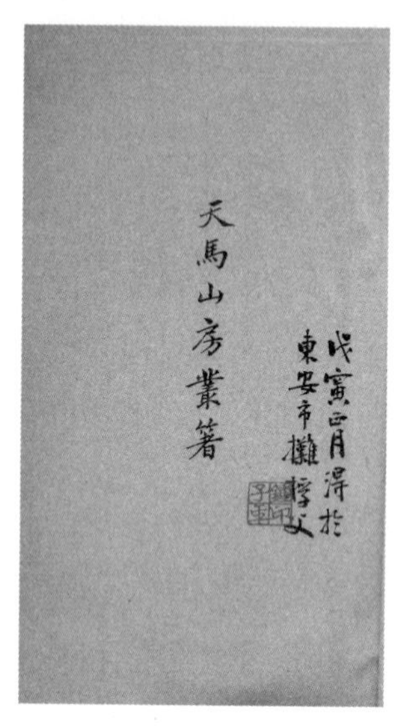

钟刚中藏马叙伦著
《天马山房丛著》中的行楷题识

这种风格不以支离破碎为能事，亦不求印面的斑驳陆离，自抒胸臆，以铁笔刻出作者独有的胸中丘壑。从他的印论来看，钟刚中刻印主张印从书出，要刀中见笔，笔中见刀，还需胸罗万卷书，以文人襟度驾驭铁笔，因此其篆刻作品气度不凡，能博大能精深，很好地体现出他名字中“刚”“中”的一面。钟刚中晚年在自题《桴堂印存》时曾有“说与

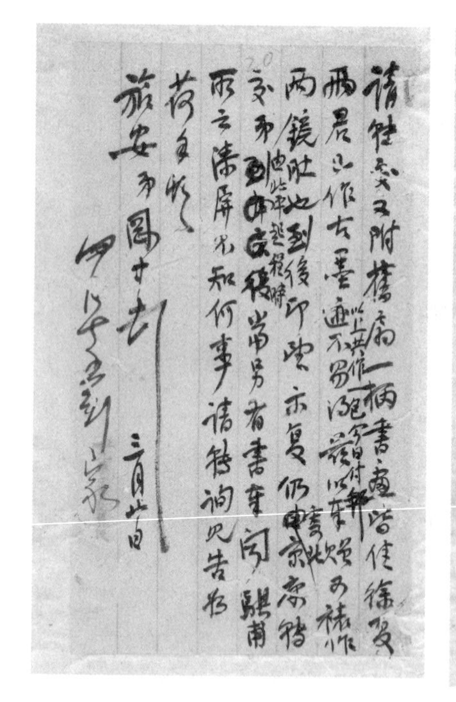

钟刚中行楷书札

壮夫应大笑，鼻端蝇翼运斤时”[1]之诗句，体现出了其印风中雄浑不失细腻的一面。《桴堂印存》至今流传甚稀，加之钟刚中的弟子不多，故此种印风近乎绝迹。

最后谈谈钟刚中的书法，他的书法亦承继家学，受其父钟德祥的影响，钟德祥擅长楷、行、隶三体，颇富时誉。钟刚中早年应科举所需习馆阁体，初学颜真卿，后受清人何绍基影响。翻阅《钟刚中艺文集》，可见的书体有隶书、楷书、行书几种，但未见到他的篆书，不知是钟刚中很少书写篆书还是作品未能传世。从他的诗文中可知，钟先生一生服膺清代书家何绍基，遵循着传统的书学方式，且对清代擅颜书的书家比较推崇，但他的书法不像其篆刻具有很强的独创性，更多的是停留于一种形式上的追摹，科举馆阁体烙印很深。他虽对碑派书法有所涉猎，但也是从何绍基入手，略显局限和单一。然钟刚中的传统书法功力毕竟不低，其楷书代表清末民初颜书的一种常见面貌。他对隶书也很推崇，尤其是喜好何绍基的隶书，他在《题张迁碑》二首之一中云：“竹垞（朱彝尊）翁（翁方纲）桂（桂馥）皆能隶，犹带真书面目来。天遣老猿（何绍基）存绝学，始知韩（韩择木）蔡（蔡有邻）是凡胎。（何猿叟临此碑至数十通，当为清隶第一。）”[2]钟刚中的隶书也取法何绍基，其体势无何紧凑，略有开张之势，面貌不甚突出。其行书亦未脱出颜书范畴。据笔者分析他的

钟刚中行楷书立轴

[1] 罗湘民、钟海、钟若水编《钟刚中艺文集》，北京：华文出版社，2012年版，第17页。

[2] 同[1]，第16页。

行书面貌有颜、何两种，一种为颜真卿体行书，体态丰盈，厚重典雅；一种为何绍基体行书，无论从气息还是形神都是何的翻版。《钟刚中艺文集》中还收录有他抄录其父钟德祥的《集古联句》，为小字行楷书，整体清新秀丽，劲道而不失雍容，与他的大字相比又呈现出一种迥然不同的面貌。和钟刚中的书法相比，笔者还是更为推崇他的篆刻，其印风代表了旧京朴拙雄浑的篆刻风格，属于吴昌硕篆刻风格的变种之一。虽在民国时期的艺术界仅存在短暂的数十年，但却是北京印风中的重要组成部分。

长安印丐——寿石工

寿石工（1885—1950），名鉨，字石工，亦作石公，号印丐、珏庵，斋名有铸梦庐、蝶芜斋、玄尚精庐、辟支堂，性不喜食鱼，又名不食鱼斋，浙江绍兴人。早年游学四方，入山西大学堂学习，后加入同盟会及南社。辛亥革命后定居北京，曾任教于北平艺术专科学校、北京女子文理学院、北京艺术学院等名校。工于诗词、古文，喜藏古墨，办过报纸，著有《篆刻学讲义》《珏庵词》等。

寿石工像

谈到寿石工，如今恐怕以北京人知者为多。寿石工于民国初年定居北京，其“辟支堂”即位于西单白庙胡同（今已不存），而他的为人，用曾与寿先生交往过的刘叶秋先生说法，是“人”与“文”似乎完全脱节，“文如其人”“书如其人”，这类说法对寿石工并不适用。刘先生回忆寿石工:“三十年代，我家住在前门外的虎坊桥大街，向西转北，进南新华街，不远就到琉璃厂，买文具或逛书铺，非常方便。在这里，常常看见一个四五十岁的大黑胖子，穿着长袍马褂，头戴一顶‘帽盔’（一种便帽，多用黑布或黑缎制，圆形如盔，顶有线结，便于取戴），目架像洋瓶子底一样厚的近视眼镜，坐着洋车往来。身体肥硕，几乎塞满车厢；车夫则端着车把，鸭行鹤步，缓缓走着，仿佛早起遛弯儿的样子。”[1]而寿石工教过的艺专学生对他也有生动的刻画：“以最简单之素描为先生画像：先画一大圆圈，是先生的胖身体，大圆圈上加个小圆圈，是先生的头部，小圆圈上画一斜线，并在右上方加一极小圆圈，是先生戴的帽子，大圆圈下添一双脚，这速写便完成了。”[2]更有趣的是寿石工还自己刻过一方“肉弹”印，看来他对于这些调侃的说辞并不在意。

寿石工虽为一代宗师，但平易近人，他身小体胖，头顶光秃，常戴一圆光眼镜，穿一布衣长衫，随身携带一皮囊，内有笔砚墨印、印泥刻刀等，经常出没于琉璃厂肆。其性至诙谐，据传他早年曾在北京政府当秘书，市长某公，喜爱京剧，善唱青衣，一日早晨，寿石工到班，即大声问室内的同事：“某兔[3]（指那位市长）来了没有？”没人敢接他的话碴儿。此种性格使他难混迹于官场，最终只能靠鬻书印为生了。寿石工有个别号名“印丐”，出自1915年陈师曾赠其诗“人海长安称印丐”[4]之句，原本旧京文人名士不喜以“丐”为名的，但寿先生却满不在乎，故此他又被时人称为“长安印丐”。

寿石工与赵之谦类似，为纯艺术性的人物，不是走传统文人“学而优则仕”的老路。也正基于此，寿先生在艺术界如鱼得水，尽情展现自己的才华。在艺术上，他早年受其父寿福谦启蒙，学习书法篆刻，后精于此道，并以此奠定了在旧京艺术界的地位。那时北京的名流都在琉璃厂各大南纸店悬有笔单，寿石工亦然，他治印每字仅收四角，写对联和扇面，每件二元，在同行中，定价最低，且写作俱佳，交件速度也最快，以“物美价廉”称著于琉璃厂。他还有一项特殊的技能，

[1] 刘叶秋撰《寿石工先生的“人”与“文”》，刘叶秋著《学海纷葩录》，郑州：中州古籍出版社，1992年版，第86页。

[2] 王北岳撰《寿石工二三事》，王北岳《印林见闻录》（二），台北：麋研笔墨，2012年版，第25页。

[3] 清代男妓或以色相事人者，俗称“兔子”或“兔儿”，笔者认为此为恶毒之詈语，亦可见寿石工的诙谐。参见周江峰撰《“兔嵬子”考》，《浙江教育学院学报》2004年第1期。

[4] 高伯雨撰《长安印丐寿石工》，高伯雨著《听雨楼随笔》（二），香港：牛津大学出版社，2012年版，第182页。

能在碑石上直接书丹，近现代书家中能有这种本事的人并不多见。寿石工每日都坐车到荣宝斋、清秘阁走一圈，看看有无生意，以便取走，遇到求书挽联和寿联的，他往往临场书写，不打底稿，于口中默念，随念随写，语竟联成，再随手盖上所携印章，马上交件。他刻印速度极快，能直接反书于印石之上，并迅疾奏刀，不大工夫即刻成一印，既快又好，深受求印者喜爱。且他从不挑石头，但对尺寸有所要求，印石要在方寸之内，过寸者往往不刻，因此北京各大南纸店遇到急件都愿意找这位手快的寿先生。寿石工为人没有架子，因此南纸店

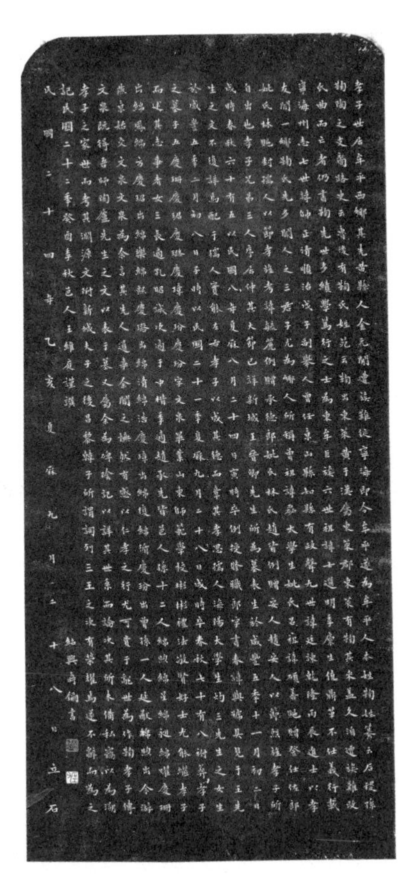

寿石工楷书《鞠孝子世系》（拓本）

寿石工篆书《花落鸟啼》六言联

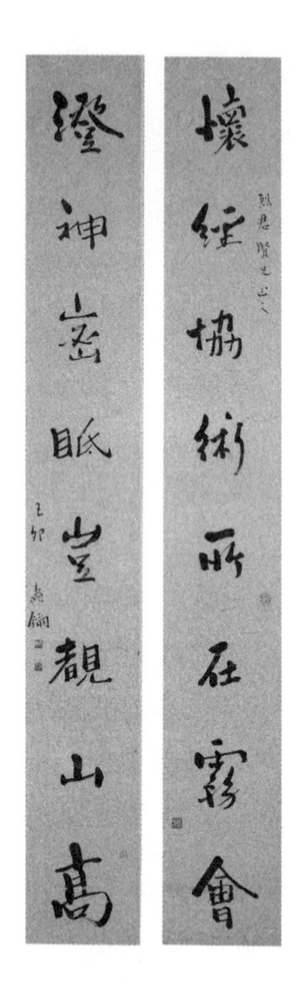

寿石工行楷书《怀经澄神》八言联

寿石工行楷书题“萃珍斋”匾额

的伙计们也经常开玩笑，伙计们见他便喊“寿兔”，甚至过来摸脑袋、拍屁股，他并不以为忤，仅报以笑骂而已。他治印印文线条光泽异常，后有人询其加工之法，他笑而不答。曾有一南纸店伙计以石章蹭其光头，并说光泽之秘诀在于用了人油。

这位“游戏人间”的寿石工，相貌不佳，谈吐也欠文雅，但其笔端多露奇气，书法、篆刻独具一格。其书法，金石意味浓厚。他的楷书早年以欧阳询为宗，取其谨饬。行书习米芾，得宋贤神韵，并掺入六朝笔意，加之他善制印，故其书作姿秀清丽，将先秦两汉金石碑版及玺印、陶文融入行书之中，呈现出一种奇峭挺拔、刚劲流畅的风格。仔细观察，会发现寿石工的行楷书以米芾刷字之趣结合六朝楷书之奇肆，用笔浓重，结体新奇，灵动中寓松秀之趣，为民国时期学者与金石家融合之作。他的篆书受篆刻影响，得赵之谦、吴昌硕神髓，非徒取形骸，而是深入其中，独来独往，自取所需，加之其诙谐的性格，因此他的篆书潇洒而不拘谨，存法度而不失端雅，这源于他对近代篆书名家作品多有领悟，能于广众的篆书名家中独辟蹊径，以自己的理解发挥所长，堪称天资较高的书法名家。笔者还认为，寿石工篆书与喜诙谐的民国元老吴敬恒篆书有异曲同工之妙。

寿石工的篆刻更是享誉印林，耐人寻味，他早年受家学影响，经父亲点拨，深得浙派篆刻之长，稍长即师法赵之谦、吴昌硕，取赵“二金蝶堂”和吴“饭青芜室”各一字而成“蝶芜斋”。中年后，多效黄牧甫风格，广集各派之优点，取古玺之意趣，其印风清丽刚健，尤擅制朱文小印。曾为徐悲鸿治印，刀法精熟，结体疏朗，极富趣味，徐悲鸿赞之曰：“方诸诗人蕴藉，吾则爱石工。”[1]寿石工篆刻融合浙派、赵之谦、吴昌硕、黄牧甫诸家之长，深得黄牧甫布局法，以略钝之刀浅冲，求线条优美多姿，善于运用空间的虚实，于赵之谦大片留红之法亦有心得，他在《杂忆当代印人得十九绝句又附录一首盖自况也》[2]诗中曾对自己的篆刻自评道：“我书意造本无法，偶弄锥刀类我书，敢诩印林穷正变，众流截断亦区区。”[3]寿石工自评中的一个“变”字，说得妥帖精准，对自己的篆刻评价未作丝毫虚语。他深知篆刻之道，在晚清赵之谦、吴昌硕、黄牧甫的发展之后，时人已将其推至一个鼎盛的高峰。作为民国印人，如仅师法前人形骸，很难冲出重围。因此，他以自身独有的理解求“变”，并做出了很多尝试。据说他一生治印达两万余方，仅自用印就多达两千余方之多。其名章面貌多样，穷尽变化，或封泥或古玺，体现着他对艺术求变求新的孜孜不倦。但细究其印风，笔者认为寿石工篆刻还是以赵之谦、黄牧甫两家为归宿，并

[1] 马国权著《近代印人传》，上海：上海书画出版社，1998 年版，第 225 页。

[2]《文篇诗录》，《古学月刊》，1939 年 7 月第 3 期。

[3] 同 [2]。

寿石工刻“肉弹”印

寿石工刻“园丁长年”印

寿石工刻“石劓魂梦能娱我”及其边款

未得吴昌硕篆刻苍老雄肆之味，无怪乎其弟子天津篆刻家张牧石对比了钟刚中、寿石工两位旧京名家篆刻后认为：“翁（钟刚中）名不及寿公（寿石工），而艺实高于寿公也。”[1]钟刚中篆刻之“端庄肃穆”代表了一种雄浑博大的印风，而寿石工之“妙造自然”展现了江南文人的细腻秀雅。寿石工夫人宋君方也善治印，与寿氏在京城有“赵管风流”之称（赵，赵孟頫；管，管道升，二人为夫妻，均善艺事）。夫人还善花卉，风格类明人。

寿石工篆刻在北方艺术界影响很大，并常年担任讲师，教授金石篆刻，于北平艺术专科学校执教达三十年之久，被誉为“执北方印坛之牛耳”，是当之无愧的印林前辈。其门人弟子更是遍布京城，成就卓著者车载斗量，如齐燕铭、吴迪生、潘渊若、巢章甫、戚叔玉、金禹民、温廷宽、汪今异、张牧石等。可惜的是，寿石工因病早逝，门

[1] 马国权著《近代印人传》，上海：上海书画出版社，1998年版，第208页。

人们没有将其书法篆刻艺术进一步推广。其印风虽一度声名远播，培育出一代篆刻俊才，但好景不长，此派印风逐渐为齐白石之“齐派”印风所吞噬。今之习篆刻者往往知齐白石，而不识寿石工。但是，不可否认的是，民国时期，在寿石工印风的影响下，一大批金石书法爱好者走上了职业艺术道路，成为1949年后北京印坛的中坚力量。时至今日，京城中善治印者，很多人即为寿石工传人或再传、三传弟子，寿石工的书法篆刻代表民国时期旧京艺术发展的一个新的高度。除书法篆刻外，仅对其藏印进行整理也会发现，寓居旧京的很多名人雅士均与寿先生有着不浅的交往，如陈师曾、金城、徐悲鸿、齐白石、杨仲子、马衡、乔大壮、钟刚中、陈半丁、孙壮、尹润生等，从寿石工的交友圈来看，亦能见证其在北京艺术界的特殊地位。

黄钟大吕——杨仲子

杨仲子（1885—1962），原名祖锡，字荫浏，号粟翁、石冥山人、梦春楼主，别称一粟斋道人，江苏南京人。早年毕业于江南格致书院，后入法国土鲁斯大学学习化学工程，获化学工程师证书后转学于瑞士日内瓦音乐学院，习钢琴、音乐理论、作曲及西洋文学。1920年后归国，在北京女子师范学校创立音乐体育专修科，还被聘为北京大学音乐研究会导师，教授钢琴。1921年，与甘文廉、赵元任、沈彭年、萧友梅创立“乐友社”，并先后在北京大学文理学院、京师女子大学二部音乐系、北京女子文理学院等校任教。1932年任北平艺术学院院长。1937年，北平沦陷，离职避居。1938年，在重庆任国立女子师范学院教授、国立音乐院院长、教育部音乐教育委员会主任。1947年，在南京任全国音乐学会理事长、礼乐馆编纂、国立戏剧专科学校教务主任兼教授等职。1949年后，任职于江苏省文史研究馆。著有《白石道人歌曲研究》，编有《弦乐器定音计述略》《中国历代乐器说明》等。

杨仲子像

杨仲子在中国文艺界有音乐界泰斗和音乐教育家之美名，同时被西方传媒誉为“东方之奇星”。他出身于文人家庭，自幼熟读诗书，喜好音乐及篆刻，是早期受西方教育之中国文人。自1920年后，杨仲子寓居京城达17年之久，其间与萧友梅、赵元任、刘天华、徐悲鸿、陈师曾、姚茫父、齐白石、寿石工、林风眠、吕凤子、乔大壮、刘海粟、梅兰芳、范文澜、老舍、郭沫若等人来往较多。他与徐悲鸿是留法的先后同学，交往最为密切，徐称赞杨仲子是“朋辈中负才艺最广博者”[1]，并誉之为“以贞卜文字入印之第一人”[2]。徐悲鸿说:“不佞平生幸事乃藏得仲子精品近五十方，俱黄钟大吕之音，雄强高古之作。”[3]傅抱石曾跋杨仲子印谱云“惟拜读数四，恍若瞻对周秦旧谱，真不知有汉也。印灯微焰，系之斯篇矣。”[4]其篆刻一时间与齐白石同享大名，与齐白石并称“南杨北齐”，白石老人评杨仲子篆刻“古工秀劲，殊能绝伦”[5]。辑有《漂泊西南印集》《哀哀集印存》等。此外，他与旧京印人寿石工亦有一定之交往，曾加入北平艺社金石书画会[6]。1928 年，他与寿石工、凌宴池等发起成立四宜社[7]，社址为北平中山公园四宜轩，社员大多是北京各院校的美术学院教师，该社每逢休假日进行书画交流，并经常举办社员作品展览，可见杨仲子其人在旧京之影响。据称旧时北京宣武门内一酒楼还曾有一道名肴“杨先生

[1]《徐悲鸿题辞》，粟子编《杨仲子金石遗稿》，北京：人民美术出版社，1991 年版，第 4 页。

[2] 同[1]，第 5 页。

[3] 同[2]。

[4] 傅抱石《跋杨仲子印谱〈漂泊西南印集〉》，叶宗镐编《傅抱石美术文集续编》，上海：上海书画出版社，2014 年版，第 348 页。

[5] 粟子撰《手持霹雳斧 凿破昆仑骨——杨仲子篆刻艺术简介》，粟子编《杨仲子金石遗稿》，北京：人民美术出版社，1991 年版，第 92 页。

[6] 北平艺社金石书画会。1924 年，由林彦博发起，罗宝珍任会长，以研究中国古代书画为宗旨，会员有关颖人、金孟仁、杨仲子、李仲翔、恽匡岑、寿石工、邵逸轩、吴南愚、孙诵昭、贺履之、赵醒公、赵伯贞等人，会址为北京中山公园四宜轩，每周星期日和假日进行集会，后于 1924 年秋停止活动。此处参见笔者撰《民国时期的北京书风》，北京：故宫出版社，2014 年版，第 75 页。

[7] 四宜社。1928 年，杨仲子、寿石工、凌宴池等发起成立四宜社，社址为北平中山公园四宜轩，社长为凌宴池，社员有杨仲子、寿石工、杨伯屏、杨丙辰、孙诵昭、宋君方（寿石工夫人）、袁陶庵、杨潜庵、向仲坚、吴迪生等，该社每逢休假日进行书画交流，并经常举办社员作品展览。后因凌宴池与寿石工产生龃龉，四宜社解散。此处参见笔者撰《民国时期的北京书风》，北京：故宫出版社，2014 年版，第 77 页。

杂碎”，源于杨仲子先生所嗜之炒鸡蛋杂玉片，上敷以炒鸡蛋，极嫩，在旧京颇为人知。[1]他从瑞士归国时，带回了一位瑞士夫人杨燕妮（En Jenny），擅长西洋筝，亦能弹奏钢琴，为人好客酬酢，令旧京名士印象很深。

杨仲子为音乐界巨子，在民国时期的旧京篆刻界名望亦颇高，其篆刻之名在他书法之上。如今学者对杨仲子的篆刻研究较多，笔者先谈谈他的书法。据现存资料看，杨仲子幼时曾与胡小石同学，胞妹杨秀英后嫁与胡先生，而胡小石的长子出嗣杨家，二人是关系非常密切的姻亲。胡先生为清末碑派名家李瑞清入室弟子，也是民国时期碑派著名书家。杨仲子楷书最初间接受李瑞清书风影响，存世远少于他的甲骨文和金文，但从一些落款中可略窥其面貌。他的楷书主要导源于李瑞清，书风卓茂刚劲，与《张猛龙碑》略有几分近似。杨仲子生于清末，但习书似乎未涉猎馆阁体，加之后留学海外，因此他的楷书还是以实用为主。从他篆刻所制楷书边款来看，亦有许多北碑体风格。他还能作隶书，但过寸者亦不常见，为一种篆隶结合之字体，且多用于甲骨文及金文的题款，面貌不甚突出。杨仲子书法成就主要体现于篆书，以甲骨文和金文最为见长。他的金文早年亦间接受李瑞清影响，但未染清道人的颤笔习气，求甲骨金文原貌，其眼界比李瑞清宽广，留学法国、瑞士的经历为其艺术赋予了新的活力。归国后杨仲子常年寓居旧京，其友人不乏京城中善书的名士。且这些名士为诸多门派之重要传人，如陈师曾为吴昌硕弟子，姚茫父为清末莫友芝书风传人，徐悲鸿为康有为弟子，齐白石、寿石工为具有独创之功的艺界名流。杨仲子以清道人遗法为根基，广取各派之长，海纳百川，以自身对艺术的理解加以转化，故其书法成就不低。杨仲子篆书以擅长甲骨文最为人知，徐悲鸿誉他为“以贞卜文字入印之第一人”。他关注甲骨文较早，属于开风气之先者，此时旧京创作甲骨文的书家并不是很

[1] 巢章甫撰《杨先生杂碎》，巢章甫著《海天楼艺话》，北京：人民美术出版社，2009年版，第76页。

多，如遗老罗振玉、金梁，学者丁佛言、孙壮、董作宾等，但他们中取得突出成就者甚鲜。笔者认为，甲骨文由于最初受到创作工具和时代的限制，很难以毛笔表现出刀刻的美感，加之甲骨文形态过于纤瘦，因此不易书成自家面目。从后来的发展情况来看，以甲骨文字体名世的书家创作面貌单一，相互间差距不是很大。金梁算是一位有艺术家气质的遗老，但他所书甲骨文过于表现字体的生动和个性，反而背离

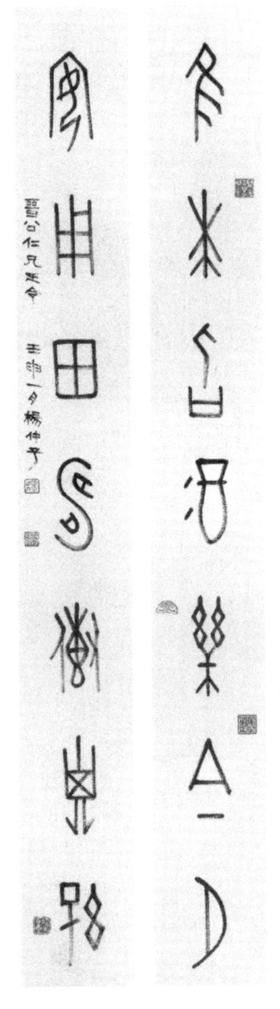

杨仲子篆书

《惟求安用》七言联

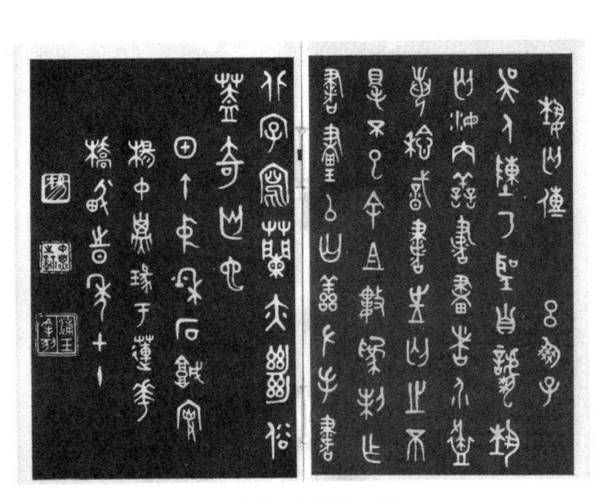

杨仲子篆书《艺丐传》（拓本）

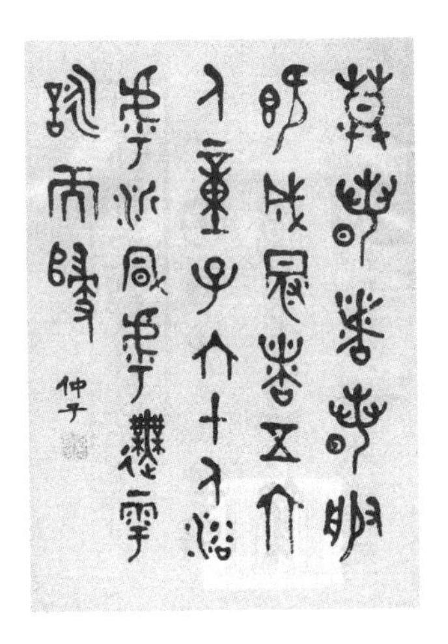

杨仲子篆书节录《论语先进篇》

了甲骨文的原貌。杨仲子书甲骨文也是以毛笔极力追摹甲骨文的刀刻感，其高明之处在于深谙音律，能将音乐的旋律加入书法之中，使易规矩板刻的甲骨文呈现出一种动态的舞姿。杨仲子的金文也写得不错，力摹大篆《散氏盘》，古拙而苍劲，字势较长，兼取吴昌硕石鼓文之质朴，能于金文中寓郁勃之气。从杨仲子书金文来看，他擅长融汇各派之长，对于碑派名家的书法有理性的思考，加之取法殷契，为其金文增添了几分古奥和神秘。

最后谈谈杨仲子的篆刻，他的篆刻确实比其书法具有开拓性，杨仲子先生的后人整理《杨仲子金石遗稿》中，除徐悲鸿题跋外，还有胡小石、张龄、佘雪曼、郭沫若、常任侠、吕凤子、朱濬、杨寄平、曾昭燏、商衍鎏、赵元成、潘伯鹰、龙榆生、冯若飞、苏昌辽等诸家题跋，对杨仲子的篆刻成就多有评价。如张龄评之曰："先生灵腕走蛟螭，直起籀斯共参伍。"[1]对于取法，杨仲子在《云孙印存》序中写道："吾人若仅取法明清，似难脱前人窠臼，抗礼当代名流，拔赵立汉，应求之于殷契周金、秦权汉瓦、陶简泉镜之间。"[2]在其所处之时代，杨仲子这种取法是很有眼光的，且其篆刻创作思路也是灵活的，不拘于一家之成见。他除取法于殷契周金、秦权汉瓦、陶简泉镜之间外，同时借鉴了吴昌硕、黄牧甫印风的特点，其独创之处主要在于以甲骨文入印。殷契晚清才现世，受关注较晚，以之入印也是民国以后之事，杨仲子、简经纶二人确是早期的实践者。他们均主张以甲骨文入印，但二人印风侧重点却不相同。杨仲子甲骨文入印多以白文为载体，取黄牧甫构图和吴昌硕刀法，印风苍穆高古，朴质自然，布局紧凑，粗放内敛。字与字之间相互照应、协调，行刀冲切结合，稳重而自信，印面不求光洁，而是取封泥之剥蚀残破，形成一种独有的印风面貌。其朱文印则取封泥古玺形式，也参考甲骨文字体，以西洋构图

[1]《张龄题词》，粟子编《杨仲子金石遗稿》，北京：人民美术出版社，1991年版，第7页。

[2] 粟子撰《手持霹雳斧 凿破昆仑骨——杨仲子篆刻艺术简介》，粟子编《杨仲子金石遗稿》，北京：人民美术出版社，1991年版，第89页。

杨仲子刻“漂泊西南”印及其边款

之法排列，擅长空间运用，能使印面疏处疏、密处密，达到“疏可走马，密不透风”之妙境。简经纶篆刻，则注重突出甲骨文的方折和硬度，聚散开合纯任自然，也是极为高明的。但笔者认为杨仲子篆刻并非尽善尽美，亦有一些不足，如用刀过于追求圆劲，反而缺少了些方折和力度，但从其篆刻整体水平来看，确实很有特点，无怪乎得到了齐白石、寿石工等专业印人的推崇。

总之，杨仲子的书法篆刻艺术成就之取得，很重要的一点是他民国初年寓居旧京多年，交往广泛，加之善于借鉴他人之长，故能将流行于旧京的各派书风印风巧加借鉴，为自己所用。但可惜的是，杨仲子的书法篆刻继承者乏人，也可能因其艺术风格过于具有独创性，反而令学者望而却步，其中缘由有待进一步的研究。

褒贬时贤——马叙伦

马叙伦像

马叙伦（1885—1970），字彝初，又作夷初，号石翁、寒香，别署啸天生，晚号石屋老人，浙江仁和人。早年就读于杭州养正书塾，曾在上海任《选报》《国粹学报》编辑。后以教书为业。辛亥革命前加入南社，宣统三年（1911）游日，加入同盟会。辛亥革命后，任《大共和日报》总编辑。1913年应邀赴北京医学专门学校任国文教员。1915年，任教于北京大学文学院。同年，袁世凯复辟帝制，辞职南下，计划反袁。1917年，蔡元培任北京大学校长，被聘为北京大学哲学系教授。1919年与胡适、陈大齐等发起组织北大“哲学研究会”。同年任“北京中等以上学校教职委员会联合会”书记，后升任主席。1921年，曾参与国立八校“索薪”运动。1922年任浙江省教育厅厅长，同年任北洋政府王宠惠内阁教育部次长。1923年辞职，重任北大教授，后任段祺瑞内阁教育部次长、中国国民党北京特别党部宣传部部长。1926年，抗议段祺瑞政府制造“三·一八”惨案辞职，被段通缉。1928年，任教育部政务次长，后兼任编审处处长。1929年，任国立北平图书馆委员会委员。1931年四度重任北大教授。1932年，应聘为“国难会议”会员。1935年任“北平文化界抗日救国会”主席。1936年，辞去北大教席后移居上海，任之江大学教授。全面抗战爆发后，积极参与抗日反蒋活动。1945年，任“中华全国文艺协会”上海分会监事，同年与许广平、王却尘等组织“中国民主促进会”，1946年参加反战游行，作为代表向国民政府请愿，在南京下关发生流血冲突，并受伤。1946年主编《昌言》月刊，1949年后任中央人民政府教育部、高等教育部部长，全国政协副主席，中国民主促进会主席，民盟中央副主席等职。著有《老子核诂》《庄子义证》《读书小记》《读书续记》《读吕氏春秋记》《读两汉书记》《六书解例》《说文解字研究法》《说文解字六书疏证》《石鼓文疏记》《我在六十岁之前》《石屋余瀋》《石屋续瀋》《天马山房丛著》等。

马叙伦是中国近现代著名的民主人士、经学家、文字学家、诗人、书法家和教育家，他一生活跃于政界和文化界，政务之余喜钻研书法，在《石屋余瀋》《石屋续瀋》中保存了他多年研究书法的心得，可看出马先生爱憎分明的性格和不依附于前人的主张。对于书法，马叙伦称得上是一位身体力行、理论与实践结合的书家。他生于晚清，据其回忆，早年曾临习欧阳询《九成宫醴泉铭》及赵孟頫书某帖，后涉猎于篆、隶、魏碑及王羲之、褚遂良、米芾诸家，对晋唐人书法尤钟爱有加。据称，马叙伦一生几乎每日临摹，只要身体健康，从未间断，可见他对书法的喜爱。经过常年的笔耕，马叙伦于书法深有心得，对于帖学，他持一种批判中继承学习的态度。他尊崇晋唐人书法，对二王钟爱有加，曾反复临摹《集字圣教序》，自称“悟入愈多”，并赋诗：“唐后何曾有好书，元章处处苦侵渔。佳处欲追晋中令，弊端吾与比狂且。”[1]他有幸得见唐太宗《温泉铭》影印本，赞许其“刻手真神工也”[2]，并“熟玩唐太宗书《温泉铭》，至于欲忘一

[1] 马叙伦撰《论书绝句二十首》，周德恒编，周振甫校《马叙伦诗词选》，北京：文史资料出版社，1985年版，第124页。

[2] 马叙伦撰《许叔玑墓表》，马叙伦《石屋余瀋》《石屋续瀋》，太原：山西古籍出版社，1996年版，第134页。

切。太宗此书，随意结构，拙媚相生，其落笔凡（处）如飞隼，而纡回转折处，又未尝不致意，似无笔法可寻，而实显然有其途径”[1]。马叙伦还自视“余书似唐人写经”[2]，并道出“余固未尝临唐人写经，且以其为彼时院体，并非上乘，未尝贵之也”[3]之语。在《米海岳论书法》一文中，他分析道：“颜鲁公肉胜（亦惟《家庙碑》等），宋徽宗筋胜，虽各有其美，而不可复学。筋肉停匀，二王之后，墨迹可观者，虞永兴（虞世南）、褚河南（褚遂良）可为准绳者也。米言布置，极须神会，并非如宋版书籍中字，以四平八稳为得布置之宜也。每一字中，分间布白，极意经营，正如绘事，丈山尺树，寸马分人，山腰云塞，石壁泉填，楼台树遮，道路人行，总使吾笔下后，悠然无间，人目所至，恰当其心，斯乃谓稳，亦不俗矣。笔虽若崩崖绝壑，而不使人碍目，则险而不怪也。”[4]在《梁闻山评书》中，他记有：“《念劬庐丛书》本梁闻山（梁巘）评书帖云：‘子昂（赵孟頫）书俗，香光（董其昌）书弱，衡山（文征明）书单’，此说深中余意。……子昂颇学陆柬之，柬之学虞褚而自成面目，其书亦少有俗笔，然毕竟是唐初人物，师承又佳，故瑕瑜不相掩，亦复微瑕耳，子昂实不得其佳处。……子昂书除侧媚以外无所有也，余以为鲜于伯机（鲜于枢）实过之，即张伯雨（张雨）亦转雅也。香光书若大家婢女，鬓影钗光亦是美人风度，然不堪与深闺少女并肩也。抑余以为香光不但弱，亦兼单，要是筋肉不匀，且虽老而实枯也。衡山书若稍厚，便及鲜于伯机矣。”[5]在《赵子昂书》一文中，他进一步谈道：“子昂书无一笔柬之玲珑之气，乃俗眼中好书，王家骨血洗伐殆尽，至董香光遂为场屋祖

[1] 马叙伦撰《唐太宗书》，马叙伦《石屋余瀋》《石屋续瀋》，太原：山西古籍出版社，1996 年版，第 151 页。

[2] 马叙伦撰《余书似唐人写经》，同 [1]，第 88 页。

[3] 同 [2]。

[4] 马叙伦撰《米海岳论书法》，同 [1]，第 123 页。

[5] 马叙伦撰《梁闻山评书》，同 [1]，第 123—124 页。

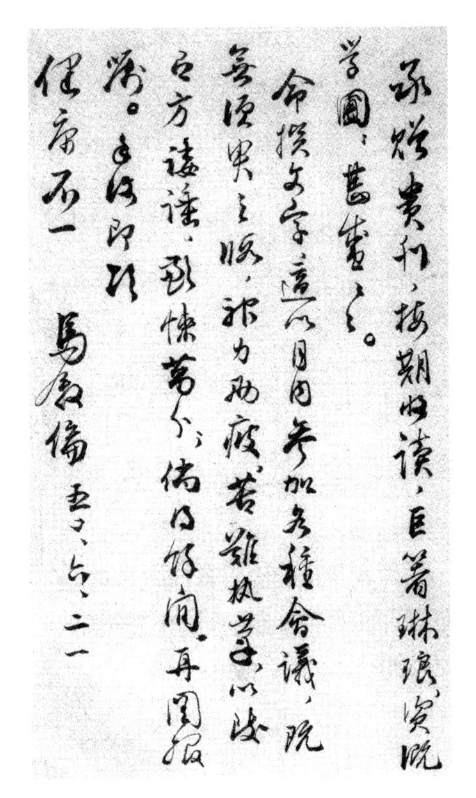

马叙伦行草书札

师矣。”[1]他认为“鲜于伯机书以雅胜松雪，张伯雨不及伯机而尤雅于松雪。余所谓雅者，以山林书卷为主要对象，有山林书卷之气韵，书自可目”[2]。对于明清书家，马叙伦认为：“明人纯学面目，则优孟衣冠也，清代惟包慎伯（包世臣）、姚仲虞（姚配中）、何子贞（何绍基）、康长素（康有为）可悟书道。此外要不能尽脱科举习气，若刘石庵（刘墉）似能树立，然腕不能离桌，其黄夫人遂能摹似（拟）之矣”[3]。他

[1] 马叙伦撰《赵子昂书》，马叙伦《石屋余瀋》《石屋续瀋》，太原：山西古籍出版社，1996年版，第162页。

[2] 马叙伦撰《鲜于伯机书》，同[1]，第89页。

[3] 马叙伦撰《芸阁论清代书人风气》，同[1]，1996年版，第202—203页。

推崇清人文廷式论书："董思伯（董其昌）书软媚，正如古人所谓散花空中流徽自得者耳，不知何以主持本朝一代风气。…… 董书通颜、赵之郎，惟失之太华美耳。卷折之风不变，固无有能出其上者"[1]，进一步解释："芸翁（文廷式）论董书正与余合，且以孔琳之相比，尤为善颂善祷。然董书实楛瘠，谓之软媚尚可，华美犹过誉也。思伯书之骨子乃赵松雪，晚年乃略有颜意，但无其雄伟"[2]。从以上所引书论中，可见马叙伦的书学主张。马先生尊崇晋唐书法，对宋之后的赵孟𫖯、董其昌、文征明等书家的书法提出了直接的批评。

关于如何学习书法，马叙伦在《米海岳论书法》中分析了他所见的方法和不足，其中云："或教先从颜、柳入手，此则取法乎中者也。近世稍称能书者，无不习颜书入手，然所作类似墨猪 …… 或教先学欧阳信本（欧阳询）、褚登善（褚遂良），似得之矣。然欧、褚皆亲见晋人真迹，得其笔法，而后之习欧、褚者，无非从翻本或劣榻（拓）《九成宫》《圣教序》等临摹，得其形似，便以为尽能事，直使欧、褚发嚎于地下耳。又或先学《张猛龙》《郑道昭》，可谓取法乎上矣，然不得笔法，则与学欧、褚者同其所得。近世吾浙有赵扮叔（赵之谦）、陶心云（陶濬宣），皆能书魏碑，然扮叔尚知笔法，所作尚活，心云全是死笔。余以为学晋唐人书不易藏拙，写魏碑最可欺人，欲以藏拙欺人，任习一二种魏碑，便无不可，否则未得窥其法门，总不可遽语高深。或教先从魏晋入手，或先习篆隶，此法陈义过高者也。…… 学书而先篆隶，亦犹是矣。且余以为今通以汉之八分为隶书，其于真书尚为高曾矩矱，若篆书实为祧祖矣。或以为篆书欲得其圆劲，学隶书欲得其方劲，其实得使笔之法，方圆自然而致也，学隶书于结构间架犹可取法，篆书则石鼓、秦公敦小具格律，其他布置随情，当时书者，本非秘阁通才，艺林供奉，率尔下笔，但循规矩，犹之魏碑竟有类匠

[1] 马叙伦撰《文廷式论董书》，马叙伦《石屋余瀋》《石屋续瀋》，太原：山西古籍出版社，1996年版，第204页。

[2] 同[1]。

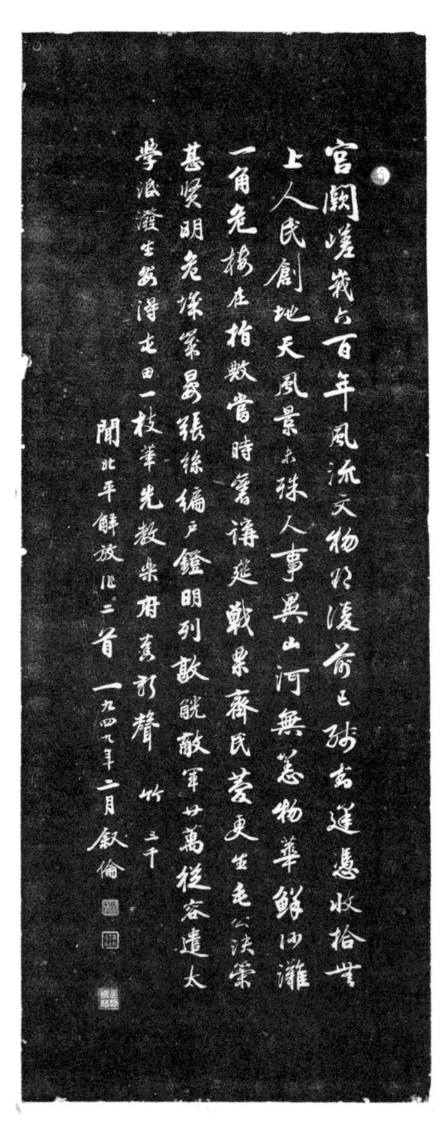

马叙伦行书自作诗《闻北平解放诗二首》(拓本)

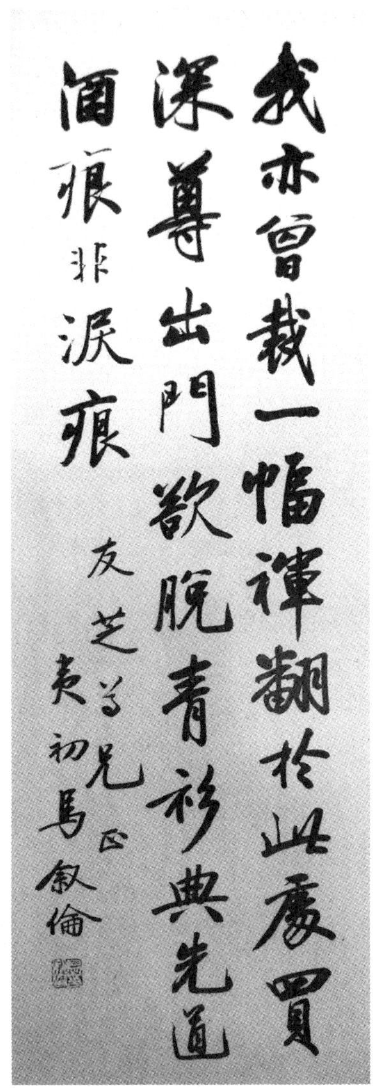

马叙伦行楷书《黄仲则戏题酒家》轴

人所作者。”[1]经过常年的临习，马先生总结出一套看似凌乱实则清晰的书学脉络，这对于一位并非专注于此的政治家、学者来说尤为难得。

在学界中，马叙伦虽以学者和书家自居，但任职北大期间，其成就却不为沈尹默及章炳麟弟子马幼渔、沈兼士、朱希祖、钱玄同、黄侃、周作人等人所认同。如《吴虞日记》1922 年 12 月 13 日中载："林公绰（铎）言，夷初（马叙伦）初从陈介石讲《通典》《通志》《通鉴》《史通》《文史通义》，谓之五通，后乃从章太炎讲训诂。"[2]谈到马叙伦的师承，马先生与汤尔和、林公铎均为陈介石[3]入门弟子，后转从章炳麟习文字训诂之学，但章门弟子并未接纳马叙伦。《吴虞日记》1924 年 5 月 27 日中记："十时后过北大，同沈尹默谈，尹默以夷初所书示予，深不满意。言夷初诗文皆不成。予言见夷初诗甚黑，尹默极以为然。尹默称予诗高华清丽……"[4]1925 年 1 月 18 日中记："任昶来谈，言马幼渔、沈士远为三千学生所认为不行者。又言马幼渔诸人，排斥陈汉章，明年下学年不来。沈兼士斥马夷初，谓彼为陈介石弟子，无师传，学其零碎。"[5]学者刘太希记："民十八（1929 年）先生（黄侃）居白下，门人持箑乞书，箑中已有马叙伦书浣溪沙词，先生读之大笑，

---

[1] 马叙伦撰《米海岳论书法》，马叙伦《石屋余瀋》《石屋续瀋》，太原：山西古籍出版社，1996 年版，第 120—121 页。

[2] 中国革命博物馆整理，荣孟源审校《吴虞日记》（下），成都：四川人民出版社，1986 年版，第 70 页。

[3] 陈黼宸（1859—1917），字介石，浙江瑞安人。光绪四年（1878）考取生员，十九年（1893）中举人，二十九年（1903）中进士。曾在家设塾授徒，又先后任教于乐清梅溪书院、平阳龙湖书院、永嘉罗山书院、青山书院、三溪书院、上海速成学堂、时务学堂、杭州养正书塾。1902 年至 1903 年初，在上海主编《新世界学报》，二十九年（1903）后在京师大学堂任史学教习，是中国近代著名教育家。1913 年当选为国会议员，袁世凯复辟期间，曾严词拒绝北大师生上书劝进，后又弹劾总理段祺瑞。著有《经术大同说》《独史》《地史原理》等数篇论文，及《京师大学堂中国史讲义》《中国通史》等。陈黼宸生平参见李峰、王记录撰：《新旧之间：陈黼宸史学成就探析》，《史学集刊》2007 年第 2 期，第 81 页。

[4] 同［2］，第 183 页。

[5] 同［2］，第 232—233 页。

援笔和之云：‘不会填词莫强填，填词难似作神仙，古来名句几多篇。山抹微云秦学士，晓风残月柳屯田，东施颦笑总徒然。’”[1]可见黄侃对马叙伦之轻视。马先生不为文人所喜的原因，与他为人有些关系。马叙伦口无遮拦，得罪了同时期的诸多学者。他所撰《石屋余瀋》最初刊行于1948年，其中对前辈和时贤书家不乏挞伐之声，有些说法似乎过于狂傲，未为自己留下些许余地。与他有师承关系的章炳麟也难逃一劫，其撰文中有“太炎不能书而论碑版法帖，盖欲示无所不知之博耳”[2]。章炳麟在时贤中自视甚高，马叙伦似更为过之。记《王湘绮不知书法》中云：“湘绮一生以抄书为日课，数十年不辍，故其耄年犹能作蝇头书，然固不知书也。”[3]记其好友黄节：“黄晦闻书学米南宫，但得其四面，即骨筋风神也。学米而但具此四面，无其脂泽，将如枯木；但具其皮肉脂泽而无此四面，便成荡妇。若但具皮肉筋骨，而无脂泽风神，亦是俗书。”[4]记张静江、于右任则云：“张静江能画，画胜于其书，书仅具赵松雪面目耳。”[5]“于右任能书，自谓其书如梨园之客串。其书实有自来，而太无纪律，摹古自造，亦两不足。……其近作转不如前，由太随便也。”[6]记沈尹默事尤多，如“尹默又示其所临褚河南《孟法师》《房梁公》两碑，以此见尹默于书，正清代所谓三考出身。于右任尝比之为梨园之科班，而自比为于客串，亦非轻之也。余则若清之大科耳”[7]。马叙伦视自己书法为“大科”，即古时殿试中由皇帝钦点的状元，而同乡兼同事的沈尹默仅能退居“进士”，碑派宗师于右任只是业余客串，足见马叙伦之自负。他还撰有《王福厂沈尹默书

[1] 刘太希撰《记黄季刚先生》，刘太希著《无象庵杂记》，台北：正中书局，1978年版，第140页。

[2] 马叙伦撰《章太炎》，马叙伦《石屋余瀋》《石屋续瀋》，太原：山西古籍出版社，1996年版，第49页。

[3] 马叙伦撰《王湘绮不知书法》，同[2]，第278页。

[4] 马叙伦撰《黄晦闻书》，同[2]，第88页。

[5] 马叙伦撰《张静江书》，同[2]，第89页。

[6] 马叙伦撰《张静江书》，同[2]，第89—90页。

[7] 马叙伦撰《沈尹默书》，同[2]，第90页。

优劣》:“上海有《活报》者，谓:‘王福厂篆隶等描花，沈尹默富商撑腰脊。’又谓‘福厂书平铺直叙，一无足觇，尹默书王字底子尚不算差，但其笔趣则缺然，不足名大家’。此论尚非过为诋毁，特尹默不可与福厂并论。……近时如慈溪钱太希、永嘉马公愚书，皆有王字底子，但一望而为匠人书，皆无笔法可得也。……福厂余父执，余尝观其作篆书楹帖，亦不空肘腕，是真描花也。尹默年必展览其书一次，收入巨万，谓之‘富商撑腰’亦不诬。”[1]短短一文竟然讥讽了沈尹默、钱太希、马公愚及其父执王福厂，可见马叙伦口无遮拦，颇有清代狂士汪容甫的风范。而对碑学书家康有为、于右任、何绍基等人书法成就，他认为“于(于右任)、康(康有为)字皆不恶，康犹胜于远甚。然二人似恃其善书，有玩世之意”[2]，可见在马叙伦笔下的书家均有缺憾，无尽善尽美者。

然而巧合的是，1963年沈尹默应邀为陈叔通主持编印的《马叙伦墨迹选集》书写序言:“石屋先生天资强敏，精力过人，早岁蜚声文苑，震惊诸老辈，从事人民革命事业，栖遑奔走，夷险如一，而博览群书，著述不辍。临池弄翰，特其余事耳。三十年前见其笔札，已极清劲之致，为时所推，称为善书，居恒与余戏言，谓余书为三科出身而以大科自命。盖以余鲁拙庸谨，必依名贤矩矱，刻意临写，自运殆少，遂无复字外之奇。而君则恣情水墨，超逸绳检，但求尽意，乃近世之王绍宗也。……石屋与余，实亦各尽其一己之性分，非故为异同也。久闻其自集平生合作，都为一册，但未得快睹。近日得陈叔老及克强昆季来书，欣知即将付诸影印以问世。……以余与君习而略通书道，来索序言，谓或能道出此中甘苦。余与君诚至熟悉，惟未尝亲见其握管染翰着纸。即便能道得一二，未必中君意。……石屋作字，颇重意趣。悬腕书小字，其殆欲传此秘于来者乎!石屋卧病久矣，末由相与抵掌畅

[1] 马叙伦撰《王福厂沈尹默书优劣》，马叙伦《石屋余瀋》《石屋续瀋》，太原:山西古籍出版社，1996年版，第230页。

[2] 马叙伦撰《于右任书》，同[1]，第89页。

论此事，至堪太息，是为序。”[1]此时马叙伦已经患上严重的脑软化症，一直在医院治疗，沈尹默委婉阐述了二人在艺术上的分歧，话中有话，颇堪玩味。

马叙伦的书法真实水平如何，由于他过于自负，因此并没有能够广为世人所知。沈尹默书法亦有刻板的一面，但马叙伦书法与其相比，似乎弗及沈尹默。据笔者研究，马叙伦书法早年标榜唐人，取法欧阳询、褚遂良，后习《隋龙藏寺碑》，由隋人而上溯北魏，有唐人写经的味道；行书则师法二王、米芾，得宋人神韵，一望便知为科举中人，颇似晚清翰林之书，与其友陈叔通书法面貌相近，气息雅畅，有宋贤面目，但缺乏强烈的个人特点，与同时期擅书的叶恭绰、潘伯鹰、高二适等人有一定距离；他精研小学，篆书写得四平八稳，缺乏艺术家的特质，亦受章炳麟书法的影响，他对《说文解字》研究比较深入，时常临摹和创作一些甲骨、钟鼎、小篆作品。从马叙伦的书法看，他虽博涉碑派书法，但碑学的影响不甚明显，基本属于帖学范畴。故此，将马叙伦书法归于名贤书风似不为过。马先生自视书学晋唐，取法乎上，却标榜过高，甚至有些不食人间烟火，反而缺乏吴昌硕、齐白石等职业书法家惊世骇俗的艺术面貌。诚然，马叙伦一生留心政事，书法正如沈尹默所说，为“余事耳”，这似乎才是对马叙伦书法的一个客观公正的评价。

[1] 马叙伦著《马叙伦墨迹选集》，北京：人民美术出版社，1964 年版，第 1—6 页。

文字复古——钱玄同

钱玄同（1887—1939），原名夏，字中季，号德潜、疑古，浙江吴兴人。早年受私塾教育，一度留学日本，入早稻田大学学师范，宣统二年（1910）归国，并先后任教于浙江嘉兴、海宁、湖州中学，北京高等师范学校、北京大学等。1917年，在《新青年》上发表《论应用文亟宜改良》一文，提倡“文学革命”，成为新文化运动中文学革命激进派代表人物之一。1923年任国立北京师范大学教授，致力于音韵学研究，从事文字改革工作。1928年任国立北平大学第一师范学院[1]国文系主任。1939年病逝。著有《文字学音篇》《说文部首今读》等。

钱玄同像

钱玄同是新文化运动的先驱者，也是文学革命中激进派代表人物之一，学界对于他一生的成就评价很高。概括来说，壮年时，钱玄同以手中的笔杆领导青年冲破旧礼教的束缚，扮演着反传统的急先锋。中年时致力于学术，成为古史研究的中坚人物之一。晚年时，他因病滞留北平，并恢复旧名钱夏，表示是“夏”而非“夷”，誓死不做日伪的顺民。钱玄同的一生传奇而曲折，其丰富的经历影响了他的治学、为人，甚至流露于其书法之中。钱先生在民国时期虽不以书家自居，

[1] 笔者按，北京高等师范学校、国立北京师范大学、国立北平大学第一师范学院为同一所学校，即北京师范大学的前身。

但其书法面貌独特，迥异时流，在特殊的时代熔铸下，形成了独有的艺术风貌。钱玄同一边埋首书斋研究创作书法，试图实现文字上的复古；同时他还是废灭汉字的提倡者，其中看似矛盾，实则亦呈现出某种统一。

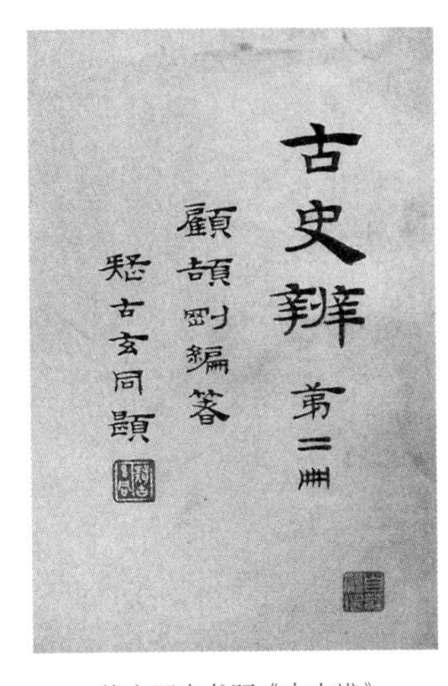

钱玄同隶书题《古史辨》

钱玄同出身书香世家，自幼受传统的私塾教育，父亲钱振常、伯父钱振伦，均为同治间举人。钱振常曾任礼部主事，绍兴、扬州、苏州书院山长。在父亲的指导下，钱玄同自幼即研读《尔雅》《说文》，后读《史记》《汉书》及“五经”。据他自己回忆：“我在10岁左右（1896年倾），就知道写满清皇帝的名字应该改变原字底字形，什么‘玄’字要缺末点，‘寧’字要借用‘甯’……这些鬼玩艺儿是记得很熟的，还有什么‘国朝’‘昭代’‘睿裁’‘圣断’‘芝殿’‘瑶阶’等等瘟臭字样，某也单抬，某也双抬，某也三抬，这些屁款式，我那时虽还没有资格做这样字样的文章，但却认为这是我们读‘圣贤书’的‘士人’应该知道的，所以也很留意。”[1]可见钱玄同早年读书之刻苦和认真。青年时他思想保守，对于反清言论尤为排斥，赞同康有为、梁启超的保皇论。当他读到维新志士谭嗣同的《仁学》，因谭言辞激烈的反清思想而怒将其撕毁。光绪二十九年（1903），钱玄同阅读了章炳麟的《驳康有为论革命书》、邹容的《革命军》，次年又读到章炳麟《訄书》和刘师培《攘书》等革命进步书刊，自此深受影响，思想倾向革命。他毅然剪去发辫，表示与清王朝决裂。三十二年（1906），钱玄同赴日本留学，入早稻田大学师范科，结识章炳麟，并成为章之重要弟子。次年加入同盟会，1911年辛亥革命爆发后，浙江光复，钱玄同撰出《深衣

[1] 钱玄同撰《三十年来我对于满清的态度的变迁》，《语丝》第八期，1925年1月5日，转引自吴锐著《钱玄同评传》，南昌：百花洲文艺出版社，1996年版，第2页。

冠服考》，他自己还穿着“深衣冠服”在浙江教育司上班，以示复古礼。1916年，袁世凯称帝失败，他改名“玄同”，他在自述中“自丙辰春夏以来，目睹洪宪皇帝至反古复始，倒行逆施，卒致败亡也；于是大受刺激，得了一种极明确的教训，知道凡事是前进，决无倒退之理”[1]，自此彻底与传统思想和文化决裂。在新文化运动中，钱玄同扮演了更为激进的角色。他期望“全盘西化”，甚至愿意“卖国”，主张把腐朽落后愚昧的旧中国卖给遗老，另建西化的中国。他甚至提出废灭汉字，全部改用拼音，偏激到说出人过四十就应该枪毙，因为年老者容易守旧。他的激烈和惊世骇俗之说，成为那个时代最具争议的话题。在守旧人士纷纷反对白话文之时，钱玄同的废灭汉字说一出，招来了更多的谩骂。钱玄同首先提出打倒“桐城谬种”“选学妖孽”的口号，并称此两种文妖“为有害文学之毒菌，更烈于八股试帖及淫书秽画”[2]。任《新青年》编辑期间，他与陈独秀、胡适、刘半农并称为“四大台柱”，当钱先生读到胡适的白话诗时，认为“犹未能尽脱文言窠臼”。在他的积极倡导下，《新青年》自第四卷一号起改为左行横排，刊载文章一律用白话文。他提倡文字改革，制作出第一批由政府公布的简化字，因此，钱玄同成为民国时期新文化运动的急先锋，也是那个时代最为耀眼的人物之一。他的成就体现在音韵、经学、文史多方面，其思想之活跃，言行之大胆，在当时文化界起到了振聋发聩的作用。

这位看似与传统文化决裂的斗士，却对于书法有着精深的研究。在时人的回忆中，钱玄同喜爱书法，并将其视为最大的爱好和消遣，遇到学生或友人求书，钱先生有求必应，来者不拒，因此，在一些毕业纪念册、书刊封面上常见他的题字题跋。国家图书馆中至今还存留着蔡元培撰文、他书丹的《国立北平图书馆记》。据称，钱玄同还曾

[1]《钱玄同年表》，北京鲁迅博物馆、湖州市博物馆编《疑古玄同：钱玄同文物图录》，郑州：大象出版社，2016年版，第184页。

[2] 转引自娄献阁撰《钱玄同》，朱信泉、严如平主编、孙思白校阅《民国人物传第四卷》，北京：中华书局，1984年版，第309页。

在大街之上写过推行国语运动标语。时人记：“先生精于书法，自谓不善书，除抄书为文外，不喜应酬，故造其居，案头纸卷叠叠，积年未偿之字债也。”[1]出于职业需要，钱玄同把书法作为学术研究的一个重要的课题。

谈到取法，他早年应系统临习过馆阁体，后受家学和老师章炳麟的影响，精研《说文解字》，加之其旧学知识甚为扎实，故此钱玄同的传统书法功力亦比较深厚，这也是他书法能形成独有面貌的重要缘由。留学归国后，钱玄同“常和沈尹默、周□生相见，见他们的字写得很好，于是又想来研究书法，因此临临魏碑”[2]。在文字改革运动中，钱玄同率先提出了“废楷用篆”的理论，他认为小篆是自文字创始以来比较完备的字体，而隶书之出现，将六书逻辑完全破坏，楷书则是建立在隶书基础之上，尤为不可法，故此钱先生主张废除楷书，并率先尝试以篆隶书进行创作，计划以篆书抄录《说文窥管》《小学答问》，隶书抄录《新出三体石经考》等著作。经过实践，钱玄同认识到创作的前提是要取法先秦石鼓、鼎彝，提出“凡秦刻石、权、诏版、印、瓦、汉碑额、开母、少室、天发、国山及秦汉书器、汉印……皆小篆也”[3]的理论，为此他还先后临习了《泰山刻石》《袁安碑》《袁敞碑》《曹魏苏君神道》诸碑，并借鉴清代书家钱坫、杨沂孙、邓石如篆书。钱玄同认为钱书（钱坫）瘦劲、杨书多方笔、邓石如以隶作篆，三人在结体上突破了小篆的束缚，而临摹石鼓、钟鼎文，可避免秦小篆流媚之弊。钱玄同所作篆书，取法高古，多方笔，沿袭清人传统，汲取了钱、杨、邓等三家篆书特点，形成了一种颇具学者气质的篆书风貌。

钱玄同对于楷书虽主张废除，但经过实践未能成功，而且其友人多精于此道，故此他也进行了自己的探索。他喜爱《开成石经》之字体，

---

[1] 转引自《中国公论》第五卷第四期，车吉心主编《民国轶事》第八卷，济南：泰山出版社，2004年版，第3226页。

[2] 北京鲁迅博物馆编《钱玄同日记》第4册，福州：福建教育出版社，2002年版，第1693页。

[3] 北京鲁迅博物馆编《钱玄同日记》第12册，福州：福建教育出版社，2002年版，第6873页。

钱玄同赠庄严楷书《朱敦儒鹧鸪天词二首》扇

挽先師章太炎先生（炳麟）

纘蒼水、寧人、太沖、薑齋之遺緒而革命，
蠻夷戎狄，矢志攘除。遭名捕七回，幽
三載，卒能驅逐客帝，光復中華。國士云
亡，是誠宜勒石紀勳，鑄銅立像。
萃莊生、荀卿、子長、叔重之道術於一身，
文史儒玄，殫心研究。凡著書廿種，講學
卅年，期欲擁護民彝，發揚族性。昊天不
弔，痛從此微言遂絕，大義無聞，
先師劉漢先生不朽。
弟子錢玄同鞠躬敬挽。

钱玄同楷书《挽先师章太炎先生》

这种碑版风格平易，不标新立异，契合他的审美要求。同时为了强化笔力，他还临习了《爨宝子碑》《董洪达造像》等南北朝碑版。对于楷书，他认为“一要适用、二要美观”。后随着大量敦煌写经的发现和刊行，这些资料引起了他的极大兴趣，他购买了《敦煌石室晋人写经》《晋魏写经墨迹》，潜心临摹，并尝试以魏晋写经、北碑借鉴邓石如书法宽博之特点，创作出极具个人特色的写经体楷书，其风格与他的友人刘半农的书法相映成趣。钱玄同的楷书整体清新典雅，洋溢着浓郁的书卷气和时代感，同时保存了一定程度的隶书笔意，在楷书中实现了隶楷相参的风貌，故而古朴寓真味，这也是他颇具代表性的一种书法风格。

钱玄同还标榜章草，他认为章草有定式，严谨规范，容易推广，他选取了《急就章》《出师颂》《月仪帖》等章草名帖，以方笔、楷法书写，并进行了一些尝试。他还参考明黄道周、近人沈曾植的草书，他认为黄道周草书源自楷法，沈曾植作书多方笔。钱玄同作的章草书法善于借鉴前人之长，创作出一种简素、易识的风格。

在书法上，钱玄同是民国时期科学实践的先驱，他的书法创作与科学紧密相连，他也期望通过自己的探索使书法这门古老的艺术呈现出新的活力，但由于其书法过度强调“技”法，反而失去了书写的自然和生趣。目前，钱玄同书法存世不是很多，今人对他的书法知之较少，但从一些的旧籍书刊题签中，还可领略其书法的风采。钱玄同书法的高明之处，在于善于将个人主观创造性和新发现书法资料结合，并以自身所学加以改良，传统的书法功力和科学的研究态度在矛盾中实现了统一。其书法之所得在于简易便捷实用，所失在过于追求实用性而使其美观局部丧失，太强调科学致文人韵致淡化，这也是观赏其书时感到的些许缺憾之处。总之，钱玄同是以科学眼光研究书法的探索者之一，对书法走向艺术学科起到了一定的引领作用，同时他的书法也是新文化和旧文化交织借鉴的特殊产物。

民国公子——袁克文

袁克文（1890—1931），字豹岑，又字抱存，号寒云，别署寒云主人、万寿室主等，河南项城人。袁世凯次子，生于朝鲜汉城，5岁随父返国，18岁授法部员外郎，后因反对其父袁世凯称帝，遭软禁，袁世凯死后，得遗产十余万金，挥霍殆尽，以卖文、鬻书为生，曾任上海《晶报》主笔，后加入青帮，1931年病故于天津。著有《寒云诗集》《洹上词》《洹上私乘》《辛丙秘苑》等，辑有《停云集》《圭塘唱和诗》《泉简》等。

袁克文像

袁克文有着中国、朝鲜两国的血统，其母金氏出身朝鲜贵族，为朝鲜末代国王李熙赠予袁世凯。据袁克文自述记，其母将分娩之日，袁世凯假寐，忽梦见朝鲜国王以金链锁引一大斑豹来赠，袁受之，系豹于堂下，食以果饵，豹忽断链，直蹿入内室。袁世凯惊呼而醒，适生克文。金氏亦梦恍惚中一只巨兽猛投入怀，类豹也，故袁克文字豹岑。袁世凯对此子钟爱有加。袁克文自幼博闻强识，才华出众，从江都方地山读书，其自述“六岁识字，七岁读经史，十岁习文章，十有五学诗赋，十有八以荫生授法部员外郎”[1]。他工于诗词，诗文“高超

[1] 陶拙庵（郑逸梅）撰《“皇二子”袁寒云的一生》，袁克文著《辛丙秘苑 寒云日记》，太原：山西古籍出版社、山西教育出版社，1999年版，第113页。

清旷、古艳不群”[1]，有《洹上词》《寒云诗集》刊于世。还喜集联，得其师方地山（京津“联圣”）真传，制联妙造自然。好收藏，品类繁多，举凡铜、瓷、玉、石、书画、古籍、古钱、邮票，无不包罗其中。嗜京剧、昆曲，常粉墨登场，为京城名票友。

在袁世凯诸子中，袁克文才华横溢，民国时曾随父居于北京中南海，据袁世凯之女、袁克文之妹袁静雪回忆：“他（袁克文）小时候很顽皮，既没有正正经经地念过书，也没有正正经经地练过字。但是他极聪明，有着‘过目不忘’的‘本领’，所以他对于写字、填词、作诗、作文章，都有着比较好的成就。我父亲（袁世凯）对外的比较重要的信件，有的时候由他代笔。我们彰德老家的花园（养寿园）内的匾额、对联，就是我父亲让他撰拟和书写的。我父亲对他是比较偏爱的，有时候得到了好的古玩，总是叫了他来，当面‘赏’给他。有时候看到饭桌上有好菜，也经常叫他来同吃。”[2]，“大概是他担任前清法部秘书的时候（他一生只在政府机关中做过这么一回事），有一次，部里派他到东华门大街去会同验尸，由于他不愿意看见那尸体的难看样子，就用墨把他所戴的眼镜涂黑了，糊里糊涂地走了个过场就算交代了这个差事”[3]。从家人的回忆中可对袁克文早年生活略有了解。袁克文始终保持着一种名士派头，所结交者也都是与他气味相投者，如方地山、董宾古、溥心畬、张大千、陈巨来、周瘦鹃、张丹斧、张学良、张伯驹、周叔弢等。他与名士易顺鼎、樊增祥时有诗词唱和，为其兄袁克定所斥，因此易顺鼎戏称袁克文为“曹家的老二”（曹操儿子曹植），此说法在民国时期颇为人知。其父袁世凯在筹办洪宪称帝之前，袁克文不以为然，曾作“乍著吴棉强自胜，古台荒槛一凭陵。

[1] 唐鲁孙撰《近代曹子建袁寒云》，唐鲁孙著《大杂烩》，台北：大地出版社，2000年版，第109页。

[2] 袁静雪《二哥袁克文》，袁静雪著《女儿眼中另面袁世凯》，北京：中国文史出版社，2012年版，第131页。

[3] 同[2]，第138页。

波飞太液心无往，云起魔崖梦欲腾。偶向远林闻怨笛，独临灵室转明灯。绝怜高处多风雨，莫到琼楼最上层”“小院西风送晚晴，嚣嚣恩怨未分明。南回寒雁掩孤月，东去骄凤（风）黯九城。驹隙留身争一瞬，蛩声吹梦欲三更。山泉绕屋知深浅，微念沧波感不平”[1]二诗加以微讽，触怒其父，遭到软禁。袁世凯称帝失败病死后，袁克文“俯仰家国，不无私恫，于潦倒无俚中更以醇妇自晦，应属别有雅抱，固不同于一般的纨绔子弟”[2]，加之其师方地山也是个风流不羁的才士，所以二人也更为耽于酒色，绝无避忌，过着诗酒风流的名士生活。据与袁克文有交往的旗人唐鲁孙记：“寒云一生不御西装，他说西装硬领领带是第一道箍，裤腰系上钉钉绊绊的皮带，前后又有四个口袋是第二道箍，脚穿革履底硬帮挺是第三道箍，加上肩不能抬，腿不能弯，脚穿带起来五花大绑简直是活受洋罪，那（哪）有中国衣履舒适自如，所以他终身只穿袍子马褂，尤其喜欢戴顶小帽头，还要钉个帽正，不是明珠、玭霞，就是宝石翡翠。他仪表俊迈，谈吐博雅，可是有时他在抑寒忿懥的时候，会偶或露出鬻缯屠狗的风貌来，有人说那是他跟步林屋同拜青帮头子张善亭为师的影响。”[3]从时人回忆中可对其人窥见一斑。民国时期，袁克文与溥侗、张伯驹、张学良并称为“京城四少”，又称“民国四公子”，江湖上亦有“南有杜月笙、黄金荣，北有津北帮主袁寒云”的说法。袁克文辗转居于北京、天津、上海等地，与政界、报界、书画界、诗词界、文艺界、收藏界、帮会上层人物均有交往。

1931年3月，袁克文由于患猩红热，加之纵欲过度最终不治病卒，[4]

[1] 高拜石著《新编古春风楼琐记》（十三），北京：作家出版社，2005版，第94页。笔者按，此二诗版本很多，后附袁克文行楷书此二诗图，与引诗略有出入，恐袁克文曾有所修改，故附此说明。

[2] 同[1]，第98页。

[3] 唐鲁孙撰《近代曹子建袁寒云》，唐鲁孙著《大杂烩》，台北：大地出版社，2000年版，第108—109页。

[4] 袁克文死因可参见袁静雪撰《胡搞要了小命 丧事轰动一时》，袁静雪著《女儿眼中另面袁世凯》，北京：中国文史出版社，2012年版，第139页。

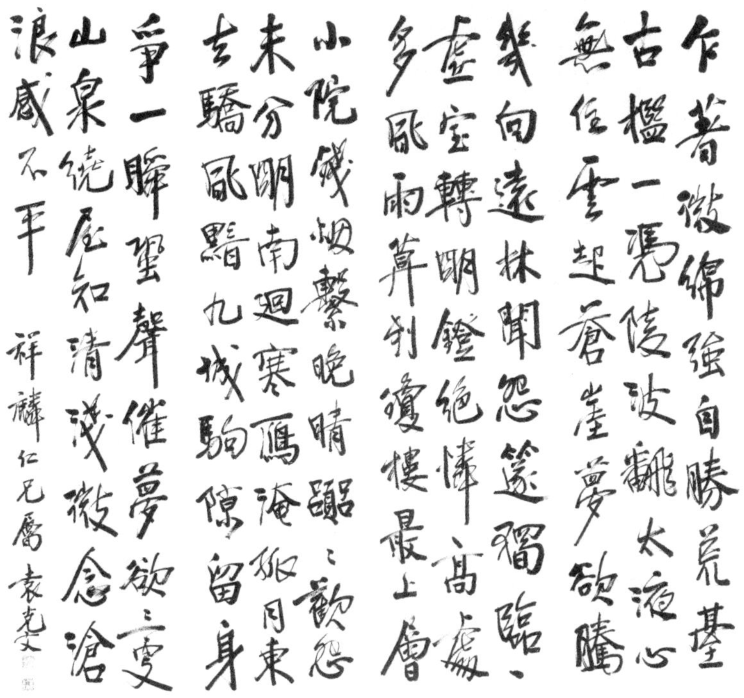

袁克文行楷书四条屏

《北洋画报》特发讣告“寒云主人潇洒风流，驰誉当世。尤工词章书法，得其寸楮者，视若拱璧。好交游，朋侣满天下，亦本报老友之一。体素健，初不多病，而竟以急症，于廿二日晚病故津寓。从此艺林名宿，又少一人，弥足悼已”[1]，袁克文死后，萧条之极，仅有一棺附身，最终由政客潘馨航出面料理后事，袁克文的大徒弟杨子祥按照帮（青帮）里的“规矩”，给他披麻戴孝，主持一切，据称给他穿孝的徒子徒孙不下4000人。京津沪各地均有纪念活动，灵堂之内挽联多到无法悬挂，其中梁众异的挽联“穷巷鲁主家，游侠声名动三府；高门魏无忌，饮醇心事入重泉”[2]，陈诵洛挽之云“家国一凄然，谁是魏公子醇酒妇人

[1]《北洋画报》第603期，1931年3月26日星期四。

[2] 唐鲁孙撰《近代曹子建袁寒云》，唐鲁孙著《大杂烩》，台北：大地出版社，2000年版，第113页。

以死；文章余事耳，亦有李谪仙宝刀骏马之风”[1]，黄峙青作挽诗云“风流不作帝王子，更比陈思胜一筹”[2]，此亦为袁克文风流名士的一生画上了句号。

自古以来，能以天赋称雄于世的书家甚少，一些书家往往由于缺少写字天分，而只能退居二流，袁克文却偏偏具备了这项才能。袁克文为一代风流才子，缺乏政治头脑，被其父袁世凯讥为“假名士”，但他擅长诗、词、制联，富收藏，工于书法，郑逸梅评其书：“华赡流丽，别具姿妙，既能作擘窠书，又能作簪花格。”[3]据时人回忆袁克文写对联时可使人悬空抻纸，用笔力透纸背，而纸不损，还能仰卧烟榻之上一手持笔，一手持纸，凭空书写，字体娟秀而无欹斜疏懈之病，他曾为军阀张宗昌书写一个极大的“中堂”，由于尺寸过大，就把纸铺在上海两宜里的弄堂里，赤足，提着最大号的抓笔书写，可谓非常之人有非常之能。袁克文不仅善书，还精谙书法流变之历史。在致友人徐半梦的信中，他道出了自己对书法的真知灼见，袁克文认为“书法始于篆，学书者必以篆始”[4]，篆书结体整肃，字形谨严，学习篆书可以避免弱、俗、荒、斜的弊端，之后再学习隶书，要取法西汉碑版，东汉之后的隶书多崇尚侧媚，古意也不如西汉。同期，还可以兼习章草，体会草书纵横转折的体势。在学习楷书上，应当宗法六朝碑版，以篆书之骨力和隶书之姿态来完善楷法。此外他指出前人法帖，均为钩摹而成，已经失去了原帖的神髓，所以不如放弃摹刻的法帖，对于唐代的楷书，则“流览可耳”[5]，至于宋元人书法，则“日趋婉媚，以锋芒胜，

[1] 高拜石撰《袁世凯的名士儿子——袁寒云风流豪放》，高拜石著《新编古春风楼琐记》（十三），北京：作家出版社，2005版，第119页。

[2] 陶拙庵（郑逸梅）撰《“皇二子”袁寒云的一生》，袁克文著《辛丙秘苑 寒云日记》，太原：山西古籍出版社、山西教育出版社，1999年版，第114页。

[3] 同[2]，第145页。

[4] 转引自徐京撰《袁克文论书》，《书法》1982年第2期，第32页。

[5] 同[4]。

不宜入石，墨本犹有可观者”[1]，明人书法“侧露益甚，间坠妖鄙”[2]，清人书法“困于帖括，不可超拔”[3]。于清代书家，他独标榜何绍基书法，认为何氏乃“夺篆隶之真魄”“窥古人之堂奥”，可见袁克文之书学主张。对于时人书法，他还曾撰《篆圣丹翁》一文，其中有“今之书家，学篆籀者多矣，而能真得古人之旨趣者盖寡，或描头画脚，或忸怩作态，则去古益远。在老辈中，惟昌硕丈，以猎碣为本，而纵横过之，而变化之，能深得古人之真髓者，一人而已”[4]。“予作篆籀，尚拘守新象，而丹翁则超于象外矣。俗眼皆谓予为工，而不知其荒率者，难于工者百倍犹未止也。工者循象迹求，犹易以工力为也；率者神而明之不在方寸之间，无工力不成，无天才亦不成，岂凡夫俗子所能梦见者哉”[5]。由于袁克文精于各体书法，又出手阔绰，常入不敷出，故由方地山、宣古愚代订润格，小引云：“寒云主人好古知书，深得三代汉魏之神髓。主人愈穷而书愈工，泛游江海，求书者不暇应，爰为拟定书例。”[6]

从书法风格上看，袁克文书法以篆书及行楷书最为世人所称道，他的篆书师法《泰山刻石》《峄山刻石》《琅琊台刻石》诸碑，并参考近人何绍基、吴昌硕等人篆法。而且袁克文既能书大气磅礴的古籀文，又能作笔力劲挺的玉箸篆，他曾为天津藏书家周叔弢书写过一副十四言篆书对联，结体匀称质朴，堪称佳作。袁克文篆书面目多样，令人拍案叫绝。他的行楷则标榜六朝，受何绍基影响，用笔气象浑穆，有势不可当之势，并能兼作蝇头小楷，字体清秀，生机盎然。袁克文书法格调高古，气势宏大，浑厚而不失灵动，苍劲而存雅隽，善采同时

[1] 转引自徐京撰《袁克文论书》，《书法》1982 年第 2 期，第 32 页。

[2] 同 [1]。

[3] 同 [1]。

[4] 陶拙庵（郑逸梅）撰《“皇二子”袁寒云的一生》，袁克文著《辛丙秘苑 寒云日记》，太原：山西古籍出版社、山西教育出版社，1999 年版，第 170 页。

[5] 同 [4]，第 170—171 页。

[6] 同 [4]，第 145—146 页。

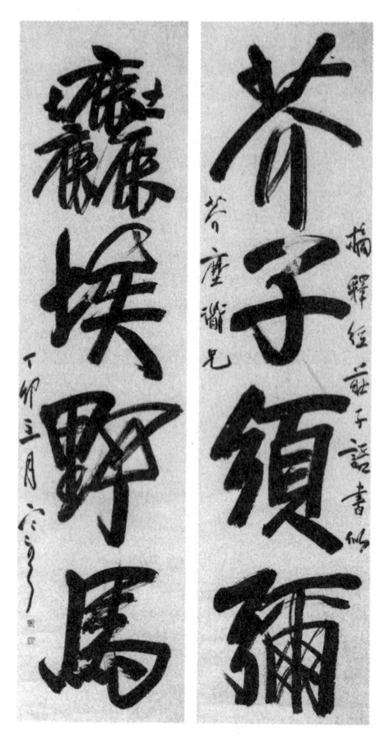

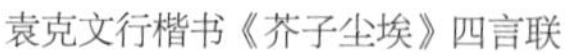

袁克文行楷书《芥子尘埃》四言联

袁克文篆书《径隐园开》五言联

代书家之长，将何绍基、吴昌硕等人书法特点巧加借鉴，化为己出，堪称一代书坛奇才。对于篆刻，袁克文虽未有涉猎的记录，但他应精于小学，对篆法也有一定的研究，学者王北岳曾撰《错字》一文记："民十余年钱崖号瘦铁继起，治印效法缶庐，郑大鹤奖誉有加，为订润例，誉为江南三铁，实则已逊于前者不少。钱尝治一印以谒袁克文，袁见而漫应不赞，至其辞去，则告人曰：'此印将克字刻为充，不识篆者，安能治印？为我更名，不骂亦客气耳！'盖克作（ ）充作（ ），篆书实不同而易淆，故治印用篆不可不慎。"[1] 从中亦可看出袁克文的

[1] 王北岳撰《错字》，王北岳著《印林见闻录》（一），台北：麋研笔墨，2003年版，第38页。

袁克文篆书《取语行神》四言联

文字学功夫。

对于袁克文书法，今人仅视为名士书法加以研究，而忽略了其书法中所传递出的家学渊源和时代风貌。他的书法很大程度上受清末民初书坛的多种风格的影响，利用自身之才学和交友圈完成了个人书风的变革，这些成就的获得不仅仅源于其所学，同时还得益于他所生活的时代和文化氛围。因此，袁克文书法可视为清末民初变革时期一种风格，这种风格展现出特殊历史时期文人名士的生活情趣和审美好尚。

传拓高手——周康元

周康元（1891—1961），原名家瑞，字希丁、西丁，晚号墨盦，祖籍江西金溪，自曾祖定居北京。幼年曾进琉璃厂富润轩文玩处学徒，1918 年开设古光阁古玩处，以擅篆刻、摹拓名重旧京，1949 后曾在前北京市人民政府文化教育委员会文物组摹拓古器物和保管文物，1957 年参加首都博物馆筹备工作，负责摹拓古器物和文物鉴定。出版有《石言馆印存》。

周康元是成长于琉璃厂的金石书法篆刻家，早年进富润轩文玩处学徒时受张子青[1]指教，学习书画鉴定，对篆刻用功尤勤。他特别留心观察书画上的印章风格和特点，并对书法、篆刻进行了系统的学习。1918 年，周康元开设古光阁古玩处，并在门前悬“周希丁篆刻处”小木牌[2]，鬻印为业，在琉璃厂流传着“阴文周”的雅号，他还擅长鉴定青铜器、古玉、古墨、石砚、图章和书画。除篆刻外，周康元在民国时期以善传拓古物最为世人所知，他在陈介祺“图形拓”的基础上进行改良，于取形和技法上有了新的突破。受西方照相“焦点透视法”影响，以焦点透视取形，使所拓器物器型更为精准，用墨将僧人达受善用的“蝉翼”与陈介祺喜用“乌金”参合，以一纸将器物完整拓出，实现了从“图形拓”到“全形拓”的突破。金石学家陈邦怀评其拓形

[1] 张子青（？—？），天津武清县人，光绪二十五年（1899）开设富润轩文玩处，鉴定和经营字画、法帖、金石等，歇业时间不详。参见陈重远著《琉璃厂史话》，北京：北京出版社，2015 年版，第 107 页。

[2] 同[1]，第 127 页。

方法“审其向背，辨其阴阳，以定墨气之浅深；观其远近，准其尺度，以符算理之吻合。君所拓者，器之立体也，非平面也，前此所未有也”[1]，1920年，北方金石书画社团“冰社”成立，[2]周康元担任副社长。“冰社”汇集一大批京城内外的金石篆刻名家，囊括了遗老遗民、北洋政客、学者文人、职业书法篆刻家等不同阶层，如易孺、孙壮、柯昌泗、罗振玉、丁佛言、寿石工、马衡、陈宝琛、冯恕、梅兰芳、尚小云等，“冰社”的成立对北方的金石学研究和北京篆刻印风的发展起到了重要的作用。

周康元的资料目前主要收藏于首都博物馆，笔者在首都博物馆任职时曾整理过部分周康元资料，发现周氏自辑印谱《石言馆印存》中存有大量旧京时贤的题字题跋。据统计，曾为周康元《石言馆印存》题字或题跋的有张思睿[3]、夏学海、徐世昌、徐世章[4]、朱光焘、孙壮、杨晋、陈宝琛、方地山、陈邦怀，为周康元所制拓片、印蜕题字的有徐世章、柯昌泗、容庚、商承祚、于省吾。从资料中可知，周康元与徐世章关系颇为密切，据徐世章之女徐绪玲回忆，1934年徐世章准备编撰砚谱，特意从北京请来中国第一拓手周康元及其助手傅大卣，请二人为徐所藏古砚及其他有价值的文物做拓片，并在徐家居住长达七八年之久。[5]在《石言馆印存》中，存有大量周氏为徐氏家族所制印章。据笔者初步统计，周康元为徐世章治印64方，徐世昌治印27方，徐

[1] 史树青《悼念周希丁先生》，《文物》1962年第3期，第60页。

[2] 参见第204页注释[1]。

[3] 张思睿（？—？），字仲香，湖北安陆县人，清末廪生，毕业于日本法政大学，曾任山西试用知县，清源局正、赈捐局会办、沁水县知县、清理财政局科长、审计院协审官等职。参见《最近官绅履历汇录第一集》，北京：敷文社，1920年版，第134页。

[4] 徐世章（1889—1954），字端甫，又字叔子，号濠园，天津人，徐世昌胞弟，早年就读于京师大学堂译学馆，后留学比利时列日大学经济管理系，曾历任京汉、津浦铁路局局长，币制局总裁等职。工作之余，喜收藏文物，为近代著名文物收藏、鉴赏大家。

[5] 参见徐绪玲《记先父徐世章先生二三事》，中国人民政治协商会议天津市委员会文史资料委员会编《天津文史资料选辑》1996年第4辑，第82页。

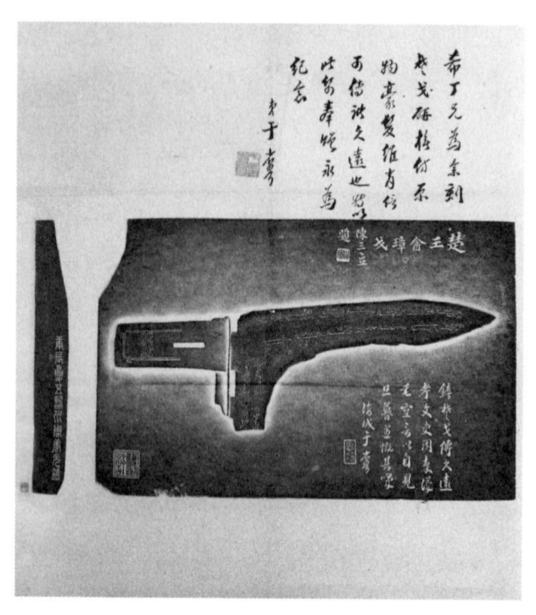

周康元镌刻、传拓“楚王酓璋戈”砚（拓本）

世襄[1]治印 21 方，徐一达[2]治印 4 方，而徐世章为周康元所制拓片题字、题跋亦甚多。如徐世章为《石言馆印存》题跋：“秦汉风规，希丁仁弟久以铁笔驰名于世，所制之品，朴茂遒劲，直迫秦汉，近以历年所镌印章汇以刊行，乞为楷模，因缀数语以志倾慕。”[3]从评价中足见二人交谊。

1918 年，北洋政要徐世昌被安福国会选为大总统，在旧京有“文治总统”之称，他和他的家族在京津及至北方地区有广泛的人脉和影响力，因此，笔者推断周康元的古光阁得到了徐氏家族的大力支持。

此外，周康元和商务印书馆北京分馆经理孙壮亦交游甚密。《石言馆印存》存有周氏为孙壮治印二十余方，印蜕一枚（未收录于印存），

［1］徐世襄（1886—1941），字君彦，号朴园，天津人，徐世昌堂弟，民国时曾任北洋政府山东海关监督。

［2］徐一达（？—？），天津人，徐世昌胞侄。

［3］参见周希丁《石言馆印存》，首都博物馆藏。

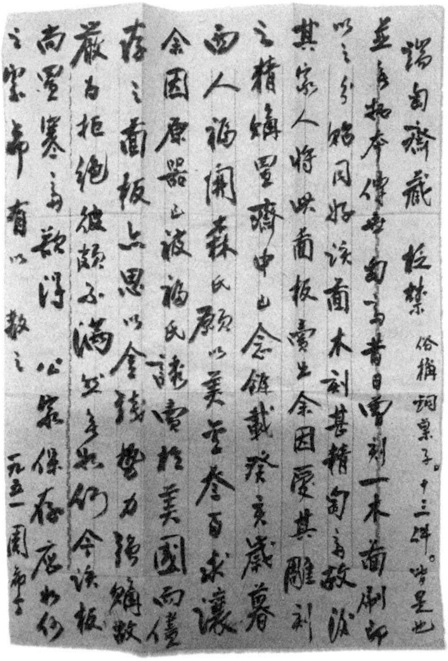

周康元行书手札

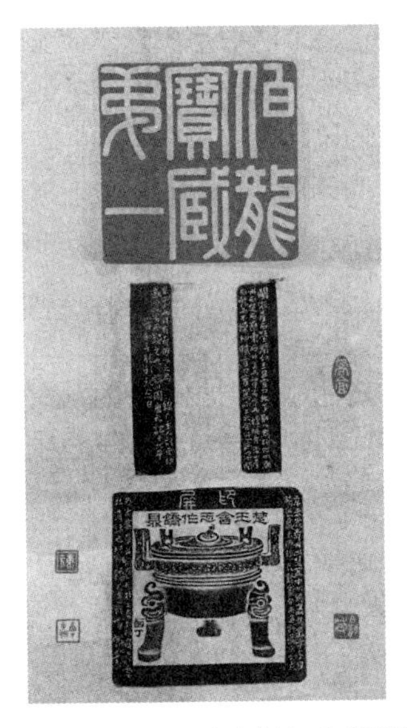

周康元为张鐈盦刻“伯龙宝藏第一”印及边款

周康元为卓定谋刻
“观千剑楼”印及边款

周康元为孙壮刻“雪园”印及边款

及孙壮为《石言馆印存》所作题名、题跋。

在周康元资料中存有一件他 1951 年书写手稿，“端匋斋（端方）藏柉禁（俗称铜桌子，十三件，皆是也），并手拓本传世，匋斋昔日曾刻一木图，刷印以之分贻同好，该图木刻甚精，匋斋故后，其家人将此图板卖出，余因爱其雕刻之精，购置斋中已念（廿）余载，癸亥岁暮，西人福开森氏愿以美金三百求让，余因原器已被福氏诱卖于美国，而侭存之图板，亦思以金钱势力强购，故严为拒绝，彼颇不满，然无如何。今该板尚置寒斋，欲得公家保存，应如何之处，希有以教之，一九五一，周希丁。”[1]他在文中明确地表示出对外籍收藏家福开森的不满，笔者细翻《石言馆印存》也未找到周康元与福开森之间的联系，但活跃于琉璃厂的另一位篆刻家张樾丞却与福开森关系颇佳。张樾丞自辑印谱《士一居印存》曾得马衡、罗复堪题名，马彝德（张伯英代书）、傅增湘、伦明、胡夔文、涂凤书、章钰、侯毅、陆和九、福开森（铅印）、溥心畬等题跋。从中可见周康元与张樾丞虽同为民国时期北京琉璃厂地区著名的篆刻家，但二人的交友圈却有些差别，可能源于同行间的竞争。由于文献缺略，笔者很难对当时的一些细节加以论述考证。

[1] 参见周康元书札，首都博物馆藏。

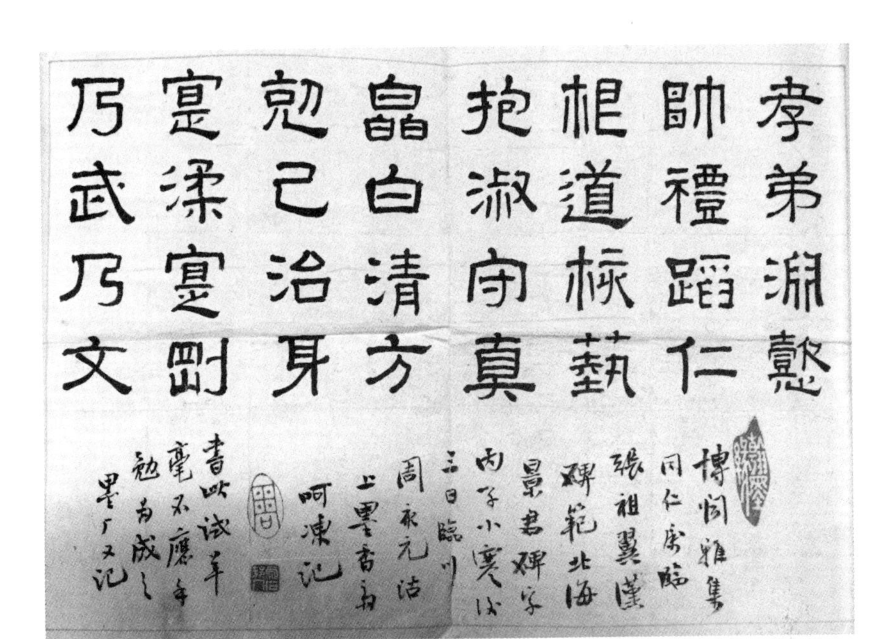

周康元临《北海景君碑》

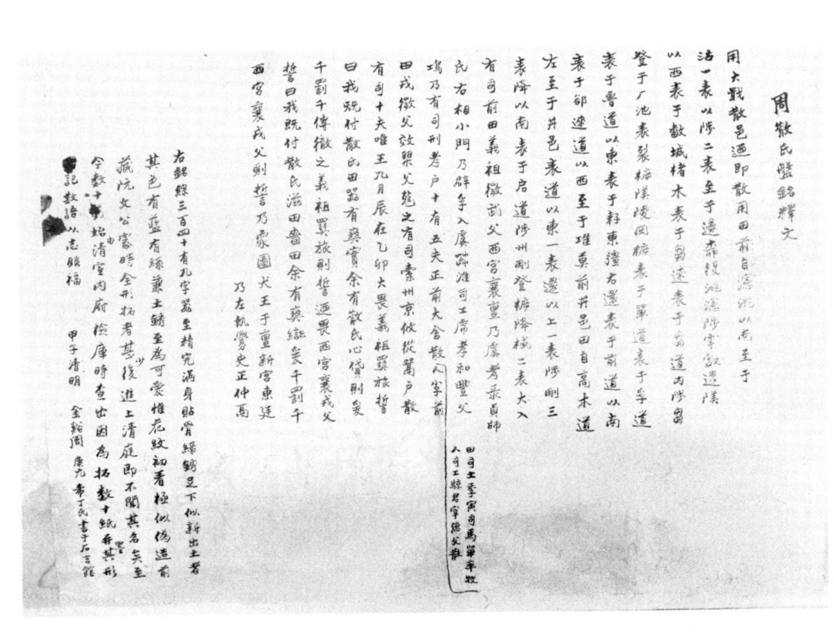

周康元楷书《散氏盘》释文及题跋

周康元以擅长传拓古物和独特的篆刻风貌享誉京城，他的篆刻取法浙派丁敬、陈鸿寿，徽派邓石如，后追摹秦汉，加之传拓三代吉金文字，达到了“下笔奏刀不求古而自合于古”[1]的境界。经笔者研究，周康元印风形成应受清末印人王石经影响，从周氏的《石言馆印存》中看，许多印式和气息与王石经极为近似，他也曾在其为张鐍盦制“伯龙宝藏第一”的边款中，明确表示取法王石经制此印。《石言馆印存》中多印和王石经《西泉印存》诸印有明显的借鉴关系，王石经印风曾在清末北京书坛受到了一定认可和推崇，而周康元的《石言馆印存》更像是王石经印风在北京的一种延续。有趣的是，徐世昌早年亦请王石经治印，因此，周康元此类印风契合了徐的审美需要，代表着民初旧京篆刻家取法清末印风的复古情怀。

周康元书法，为其印所掩，且存世不多，属于民国时期琉璃厂金石家的普遍水平。笔者在整理其资料过程中，曾有幸得见一二，大略可分为三类。常见的为行书，周康元的行书取法帖学，他幼年时逢科举废除，馆阁体书法式微，加之曾在琉璃厂学徒，因此似乎受师傅和琉璃厂流行书法影响更大。民国时期，北京书风碑帖并举，但帖学书法影响依然很大，周康元很大程度上受时代地域书风影响，取法帖学，书法风貌近颜真卿，但略存匠气，乏文人书法之韵致，经过长年训练，其书法还是写得很有功力。他晚年写有一幅投诉手稿，文字繁简结合，气势相对散漫，可见其行书以实用为主，书风难以比肩于同时期的金石书家、文人书家。他的楷书《散氏盘》释文及题跋，字体风格属魏碑，颇似清人赵之谦，但笔力显然不足，仅是外表上的追摹，未得赵书神髓。周康元资料中还存有他一件临清人张祖翼《汉碑范》中《北海景君碑》字，临得很随意，但看得出他对隶书笔法熟悉，却并不精深，也是一种表面上的学习。

从周康元的书法来看，其书法远逊于他的篆刻。可知民国时期旧

[1] 参见孙壮为《石言馆印存》作题跋，首都博物馆藏。

京琉璃厂一带的篆刻家，对于书法并非人人都有精深的研究。且周康元资料中未见他的篆书，因此很难了解周氏的篆刻是否与篆书相结合，他追慕的清人王石经篆书作品也较少流传。因此，笔者推断在清末民初，不少篆刻家并非遵循着印从书出的方式，甚至有一些印人仅把篆刻当作一门技术，以设计替代篆法，求美观快捷，这样的篆刻作品往往见刀不见笔，略显匠气。笔者曾在《民国时期的北京书风》中撰写过金禹民、刘博琴等琉璃厂地区的金石篆刻家，他们虽以篆刻名世，但书法功力却极为深厚，这也为他们后来的发展提供了很大的帮助。近期笔者还关注北京印人徐之谦，徐先生也是驰名旧京的金石篆刻家，据其弟子王冰先生回忆，徐先生篆书功力极深，年轻时对篆书进行过系统的学习，精通《说文解字》。徐之谦治印遇到疑难之篆字，必再三查阅专业书籍，小心求证后方奏刀治印，体现着一种严谨认真的学人态度。和这些旧京印人相比，周康元年齿更长，但书法功力上却似不及金禹民、刘博琴和徐之谦三位。从客观来看，周康元篆刻是对清人传统印风的一种继承和延续，但他对书法的认识更多地停留在技术层面，研究深度不够，其书法代表了民国时期琉璃厂的印人书风面貌。

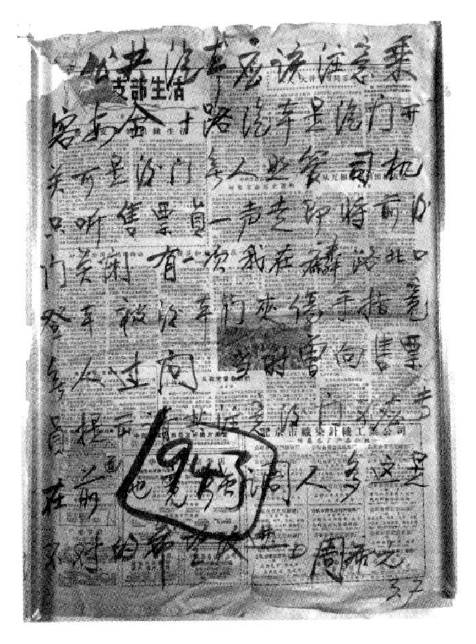

周康元投诉手稿（约 1957 年至 1961 年）

士人风范——瞿兑之

瞿兑之像

瞿兑之（1894—1973），笔名宣颖，字兑之，别名益锴，号蜕园，别署楚金、向平、杝庐、渠弥、铢庵，室名补书堂，湖南善化人。晚清名臣瞿鸿禨之子，曾国藩之女曾纪芬女婿，早年曾先后求学于北京译学馆及上海圣约翰大学、复旦大学，接受新式教育，后曾任北洋政府国史编纂处处长、印铸局局长、国务院秘书长等职，并任南开大学、北京师范大学、燕京大学、清华大学教授，曾参加中国营造学社、北平研究院等学术团体。抗战期间，滞留北平，出任伪华北政务委员会秘书厅厅长、伪北京大学代理总监督、伪华北编译馆馆长。抗战胜利后，流寓上海，以撰文为生。著有《方志考稿》《汪辉祖传述》《汉代风俗制度史》《中国骈文概论》《人物风俗制度丛谈》《杝庐所闻录》《北京建置谈荟》等，辑有《北平史表长编》《中国社会史料丛钞》《同光间燕都掌故辑略》《长沙瞿氏丛刊》等。

瞿兑之出身名门，其一生经历曲折复杂。作为文人，他治学严谨，精通方志学、社会风俗史、秦汉史、掌故学、职官制度等，瞿兑之在文学、史学、书法、绘画等领域均有较高的造诣。对于他的学术成就，学者周黎庵称“论本世纪二十年代至七十年代的半个世纪中，中国学术界自王海宁（王国维）、梁新会（梁启超）之后，够称得上‘大师’的，陈（寅恪）、瞿（兑之）两先生可谓当之无愧。但陈先生‘史学大师’的称号久已著称，瞿先生则尚未有人这样称呼过，其实两位是一时瑜亮，铢两悉称的”[1]。而学者沈其光则认为“瞿君兑之（宣颖），风流淹雅，倾倒一时”[2]，郑逸梅在《瞿兑之学有师承》一文中记“兑之为一书卷气十足的旧式文人。对人很和易”[3]，可见瞿兑之在时人眼中是一位饱学儒雅的文人，但他并未像陈垣、陈寅恪、吴北江等学者一样与政治保持着应有的距离，其身份却在文人和政客之间变换，尤其是在日本侵华期间，出任伪职，与黄濬、王揖唐、梁鸿志等沦为汉奸文人，被世人唾弃，作为文人这是极其可悲的。瞿兑之学识渊博，书法写得很好，在清末民初的旧京文人中颇富时誉，且其书学思想具有个性，因此笔者抱着“不以人废言”的态度，对其书法及书学思想略加介绍。

先谈瞿兑之与北京的关系。最初他从父入京，据其年谱记载为光绪二十八年（1902），那时瞿兑之不满十岁，初居于北池子左宗棠故宅，后搬至黄米胡同半亩园邻宅，并在此地居住达七年之久。他自幼受旧京文化影响，对此地的风土人情、街道变迁、人物遗风均颇为熟悉，其著作中有很多是记录北京风土的。他的父亲瞿鸿禨为晚清重臣，往来朋辈均是彼时知名的官员、学者，因此瞿兑之自幼耳濡目染，并受知于张缉光、王闿运、王先谦、曾广钧等名儒，积聚了深厚的传统文化根基，他还从湘潭画家尹和白习画，由于书法遒美，常常代老师在画上题字。瞿兑之最为世人所知的是，精熟于清代及民国掌故，能以

[1]《导言》，瞿兑之著《杶庐所闻录 故都闻见录》，太原：山西古籍出版社，1996年版，第4页。

[2] 转引自田吉撰《引言》，田吉著《瞿宣颖年谱》，上海：复旦大学博士论文，2012年，第16页。

[3] 郑逸梅撰《瞿兑之学有师承》，郑逸梅著《清末民初文坛轶事》，北京：中华书局，2005年版，第33页。

史家眼光观人论事，对资料进行合理的筛选和辨别，是民国时期著名的掌故大家。他的诗学成就也很高，汪国垣在其《光宣以来诗坛旁记》“瞿蜕园《西园王孙草书墨竹歌》”条认为瞿氏此诗“颇有湘绮老人《圆明园词》笔意”[1]，沈其光称其近体诗“沉雄博丽，一洗近代嚣凌纰缦之习”[2]，曹聚仁则称他五言诗“颇得陶谢意趣”[3]。正是由于瞿兑之综合素养较高，著述宏富，因此郑逸梅所说的“兑之书法遒美，有晋人风，古人所谓‘即其书，而知其胸中之所养’。不啻为兑之而发”[4]，也算是客观的评价。翻阅瞿兑之年谱可知，他五岁时习字受其塾师张缉光影响，除喜读书外，把写字视为乐事，其父瞿鸿禨更是想出了许多方法鼓励他，并教他写红纸的对联和扇面。对于他的取法，年谱中并未提及，但从其文章和书法中看，似从颜书入手，如他后来所说“社会盛行所谓的赵肌欧骨的馆阁体，楷书始愈失质朴谨严之意”[5]，可见其对馆阁体是不大喜欢的。同时他对清末北京盛行的翰林王垿书法，则认为“实则陋劣不能成字也”[6]。王垿为清末活跃于京城的著名书家，精于颜体书法，其时旧京还流传着“有匾皆书垿，无腔不学谭”的说法，但王垿书法在瞿兑之眼中却是不堪入目。科举废后，他看到了书法发展中的曲折，说出了“科举废后，字体虽解放，而市井无识，好以庸俗软媚之字为招榜，书法既更不如昔，而制笔之法益逊矣。民国以来，四方善书之士，苟有一长，咸集京师，虽市榜满目俗书，未能

[1] 转引自田吉撰《引言》，田吉著《瞿宣颖年谱》，上海：复旦大学博士论文，2012 年，第 1 页。

[2] 同 [1]。

[3] 同 [1]。

[4] 郑逸梅撰《瞿兑之学有师承》，郑逸梅著《清末民初文坛轶事》，北京：中华书局，2005 年版，第 32 页。

[5] 瞿兑之撰《汉字之简单美》，瞿兑之著《人物风俗制度丛谈》，太原：山西古籍出版社，1997 年版，第 319 页。

[6] 瞿兑之撰《市招》，瞿兑之著《杶庐所闻录 故都闻见录》，太原：山西古籍出版社，1996 年版，第 257 页。

递革”[1]，“近年字渐渐解放，各种恶劣的形式层出不穷，古人横平竖直之用笔原则即不讲求，分行布的结体方法亦全然不计。于是一笔之内，轻重不齐，一字之内，疏密悬绝。再加以波磔萦带，不择地而施，所以写出来的字，多半肥肿拥塞，重复错乱，绝无罗罗清疏之致。至于市井俗手所书，那就更不用说”[2]，可见瞿兑之对科举废除后的匠人书法也是排斥的。他认为书法是文人的翰墨余事，以一种传统文人士大夫的眼光来审视书法这门艺术。虽其年谱中，很少提及他习书的经历，但书法应是其日常生活中的一部分。瞿兑之并非一位恪守传统的文人书家，其书学思想有时也体现出一种新旧思想的矛盾和交融，如他在《汉字之简单美》一文中曾谈到近代文字的应用，以公告（新闻、广告、标语、布告）为生活不可缺少的部分，其字体可不用楷书，而“第一废除波磔（波磔就是勾挑之类），恢复篆隶原体，以平直方整为主。第二根据六书原则，废除俗制之字，因为俗字往往是滥加笔画的，例如燃烧之燃，在火之外又加火字，水果之果（菓），在木之外又加草头，这些字都不可用。第三根据草书原则，采用省笔。例如四点改作一横之类。注意这三种方法，可以渐进地使汉字简单化，可以节省很多书写的工夫，同时复返古朴美观的境界”[3]。瞿兑之在文中的一些观点显示出他对书法的认识和理解，其“恢复篆隶原体”的主张与文字改革运动中钱玄同提出“废楷用篆”的理论相类，二人在书学主张上有一定的相通性，可见瞿兑之对于书法并非仅停留于简单的临摹和应用，还撰文阐发自己的观点，其中很多内容颇具研究价值。

从常见的瞿兑之书法来看，他的书法可分有三类。一为楷书，瞿兑之的楷书从颜真卿入手，受其父瞿鸿禨书风影响较深，瞿氏父子均

[1] 瞿兑之撰《李福寿》，瞿兑之著《杶庐所闻录 故都闻见录》，太原：山西古籍出版社，1996年版，第240页。

[2] 瞿兑之撰《汉字之简单美》，瞿兑之著《人物风俗制度丛谈》，太原：山西古籍出版社，1997年版，第319页。

[3] 同[2]，第319—320页。

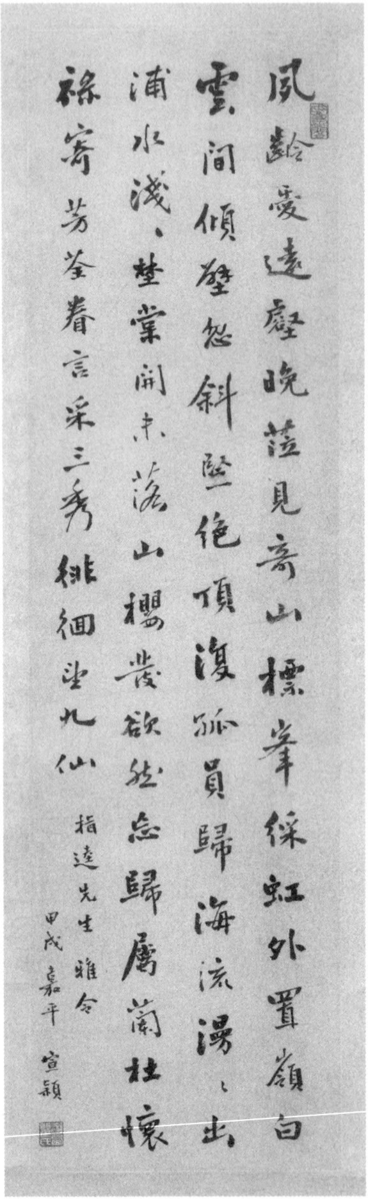

鳳齡愛遠壑晚莅見奇山標峰綵虹外置嶺白
雲間傾壁忽斜豎絕頂復孤圓歸海流漫、出
浦水濺、埜棠開未落山櫻發欲然忘歸屬蘭杜懷
祿寄芳荃眷言采三秀徘徊望九仙
指遠先生雅令
甲戌嘉平 宣穎

瞿兑之行楷书《沈约早发定山》立轴

矯首望八荒乾坤一何大安榮無遽欣患難無遽慼
君看十人中八九無倚賴人窮多過我我窮猶可耐
而況處夷途奚事生嗟愾於事少所求俯仰有餘快
俟命堪終古曾不願乎外 右不求
文正公於同治庚午撰此二詩以當遺教並云聖賢教人修身千言萬語要以
不忮不求為重宜於二者痛下工夫垂訓深矣 兌之謹錄

瞿兑之楷书节录《曾国藩忮求诗》立轴

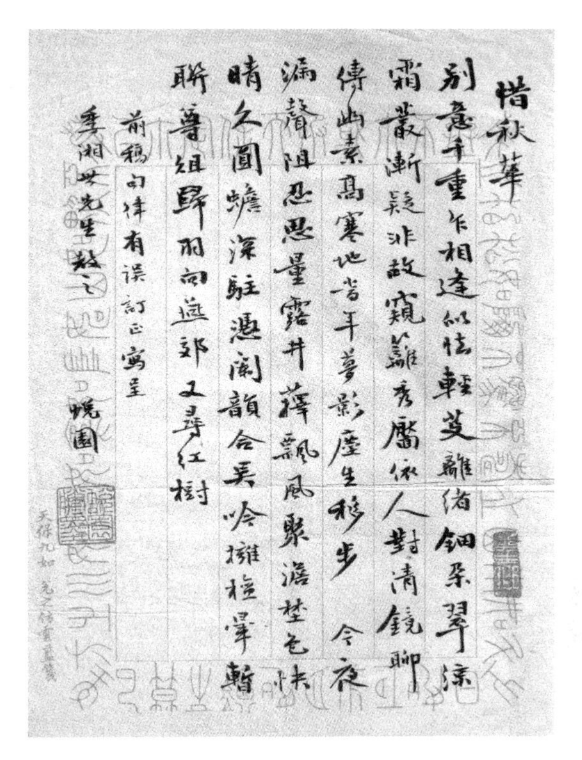

瞿兑之行楷书札

钟爱颜书，但瞿兑之的颜书似乎比其父的要规矩保守。瞿鸿禨于清末居官较高，其楷书中宫收紧，体势开张，骨力雄强，体现出一种政治家的胸襟和魄力。而瞿兑之的书法似乎更遵从颜书的原貌，把法度掌控得恰当得体，其楷书除取法颜书外，还吸纳了清人钱沣书法的特点，带有很强的清人颜书风貌。二为行书，瞿兑之的行书鲜有大字，小者写得极为精到，除受颜真卿影响外，还带有较强的宋人风致，他曾为王揖唐幕客，行书面貌和王揖唐书法也有几分形似。若细致对比，会发现瞿兑之的行书颇为细腻，点画之中的法度为王揖唐书法所不及，看得出他的临池功夫很深。欣赏瞿兑之的书法，给人印象最深的是书作中蕴藉着的文人气质，但无其父那种政治家的张力和气魄。从其书法中可知瞿兑之不是一位能纵横于政坛的人物，他书生头巾气太重，

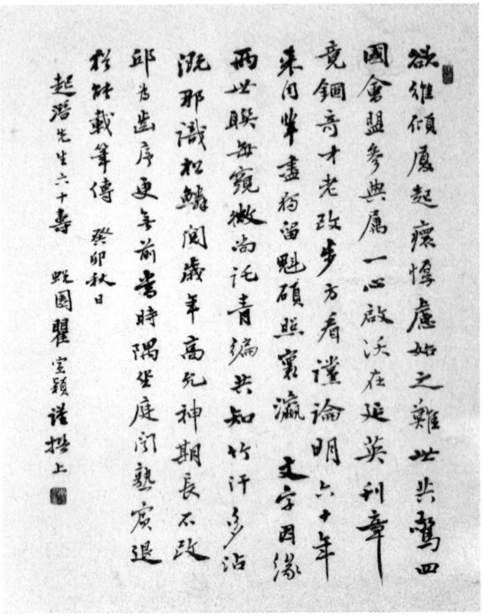

不知变通，面对复杂的政治形势难以负荷，乏担当之力，这也注定了瞿兑之书法谨守法度、内敛秀逸的一面。三为篆书，据记载，瞿兑之曾自学篆书，如今偶能一见，但均不甚成熟，面貌板滞，缺乏独有面貌，且从其师承来看，他的老师均不擅长篆书，瞿兑之虽与齐白石有着一定的交往，但白石老人书法对他似乎无太多影响。总体而言，瞿兑之书法还是以行书最为见长耐看，尤其是信手书写于信笺之上的字迹，整体细腻柔美，用笔潇洒飘逸，气息清新隽永。

瞿兑之赠顾廷龙行楷书立轴

近日网上流传着《笺人瞿兑之》一文，其中记录“文革”期间，瞿兑之藏笺纸32箱，在他入狱后被全部抄走，此事令他痛心不已。随后他将散落的数十页笺纸藏于被垫之下，为了防止红卫兵再次光顾，他将剩余的纸每页均写上毛主席诗词，这些笺纸才有幸流传于世。瞿兑之对笺纸极有研究，曾撰有《说笺》一文，对古人信笺的颜色、制作、流传、风尚、书写规矩讲得非常透彻精到，令人读其文如见其为人。如今瞿兑之的书法存世不多，为研究他的书法带来了很大的困难，但笔者认为瞿兑之书法很有文人气息，应因其学而传，后世著民国书法史者似乎应为他留下一席之地。

吉金入书——容　庚

容庚像

容庚（1894—1983），字希白，号颂斋，广东东莞人。早年读经书，习小学，中学毕业后，任东莞中学教员。著成《金文编》初稿。1922年入京求学，受罗振玉、马衡赏识，破格录取为北京大学研究所国学门研究生。1926年，任燕京大学文学系襄教授，次年，参与创办《燕京学报》，任主编，兼任北平古物陈列所检定员，后历任燕京大学、北京大学中文系教授，清华大学中文系讲师，1929年任故宫博物院古物馆专门委员。1946年任广州岭南大学中文系教授兼系主任，主编《岭南学报》。1952年任广州中山大学中文系教授。1983年病逝。著有《中国文字学形篇》《汉武梁祠画像考释》等，编有《金文编》《金文续编》《秦汉金文录》《颂斋吉金图录》《颂斋吉金续录》《丛帖目》《商周彝器通考》等。

容庚是中国近现代著名的古文字学家、古器物学家、书画家、篆刻家。他生于广东东莞，史学大师陈垣先生曾赞誉道“粤中后起之秀，以东莞为盛”[1]，容庚即为东莞人之骄傲。他出身诗书世家，祖父容鹤龄，同治二年（1863）进士，未做官，掌教东莞龙溪书院数十载。其

[1] 李汉松撰《序言》，东莞市政协编《容庚容肇祖学记》，广州：广东人民出版社，2004年版，第1页。

父容作恭，广雅书院学生，光绪二十三年（1897）拔贡，他关心国事民生，容庚出生之时正逢甲午中日战争爆发，容作恭慷慨赋诗“时局正需才，生男亦壮哉。高轩一再过，都为试啼来”[1]，表现出对儿子容庚的期许。容庚六岁入学，十三四岁即熟读经史。然而不幸的是，他的祖父、父亲于清末先后去世，父亲故去时，容庚年仅十四岁，在母亲邓氏抚育下，继续刻苦读书。邓氏亦出身书香世家，其父邓蓉镜，同治十年（1871）中进士，后授翰林院编修，曾任江西督粮道，一度署理江西按察使，晚年执掌广雅书院。邓蓉镜酷爱购藏书画，他的第四子邓尔雅曾留学日本习美术，精研金文、甲骨文，工篆隶，为岭南著名篆刻家。容庚祖父、父亲虽很早过世，但他自幼深受外祖父、舅父熏陶，课余从堂叔容祖椿、从兄容泰学绘画，与二舅邓汝霖、表兄邓懋勋观赏讨论书画，从四舅邓尔雅习古文字及篆刻。辛亥革命前后，容庚就读于广州教忠师范、广东高师附中，后转入东莞中学，并毕业于此。除遵从母亲的教导外，他专心跟随四舅研习文字学，最终走向了文字学研究的道路，可以说容庚的成就得益于外祖之家颇多。最初，容庚想撰写一部对吴大澂《说文古籀补》延伸的著作，因此他借助四舅的藏书外，还节衣缩食购买《窸斋集古录》《攈古录金文》《奇觚室吉金文述》等。在四舅的指导下，他利用现有资料，对金文、甲骨文、石鼓文、玺印、封泥、泉币文字加以整理，并参考王国维著《国朝金文著录表》，以商周彝鼎款识为主编写成《金文编》初稿。

1922年，容庚北上京师，赴京途中路过天津，他专程拜访了古文字学家罗振玉，并将所编《金文编》稿本呈请罗氏指教。罗振玉对此书赞赏有加，故特致函北京大学国学门教授马衡，马氏亦深喜容庚之才，破格录取容为北京大学研究所国学门研究生，自此改变了容庚一生的命运。在北大求学期间，容庚异常勤奋，他半工半读，一面为研究所整理古物，一面继续扩充修订《金文编》。当此书完成，王国维

[1] 容作恭撰《聊自娱斋遗稿》，转引自容肇祖撰《容庚传》，东莞市政协编《容庚容肇祖学记》，广州：广东人民出版社，2004年版，第6页。

在序中赞许道："其书祖述中丞（吴大澂），而补正中丞书处甚多，是能用中丞之法而光大之者。"[1]后此书经罗振玉推荐加以刊行流布。

1924年，冯玉祥发动北京政变，囚禁总统曹锟，驱逐逊帝溥仪出宫，李煜瀛等人受命成立故宫接收委员会，容庚亦受邀参加，自此得见大批未见公布的宫藏古器物，极大地拓宽了他的研究视野。1926年，容庚接受燕京大学之聘任襄教授，后燕京大学校长司徒雷登擢升他为教授。容庚先后在燕大开设文字学、金石学、甲骨学、考古文字学、简体字等课程，并任《燕京学报》主编。由于学校经费充足，1939年，《金文编》第二版增补版刊行，之后陆续刊行了《宝蕴楼彝器图录》《秦汉金文录》《中国文字学形篇》《中国文字学义篇》《颂斋吉金图录》《武英殿彝器图录》《古石刻零拾》《海外吉金图录》《金文续编》《古竟景》《善斋彝器图录》《二王墨影》《汉武梁祠画像录》《颂斋书画录》《伏庐书画录》《简体字典》《颂斋吉金续录》《西清彝器拾遗》《商周彝器通考》等[2]等经典著作及许多研究论文。1934年，容庚还发起组织"考古学社"，此社为当时考古界的重要学术团体，他亲自任《考古社刊》主编。任职燕大期间，他为了研究，经常出入琉璃厂，与旧京古玩铺的一些店主颇为熟识，托他们购藏青铜器、书画及碑帖。容庚一生购藏青铜器达一百多件，晚年他将所藏铜器捐献给国家者计有一百五十余件（分别藏于中国国家博物馆和广州市博物馆）。他每次从燕大进城，常邀约友人蒋兆和、启功、周怀民等交流书画。为了能更多地购藏古物，他在《顺天时报》曾刊登鬻印启事。容庚在旧京工作二十年，这也是他人生最为重要的一个时期。

正是由于容庚古文字学、金石学、古器物学、篆刻学的综合素养精深，因此他的书法亦佳，在民国时期即颇有名气。容庚精于四体，

[1] 王国维撰《序》，容庚编著，张振林、马国权摹补《金文编》，北京：中华书局，1985年版，第8页。

[2] 参见马国权撰《容庚先生的生平和学术成就》，东莞市政协编《容庚容肇祖学记》，广州：广东人民出版，2004年版，第21页。

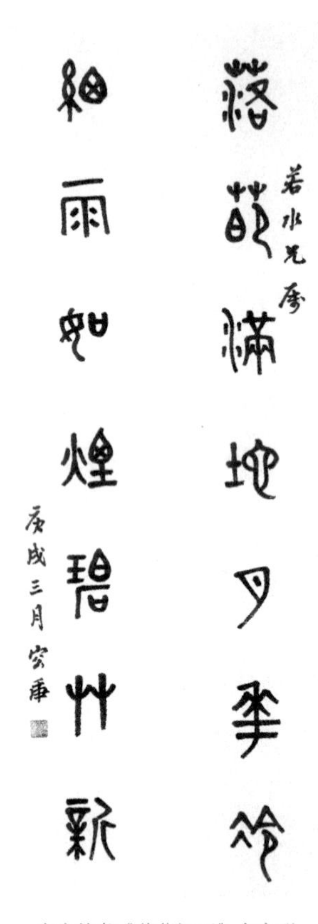

容庚篆书《落葩细雨》七言联

其中以篆书成就最大，篆书中又以金文最为世人所知。究其渊源，容庚早年得舅父邓尔雅细心栽培，在容庚眼中，“舅氏丰神清朗，蔼然可亲，未尝见其喜愠之色，辩才无碍，缅缅不绝”[1]。他传邓氏之学，最初从《说文解字》入手，精研小学，之后师事罗振玉、王国维，得二人点拨，加之他常年研究购藏青铜器，在眼界上非常人所及。对于金文学习，他主张从勾摹开始，力求先得其形，之后再追求神似，并切忌甜熟媚俗，书写金文要从生处来，生有一种自然之美。用笔要方圆并济，恰到好处，行笔如铜流于画间，以笔墨来表现金属液体在铸范中缓缓流淌的气势。而且，他倡导书写金文不仅要有扎实的文字学根底，还要有精深的笔墨功夫，不以奇巧取胜，追求用笔的古拙和文字的精准。在金文书写顺序上，容庚力主要先写主干，再写枝丫，从全局入手，中锋行笔，金文线条不能一味笔直，要略带曲笔，做到直中有曲，曲中有直。他不赞同晚近一些书家作书刻意追摹青铜器在铸造过程中刻工、范模及浇铸过程的失误和常年埋于土下的剥蚀残损，以示高古，而要透过现象探寻本质，作书力主以气为主，运用文字学知识，写出三代金文的真意。在创作过程中，容庚如遇有金文、说文中未收录的字体，便要反复翻阅前人的资料，依靠自身的文字学功底，做到书必有据，笔笔有来历和出处。此种精神堪称为学者书家中的典范。

[1]《容庚跋绿绮园诗集》，姚述撰《邓尔雅的书法和篆刻》，《书谱》1976年第十三期，第34页。

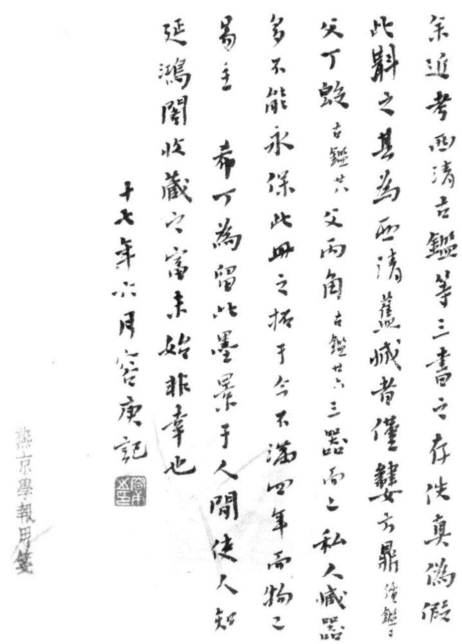

容庚行楷题跋

据称，容庚作书喜用长锋羊毫，用笔大气磅礴，能以毛笔追摹出金文的古朴和生动，且时作枯笔，做到顾盼照应，在严谨的考证基础之上，融入了帖学的畅达和金石学的厚重，看似平淡无奇，实则展现出古代文人雅致的风采，容庚的一些作书理念得益于其师罗振玉的点拨。

除篆书外，容庚的楷书亦很有特点，他平生撰述文稿均以行楷写出，早年应致力于馆阁体，风格类欧阳询《皇甫君碑》，结体瘦长挺拔，用笔凝重，有雄浑古雅之美，深得其舅父邓尔雅之遗风。邓氏以篆入楷，容庚亦受自身篆书影响，将金文、小篆的古拙拂去了欧书的用笔坚挺外露的特点，融入了一丝圆融和安详，书风整体呈现出北朝书法之面貌。

容庚刻“大鉴盦”印及边款

此外，容庚精研帖学，编有《丛帖目》十五卷，是如今查阅历代丛帖最重要的工具书，网罗宏富，编次井然。他对二王帖学书法颇有心得，深谙帖学发展之大要，并未因其研究甲骨、金文等而倾向于碑派书法，反而是将二者区别对待，做到碑帖分明。他的行楷书即具有很强的二王意味，所临《兰亭序》形态逼真、神采飞扬，颇具晋人韵致。

容庚亦工于篆刻，早年得邓尔雅真传，邓氏为近现代著名的篆刻家，成就卓著，对古玺印的研究和创作颇具贡献。容庚深得舅父之传，师法邓石如、黄牧甫。1932年，曾为友人商承祚治一古玺朱文印，展现出他金石篆刻家的独有风格。他的弟子马国权曾赞其师“治石即从流派好尚而直追前古，严整典雅，精致无匹。虽仿古玺，亦端工清丽，不作支离破碎”[1]，对容庚的篆刻做出了客观的评价。不过，笔者认为容庚在篆刻成就上弗及舅父邓尔雅，他的篆刻遵从古法，讲求取字准确，是以文字学家眼光对待篆刻，缺乏艺术家的创造力，所作虽“端工清丽，不作支离破碎”，却终归难逃复古、平板之不足，难以颉颃于其舅父邓尔雅。

总之，容庚以文字学家身份立足书坛，他拥有广博的知识和深厚的学养，在创作中充分发挥个人性情，体现了“书为心画”的书学创作理念。容庚不像近代大多数金文书家，只是一味地摹写，而是对金文发展脉络认识清晰，故能别开新境。因此他的书法堪称学者中的佼佼者，应归入文字学家书法的研究范畴。

[1] 马国权著《近代印人传》，上海：上海书画出版社，1998年版，第269页。

皇族名家——溥心畬

溥心畬（1896—1963），清宗室，宣宗道光皇帝曾孙，恭亲王奕䜣第二子载滢次子，末帝溥仪堂兄，姓爱新觉罗，名溥儒，初字仲衡，改字心畬，别号西山逸士、羲皇上人、旧王孙等，斋名寒玉堂，北京人。宣统三年（1911）就读于贵胄法政学堂，辛亥革命后，成为遗民，隐居于北京西山戒台寺，后迁回恭王府，以鬻书画为生。1927年，应日本大仓商行之邀，赴日讲授经学。1935年，任国立北平艺专教授，抗日期间，拒受伪职，1949年迁居台湾，曾在台湾师范大学、香港新亚书院等学校讲学，1963年病逝于台湾。著有《四书经义集证》《寒玉堂诗集》《凝碧余音词》等，辑有《上方山志》。

溥心畬像

溥心畬出身于清室贵胄之家，他的生辰清光绪二十二年（1896）农历七月二十五日与咸丰帝忌日相同，故改为七月二十四日，光绪帝赐给他“溥儒”的名字，并期望其“汝为君子儒，无为小人儒”[1]，溥

[1] 转引自孙旭光著《恭王府与溥心畬》，北京：文化艺术出版社，2014年版，第31页。

心畬出生五个月即被赐头等顶戴，慈禧太后亦很喜欢他，称“本朝灵气都钟于此童”[1]。溥心畬自幼父亲早卒，母亲项夫人守节抚孤，并请老师教授溥心畬，其师为欧阳镜溪，江西宜春人，官至内阁中书。溥心畬四岁读《三字经》《千字文》，并练习书法，六岁入塾读书，七岁学作诗，兼习经史。作为八旗宗室，溥心畬熟读儒家经典，还要遵守清朝先祖“马上得天下”的祖训，兼习骑术。然好景不长，清帝逊位，他不得不和母亲搬出恭王府，迁至北京西山戒台寺，此时他专心读书习字，临摹从恭王府携出的历代名帖和书画，打下了良好的艺术基础。

1924年，溥心畬回到了恭王府，并居住了15年，他性格简淡，主要生活内容为写字、读书、画画。由于溥心畬家底丰厚，又不挥霍，书画为世人所喜，故作为清朝遗民，生活上优于那些失去了俸禄的旗人。他忠于清室，并未出仕民国，掌故学家高伯雨曾记录了遗老林贻书所讲的掌故一则：“一九二四年（民国十三年）溥仪出宫后，住在他的父亲家里，门禁森严，只有几个重要近臣能依时进（觐）见，其余即王兄王弟王叔伯之类，也得经过批准。溥心畬时年已廿九岁，比‘王弟’溥仪长十岁，他们之间是不常见面的，心畬请师傅陈宝琛替他办好进（觐）见‘皇上’，溥仪准他单独谈话。溥仪对这位从兄是有印象的，出宫前一个多月的中秋节，溥仪在御花园就和他饮宴，庆贺佳节。现在‘皇帝’落难，溥二爷一见到了就心酸，扑在地上磕头，泪流满面地说：‘奴才现在身上带有利器去行刺冯玉祥，效荆卿报国，特来向皇上诀别，请皇上保重，设法复兴大业！’十九岁的‘皇上’闻言大惊，一把将溥二爷拉起，拖他到附近一个僻静的房间，问道：‘你拿什么东西去行刺？’溥二爷从靴中掏出一柄小小的裁纸刀，恭呈‘御览’。溥仪见了不禁扑哧一笑，料不到这个比他虚长十年的哥哥，竟会这样‘唔臭米气’[2]。便对他说：‘你忠心耿耿实属可嘉，但冯玉祥手上有十万大兵，围在他左右的卫士，少说也二三十人，就算你能蒙混

[1] 转引自孙旭光著《恭王府与溥心畬》，北京：文化艺术出版社，2014年版，第31页。

[2] 粤语，比喻人还年幼，不懂事，不近人情。

过去，到了冯身边，你伺机拔刀，恐怕你未动作前，已为冯某一手把你推倒地上了，你这个弱不禁风的书生，怎敌得过他是彪形大汉！’溥心畬听了这番‘圣训’，不觉呆了一呆，然后说：‘奴才只是一时激于义愤，不惜牺牲性命，为我大清吐一口冤气，后果如何，倒没有想到。’溥仪说：‘你如此冲动，反误大事，我如今寄人篱下，怎敢行差踏错，你快些收起这个念头，勿因一时之忿而贻君父之忧！’溥二爷才含泪而起，‘皇上’就把他的小刀，交给‘内务府’收藏起来。”[1]由于溥心畬忠于逊帝溥仪，因此得到了遗老群体的普遍推重。

在恭王府居住期间，溥心畬参与了很多书画雅集，结交各界名流，并以擅书画享誉京城。当时旧京有一个由宗室组成的“松风画会”，发起人除他之外，还有溥伒、溥僩、关松房、惠孝同等，参与者包括陈宝琛、罗振玉、袁励準、宝熙、朱益藩等遗老。遗老们时常聚在一起弹古琴、赏字画、品茗。然据时人回忆，松风画会雅集，溥心畬参与得不是很多，其中缘由可能在于溥氏艺术成就远在松风画会诸人之上。1930 年，溥心畬和夫人罗清媛在中山公园水榭举办了一次画展，引起了不小的轰动，也让世人领略到了这位清朝遗民的艺术风采，他亦被誉为“出手惊人，俨然马夏”[2]。在此期间，溥心畬结识了画家张大千，二人交往渐趋频繁，由于他们均为称著一时的画家，因此就出现了“南张北溥”的说法，他们的交往一直持续到溥氏去世。张大千大风堂每得名画，画签均交溥心畬题写，可见大千居士对溥氏的推重。

20 世纪二三十年代，迫于生计，溥心畬忍痛出售了家藏的一些书画名迹，其中包括易元吉的《聚猿图》、颜真卿的《自书告身帖》、韩干的《照夜白图卷》、陆机的《平复帖》等。全面抗战爆发后，他拒受伪职，作《臣篇》以明志，保持了崇高的民族气节。1945 年，溥心畬受邀南下，在南京、杭州游历数年。溥心畬早年生活优渥，家藏书

---

[1] 高伯雨撰《遗老看重溥心畬》，高伯雨著《听雨楼随笔》（四），香港：牛津大学出版社，2012 年版，第 200—201 页。

[2] 赵珩撰《松风画会旧事》，赵珩著《故人故事》，北京：中华书局，2016 年版，第 3 页。

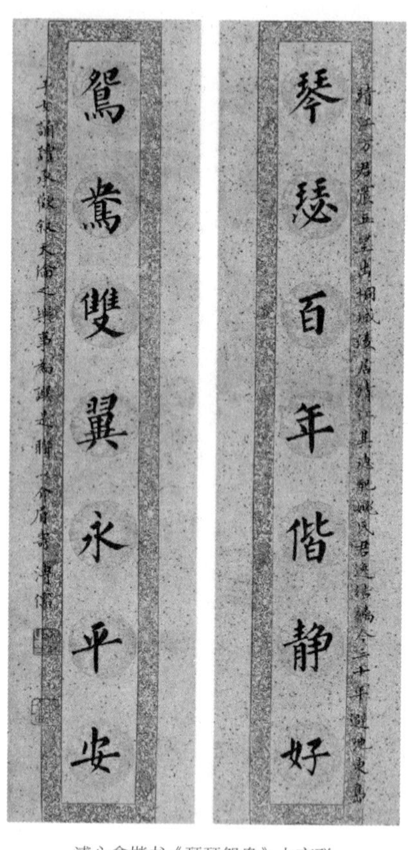

溥心畬楷书《琴瑟鸳鸯》七言联

画名迹甚多，往来之士均为一时之名流贤俊，民国时他即以擅诗、书、画，享誉艺坛，也成为皇族中绘画成就最高者，开一代之新风。其绘画以山水为主，以宋元为宗，清灵淡雅，有浓郁的书卷气。其书法也颇有造诣，据与之有过交往的后辈启功讲："心畬先生的书法功力，平心而论，比他画法功力要深得多。"[1]时人对其更有"衡山（文征明）以来第一人"之美誉。

作为皇族出身的书家，溥心畬自幼在书法上受到了比一般士人更为严苛的训练，据他回忆："束发受书，先学执笔、悬腕，次学磨墨，必期平正；磨墨之功，可以兼习运腕，使能圆转。师又命在纸悬腕画圆圈，提笔细画，习之既久，自能圆转，书谱所谓使转也。"[2]至于取法，他"始习颜柳大楷，次写晋唐小楷，并默写经传，使背诵与习字并进。十四岁时，写半尺大楷，临颜鲁公《中兴颂》、萧梁碑额、魏《郑文公石刻》，兼习篆隶书，初写《泰山》、《峄山》秦碑、《说文》部首、《石鼓文》，次写《曹全》《礼器》《史晨》诸碑"[3]，"并

[1] 启功撰《溥心畬先生南渡前的艺术生涯》，启功著《启功丛稿》题跋卷，北京：中华书局，2009年版，第65页。

[2] 转引自麦青仑著《溥心畬》，长沙：湖南美术出版社，2009年版，第1页。

[3] 同[2]。

溥心畬行楷书

《白苹黄叶》七言联

习双钩古帖，以练提笔。时家藏晋唐宋元墨迹尚未散失，日夕吟（临）习，并双钩数十百本，未尝专习一家也”[1]。同时，成亲王永瑆书法也成了他学习中的必修课，这也是当时一般旗人子弟都必须遵循的书学传统。从溥心畬所处的时代和身份来看，他接受了清代宗室教育，宗室习书讲求用笔的要领，并对其有自身的认识，加之溥氏早年曾从武师李子谦先生习太极拳，增强了他的臂力和腕力。恭王府旧藏书画多且精，这是清末民初书家在习书上均不具备的优势。据孙旭光著《恭王府与溥心畬》中统计，恭王府旧藏中重要的名迹有晋陆机《平复帖》、王羲之《游目帖》《知问帖》《定武兰亭八阔九修本》、王献之《鹅群帖》，唐怀素《苦笋帖》、颜真卿《自书告身帖》《刘中使帖》，宋米芾《五帖》、苏轼《黄州寒食诗卷》、吴傅朋游丝书《王荆公诗》、张即之《华严经》，元朱德润《行书田园杂兴诗卷》、赵孟頫《道德经》《六札册》，明文征明《离骚九歌卷》《小楷唐诗四册》、祝允明《临黄庭经卷》《和陶饮酒诗册》、沈周《行书虎丘诗卷》《题米襄阳五帖》，清弘历《行书诗卷》、成亲王《题诗二十二首》等，[2]可见溥心畬家藏之丰厚，取法范本之多样。清末碑派书法振兴，士人将师法的对象转向碑版，很重要的一方面原因即是难以得见传世真迹墨本，只能通过墨迹刻本（重刻本、翻刻本甚至伪刻本）加以揣摩，故此纷纷转向关注碑版。恭王府丰厚的藏品为溥心畬提供了一手的临摹资料，很多作品很晚才展示在世人面

[1] 转引自麦青仑著《溥心畬》，长沙：湖南美术出版社，2009年版，第1页。

[2] 参见孙旭光著《恭王府与溥心畬》，北京：文化艺术出版社，2014版，第94—95页。

前，故此不得不承认，家中旧藏为早年溥心畬的书法提供了重要的取法资料。而从他师法的对象来看，也是相对宽泛的，涉及篆书、隶书、魏碑、唐楷等，所以溥氏习书最初采取碑帖兼容的方法，但理解上是倾向于帖学的。

清帝逊位后，溥心畬隐居于西山戒台寺，在其母项夫人教导下，读书习字，其间“旧邸书籍皆荡然无存，身边只有所读之书数卷，《阁帖》一部，唐宋元明书画数卷而已”[1]。这一时期，他“大字由颜、柳、欧，后专写《圭峰碑》；小楷初写《曹娥碑》《洛神赋》，后亦写隋碑；行书临《兰亭》《圣教》最久。又喜米南宫书，临写二十年，知米书出王大令、褚河南，遂不专写米帖”[2]。溥心畬专心习字，坚持临习帖学书法，同时还受到了僧人永光法师的影响。法师来自湖南，曾师从湖南名儒王闿运，二人岁数相差较大，永光法师工于书法，书风类明代书家王宠，亦工于诗，有六朝人的风度。据启功回忆，溥心畬曾保存有永光法师诗集手稿，并于 20 世纪 30 年代交琉璃厂文楷斋木版刻成《碧湖集》，请学者章钰题字，分赠诸友。溥心畬与永光法师因志趣相投而交往，通过交流，溥心畬书法诗词亦深受法师的影响，他早年手写石印的《西山集》，在书法和诗格上即有永光法师的影子，这段经历也促成了溥心畬端谨博大的皇家书风中融汇了荒散疏放的禅家书风。1924 年，溥心畬返回恭王府，书法逐步确立了以唐人裴休《圭峰碑》、柳公权及清成亲王书法为根基的楷书风格，行书则开始倾向于晚明王宠、董其昌书法，草书参照家藏《阁帖》及晋陆机《平复帖》、王羲之《游目帖》、王献之《鹅群帖》，唐怀素《苦笋帖》，宋吴说游丝书，明祝枝山书法等。他博采众长，兼收并蓄，但始终保持着其皇家的帖学风格。

中年以后，溥心畬曾花重金购买成亲王楷书真迹，并时常临摹。成亲王书法为清代馆阁体之代表，其人性格褊狭，书法过度地夸张了

---

[1] 转引自麦青仑著《溥心畬》，长沙：湖南美术出版社，2009 年版，第 2 页

[2] 同[1]。

欧楷中险峻、挺拔的特点，同时掺入柳书筋骨外露的特征。溥心畬书法受永瑆书法之影响甚巨，加之喜用硬毫，书写速度过快，使其楷书死板尖刻，干枯伤韵，不免沦为馆阁体习气之余绪。他的行书则以王羲之《兰亭序》《圣教序》为基，将米芾刷字理念进一步发挥，整体风格清新秀丽，平中见奇，时现妙笔。草书由《淳化阁帖》入门，将孙过庭《书谱》、怀素《苦笋帖》《小草千字文》相糅合，对王羲之以后的帖学书法进行了全面的继承，以晋唐帖学笔法为基，形成了独具面目之书风。学者钱今凡曾分析"溥心畬主于帖途而化取碑，异貌同理，俱为得之"[1]是十分精辟和透彻的。总之，溥心畬始终以帖学眼光审视碑学，虽对碑派书法有所涉猎，但却是以帖学的视野诠释碑学，终生践行"师笔不师刀"的艺术理念。

定居台湾后，溥心畬过起了平民式的生活，曾在台湾师范大学任教。这一时期，画展冷落，他的作品出售也不如前，因此身心疲惫。他的书法亦受到境遇的影响，深具法度之外，于锋芒有所收敛，用笔张力也减弱了许多。从目前可见的台湾拍摄的《溥儒博士书画》教学、创作纪录片来看，证实了启功所说溥心畬好用小笔写字，他的字很多时候有画的成分，由于毛笔过小，因此要将笔锋用到根部，方能全面铺开，加之材质为纯狼毫，又小又尖，用笔极快，故失腴润之色。溥心畬一生偶作篆书、隶书，篆书师法《泰山刻石》《峄山碑》《说文部首》等，有清人书玉箸篆的意味。他的隶书得益于《礼器碑》《史晨碑》《韩仁铭》《曹全碑》等，以帖学思路审视碑学，不求用笔震颤而出现剥蚀苍茫的风貌，而是通过线条的流畅和结体的遒美，从神采上上溯秦汉，呈现出独有的金石意味。溥心畬书法以行草书成就最大，且与其绘画相得益彰。他的友人台湾著名书画家李猷说"他画好，书法好，诗好，往往一幅画上空着上面一大片，他就援笔题诗，一写就恰恰满了半幅，而书法亦酣畅淋漓，这项本领，只有明朝文（文征明）、唐（唐

[1] 钱今凡撰《溥心畬书法的时代意义》，钱今凡著《七十年前那些事》，北京：作家出版社，2014年版，第22页。

寅）等几位大家，有此能耐。清朝四王以后，就很少能如此题写，就是四王，也不过循规蹈矩，合乎规格而已”[1]。

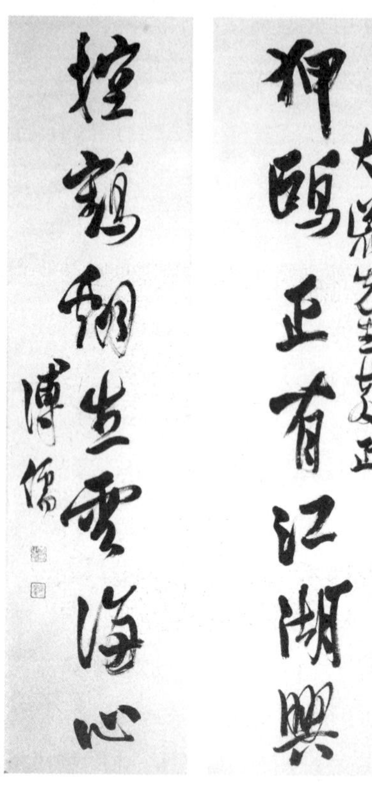

溥心畬行楷书《狎鸥控鹤》七言联

溥心畬为人高傲儒雅、卓尔不群，又天真可爱，他喜吃糖，能和同样喜糖食的苏曼殊媲美，除了所擅长的诗、书、画诸艺，其余诸事一概不关心，不擅讲课，往往在学生眼中留下的只有其“旧王孙”的高贵派头。溥心畬博于学艺而拙于处事，如他不认识回家的路及不知道一包香烟的价格，等等，其可爱程度媲美于名士章炳麟、陈三立等。溥心畬书法的好处是将满腹学问和涵养孕育其中，使看似刻板的帖学书风重新呈现出一种清新的活力，但其中也有代表帝制王朝的干禄体风貌遗存，这是那一历史时期浸染滋养出来的特殊身份的文人艺术家之特质。因此，从当代眼光来看，溥心畬的书法似乎是保守而缺乏创新精神的，但他的书法确实是见证了晚清至民国时期书风的变革。作为清代宫廷书法的传承者，从溥心畬书法中亦能领略到旗人从以武功得天下到清末民初转变为传统士人的过程。

[1] 转引自麦青仑著《溥心畬》，长沙：湖南美术出版社，2009 年版，第 30 页。

鬼斧神工——宁斧成

宁斧成（1897—1966），名宗侯，字斧成，别署宁静庐、淡墨斋主人，辽宁海城人。早年毕业于沈阳师范学校，曾入奉天督军署任录事，一度供职于天津铁路局。1932年，在天津出版《宁静庐书画册初集》，次年出版个人篆刻集《宁静庐印存》，20世纪40年代，其书画篆刻作品广泛刊登于天津《益世报》《北洋画报》等知名报刊。1948年始定居北平，1949年后任辽宁省政协委员，为北京书法研究社社员，1966年病故于北京。

宁斧成像

笔者自髫龄即对宁斧成之名有所闻，后随着年龄的增长及工作的便利，撰成《民国时期的北京书风》一书，梳理了民国时期京城书法的发展脉络，故对这一时期的书法成就略有了解。宁斧成是这些书坛英杰中的一员，他生于清末，成名于民国，辉煌于1949年后，作为职业金石书法家，其书法大气磅礴，融古出新，开一代之风气，时人誉之为“宁体”。其篆刻大刀阔斧，不刻意经营，得自然之神趣，具有很强的独创性。与之同时的章草大家郑诵先对宁先生推崇备至，其书风甚至影响到日本、韩国及东南亚诸国。但宁先生殁于1966年，过早的离世让后人很难了解这位昔日的书坛巨匠，其书法篆刻成就也逐渐被世人所忘却。

民国时期，宁斧成的书法、篆刻风格已初具面目，1949年后，他的艺术风格渐趋成熟，其成就也为同时期的陈云诰、郭风惠、叶恭绰、郑诵先、张伯驹、溥雪斋、徐宗浩、刘博琴等北京书家所称颂，这位来自白山黑水的艺林奇才，以他独有之天资和魄力，大刀阔斧地创作出数量惊人的书画篆刻精品，担起了1949年初期传播书法艺术的重要任务。

宁斧成书法工于篆、隶、楷、行诸体，以隶书成就最高，时人誉之为“宁体”。他的隶书早年基本奉行清人习隶之传统，对《张迁碑》《衡方碑》《郙阁颂》《禅国山碑》等经典汉碑广泛涉猎，取汉碑中古朴卓茂一路，辅之以《爨龙颜碑》《爨宝子碑》之险峻，打下了深厚碑派根基。然宁先生高明之处在于并非仅停留于对碑版之摹写和亦步亦趋于民国时期吴昌硕、曾熙、李瑞清、齐白石等人开创的碑派风格，而是别出心裁，以变古出新之雄心，汲取清人郑簠、陈鸿寿、赵之谦、张祖翼等个性十足的书家风格。此四人书风均以灵动自然、面貌独特

宁斧成篆隶书题签一组

宁斧成隶书《胡公太史》七言联

而令学者望而却步，宁斧成对他们的书法进行科学的梳理，取各自之优点，化为己用，晚年参以秦汉古籀、瓦当、陶文之奇趣，并运用薄纸、硬毫、淡墨，在用笔点画上进行大胆的创新。从宁先生晚年所临《张迁碑》来看，他深谙篆法，并尝试将篆隶书法融为一炉，他避开了清代隶书名家恪守的传统“蚕头燕尾”书写方式，换之以一种“含蓄内敛”的篆书笔法，于结体上，他打破了传统隶书“字体宽扁”的特征，实现了宽窄不一、扁方互现的表现方式，脱离了前代隶书“千人一面，状如算子”之风格。细审宁先生书法，可知他用笔并非完全出于主观臆造，而是基于常年浸淫于上古吉金文字，借鉴了西北简牍、敦煌写经之笔画特点，强化了书作中的韵律感，将汉字的书写性特点进行了自由地发挥，故能做到始终有我，形成个人独有之书法面貌。

在篆书上，宁斧成似乎更加钟情于《石鼓文》及钟鼎铭文，其思路与遗老书家金梁、绘画名家黄宾虹相仿。他作书没有讲求用笔的匀称和形态的逼似，未遵循风行一时之吴昌硕、王福厂、罗振玉等人的书法风格，而是纯从趣味出发，求寻常书家往往忽视之“生动”“自我”，这也是宁先生的高明之处。他的篆书结体舒展，自成法度，在章法上不刻意安排，以露锋为多，提按起伏较大，增强了整幅作品的动感，一些字甚至出现了欹侧之势。这种篆书风格个性十足，非一般常俗书家所能理解。

宁斧成书法以篆隶成就最为世人所知，其实他的楷书也写得很有意思，师法《爨龙颜碑》《爨宝子碑》，得二爨独有之造型，辅之以篆隶笔法，故能活泼灵动，古姿盎然，其行书率意自然，系个人性情的充分发挥，一反传统二王帖学书法之积习，有些碑派宗师邓石如写草书的味道。

除书法外，宁斧成篆刻同样名噪一时，开一代之风气，个人风貌独具，他的篆刻如鬼斧神工，极具奇思妙想，其印风之形成源于他常年临习金文甲骨，得古籀文之神趣，并吸纳西方绘画、装饰美术构图形式，参考近代诸多篆刻印风优点，融会贯通，别出新意，于大师林

宁斧成刻“别开生面”印

宁斧成刻“笔墨生涯”印

立之印坛占有一席之地。尤为难得者，宁斧成所取印文常以“真痛快”“谈何容易”“足够瞧老半天”通俗之俚语、口语入印，颇具乡土气息和率真个性，契合了1949年后劳苦大众的文字审美需要，与以整饬、渊雅见长之正统印坛形成了鲜明的对比。在印风面貌上，宁斧成印风了糅合了先秦古玺、印陶、汉砖、瓦当等文字特点，提炼出秦汉书法之装饰性特色，辅之以近代吴昌硕、陈师曾篆刻之刀法，并注重章法和刀法的协调，加之他的书法个人面貌突出，对其印风之形成起到了重要的指导作用。

宁斧成隶书《辽海长城》五言联

宁斧成每治印，必先设计、推敲多种布局方案，择其优者放手动刀。由于对各种印稿的精心谋划，运刀时才能如刀削斧劈，了无滞碍，别具新意。对于治印，他常言：“治印妙处在浑厚，不在斑驳，浑厚处全持腕力，章法须熟习六书，非精研篆籀难臻上乘。”[1]这也是他对于治印的一贯主张。在印章的残缺处理上，他经过了深思熟虑，不是泛泛地强求所谓的“金石味”，而是以美术设计的理念加以推敲，寻求于一种剥蚀之美，力求印章的完整和破损之统一。在他的印章中，每一处细节都倾注了宁先生的奇思妙想，这种细腻求真的艺术精神是后来书家很难企及的。欣赏每一方宁先生的印蜕，都可以领略到他那种破除迷信、博古出今的独创精神，还可感受到其所处时代的深深烙印。

总之，宁斧成并非身出名门，并未拜过名流大师，故其书法没有受到馆阁体的影响，因此注定了他不会成为一名恪守传统的寻常书家，其艺术成就见证了他所处特殊历史时期的书家面貌。在书法上，宁先生以碑派为归宿，继承了自清代兴起、民国繁盛的碑派传统，从秦汉六朝碑版入手，以一种开放式的学习方式，凭借着自身的苦学和钻研，于大师林立的民国书坛异军突起，开辟出引领时代风骚的个人风格。此种风格影响中国书坛近半个世纪，是中国现代书法的先驱人物之一，活跃在 20 世纪 80 年代的书家李骆公、法乃光是其书风有力的继承者。

[1] 李骆公、成易撰《宁斧成的书法篆刻艺术》，钟声编《宁斧成书法篆刻选》，北京：人民美术出版社，1984 年版，第 47 页。

木刻书家——王青芳

王青芳像

王青芳（1901—1956），号芒砀山人，室名万板楼，自署万板楼主，安徽萧县人。自幼习画，早年就读于萧县第一高等学校，并受教于当地画家朱学谦。1921年考入南京师范学校，后考入北京美术学校国画系，自此步入北京美术界，曾参加北京中国画学研究会后期的活动。1926年，正式拜齐白石为师学习绘画与篆刻。1929年至1930年间，王青芳与李苦禅、赵望云、王子云、王森然等组织“吼虹”艺术社。1930年结识徐悲鸿，并深受徐的赏识，画风一度受徐悲鸿影响。三十年代，王青芳在北平美术界具有很高的名气，并赢得“艺术交际花”[1]的美誉，许多学校争相聘请他教授美术课，如孔德学校、艺文中学、北平四中、女三中、北平幼师、北平师范大学美术系、北平艺专等。任教期间，王青芳还以艺文中学为活动据点，从事木刻创作。1950年任教于中央美术学院。1956年病故于北京。辑有《题画诗选》。

[1] 参见王青芳自述诗“中西绘画能携手，艺术何须交际花”，转引自王同撰《忆七叔王青芳》，王同、沈宁、任之恭主编《王青芳》，昆明：云南人民出版社，2010年版，第21页。另见白衣撰《北京艺坛怪杰王青芳》中记王森然诗“人人叫他交际花，每逢照相扬下巴。教书十年不告假，娶妻一周一回家，吃饭永到革命馆，睡床从未挂缦纱，四季头上不着帽，霜降以后吃西瓜”。参见大阪每日新闻社《华文大阪每日》1939年版，第11页。

王青芳在民国时期的旧京艺术界是一位不容忽视的艺坛奇才，他擅长木刻、绘画、书法及篆刻，由于其作品面貌突出，有自己独有的特点，故被视为旧京艺坛的怪杰，更是与蒋雨浓、李苦禅、白铎斋合称“京中四怪”。王青芳交际能力极强，因此“各处艺术界同志，要在北京举行画展，如愿做得有声有色，那就非找青芳帮忙不可。……青芳不是画阀，而是热心为艺术而奔走的一员，以前有很多的画展，经他奔走的结果，得到意外的收获，真不愧是一位‘艺术交际花’”[1]。他社交面很广，除与艺术界、政界人物交往外，还和梨园界马连良、张君秋，报人张醉丐，学者刘半农、朱肇洛、萧一山，书法家张伯英、冯亦吾，诗人贾仙洲，名医施今墨等均有来往，连很少赞扬他人的金石家马衡都赞曰：“青芳先生具艺术天才，书画篆刻无一不精，亦无一不奇，洵空前绝作也。”[2]王青芳平生不修边幅，总喜着一件蓝布宽大长衫，中式裤子，黑布鞋，头发蓬松修长，怀中还夹着一个包袱，走起路来看似颓然邋遢，却飘飘欲仙。他无论走路还是照相总是昂首望天，看似目中无人，但其实性格开朗，平易近人，既与上层人士交往频繁，对一般的平民百姓，也一视同仁，没有丝毫的架子。据漫画家窦宗淦回忆：“国立师范大学工艺系聘他为讲师，他初次到校时，竟为门警拒绝入校，后来经人说明，才晓得这位先生是大学讲师。”[3]王青芳从20世纪30年代鲁迅提倡版画开始，即专心从事木刻创作，题材以人像为主，涉及古今中外人物，包括孙中山、鲁迅、蔡元培、齐白石、徐悲鸿、梅兰芳等。据时人回忆，王青芳刻人像极为精彩，因此求他刻肖像的人甚多。这些人中很多为旧京的名流，他们先把自己的照片给王青芳，王则将照片倒放在桌子上，于前面立一面镜子，然后

[1] 白衣撰《北京艺坛怪杰王青芳》，大阪每日新闻社《华文大阪每日》1939年版，第11页。

[2] 转引自王同撰《忆七叔王青芳》，王同、沈宁、任之恭主编《王青芳》，昆明：云南人民出版社，2010年版，第7页。

[3] 窦宗淦撰《故都的画坛》，赵国忠编《故都行脚——民国北京游记》，南京：南京师范大学出版社，2016年版，第223页。

按照照片映射在镜子上的肖像雕刻，所作无不惟妙惟肖。王青芳的工作室“万板楼”在孔德学校，隔壁住的就是学校董事、著名学者钱玄同，他的工作室虽小，但艺术氛围浓郁，其中悬有齐白石题写的“木石居”和白石老人画的虾、徐悲鸿画的马（上有赛金花题写的“阿弥陀佛”[1]），还有蒋兆和、叶浅予为王青芳画的像、王子云的油画像[2]、王肇民的水彩画及他的学生张仃画的水彩画。“万板楼”是王青芳进行木刻、书画、篆刻创作的工作室，经常出入着旧京的各界名流，俨然成为北平艺术界雅聚的一个小沙龙。据传，由于王青芳日夜忙于作画和刻版画，加之原配夫人要到北平，因此他在北平的妻子任女士曾操刀大闹万板楼，险些发生流血事件，最后经律师调解登报声明离婚，此事在北平艺术界颇为人知。王青芳还是古道侠肠的热心人，1943 年，日伪统治下的北平人民饱受搜刮盘剥，为了赈济贫民，王青芳曾在报上刊出《悬润赈贫简》，其中有“砭骨如刀哨子风，鹑衣百结腹空空，街头惨见同胞苦，愿假雕虫济困贫”[3]之语，“润例以五年为限，暂定石刻印章，每字二元，篆书对联、写意国画、木刻图像、信笺像、砚台像、印章像，每件均十元。扇面、册页每件二元。”[4]他将收入所得尽数赈济，为沦陷区的贫民略尽绵薄之力。20 世纪 40 年代，蒋兆和绘制《流民图》，曾把王青芳和邱石冥作为模特，画在《流民图》上。

王青芳一生最辉煌的时期为 20 世纪三四十年代，其间得徐悲鸿、

[1] 此为赛金花亲手题字转赠王青芳之徐悲鸿画马一幅，题字为“阿弥陀佛，今蒙徐悲鸿先生助画四幅，兹转赠青芳先生一幅，以存助余百幅画之纪念。民国二十四年四月赛金花时年六十一岁”。其中细节参见王同撰《忆七叔王青芳》，王同、沈宁、任之恭主编《王青芳》，昆明：云南人民出版社，2010 年版，第 21 页。

[2] 笔者按，根据学者沈宁老师考证，王子云是王青芳的堂兄，二人都是美术圈中人，王子云赴法留学后，他将儿子托付王青芬照顾，因此王青芳工作室挂王子云的画像也在情理之中。

[3] 转引自李松撰《木刻家 画家王青芳（序）》，王同、沈宁、任之恭主编《王青芳》，昆明：云南人民出版社，2010 年版，第 13 页。

[4] 沈宁编撰《王青芳年谱简编》，王同、沈宁、任之恭主编《王青芳》，昆明：云南人民出版社，2010 年版，第 179 页。

齐白石等提携，终日与北平艺术界的诸多名流一起作画、刻木、篆刻、写诗，带留学生，接待外国访问学者，办画展、雅集，以及不停地发表作品。然天不假年，1956年，王青芳因病去世，其木刻、书画、篆刻作品因特殊原因，保存无多，因此目前对于王青芳的研究很少，甚至一些回忆文章还将他的籍贯和身份混淆，是很可惜的。

最后谈谈王青芳的书法和篆刻。王青芳成就以绘画、木刻为主，书法篆刻次之，但其书法篆刻与他的绘画、木刻一样，有着惊世骇俗的面貌。笔者研究齐白石及其弟子的书法篆刻有年，对王青芳颇为关注。王青芳的书法篆刻早年受白石老人影响极深，但却自始至终都保持着自己的个性和特点。他善于学习齐派书法篆刻之长，且能深层次领会齐白石艺术的妙处。王青芳生于1901年，四年后科举制度废除，馆阁体逐渐退出历史舞台，因此王青芳书法早年受馆阁体影响甚微。从他存世不多的书法上看，王青芳的书法有楷书、隶书、篆书数种面貌。楷书、隶书多为题跋，其楷书保存了很浓的隶书笔意，亦存北碑面貌，看得出是效法白石老人的，但布局较满，整体不留空间，喜将字挤在一处，中间紧凑，四周宽绰，此类字体还被他运用于木刻之中，尤显得卓然有味。他的书法风格特点，是将篆刻、木刻中的一些布局观念与书法相结合，借鉴了白石老人的布局和章法，书作中充溢着金石气。他的篆书亦标榜齐白石，但更为大胆，霸悍过之，善于以

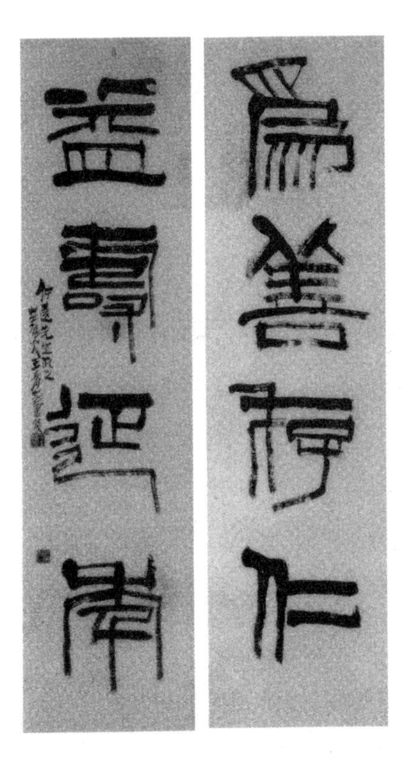

王青芳篆书《为善益寿》四言联

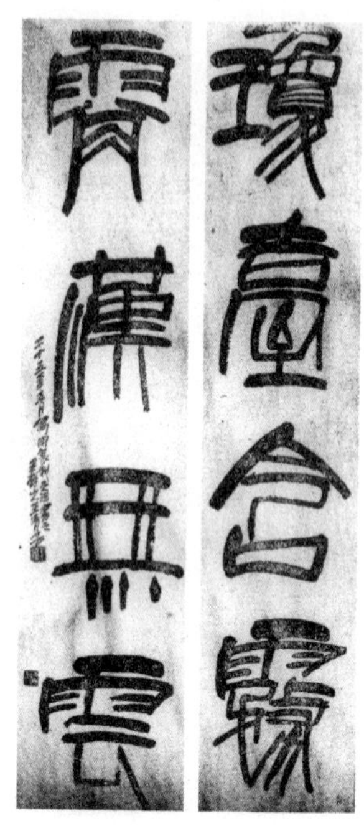

王青芳篆书《琼台霄汉》四言联

直线取势，整体构图气势磅礴，用笔如天马行空，纵横捭阖，无拘无束。如果说白石老人书法中还存有一定之文人气，那么王青芳书法则体现着浓郁的职业艺术家气质。笔者通过细致观察，他的书法还受到徐悲鸿书法的影响，展现了画家具有的深厚美术功力，其书风体现着一种不安于现状、惊世骇俗的特殊面貌。因此笔者认为王青芳书法属于齐派书法篆刻中的“前卫派”，王青芳书法如同他高高昂起的头一样，目空一切，但苍劲多姿，践行着他埋头苦干的信念。在齐白石弟子中，王青芳的书法是颇值得研究的，笔者在《“不学吾者不成技”——齐白石北平弟子对“齐派”篆刻的继承和发展》[1]一文中有详细分析。

王青芳篆刻如其书法一样地桀骜不驯，迥异时流，齐白石曾跋《王青芳印存》：“借山门人罗祥止，出印存求跋，余有语曰：吾弟善学至如此，世有大骂祥止者，必骂余，余将若何，祥止笑不能答。今青芳弟刻此见告，余亦曰：世有骂余者，亦必骂青芳，青芳勿谓余言未早也。”[2]从中足见白石老人对这两位及门弟子的赞许。而钱玄同评王青芳印：“我很爱看青芳先生所刻的印，因为他最能用他卓越的天才，戛戛独造，刀法与结构皆自具匠心，绝不因袭前人，这种独立的、自然的、奔放不羁的精神，前代艺术品中，惟魏齐造象记可与比美，岂甘心做古人的奴隶，以‘学某人法’‘仿某人派’自标者所敢梦见！今

[1] 北京画院编《齐白石研究》(第六辑)，南宁：广西美术出版社，2018 年版。

[2] 转引自王同撰《忆七叔王青芳》，王同、沈宁、任之恭主编《王青芳》，昆明：云南人民出版社，2010 年版，第 21 页。

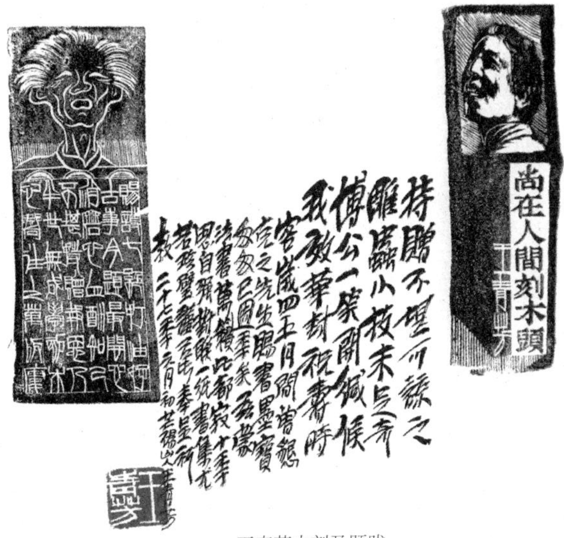

王青芳木刻及题跋

王青芳刻“近之”印及边款

王青芳刻“燕市酒狂”印

日承示此帧，饱我眼福，欢喜无量，敬志数语。”[1] 其中也谈到了对王青芳篆刻独立探索精神的赞许。王青芳篆刻看似承袭齐白石，但其用刀有自己的特点，他善于运用切玉法，行刀非如白石老人行刀一味纵横，而是加入了一些细微的提按变化，构图上也有自己的设计，乍看似乱头粗服，但内蕴法度，方寸中气象万千，不似一些齐白石弟子仅

[1] 王同、沈宁、任之恭主编《王青芳》，昆明：云南人民出版社，2010 年版，第 6 页。

从面貌上师法齐白石篆刻的形骸。王青芳对于艺术的探索体现着前瞻性和超前性，除借鉴绘画和书法的理念外，他还将木刻中对人物构图的把握也融入篆刻当中，使印章构图更加统一，看似简练，实深具智慧和匠心。概而言之，王青芳篆刻气息奔放豪迈，有着一种不可一世的英雄气概，在齐白石众多弟子中属于有思想有创造的一位。笔者认为，王青芳书法篆刻有着传统中国士人普遍缺乏的创新意识和敢于独造的突破精神。

如今，王青芳的书法篆刻鲜有人提起，也没有人知道旧京曾活跃着这样一位综合素养精深的“艺术交际花”。有的学者认为，如王青芳能长寿，他的名气一定不低于后世画坛巨匠。王青芳的作品目前留存不多，但即使如此亦足以让他的艺术不朽。在民国时的旧京，特殊的历史时期出现一批像王青芳一样的艺术奇才，他们不甘于为传统束缚，又敢于独立探索，以自己卓绝的天资和目空一切的襟度，成为那个时代中一颗颗耀眼的流星，正如拿破仑所说：“伟大的人物就像一颗流星，注定要燃烧自己，照亮他所处的时代！”此言用在王青芳身上也是比较贴切的。总之，时代不会埋没人才，相信随着世人对旧京近现代艺术研究的深入，王青芳的艺术也会逐渐为更多的人所知所重。

风流旧家——贺孔才

贺孔才（1903—1951），原名培新，字孔才，号迂轩、天游、无逸庐、潭西居士，1949年更名贺泳，祖籍河北武强，生于河北故城。早年就读于城内高等小学，后考取北京市立第四中学，1920年就读于北京法政大学。毕业后，先后担任国立北京大学造型美术研究会导师、成达中学国文教习。1928年任北平市政府秘书。1935年任北平政务委员会秘书。1939年任教于北平私立中国大学。1947年任河北省通志馆纂修，后任国史馆纂修。1949年3月，响应国家号召，将家藏图书万余册、文物五千余件无偿捐赠国家。后随第四野战军南下，任第四野战军南下工作团研究室研究员，进入武汉接管武汉大学。归京后，进入国家文物局工作。著有《天游室集》等。

贺孔才像

贺孔才出身于畿南藏书世家。他的祖父贺涛[1]为清末名儒吴汝纶、张裕钊弟子，后吴汝纶之子吴北江亦师从贺涛。1926年，贺氏举家迁居北京。最初赁居于北京西城区厂桥前铁匠营胡同（徐世襄旧宅），

[1] 贺涛（1849—1912），字松坡，河北武强人，光绪十二年（1886）进士，主讲信都书院、调冀州学正，任刑部主事。贺孔才为贺涛第三子贺葆良之次子，而贺氏家中事务由贺涛二子贺葆真主持。清末民初，贺葆真除购藏、刊刻图书外，还经营家族土地、当铺、钱庄，并先后创办了大树、大业、大泉、大农等实业公司，民国初年，贺葆真主要活动于徐世昌幕府，帮助徐氏购藏图书、编写书目，曾参与负责《畿辅先哲传》《晚晴簃诗汇》的刊刻事宜。

后于净业湖西岸购得清人王照故寓，建藏书室，颜之曰“海西草堂”。庋藏古书十万卷，各种文玩五千二百余种，书版五十六箱，从中足见贺孔才之家学渊源。[1]民国时期，在旧京士人眼中的贺孔才：“先生长不逾中人，而气度端凝，神采焕发，双眸炯然。于稠人广众中，高谈纵论，声若洪钟。少负俊才，名称早著，善诗古文辞，严守桐城宗法。余事作书治印，皆造深微。”[2]他早岁从祖父贺涛读书，髫龄即对文学、书法、篆刻有一定造诣。后同于省吾、潘伯鹰、齐燕铭拜吴北江为师，与他同门的还有吴兆璜、曾克耑、谢国桢等。在吴北江的悉心培养下，贺孔才“善诗古文辞，严守桐城宗法”[3]，旧学功底极其扎实。贺孔才的弟子刘国正曾回忆其师：“每次向他请教，他评诗论文，上下古今，淹贯百书，精深博大，时而说一些笑话，横生逸趣。记得有一次他给我讲《离骚》，讲着讲着动了感情，忽然站起身，边走边大声吟唱起来，高亢激越，声振屋瓦。”[4]贺先生治学作风与老师吴北江颇为类似。

贺孔才还喜好收藏，“先生治学之余，复多雅嗜，精鉴赏，富收藏。有书近万卷，字画文物，亦饶珍异。书斋悬明崇祯帝（朱由检）书‘无逸’二字额，楷法浑厚严谨，大气磅礴；陈眉公（继儒）‘无波古井水，有节秋竹竿’一联，行书苍劲而潇洒，俱所深赏。又有明熊廷弼大中堂，书兼行草，奇肆横恣，亦为世所罕见。以善篆刻，喜聚佳石，田黄鸡血之属，多有精品。其中象牙白地之鸡血石一方，高约二寸，其上血片凝聚如拇指大者数片，红白映衬，鲜艳夺目，尤属奇珍……所藏折扇数百柄，皆并世南北诸名流书画。京中藏扇者，先生与绍兴寿石工（鉨）等，足称巨擘。又喜集邮，于古今中外邮票研

[1] 此处参见佚名撰《怀念我的外祖父贺孔才》，http://pdl5611.blog.163.com/blogstatic/88771380200982853440/。

[2] 刘叶秋撰《忆贺孔才先生》，刘叶秋著《学海纷葩录》，郑州：中州古籍出版社，1992年版，第22页。

[3] 同[2]。

[4] 刘国正撰《从几页诗笺谈起——忆我的两位老师》，《书与人》1997年第2期，第83页。

讨至精，尝撰《说郇》稿，连载报端，识者赏之。”[1] 从以上记述中可见贺孔才之为人和喜好。贺孔才在旧京是一位学识渊博的名士，同时他也是一位质朴的爱国者。他最初对孙中山创立的国民党颇具好感。1933 年，国民革命军第十七军在长城与日军血战近两月，伤亡万余人，贺孔才撰《陆军第十七军抗日阵亡将士碑记》痛悼之，吴北江评其文曰“沉痛壮烈，淋漓迈往，有轩天拔地之势”[2]。1934 年，贺孔才的同门师兄弟、时为地下党人的齐燕铭，在北平被捕，贺先生多方奔走，终于将齐营救出狱。日本侵华期间，汉奸殷汝耕请贺孔才出任伪职，被坚拒。时值国共合作，国民党派遣贺翊新[3]、卜青茂来北平从事地下工作，贺先生给他们提供隐蔽住址，协助其解决各种困难，为抗日做了不少的工作。为避免自己的子女受日本教育体制的毒害，贺孔才甚至把三个子女送至甘肃读书，宁可挨饿，也不让他们做亡国奴。居闲时，他还常在自己的旧居中大骂日本侵略者以发泄心中的愤慨。抗战胜利后的 1946 年，蒋介石六十寿辰，由北平行辕主任李宗仁领衔，北平党政军首脑和地方耆绅五百余人，恭送蒋主席寿序一篇，即由贺孔才撰文。然而贺先生见到国民党接收大员贪腐无能，鱼肉百姓，亦表现出对国家命运的迷茫和担忧。1949 年 2 月，北平解放，贺孔才对新政权充满了期待和憧憬，他希望参加革命工作，并更名“贺泳”，随后将世代家藏图书及文物悉数无偿捐献国家，书房唯余四壁，连书橱也一并捐出。同年，政府还特别在故宫午门举办了“贺孔才先生捐赠文物特展”，看到国家欣欣向荣的新气象，他慷

[1] 刘叶秋撰《忆贺孔才先生》，刘叶秋著《学海纷葩录》，郑州：中州古籍出版社，1992 年版，第 26 页。

[2] 转引自《前言》，贺培新著，王达敏、王九一、王一村整理《贺培新集》，南京：凤凰出版社，2016 年版，第 3 页。

[3] 贺翊新（？ ），字仲弼，贺孔才胞兄，早年毕业于北京大学，1923 年北京大同中学创立并任校长，抗战期间，曾任河北省流亡政府教育厅厅长、国民党中央宣传部派驻华北的宣传专员、北平市议长，后去台湾。1949 年、1957 年两度担任台北市立建国高级中学校长（此校为马英九高中母校），退休后居美国。

慨赋诗道“工农今作邦家主，马列真为世界师”[1]。

齐白石赠贺孔才篆书立轴

贺孔才除精于文学外，以书法篆刻最为世人所知。 1920 年，他经名士朱悟园介绍结识齐白石，并从白石老人系统学习篆刻。2000 年，北京图书馆刊印的《齐白石手批师生印集》中收录的《孔才印草》，即来自贺孔才的捐赠，这也是 20 世纪 20 年代至 30 年代贺孔才和齐白石艺事交往的一个重要见证。齐白石在手批《孔才印草》跋语有“消愁诗酒兴偏赊，浊世风流出旧家。更怪雕镌成绝技，少年名姓动京华”[2]，足见白石老人对贺孔才的出身和艺事极为推崇。贺孔才早年的篆刻直接取法齐白石，从白石老人手批《孔才印草》跋语中，可知贺孔才是这一时期齐派篆刻风格的重要继承者。贺孔才的篆刻，用其对弟子刘淑度的话讲“我学不到老师的刀法，那种气势难学”[3]，所以他从章法入手，求工稳平正，很好地吸收了齐白石篆刻挪让、边界、欹正之法。他的白文印追求秦权汉玺之铜铸效果，把铜印之锈斑也模仿得惟妙惟肖，似求印面的残破，但有时略显粗率，无白石老人粗犷中之细腻；他的朱文印求稳重，取法赵之谦，但线条较其师略显薄弱，乏白石老人用刀之刚劲挺拔，故显得形存神离。《孔才印草》中虽有数印得到了齐白石的赞誉，但他全力以赴终为天资所限，难超越其师。

[1] 刘国正撰《从几页诗笺谈起——忆我的两位老师》，《书与人》1997 年第 2 期，第 84 页。

[2] 徐自强，张聪贵编《齐白石手批师生印集》，北京：北京图书馆出版社，2000 年版，第 520 页。

[3] 刘淑度撰《我与篆刻》，北京市政协文史资料委员会选编《艺林沧桑》（北京文史资料精华），北京：北京出版社，2000 版，第 507 页。

贺孔才为曾克耑刻“闽侯曾克耑字履川印”印

贺孔才为曾克耑刻“涵负楼主所作诗文字”印

经笔者考证，20世纪20年代至30年代为师徒二人交往密切的时期，但1935年之后，贺孔才弃学齐白石，[1]二人渐行渐远，一段时期“自是除祝寿拜年则不登齐府”[2]，甚至1951年贺孔才死后，也未见到白石老人的挽诗。

贺孔才的印风从最初师法齐白石，后逐渐“治印则远规秦汉，近取赵吴，镕铸古今，不拘一格。大印雄浑，小章婉妙，识高腕健，得心应手。以钟鼎入印者，古雅绝伦。朱文粗笔，独步一时，尤为他家所弗及”[3]，故此贺孔才晚年和早年的印风差距较大。据笔者分析，齐白石和贺孔才从师徒变为陌路，其中一个根本的缘由还是在于二人出身的差距，贺孔才出身藏书世家，身边的友人多为旧京传统文人，他们思想守旧，一些人很难接受白石老人的艺术风格，这也从一个侧面可知齐白石的艺术在民国时期的旧京并非得到大众的普遍认可。关于贺孔才与白石老人渐行渐远的缘由，笔者曾撰有《齐白石与门人贺孔才的艺文交往初探》[4]一文做了细致的考证，同时在白石老人的诗稿

[1] 参见贺翊新撰《舍弟孔才简传》，《印林》第十一卷第五期，1990年版，第1—3页。

[2] 马国权著《近代印人传》，上海：上海书画出版社，1998年版，第396页。

[3] 刘叶秋撰《忆贺孔才先生》，刘叶秋著《学海纷葩录》. 郑州：中州古籍出版社，1992年版，第22页。

[4] 北京画院编《齐白石研究》（第四辑），南宁：广西美术出版社，2016年版。

及手批弟子印稿中发现齐白石曾多次直言批评贺孔才，未作任何避讳，可见这位弟子在白石老人心中地位的转变过程。

最后谈谈贺孔才的书法，他的书法如今很是鲜见，用其弟子王北岳的话说“盖先师生前，不轻为人作书治印”[1]，王先生赴台后虽留心收集，但仅藏有数幅。贺孔才胞兄贺翊新20世纪40年代末亦在台湾任教职，曾在《印林》杂志第十一卷第五期《贺孔才专辑》中刊有《舍弟孔才简传》一文，为目前可知较详尽关于贺孔才的资料，估计贺翊新手中应藏有一些其弟的书法，而贺孔才的后人手中可能亦有存留。据称，贺孔才自幼即酷爱书法，常一手拿着旧帚，一手提着水桶在地上书写大字，九岁时已能为别人书写春联、条幅、对联了。贺先生的友人刘叶秋[2]既是其晚辈也是他的世交[3]，对于贺孔才的书法，他曾详细追忆有“书从颜、欧入，楷法精严，擘窠雄健；草书飞动，摹孙过庭《书谱》神肖；小篆遒劲朴茂，腕力过人；临钟鼎字，饶端凝静穆之致。尝应友人之请，摹《虢季子白盘铭》于小象牙版，版滑不受墨，而先生挥洒自如，若书宣纸，笔势精工，观者叹绝”[4]，“余历年所得先生墨宝多件，小篆、大篆、行、草、楷书，各体均备，屏、联、扇、册，大小俱全。有素竹扇骨一，两侧皆先生书，一作钟鼎文，一摹张廉卿

[1] 王北岳撰《贺孔才先生遗作少》，王北岳著《印林见闻录》(一)，台北：麋研笔墨，2003年版，第116页。

[2] 刘叶秋（1917—1988），原名桐良，字叶秋，号峄莘，以字行，北京人。早年毕业于北京中国大学文学系，后任天津《民国日报》副刊主编，同时在天津工商女子文学院兼课，1949年后任教于天津津沽大学、北京政法学院。1958年参加商务印书馆《辞源》修订工作，是三大主编之一。1980年任南开大学中文系兼职教授。著有《古典小说论丛》《古典小说笔记论丛》《常用字书十讲》《中国古代的字典》《历代笔记概述》《成语熟语词典》《类书简说》《中国字典史略》《编辑的语文修养》《中国古典小说大辞典》等。刘叶秋久居京华，谙熟旧京掌故。

[3] 刘叶秋先曾祖刘嵩龄（鹤庄公）与贺孔才祖父贺涛为同治九年庚午科（1870）同科举人，因此刘叶秋以贺孔才晚辈自居。而据刘叶秋夫人汪元澂讲，刘叶秋19岁起即师从贺孔才。1947年，刘叶秋和汪元澂在天津举行婚礼，证婚人为贺孔才，礼成时贺先生特赠如意古墨一双，以示祝福。

[4] 刘叶秋撰《忆贺孔才先生》，刘叶秋著《学海纷葩录》，郑州：中州古籍出版社，1992年版，第22页。

体，书势精妙，由刻竹名手王陆亭以阳文皮雕刻之，遂成二妙”[1]。而周昭贤1946年撰《贺孔才先生》一文中记：“他是有名的书法家，主张以唐人的字为基础，而尤推崇欧虞两家，进而上溯汉魏，是以其笔势不拘于一家一派，注重糅合融通，独具风格。篆书方面，他对周代铜器和石鼓文鉴识最精，提到金石篆刻之学也是他最喜好的。”[2]综合以上几段记载可知，在书法上，贺孔才是一位兴趣广泛的多面手，诸体兼擅，他早年还曾师从寓居旧京的河南名士秦树声。根据笔者分析，贺孔才习楷书最初从欧、颜、虞入，是以唐人的书法为基础，逐渐镕铸北碑和隶书，但从他所作行楷题跋看，颜书的意味较强。刘叶秋说贺孔才亦能作张裕钊体北碑体书法，这也可追溯到其祖父贺涛为张的弟子之故。贺孔才还曾和他的同门潘伯鹰开玩笑说“我们写字先求像个铁打的，再求像铁铸的，铸的比打的还好”[3]，所以说贺孔才书法还是侧重于碑派的。笔者有幸曾见贺孔才为友人杨溥作扇面及其为《士孙瑞剑铭》拓片所作题跋，字体为行草书，确有刘叶秋所说的《书谱》意味，灵动多变，挥洒自如，极具才情。贺孔才的大字行草书也写得很见功力，在唐楷的基础上，融入《书谱》，醇厚雄肆，文人气十足，兼得其师吴北江书法之长。然可惜的是贺孔才篆书流传不广，笔者仅见《印林》杂志第十一卷第五期刊有一幅贺先生书金文，风貌类丁佛言、陆和九传统金石家的书法。通过刘叶秋的回忆还可知贺孔才能摹《虢季子白盘铭》于小象牙版，喜作钟鼎文。估计他早年曾师从齐白石，应写过《祀三公山碑》《天发神谶碑》，但弃学白石老人后，其篆刻则取法吴让之、赵之谦、吴昌硕，但齐白石书法对他还是有一定影响的。总体而言，贺孔才属于天赋很高的读书人，其书法好在一个“才”字，

[1] 刘叶秋撰《忆贺孔才先生》，刘叶秋著《学海纷葩录》，郑州：中州古籍出版社，1992年版，第25页。

[2] 周昭贤撰《贺孔才先生》，贺培新著，王达敏、王九一、王一村整理《贺培新集》，南京：凤凰出版社，2016年版，第493页。

[3] 潘伯鹰撰《贺孔才先生》，同［2］，第490页。

贺孔才为《士孙瑞剑铭》拓片作行草题跋

贺孔才赠杨溥行楷书扇面

贺孔才篆书《绿树苍松》九言联

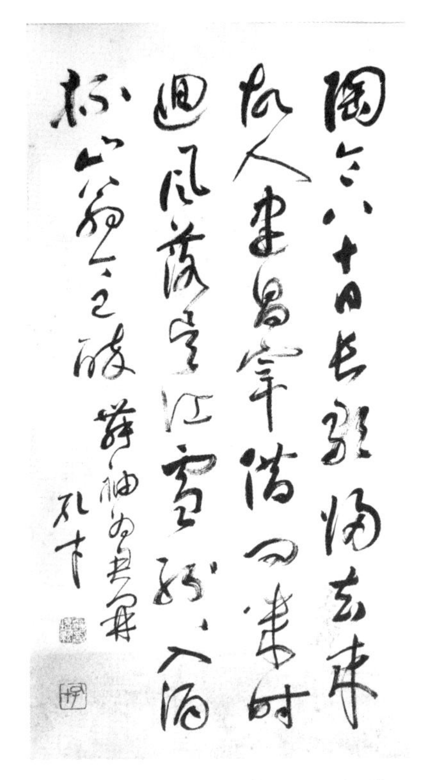

贺孔才草书《李白对酒醉题屈突明府厅》

由于精通诗文、篆刻，故此他书法写得很好也是情理之中的事。笔者认为贺孔才代表了民国时期旧京文人中的精英阶层，他的书法是传统文人书法高度的一个很好的见证。

好学敏求——丁文雋

丁文雋像

丁文雋（1905—1989），名越鸿，字文雋，号煮石、畏因学人，晚号半残老人，河北丰润人。1927年毕业于北京交通大学，曾任职吉长铁路。公务之余研习书法，临池不辍，颇有心得。为张伯英入室弟子，曾求教于周肇祥诸前辈。日本侵华期间，不任伪职，以教授书法、鬻书画为生。晚年加入中国书法家协会。著有《书法精论》《书法通论》。

谈到丁文雋，笔者早年曾购得《书法精论》一册，封面为张伯英题耑，内有杨昭儁、傅岳棻、汤尔和、周肇祥、刘宗彝、张朝墉、刘善锜等人题字、题跋，杨圻、吴赞周、胡冷盦书序。后查阅资料，始知此书最初刊行于1940年，分上下两编，上编为“绪论”（“溯源”“辨体”“别流”），下编为“本论”（“总诀”“执笔”“运笔”“结字”“取法”“临摹”“用具”）。对于此书的价值，名士杨圻在序中记：“门下丁子文雋，敏而好学，从政之暇，淫于文史，其手写碑帖逮五百余种，备谙笔法。慨书法之中绝，乃撰《精论》一书，都十余万言，广搜博采，取精用宏，以浅显之笔墨，仿近时之标目，不作古人艰深之言论，力破古人意会之疑阵，所以使学者易领悟而跻速成也。”[1]学

[1] 杨圻撰《杨云史先生序》，丁文雋《书法精论》，北京：人民美术出版社，2007年版，第10页。

者张朝墉[1]序云："书道将绝响矣，留此精论开示后学，冀将神妙古国数千年相传真草隶篆之迹，长留天地于不坠，亦古之伤心人也，今日铅笔、水笔横行一世，蟹行文字，吾不习知，再十年二十年，中西科学所发明者，日新月异，作字机械又将演变为何物，更非吾人所逆料，读此惘然不知所措也。己卯秋七月蜀东八十老人张朝墉识。"[2]胡冷盦序中云："曩岁橐笔辽沈，获与丁文隽兄共事，遂缔交。厥后同徙燕京，历年既久，相知愈深。君天才卓越，复笃于学，沉浸百家，旁及书画，尝搜集碑帖数百种，以临池为日课。近岁端居多暇，简练揣摩，功力益进，手著是编，将以补过庭《书谱》之缺……他日是书风行纸贵，人手一编，使吾国数千年艺术之流传，赖以弗坠。岂仅著者之幸与吾辈之私愿而已哉。"[3]此三段题跋均写于1939年，也就是《书法精论》初版刊行的前一年，丁文隽时年三十五岁。杨圻为清末民初著名诗人，《书法精论》之命名亦得自其"立言精而详"[4]之说。张朝墉为政界人物，也是著名的学人、书法家。胡冷盦为江西南丰人，生平不详。此三位先生年齿均长于丁文隽，且曾寓居北平，从题跋中可知丁氏在他们眼中的地位。

以笔者看来，《书法精论》以浅显易懂的文字和生动的语言对书法的产生、演变及各时期的书法风格进行分析，深入浅出地介绍了习书的基本要领及工具的使用情况。丁文隽本人即精通书法，故阐发

---

[1] 张朝墉（1860—1942），字北墙，一字伯翔、号半园老人。喜蓄长须，又被称为张髯。四川奉节人，出身书香世家。自幼颖悟好学，工诗文，精书法。光绪初，中拔贡，有"夔门才子"之称。考取拔贡后，先后到蓬溪、宜宾、成都等地任教。光绪三十二年（1906），离川远游黑龙江，至齐齐哈尔入署黑龙江将军程德全幕府，主管屯垦事务，又奉檄与徐鼐霖勘查中俄边界。翌年，受程德全委派，就广积仓址拓土辟地，创建公园。1912年，入黑龙江都督兼民政长宋小濂幕府。1914年，任黑龙江通志局纂修，曾纂成《黑龙江物产志》。1919年入京供职于国史馆编纂处。1942年病卒于北平。张朝墉工于书法，精篆隶行楷诸体，在北方书坛颇富时誉。

[2] 张朝墉撰《序》，丁文隽著《书法精论》，北京：人民美术出版社，2007年版，第8页。

[3] 胡冷盦撰《胡冷盦先生序》，同[2]，第12页。

[4] 丁文隽撰《自序》，同[2]，第15页。

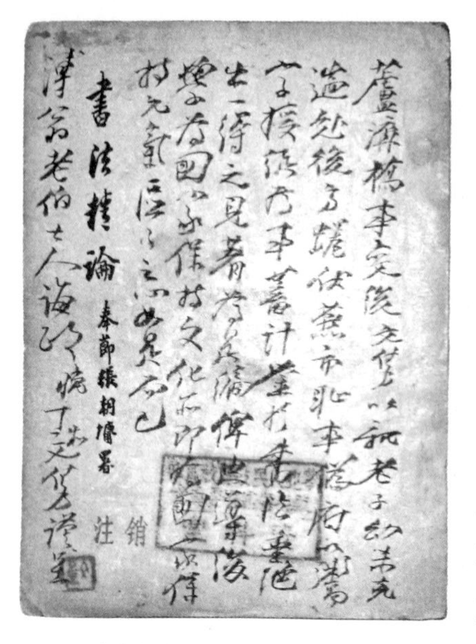

丁文隽在《书法精论》上作行楷题跋

理论多经验之谈，加之文辞优美，气势如虹。丁氏在该书《自序》中言，其论说“得诸古人成说者十之四，得诸自身体验者十之六”[1]。他自信此书与坊间流行的《书法指南 》《书法津梁》《书法针度》等不同，价值甚大，“吾国书法之所恃以不致中绝者，其在斯乎，其在斯乎”[2]。观《书法精论》，似与蜀人刘咸炘[3]撰《弄翰余瀋》有异曲同工之妙。此书对民国时期书法知识的普及和传播，确实起到了积极作用。

在20世纪三四十年代，北平正处于碑帖书风壁垒分明之时，擅长帖学之逊清皇室成员、前清官员与标榜碑风的各派书家互不相让，而丁文隽在《书法精论》中旗帜鲜明地提出了“碑帖兼习”的主张，说出了“夫书法能自成家数者，绝无专摹一碑、专效一体之理，大抵融会贯通，而出以己意”[4]，进而谈到“是帖非碑者陋，是碑而非帖者

[1] 丁文隽撰《自序》，丁文隽著《书法精论》，北京：人民美术出版社，2007年版，第15页。

[2] 同[1]。

[3] 刘咸炘（1896—1932），字鉴泉，号宥斋，四川双流人。出身书香世家，最初任教于其从兄所办尚友书社，后任教于敬业学院哲学系、成都大学、四川大学等。1932年病卒。一生著述宏富，所著之书达二百三十五部，其中《弄翰余瀋》为刘咸炘积累多年的书学论著，于1930年成都尚友书塾铅字排字本。由于他对书学颇有研究，因此学术价值很高。作者在书中详细地阐述了他对碑派人物阮元、包世臣、康有为、杨守敬等理论疑难之处的分析，反映了民国时期书家对碑派的冷静思考。同时还简明扼要地论述一些书学上的重要问题，并对汉代之后著名碑帖及书家作品逐一品评，见解高妙，为不可多得的民国书人学术专著。

[4] 丁文隽撰《第三 别流》，同[1]，第108页。

僻，是魏而卑唐者偏，尊唐而卑魏者腐，入主出奴，吾所不取”[1]。丁氏书法理论深得当年旧京老派人物的赏识，这些推崇者中，不乏京城各界精英人物。

最后谈谈丁文隽个人情况及其书法。丁氏为河北丰润人，丰润自古文化昌明，人才辈出，历史上素有“南无锡、北丰润”之说，如清代学者谷应泰、清末名臣张佩纶、张人骏，近现代作家张爱玲、古生物学家裴文中、思想家杨向奎等均为丰润人，可见此地文风之盛。丁文隽出身文人家庭，自幼喜舞文弄墨，据说写起字来竟襟肘皆黑。其父丁开嶂为京师大学堂第一期毕业生，辛亥革命期间曾参与创办北方革命团体铁血会，后加入同盟会。民国以后，丁开嶂返回故里，著书为乐，研习书法，擅长篆隶，在家乡小有名气。丁文隽受其父影响，尤喜习书弄翰，但他似乎对政治不甚关心。1927 年毕业于北京交通大学后，曾任职吉长铁路，公务之余，临池不辍，用其自己的话讲“著者不敏，嗜书成癖，束发以来，临池二十余年，寒暑罔间。历代金石碑帖，经心临摹者凡五百余种，其只供观摩者尚不计焉。纵不能兼擅各体，而其运笔结构之法，与夫神韵气势，莫不得于心，应于手，豁然贯通，颇有左右逢源之乐”[2]。据称《书法精论》刊行之后，丁文隽曾在北平、天津等地办过四次书法展，每次展品一经展示，全部售出。他还刊行《丁文隽临古习字范本》(《张猛龙碑》《樊府君碑》《刘元超墓志》和颜真卿、柳公权书碑)[3]，内有九宫格，供学者临习之便，其师张伯英特赠丁氏以“妙赅众体”之题词加以鼓励，可见 20 世纪三四十年代丁文隽其人其书在北平有一定之影响。据其弟子那启贤回忆，20 世纪 40 年代，他登门求教丁文隽，那时丁氏的学生很多，常去的有蓝玉崧、杨永、余益德等十几人。1942 年，丁文隽在西四居士林开

[1] 转引自那启贤撰《妙赅众体 一代宗师——忆著名书法家丁文隽先生》，丁文隽著《丁文隽书法选》，北京：人民美术出版社，2002 年版，第 64 页。

[2] 丁文隽撰《自序》，丁文隽著《书法精论》，北京：人民美术出版社，2007 年版，第 14 页。

[3] 同 [1]，第 67 页。

丁文隽金文横幅

办书法班，求学者多为青年学生，每班可达三十多人，每周在一个晚上授课，此段资料可视为北平沦陷时期书法教学的一个片段。然而可惜的是，1949 后丁文隽受时代局限，加之晚年高度近视，只能摸纸临池，创作数量和质量均不如前。直至 1980 年，他为了满足青年学生习书的需要，积四十年教学和临池经验始撰写《书法通论》，此书是将《书法精论》修订改写，[1]并加入了一些新的书法观点和资料，于 1986 年付梓出版。

对于丁文隽的书法，从《书法精论》中的丁氏自序和书学主张来看，他取法极为广泛，加之青年时于“历代金石碑帖，经心临摹者凡五百余种”[2]，功夫也下得很深。胡冷盦在序中曾有“昔吾乡赵声伯中翰善褚书，负时名，尝为予言，少耽吟咏，既冠专致力于诗，期建帜骚坛，继而知其境未易跻，遂改习书，积三十年之心力，而仅得此，时年六十矣”[3]。胡先生提到的赵声伯，即旧京名士赵世骏。而丁文隽

[1] 笔者按，《书法通论》与《书法精论》相比，语言过于通俗浅显，适应时代需要，故价值反而显得弗及《书法精论》。

[2] 丁文隽撰《自序》，丁文隽著《书法精论》，北京：人民美术出版社，2007 年版，第 14 页。

[3] 胡冷盦撰《胡冷盦先生序》，同［2］，第 12 页。

在《书法精论》中论“如赵世骏效法登善（褚遂良）得其妍秀”[1]，依笔者看来，丁文隽的书法即受到赵世骏书风影响较深。从目前存世的丁氏临作来看，楷书有临《唐樊兴碑》《王居士砖塔铭》《唐信行禅师碑》《唐李文墓志》，临作均以“妍秀”为主，笔法近褚遂良，即使是题跋之作，也不逾褚体范畴，可见丁文隽楷书标榜这类风格。丁氏推崇魏碑，《书法精论》曾云：“北朝碑志之瑰奇谲丽，与周代钟鼎前后相映，皆关乎气运，应时而出，不求工而自工者。”[2]但据其弟子那启贤回忆，1940年他在丁文隽教授下，习《张猛龙碑》，见清人对魏《马鸣寺碑》评价很高，曾请示老师可否临习，丁文隽认为《马鸣寺碑》“结构耸肩伸喙，偏颇过甚，有失自然之趣”[3]，学者可戒之，从中可知丁氏对这种“丰腴跌宕”的碑派风格不甚推崇。且丁文隽自己所临魏碑亦难脱去唐楷之法，他醉心碑派风格，《丁文隽书法选》收录有临《甲骨文》《石鼓文》《秦诏版》《峄山碑》《鲁孝王刻石》《校官碑》《乙瑛碑》《礼器碑》《曹全碑》《封龙山颂》《夏承碑》《魏灵藏造像》《郑文公碑》《高贞碑》《崔敬邕墓志》《石婉墓志》等，风格涉及篆、隶、北碑诸体，且丁氏身处“印刷之术日精，碑帖墨迹，影印逼真，昔日视为千金不易之秘宝，现则可以廉值得之”[4]的民国初年，笔者认为以碑派视角审视，丁文隽碑派书法似乎登堂而未能入室，对碑派书法仅停留于外形的追摹，未参考清末民初碑派名家如杨守敬、康有为、梁启超、郑孝胥、曾熙、李瑞清等人书风之长。他师从旧京书家张伯英，张为碑帖结合之大家，但他并未参考张氏书风的特点，属于自己钻研创作，所以他的碑派书法水平显不及其帖学。

除碑派风格外，丁文隽的行书、行草书创作较多，水平不低，仔

[1] 丁文隽撰《第三　别流》，丁文隽著《书法精论》，北京：人民美术出版社，2007年版，第106页。

[2] 同[1]，第76页。

[3] 那启贤撰《妙赅众体 一代宗师——忆著名书法家丁文隽先生》，丁文隽著《丁文隽书法选》，北京：人民美术出版社，2002年版，第64页。

[4] 同[1]。

丁文隽行草书

《东阁春风》八言联

细分析，他对帖学的理解还是比较传统的，虽《书法精论》一再提倡碑帖结合，但他的书法面貌却碑是碑、帖是帖，恐受才力所限，两者相通者不多。其行书潇洒纵逸，去除了馆阁体的束缚，有很强的明清人书法气息。其草书则标榜唐法，存孙过庭书谱之遗韵。此外，丁文隽除推崇历代名家碑帖名品外，还重视一些断碑残碣、墓志、经文书法的汇集和整理，他曾收集唐代墓志拓片三百余种，有很多是所谓的“小唐碑”。他认为这些被旧时文人忽视的民间无名氏书法有的水平并不逊于名家之作，他常说：“即龙门之造像记，于粗野鄙陋之中，具雄强沉郁之气，扰（犹）如黄衫客、虬髯公。虽胸无点墨，而豪爽可喜，以视咬文嚼字之酸腐秀才，果何如乎？”[1] 通过研习这些主流以外的民间书法作品，使他的书法更为自然，贴近大众，有的或类经生书法，或近田夫石匠之作，体现出馆阁体没落之后的一种清新自由的风格。总之，丁文隽书法如今虽已少有人知晓，但他所著的《书法精论》确是有一定地位的，在民国时期的旧京亦有影响，尤其是对于初学者有着重要的指导作用，所以笔者选取了丁文隽的一些书法作品以兹介绍，让这位昔日的才俊之作得以遗泽后世。

[1] 贾诚隽撰《书论精通品亦高——读〈二十世纪京华名人遗墨〉忆丁文隽师》，《书法世界》2003年10期，第28页。

藏墨大家——尹润生

尹润生（1908—1982），原名培昌，字润生，别署忆竹篨主人，蒙古族，姓博尔济吉特氏，为元世祖忽必烈后裔，清时隶内务府蒙古正白旗，北京人。早年毕业于北平私立财政商业专科学校，1930年后供职于世界编译馆，1936年任财政高商学校国际贸易、会计科教员。1930年任中国联合准备银行总行行员。1954年，受中央文化部郑振铎之邀参加古墨等文物鉴定会，调入中央文化部文物出版社工作，后致力于整理故宫博物院藏墨。1956年，与叶恭绰、张子高、张絅伯一起将所藏明代墨珍品合编成《四家藏墨图录》。1980年，在北京市西城区政协的支持下创办北京中国书画学校。著有《墨林史话》等。

尹润生像

尹润生是地地道道的北京人，出身旗人世家。其祖父荣皓，道光二十七年（1847）进士，其父曾煦谷，清时曾任内务府礼部郎中等职位，宅邸位于北京地安门，即旧京拐棒胡同著名的“荣尹家”[1]，是清末内务府大家族之一。辛亥革命后，大多数旗人家庭相继败落。尹润生自幼勤奋好学，未染八旗子弟纨绔作风，早岁失怙，事母至孝，成年后投身于银行业。他的夫人张颖昭[2]，擅丹青，师从工笔画大师徐燕孙，后苦于缺少佳墨，创作中总是留有遗憾。尹润生伉俪感情颇笃，为觅得佳墨，尹先生开始奔走于琉璃厂，搜寻古墨，最初以实用为目的，于收购过程中分辨何墨宜于作书，何墨宜于作画，由于为人认真严谨，逐渐对墨的质料、形式、年代、款识、铭文、图案、产地、装潢、工匠、真伪等了然于心。除观察实物外，还请教精鉴古墨的时贤，最后终成为一代藏墨大家，被同好喻作“墨痴”。尹润生常年活跃于琉璃厂，故与晋秀斋的贾济川、永誉斋的李联芝、庆云堂的李文才、玉网斋的马叔雍、学古斋的温德润、蕉叶山房的张蔚华、绮庵的吴学融等人往

[1] 笔者按，尹润生祖父荣皓，姓博尔济吉特氏，清初入内务府，隶内务府旗籍，后赐姓汉姓尹，内务府旗人姓氏称谓需同呼汉姓，并将姓氏置于名后，故时人称“荣尹家”。

[2] 张颖昭（1917—2006），原名树筠，北京人，满族。早年毕业于贝满女子中学。其父张霈卿，史学家，北京文史研究馆馆员，著有《燕京见闻录》。自幼受其父熏陶，酷爱绘画，从父亲习山水，后拜工笔画大师徐燕孙为师，是徐氏的早期弟子之一。民国时曾加入中国画学研究会。1957 年任北京工艺美术学校国画教员，1958 年参加中国历史博物馆建馆工作。1982 年加入农工民主党，后任东方书画社理事。1983 年任北京西城区政协委员、政协书画社理事、爱晚书画会会员，中国徐霞客研究会顾问。此简介参见尹立编:《尹润生、张颖昭、谢筱乃、尹立——书画影集》，自印本，2011 年版，第 8 页。

还颇多。据他的友人石继昌[1]及其女儿博尔济吉特·雨立（尹立）回忆，民国时期，尹润生与劳笃文、巢章甫、叶恭绰、张子高、张絅伯、寿石工、周珏良、周绍良为友，其中与寿石工关系颇为密切，寿曾为尹润生先生治过印。尹先生过世后，他的夫人张颖昭于去世前一年，将尹润生及几位朋友的悼念寿石工先生的文稿交女儿博尔济吉特·雨立保存，并讲述了尹先生为寿先生料理丧事及与朋友一起拟写碑文的事宜。抗战期间，北平沦陷，尹润生曾多次赴琉璃厂说服文物商人，不要贪利将古墨卖给日本人，使国宝外流，那时寿石工没有子女，家庭负担略轻，故想方设法支持尹先生，给予过不少帮助，在尹润生的呼吁下，北平沦陷期间，古墨基本上未流失于海外。

1949年后，尹润生奉命整理故宫藏墨。20世纪五十至六十年代，尹润生与叶恭绰、张子高、张絅伯等每月要聚会二三次，以谈墨为中心，除观察实物外，赏奇析疑，参考前人资料、墨谱拓片，交流意见，是当之无愧的四位“墨痴”，他们还在聚会中约定，将来把各自收藏明墨荟萃于一书，以拓片配诠注，最后统一捐献国家，交与故宫保存。1964年，他四人将一批明墨捐献故宫博物院，足见四人之志同道合。六十年代中期，尹润生遵循周恩来总理的指示，承担编纂《古墨集成》重任，其间走访了全国各地许多博物馆，对国内的藏墨有了全面的理解。除此之外，尹氏还撰写了《解放前北京的饭庄饭馆》《汪精卫行刺载沣地点质疑》《忆赛金花答德国记者问》等文章。

据其女博尔济吉特·雨立回忆，墨在家中的地位很高，有一天夜里凌晨三四点钟，邻居家失火，尹润生衫履不齐，先后将藏墨箱具抱

[1] 石继昌（1925—1994），字守常，北京人，先世为八旗汉军。早年攻读文史，师从金受申先生，为《新民晚报》撰稿，1949年后曾供职于银行业。后因体弱多病告退，为人整理文稿，缮写誊录，赖此为生。后入中华书局编辑部，1978年后应聘参与《文物》月刊编辑工作，业余应北京古籍出版社、中华书局等单位之约，点校整理关于北京民俗、清代掌故及《雪桥诗话》、明清小说等并撰写学术性前言，同时在《燕都》《读书》等期刊发表论文，早年曾撰有《八旗耆旧名录》，惜流失，后撰有《春明旧事》，此处参见戴文葆撰《序》，石继昌《春明旧事》，北京：北京出版社，1997年版，第1页。

出，最后双手吃力地抱着用于藏墨的五斗柜大抽屉走出，足见墨是尹润生最珍视的宝物。尹润生之友周珏良先生曾赞誉先生云："尹润生兄见闻最广，赏鉴极精，收墨不拘一格，然非至精之品不留。"[1]而他的友人石继昌更是谈到尹氏"一墨在手，立刻就能识别其真伪，区分其流派，明确其时代，评定其优劣。先生之于古墨，不但在朋辈同好中推为行家里手，就连琉璃厂肆中人也对之奉若神明，当他们遇到疑难不决的古墨时，经常请教于先生，得其一言以为准绳"[2]。作为民国时期旧京著名的藏墨大家之一，尹润生还精通近代掌故、社会风俗、京剧艺术及碑帖书画，他的书法也写得不错，在旧京书画界有一定的名气。其中的一个缘由即源于他常年购藏古墨，加之出身旗人世家，家中旧有藏墨，耳濡目染，后于购存过程中，常研试古墨，深谙墨的品质，且爱墨之人多工于书法。学者李润桓曾回忆旧京文人曾克耑晚年谈到清代馆阁体时曾说："老先生们都留存着乌、光、方的传统。晚清遗老卖字时，消耗的旧墨，可真不少。"[3]可见旧墨在遗老心中的地位。而尹润生的书法，在笔者看来，也是清代旗人书法的延续，笔者曾撰有《浅谈清代旗人书法》一文，分析了从清朝建立至清帝逊位后旗人书法的流变演进过程。民国之后，旧京的旗人大多标榜帖学，涉及碑派书法者不是很多，而尹氏书法似亦奉行此宗旨，标榜帖学。从他身边的友人来看，擅长帖学的书家众多，如遗老劳乃宣之子劳笃文，擅长小楷、行书、草书，对二王书法甚为推崇，书作帖学意味浓厚。寿石工是旧京著名的篆刻家、书法家、词人，书法从帖学出，渐融北碑。叶恭绰也是民国时期碑帖结合之书法大家。巢章甫为张大千、寿石工弟子，亦擅书法，碑帖兼长。而尹润生的书法，基本属于帖学范畴，总体上一个特点就是写不大，其书法大者鲜见，笔者曾见他为画家石

[1] 周珏良撰《序》，周绍良著《蓄墨小言》，北京：北京燕山出版社，1999年版，第8页。

[2] 石继昌撰《古墨名家尹润生（上）》，石继昌著《春明旧事》，北京：北京出版社，1997年版，第15页。

[3] 李润桓撰《古墨遗香——〈尹润生墨苑鉴藏录〉序言》，《紫禁城》2007年第11期，第212页。

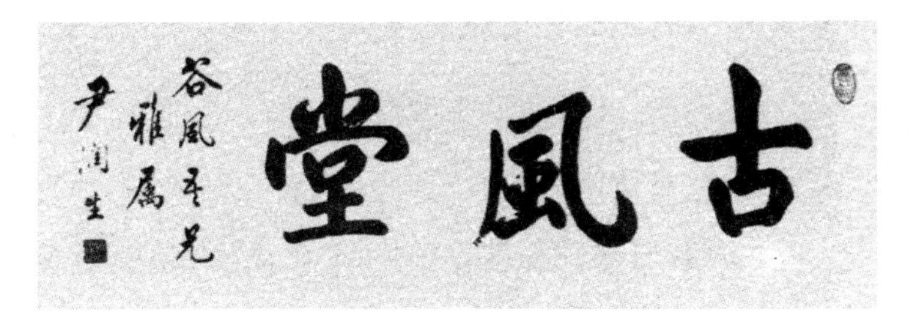

尹润生行楷书赠石谷风“古风堂”横幅

谷风撰写一行楷横幅，似为尹氏书法中绝大者，纯宗赵孟頫，书风清雅遒劲，与旧京画家徐宗浩书风略似。尹润生行楷书较为常见，《四家藏墨图录》中存有不少，通过比对，尹润生的书法与其友人寿石工的书法也有近似之处。《四家藏墨图录》中除存有尹润生书法外，还有叶恭绰、张子高、张絅伯三位先生的书法，四人书风气息相近，源于均擅长帖学之故。叶恭绰为民国时期著名的书法家，水平在其中无疑是最高者。张子高为化学界前辈，书法写得老成持重。张絅伯书法面貌似董其昌，流利洒脱。而尹润生年齿小于三位时贤，但与他们三人的书法相比，水平似乎并不逊色。

尹润生生于科举废除后，但其书法还是有馆阁体的影响，楷书似从欧阳询、赵孟頫入，其行书紧凑，法度森严而不乱，行书略厚，在欧阳询的基础上有米芾书法意味。可能与寿石工先生交往较多，潜移默化受寿先生影响之故。笔者曾先后撰写文章介绍过旧京碑帖收藏家朱翼盦、张效彬先生，朱、张二先生均是擅长题跋的书法大家，他们很少书写大字，把书法作为实用的工具，但由于常年为碑帖书写题跋，故经验丰富，题跋和碑帖相得益彰，而尹氏书法也同属此类，他随着藏墨的增多，书写的题跋数量也逐渐上升，并形成了自己的风格，即使是他给朋辈写的书札，也感觉像是书写题跋，字体娟秀谨严，丝毫不懈怠，体现着学者认真谨严的态度。所以尹润生书法主要是以题跋面目示人的，在鉴藏、考据的日常书写中将书法加以训练。民国时期，

吴乾初墨通體漆衣重二百零八克原為溧陽張鑫園
舊藏案吴乾初安徽歙人明萬曆墨人宣城麻
三衡墨志載乾初墨兩品一為瑞應圖一為清溪
墨新安方瑞生墨海亦載兩品一為赤水玄珠一
為瑞應圖見諸載記僅此三品曲阜顏崇槼摹
墨亭墨考載大泌山人李維楨題銘原文附錄
李本寧云語曰服習象神巧者不過習者之門
又曰長袖善舞多錢善賈有味哉其言之也
吴乾初初業儒而晚乃治墨務上人庀材鳩工必
以重購新安故子墨林乾初意取其知名者設肆
之不極不止其用物也宏矣其取精也多矣齋踊
洛帝一朝而高步室之價豈偶也哉梓慶之為
鐻也市南宜僚之弄丸也執藝最早聲施不朽
夫為乾初計者持儒名而墨行則與若墨名而儒行矣

尹润生藏墨拓及题跋

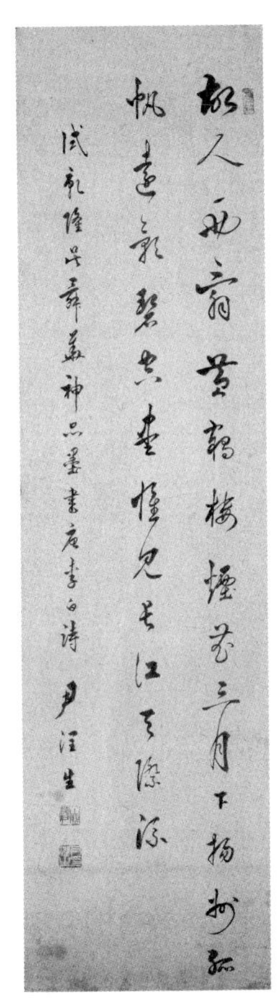

尹润生行草书
《李白黄鹤楼送孟浩然之广陵》
立轴

尹润生常代人书写墨拓题跋，因此其书法也算是旧京书风中不可或缺的一种风格。

1949年后，尹润生书法逐渐从题跋走向创作，特别是20世纪70年代末，各类书法活动渐多，尹先生发起和组织了“北京中国书画研究社”和“书画业余学校”，书画研究社成员六百余人，业余学校学生四千多人，因此，其书法在北京流传广，影响大。先生的书法以竖式为多，字也逐渐放大，但观之总觉过于刻意，有乏力之感。看得出尹润生书宗帖学，未涉猎六朝碑版，以帖学直接放大，呈现出一种清丽的书风面貌。笔者在研究民国时期擅长题跋的书家过程中，发现擅长书写题跋的学者确实与职业之书家有所不同，擅长题跋者往往把书法作为实用的对象，在题跋中，虽书写上千字仍能精整异常，笔力强劲，这是一种特有的本事。而职业书法家则不同，他们将书法作为谋生的手段，故不以碑帖风格论，但各种题材之书写，均运用自如，既能书独具风貌的小楷，亦能作擘窠大字。因此，在笔者看来，书法对于民国时期的文人来说是一项基本的技能，擅书之名往往靠其在各界的影响，有的学者本身并不擅长书法，甚至拙于此道，但书以名贵，也成为时人争相吹捧的名家珍翰，求书之人更是络绎不绝。以民国时期字写得实在可怕的经学大师刘师培为例，他的书法在当今何尝不是炙手可热的名家珍翰？

陈门传人——刘乃和

刘乃和（1918—1998），天津杨柳青人。出身书香世家，祖父刘学谦曾点翰林，外祖父徐坊为著名藏书家。刘乃和自幼承继家学，笃好文史。1939年考入辅仁大学史学系，1943年留校，为1943级辅仁历史系研究生，后任辅仁大学历史系助教、讲师，1952年，辅仁大学与北京师范大学合并，自此任教于北京师范大学，并先后担任历史系、古籍研究所副教授、教授，历史文献教研室主任、陈垣研究室主任等职，并曾兼任中国历史文献研究会会长、辅仁大学校友会副会长、全国妇女历史资料委员会委员、《中华大典》常务编委、《四库全书存目丛书》顾问、《续修四库全书》顾问等。著有《励耘承学录》《历史文献研究论丛》，编有《晋书辞典》，合编有《陈垣年谱配图长编》。

刘乃和像

刘乃和将自己的一生奉献给了教育事业，自她1939年考入辅仁大学史学系后，为中国近代史学大家陈垣先生博大精深的学术造诣所吸引，一直追随陈先生。陈垣是中国近代著名的教育家、史学家，对于宗教史、元代史、医学史、目录学、年代学、校勘学、避讳学、史源学、敦煌学研究均有很深的造诣，是当之无愧的一代史学宗师。1949 年之前，国内史学界有“南陈北陈”之说，“南陈”即修水陈寅恪先生，“北陈”为新会陈垣先生，二人并称为史学界的泰山北斗。刘乃和是陈垣先生的重要弟子之一，同时也是先生的助手和秘书。首都博物馆藏有一件《励耘书屋珍藏汪容甫先生临圣教序》，后有柴德赓、启功、周祖谟、刘乃和的题跋，其中刘先生题跋：“昔柴、启、周、余，人称陈门四翰林，今柴、启、周三人皆有题词，独阙余，盖余逊让之也，援庵吾师为词命书，一九六六年五月，受业刘乃和。”[1]（笔者按，“陈门四翰林”应为柴德赓、启功、周祖谟、余逊[2]，此处陈垣先生有一语双关之意，亦可见先生对弟子刘乃和之推崇）。作为陈垣先生的重要弟子，她追随老师问学，深得陈垣先生学术之精髓，积其一生之精力记录整理陈垣生平资料，总结先生的学术成果。陈垣病逝后，在她的倡导下，关于陈垣先生的研究得到了学术界的重视和推崇。晚年，刘乃和致力于《陈垣年谱》和《陈垣评传》的撰写。此外，刘乃和还开拓出中国古代妇女史的新研究领域。1984 年，她在《光明日报》上发表《要重视古代妇女史的研究》一文，呼吁史学界应重视古代妇女史的研究，并身体力行地展开了关于古代妇女史的研究，考证了一些古代女性的生平和事迹，对她们的成就和思想进行分析和总结，如研究了清代女学者王贞仪和她的《德风亭集》，还组织人力编纂妇女辞典和妇女史研究资料。在学术上，刘乃和继承陈垣“博大精深”“缜密科学”的治学风格和特点，总结先生一生的学术遗产和精神资源，堪称陈门中贡献最卓著的一位弟子。刘乃和逝世后，其同门启功特撰挽联：“令誉流传，统战辛勤人共仰；长眠论定，平生业绩自无私。”[3]刘先生之

[1] 参见《励耘书屋珍藏汪容甫先生临圣教序》，首都博物馆藏。

[2] 余逊（1905—1974），字让之，湖南常德人。历史学家，秦汉史专家，北京大学历史系教授，著名文献学家余嘉锡之子。

[3] 转引自王炜民撰《为师忧道不忧贫——追念刘乃和先生》，《阴山学刊》2001 年第 4 期，第 36 页。

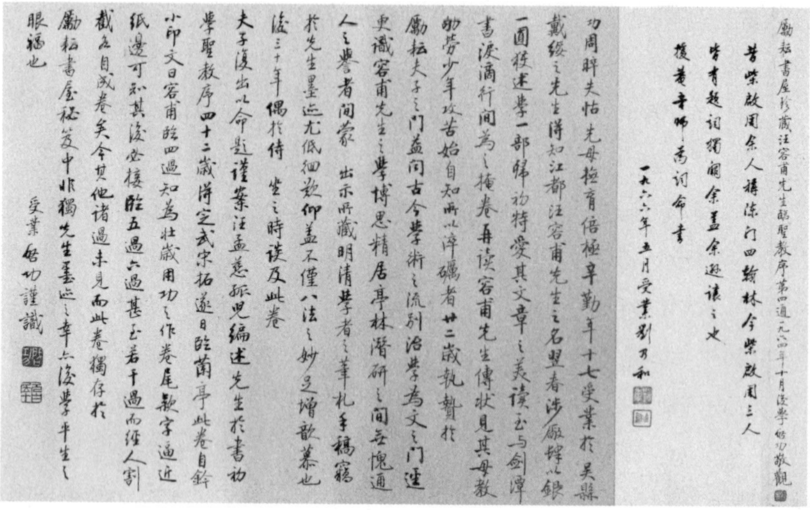

刘乃和、启功行楷书题跋《励耘书屋珍藏汪容甫先生临圣教序》

弟刘乃崇与其夫人蒋健兰悼念刘先生诗句“立雪陈门六十春，传其衣钵继其文”[1]。挽联和诗句算是对刘乃和一生成就的公允评价。

陈垣先生不仅是中国近代史学界的泰山北斗之一，亦是民国时期著名的书法家。他的弟子们均擅书法，受先生影响很深，堪称是陈垣书法的有力继承者，刘乃和更是先生书法的忠实传人。谈到刘乃和的书法，自然离不开对其师书法的研究。陈垣早年曾参加科举，书法受过系统的馆阁体训练，具有深厚的根基，虽后来由于政治和思想的转变，他参与了反清活动，不再致力于科举，但陈垣早年科举经历为他的书法积淀了深厚的传统功力。从事学术研究后，经过常年的笔耕，先生书法逐渐形成了鲜明的个人特色。据启功回忆：“清末学术界有一种风气，即经学讲《公羊》，书法学北碑。陈老师平生不讲经学，但偶然谈到经学问题时，还不免流露公羊学的观点；对于书法，则非常反对学北碑。理由是刀刃所刻的效果与毛笔所写的效果不同，勉强用

[1] 转引自梁润萍《刘乃和学术研究》，武汉：中南民族大学硕士论文，2012 年版，第 7 页。

毛锥去模拟刀刃的效果，必致矫揉造作，毫不自然。我有些首《论书绝句》，其中二首云：‘题记龙门字势雄，就中尤属《始平公》。学书别有观碑法，透过刀锋看笔锋。’‘少谈汉魏怕徒劳，简椟（牍）摩挲未几遭。岂独甘卑爱唐宋，半生师笔不师刀。’曾谬蒙朋友称赏，其实这只是陈老师艺术思想的韵语化罢了。”[1]可见启功在书法上得益于陈垣教诲良多，其尊帖的思想也是在先生教导下形成的。对于书法的品评，陈垣有自身独到的见解，启功回忆：“还有两件事可以看到老师对于书法的态度：有一位退任的大总统，好临《淳化阁帖》，笔法学包世臣。有人拿着他的字来问写得如何，老师答说写得好。问好在何处，回答是‘连枣木纹都写出来了’。宋代刻《淳化阁帖》是用枣木板子，后世屡经翻刻，越发失真。可见老师不是对北碑有什么偏恶，对学翻版的《阁帖》，也同样不赞成的。另外一事是解放前故宫博物院影印古代书画，常由一位院长题签，写得字体歪斜，看着不太美观。陈老师是博物院的理事，一次院中的工作人员拿来印本征求意见，老师说：‘你们的书签贴的好’。问好在何处，回答是‘一揭便掉’。原来老师所存的故宫影印本上所贴的书签，都被完全揭掉了。”[2]从中可知，陈垣先生对大总统徐世昌刻意追摹屡经翻刻的《淳化阁帖》进行了微妙的讽刺，表达出他对帖学书法的理性认识。此外，对于很有个性的故宫博物院院长易培基的书法，陈垣也不是很赞同，从中可窥知陈垣的书学理念和风格好尚。启功进一步回忆：“老师写信常用花笺纸，一笔似米芾又似董其昌的小行书，永远那么匀称，绝不潦草。看来每下笔时，都提防着人家收藏装裱。”[3]“老师在名人字画上写题跋，看去潇洒自然，毫不矜持费力，原来也一一精打细算，行款位置，都要恰当合适。给人写扇面，好写自己作的小条笔记，我就求写过两次，都写的

[1] 启功撰《夫子循循然善诱人——陈垣先生诞生百年纪念》，北京师范大学《陈垣校长诞生百年纪念文集》（内部资料），第71页。

[2] 同[1]。

[3] 同[1]，第72页。

小考证。写到最后，不多不少，加上年月款识、印章，真是天衣无缝。”[1]总体来看，陈垣遵从清代学者的传统书学理念，受清儒影响很深，他喜爱米芾、董其昌一路的帖学书风，秉承着严谨求实的态度，体现出民国学人清新隽永的学风和独有的风范。

陈垣书学思想深深地影响着他的弟子，刘乃和追随先生时间很久，深得先生学术精髓，书法亦遵从老师的教诲。笔者有幸得柴德赓先生长孙柴念东先生提供的刘乃和早年临作及书法数件，得窥刘先生书法之真容，同时也加深了对陈门弟子书法面貌的认识。目前，关于陈门弟子的书法研究，以启功为重心，广受学界关注。柴德赓、周祖谟、余逊、刘乃和等虽不以擅书名世，但他们的书法亦堪称学者中的典范。这几位先生，继承了其师的治学和书学理念，将史学研究的深邃和艰深融入书法。以柴德赓书法为例，柴先生早年受过传统的书学训练，后师从陈垣先生，书法上得其指导，并曾问学于著名书家张宗祥、沈尹默二先生，因此柴德赓先生仅以书法而论，亦称师出名门，书风飘逸悠远、清新隽永，自成一格。据笔者看，其成就不逊于标榜帖学的书法名家沈尹默、白蕉、潘伯鹰等，甚至与以上书家相比，柴先生书法中孕育着更为深厚的书卷之气。刘乃和书法在陈门中亦卓绝一时，堪称精美绝伦，笔者曾见刘先生早年书法，可知其早年的书法基本功颇为扎实，亦是米芾、董其昌书风的重要继承者。这位治学严谨的女性书家，和如今标榜的诸多民国闺秀书法略有不同。刘乃和书法静谧安闲，用笔灵动而沉稳，虽细微之处亦处理得游刃有余，看得出刘先生的修养和家学。据笔者来看，在诸多民国以书法名世的女性书法家中，刘乃和并非以书家自居，但无论从书法功力还是格调上看，均有过人之处，无一丝的浮躁之气，代表了时代的卓绝精神。在书学理念上，她受陈垣影响甚巨，终身标榜帖学，但未如同门启功那样以擅书名世，而是将书法视为陶冶性情的手段。刘乃和书法是民国闺秀学人

[1] 启功撰《夫子循循然善诱人——陈垣先生诞生百年纪念》，北京师范大学《陈垣校长诞生百年纪念文集》（内部资料），第72—73页。

刘乃和行楷书致柴德赓信封

书法中不可多得的精品。

2004年，北京师范大学出版社刊行刘乃和编的《董其昌临天马赋》（并附刘乃和临《董其昌临天马赋》），刘先生在序中记："一九四七年，援庵师指导余学书法，命习米书，后稍有似处，又持此卷命临。乃写成四屏，援师甚喜，为装裱之悬挂于励耘书屋，并持此卷以赠，在卷首题'乃和珍藏'四字，嘱余再接再励（厉），以期有成。"[1]从中亦见刘乃和之书学渊源。诚然，刘先生的书法没有同时期以擅书名世书家的鲜明特点，但体现出了她本真的一面，从此卷临作中得窥刘乃和书法的不假修饰，不求惊世骇俗，同时也是那个时代学人书法的真实体现。

此前，笔者对民国学人书法关注不多，近日阅读一些学人的著作，笔者惊奇地发现，他们对于书法的认知，不可仅以面貌而论。对于书法而言，具有独特的面貌自然会吸引世人更多的关注，但同时也应该认识到，作品中蕴含的气韵才是书法不可或缺的内涵。有些书家书法不仅形成了自身的面貌，形骸之内还蕴藉着深厚的传统人文修养，故其书名经久不衰；但亦有些书家过于追求与众不同的形式表象，缺乏人文内涵，经过时间的推移，终被归入俗品之中，逐渐为世人所遗忘。故此民国学人书法既具有前代渊源幽深的书学传承，继承了馆阁体的精髓，同时在新时代中，又有着与古为新的时代面貌，书法对学人书家来说，是工具，是娱乐，是传承，但并非一种彰显自己的技能，刘乃和即是民国学者书法家中的重要一员，她一生追求真实、传统的朴

[1] 刘乃和撰《序》，刘乃和编《董其昌临天马赋》，北京：北京师范大学出版社，2004年版，第2页。

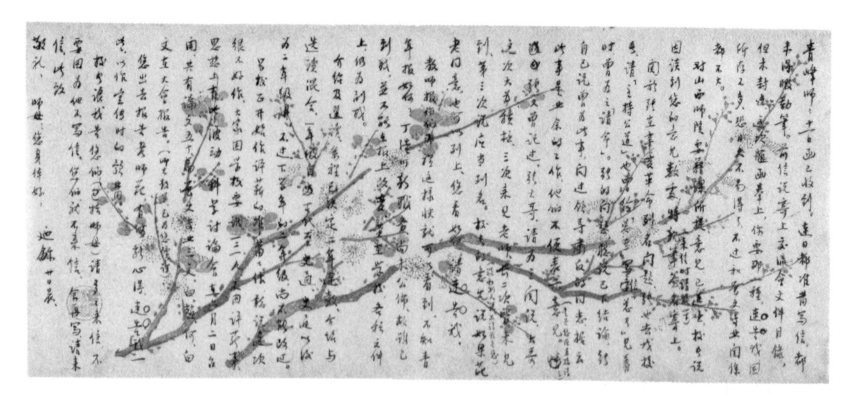

刘乃和致柴德赓行楷书札

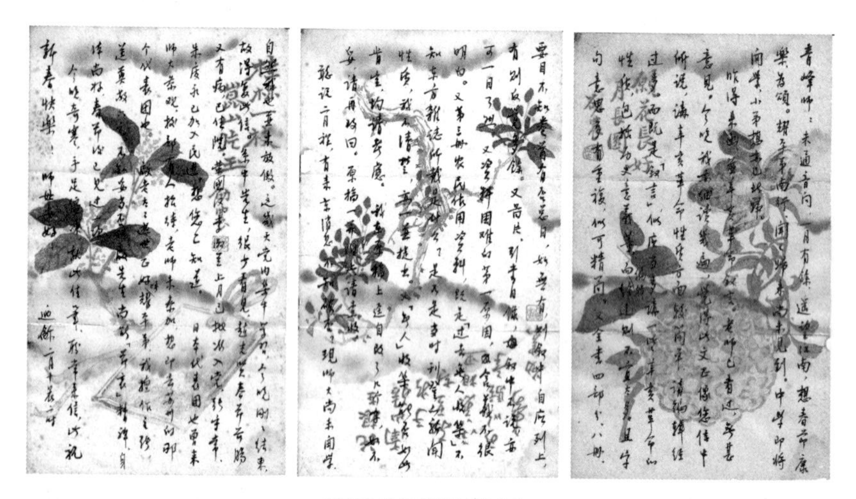

刘乃和致柴德赓行楷书札

质之美，是陈垣先生思想、学术、书法的重要传承者。正如她致力于古代妇女史研究一样，她亦是近现代女性书法家的佼佼者，其成就足以颉颃后世书家。总之，刘乃和先生的成就是多方面的，书法虽仅是其中的一种，但亦应得到一定的关注。

索　引

人名索引

说明：慈禧太后、光绪帝等重要历史人物从略，不收录。西方人按中文译名拼音排列。日本人按中文拼音排列，不注音。

D

F

G

H

J

M

N

T

W

后 记

钱仲联先生有《诗坛点将录》，而他本人又于胡文辉先生《现代学林点将录》中列“天寿星混江龙李俊”之位，颇有妙趣。笔者心向传统“点将体”，然恐难追摹钱、胡两位先生之渊雅颖锐。故《民国书坛点将录》一书未从水浒一百单八将之数，而是收录民国时期活跃在京城的57位书法篆刻家，以年齿排序，从杨守敬始，至刘乃和终。所选之人不仅精于艺事，而且还是各领域中的佼佼者，颇具代表意义。文中诸家之交友生平皆有出处，笔者希望通过讲述他们的故事，来展现这段跌宕起伏的艺术发展史，呈现出一个特殊历史时代的人物艺术风貌。

至于为何以京华为界，择人五十七撰成此书，实为因缘际会。

一是，三十多年前，笔者总角之时居住在什刹海畔，每日下课或放假就喜欢去荷花市场听长者们讲述京城旧事。那时的北京，没有今日的繁华和喧嚣，有的是老人们对这座古城“闲坐说玄宗”般的追忆。在那里，笔者开始了解到溥心畬、张伯英、齐白石，以及宝熙、陆和九、贺孔才等贵胄名士的大名，同时逐渐结识了不少名人之后，得以聆听他们讲述先人的事迹。老先生们极为热情，知道我对这些前朝旧事感兴趣，会邀请我去家中聊天，欣赏家藏的翰墨丹青，这极大地鼓舞了我记录下这段经历的决心。

二是，那时笔者在北京市少年宫学习书法，随着年龄的增长，开始留心昔日活跃于京城的书法篆刻家。我的书法老师何伟先生，最初受教于京城书法篆刻名家刘博琴先生。刘老先生的祖上均为清代金石名家，他自幼跟随叔父学习书法篆刻，早年即以“博琴铁笔”之名享誉琉璃厂。何老师的回忆和绍介，与老先生们讲的旧事往往可做对照，促使我逐渐聚焦于诸多民国时期活跃于琉璃厂的书法篆刻家的相关事迹。

三是，大学期间，我攻读历史专业，醉心于中国近现代史，曾尝试以史笔开始对近代京华书法家的撰述。记得读过清人金圣叹《读第五才子书法》，金氏在区别史传和小说创作时指出："《史记》是以文运事，《水浒》是因文生事。以文运事，是先有事生成如此如此，却要算计出一篇文字来，虽是史公高才，也毕竟是吃苦事。因文生事即不然，只是顺着笔性去，削高补低都由我。"当时《史记》和《水浒传》是我的枕边书，在多年的写作中，我一直尝试将"因文生事""以文运事"融会贯通。后来读到旅美学者唐德刚先生所撰《晚清七十年》，其"书法"风格，更加确定了笔者以史笔将艺术史人物写出故事性的信心和可能。

四是，得益于十年的博物馆工作经历。笔者曾供职的首都博物馆藏有大量的近现代书法绘画，笔者因此沉浸其中，每日与文物相伴，除基本生活外，全力埋首于此，终日不疲。并于2014年撰成《民国时期的北京书风》一书。次年，笔者又应荣宝斋《艺术品》月刊之邀撰写专栏，每期刊登两篇介绍民国时期京城书法篆刻家的文章，不觉五年竟积累百余篇。这一栏目颇受读者青睐，笔者亦因此结交不少学术知己。除此之外，笔者近十年间还先后撰写了关于齐白石及其弟子门人、京城书法篆刻家等论文七十余篇。

如今，笔者已步入不惑之年，经过多年的研究，对民国时期的书法篆刻有了较为深入的了解，上述多方面的积累如百川入海，终于汇成《民国书坛点将录》一书。正如时人所说，民国时期的书法篆刻之道发展迅速，其风格和水平甚至可超越前代。笔者对此深表认同，民国时期的书法篆刻在艺术水平和风貌上，可与辉煌的魏晋、隋唐、两宋埒等。尤其是这一时期的京城书法篆刻家，更是名家璀璨，在艺术史上具有不可替代的意义。

《民国书坛点将录》一书和拙著《民国时期的北京书风》在体例上不同，在内容上也存在着差异。笔者结合书中遴选的这57位艺术家同时期师友、弟子、后人及著名书学理论家的评价，以期展现出民国时期专业艺术群体对他们的认识。本书较少采用现当代学者的评价，而是尽量以同时代学者的眼光来加以审视。或许有学者会认为，笔者的研究就是爬梳资料，整理内容，而没有自己的观点。但笔者认为艺术史著述和历史著述一样，有一分证据说一分话，每个艺术家在艺术史上的地位早有定评，笔者只是如实地展现出来，尽量保持客观的态度。摆事实，就是讲道理，观点自然蕴含其中。

如本文提及的书法篆刻家钟刚中，当代学者对他知之甚少，鲜有人提及，但与他同时期的艺术家如齐白石、寿石工、邢端等，则对其人其艺有着很高的评价。笔者在《民国书坛点将录》一书中，讲述了很多类似钟刚中一样的人物，期望能挖掘出更多高水平但却因为种种原因被时代边缘化了的艺术家。

在撰述过程中，笔者得到了很多师友的鼎力相助，在此聊表谢忱。

卜希旸先生是京城中著名的书法篆刻家，书坛前辈，笔者最初的写作得到了卜老师很多的指点和鼓励。林岫先生自《民国时期的北京书风》刊行后，一直全力支持和鼓励我的写作，对书中很多人物提出了重要的修改意见。白谦慎先生不辞辛劳，两次为拙作题签，为笔者的研究提供了巨大的鼓舞。三位长者提携后学的风度，令我铭记在心。

书中不少资料，来源于前辈学者的后人。柴德赓先生之孙柴念东先生提供了刘乃和先生的全部资料和部分与其祖父有交往学者的资料。王秋湄先生之孙王建平先生无偿地提供了王氏所有家藏文献。二位学者提供的诸多一手资料为本书增色不少。

朱万章先生精通近现代的艺坛旧事，对书稿提出了很多宝贵的意见。贺宏亮先生是我的挚友，每篇文章都经过他细心的审阅和修改。

文物出版社李穆先生、人民教育出版社章丹露女士、学者廖念勋先生于百忙之中承担了书稿的全文校阅工作，提出了很多重要的修改意见，确保了书稿的质量，令我受益匪浅。《民国书坛点将录》的部分文章最初连载于《艺术品》，编辑王青云、唐昆、王可苡诸友对于文章的刊行提供了巨大的帮助。

江苏学者潘颖先生在阅读连载文章中发现错误，并及时联系笔者，纠正了书稿中的谬误，对此深表感谢。同时还要感谢为本书提供资料的郑源、王菁、秦明、桑椹、沈宁、吕晓、奇洁、刘振宇、朱琪、孙田、李海全、王新迎、徐亮、吕玮莎等诸师友。我的同事李赫不仅承担了《民国时期的北京书风》所需图片的裁剪，本书中的图片也多出于其手。对这些诚挚帮助的感激，都远非文字所能表达，在此一并致谢。

我要感谢三联书店各位老师、同仁们，给予《民国书坛点将录》以付梓的机会。三联书店作为有着深厚历史传统的著名出版社，也是学者们仰望的学术出版圣殿，能在三联出书是笔者的莫大荣幸。

此外，我还要感谢支持和理解我的家人们，让我专心撰写此书，如果此书能对今人了解民国时期的书法篆刻有所裨益，也无愧于他们的贡献。

除本书所涉57位书家外，笔者近年陆续搜求资料、研究撰述的民国书家不下二三十人，其艺事与交游的相关文章将在上海《书与画》杂志继续连载。今后意欲涉猎更广，步出京华而放眼全境，汇集更多的书家个案研究，展示民国书坛之全貌。待时机成熟之时，将后续研究成果再另行结集刊发。民国时期的书家研究，待发掘的领地甚多，有很多水平绝高者因时代原因等变得湮没无闻。期待将来有更多新资料的钩沉和整理，以更多的研究成果奉献给读者。

由于本人水平所限，书中存在着一些不足和纰漏。望能得到专家和读者们的批评指正。

邹典飞

壬寅冬于北京鉴堂